HEALING AND REPAIRING

I0160290

Healing and Repairing

Essays on Sefer Bereishit

RABBI ARI KAHN

KODESH PRESS

ISBN: 978-1-947857-98-8 *Hardcover*
ISBN: 978-1-947857-99-5 *Paperback*

PUBLISHED AND DISTRIBUTED EXCLUSIVELY BY
Kodesh Press LLC
New York, NY
www.kodeshpress.com
kodeshpress@gmail.com

Set in Arno Pro by Raphaël Freeman MISTD, Renana Typesetting

Printed in the United States of America

Contents

Introduction

I am excited and humbled, but mostly thankful to God for the opportunity to live, learn, and teach Torah in the Land of Israel.

This volume, the third collection of my insights on the Book of Bereishit, follows *Explorations Expanded* and *Echoes of Eden*. The essays included here (with one exception, which is duly noted) are new, and are the product of learning and teaching over the course of the year 5782.

While much of the material in this volume deals with the various dysfunctional relationships recorded in the Book of Bereishit, its publication allows me to appreciate the many healthy, nurturing relationships in my life. I am grateful for this opportunity to express my appreciation to my family, friends, and students, without whom this volume and its predecessors would not have come to be.

My first and most profound thanks are to my parents, Rabbi Dr. Pinchas and Rivka Kahn, who first brought me to the Beit Midrash, and to the Almighty who has allowed me to spend so many years there.

I am also indebted to my students, the "target audience" of my teaching and writing, whether in the classroom, in the synagogue, or over the great distances traversed by modern technology. The digital world in which we live has shortened the distances and allowed study and communication in ways our ancestors could not have imagined. Although these possibilities have become a very common part of our lives and our learning, I still find it strange when I meet a person whose acquaintance I have never made, who nonetheless tells me that I have been a guest at their Shabbat table for years.

I am especially pleased to have this opportunity to thank dear friends who have encouraged me in so many ways. Foremost among them are Elizabeth and Raymond Gindi, whose friendship and support mean more than they know. This book would not have been brought to publication without their help and encouragement. May God bless them with health, happiness, and success.

Special thanks to Joleen and Mitch Julis, whose friendship and sage advice I cherish, for their continued support and encouragement. May their generosity of spirit and deep commitment bear endless dividends.

Debbie and Howard Jonas, Jacob Lyons, and Ora and Rich Rabinovitch were all instrumental in assuring that this book be published. May God protect them all, and shower them with abundant blessings.

I also would like to thank Rabbi Alec and Caroline Goldstein of Kodesh Press for their commitment to publishing my work, for their professionalism, and for their valued friendship. Thank you to Rabbi Eliezer Barany for painstakingly and meticulously proofreading this volume; any errors that remain are, of course, my own.

I thank Natalie Friedemann-Weinberg for the unique and expressive artwork that adorns this volume. I only hope the content lives up to the expectations created by the exquisite cover art. I also thank Raphaël Freeman for his technical competence, aesthetic appreciation of the typeset word, and his commitment to typographical excellence.

And finally, I wish to thank Naomi for her partnership in this endeavor, as in so many others. May God bless us both with health, happiness, *nahat* from our children and grandchildren, and many more years of love and productivity.

Ari Kahn
15 Av 5782
Givat Ze'ev

PARASHAT BEREISHIT

Sins of the Parents

A new world begins; or perhaps we might better describe it as **another** new world. In the beginning, there was **the** new world, the world cryptically, even mystically, outlined in the opening verses of the *parashah*. Now, in the verses describing the aftermath of the sin, there is another human history unfolding, a different sort of creation: the genesis of the post-Eden existence. This is a very different sort of creation. As opposed to *Eden*, which literally translates as a world of pleasure, this new world will be one of pain, hard work, frustration, and death.

And yet, the chronicle of this new world begins with life:[1]

בראשית פרשת בראשית פרק ד פסוק א

וְהָאָדָם יָדַע אֶת־חַוָּה אִשְׁתּוֹ וַתַּהַר וַתֵּלֶד אֶת־קַיִן וַתֹּאמֶר קָנִיתִי אִישׁ אֶת־ה':

And the man knew Chava (Eve), his wife, and she conceived and gave birth to Kayin (Cain). She said, "I have acquired a man with God." (Bereishit 4:1)

Dedicated in honor of Elizabeth and Raymond Gindi

1. Adam named his wife Chava because of her identity as the mother of all life. Bereishit 3:20:

בראשית פרשת בראשית פרק ג פסוק כ

וַיִּקְרָא הָאָדָם שֵׁם אִשְׁתּוֹ חַוָּה כִּי הִוא הָיְתָה אֵם כָּל־חָי:

The act of intimacy is described with the word *yada* – Adam "knew." As this passage follows the episode of partaking from the fruit of the Tree of Knowledge of Good and Evil, one cannot help but wonder if somehow Adam's new knowledge is connected to the forbidden fruit of that very singular tree.[2]

Rashi avoids this line of thinking by observing that the word *yada* is (or can be taken to indicate) past tense: The intimacy had taken place at an earlier point in time – in Rashi's opinion, prior to the sin:

רש״י בראשית פרשת בראשית פרק ד פסוק א

וְהָאָדָם יָדַע - כְּבָר קֹדֶם הָעִנְיָן שֶׁל מַעְלָה, קֹדֶם שֶׁחָטָא וְנִטְרַד מִגַּן עֵדֶן, וְכֵן הַהֵרָיוֹן וְהַלֵּדָה, שֶׁאִם כָּתַב וַיֵּדַע אָדָם, נִשְׁמָע שֶׁלְּאַחַר שֶׁנִּטְרַד הָיוּ לוֹ בָנִים:

> "And the man knew" – prior to the episode recounted above, before he sinned and was expelled from the Garden of Eden; likewise, the pregnancy and birth. Had it said *va-yayda ha-adam* [i.e., in present or ongoing tense], it would imply that he had children only after the expulsion. (Rashi, Bereishit 4:1)

Rashi's comment indirectly points out that this is an unusual, perhaps even singular, usage of the word *yada*; other references to the act of intimacy use the form *va-yayda*.[3] The unusual form used in this very particular instance is a purposeful switch; the message, Rashi explains, is that it relates to an event that had already transpired.

When Chava was presented to Adam we are told:

---

2. See Bereishit 3:5, 19:33, 38:16, 39:6 for other uses of the word which are intriguing.

3. See Bereishit 4:17, 25:

בראשית פרשת בראשית פרק ד

פסוק יז - וַיֵּדַע קַיִן אֶת־אִשְׁתּוֹ וַתַּהַר וַתֵּלֶד אֶת־חֲנוֹךְ וַיְהִי בֹּנֶה עִיר וַיִּקְרָא שֵׁם הָעִיר כְּשֵׁם בְּנוֹ חֲנוֹךְ:

פסוק כה - וַיֵּדַע אָדָם עוֹד אֶת־אִשְׁתּוֹ וַתֵּלֶד בֵּן וַתִּקְרָא אֶת־שְׁמוֹ שֵׁת כִּי שָׁת־לִי אלקים זֶרַע אַחֵר תַּחַת הֶבֶל כִּי הֲרָגוֹ קָיִן:

בראשית פרשת בראשית פרק ב פסוקים כג-כה

(כג) וַיֹּאמֶר הָאָדָם זֹאת הַפַּעַם עֶצֶם מֵעֲצָמַי וּבָשָׂר מִבְּשָׂרִי לְזֹאת יִקָּרֵא אִשָּׁה כִּי מֵאִישׁ לֻקֳחָה־זֹּאת: (כד) עַל־כֵּן יַעֲזָב־אִישׁ אֶת־אָבִיו וְאֶת־אִמּוֹ וְדָבַק בְּאִשְׁתּוֹ וְהָיוּ לְבָשָׂר אֶחָד: (כה) וַיִּהְיוּ שְׁנֵיהֶם עֲרוּמִּים הָאָדָם וְאִשְׁתּוֹ וְלֹא יִתְבֹּשָׁשׁוּ:

The man said, "Now this is bone from my bones and flesh from my flesh. She shall be called Woman (*Ishah*) because she was taken from Man (*Ish*)." A man shall therefore leave his father and mother and cling to his wife, and they shall become one flesh. And the two of them were naked, the man and his wife, and they were not ashamed.[4] (Bereishit 2:23–25)

Rashi draws from the verses – and the spaces between the verses – to fill in the gaps in the narrative, revealing what transpired during this time of innocence:

רש"י בראשית פרשת בראשית פרק ג פסוק א

וְהַנָּחָשׁ הָיָה עָרוּם - מָה עִנְיָן זֶה לְכָאן? הָיָה לוֹ לִסְמֹךְ וַיַּעַשׂ לְאָדָם וּלְאִשְׁתּוֹ כָּתְנוֹת עוֹר וַיַּלְבִּשֵׁם, אֶלָּא לִמֶּדְךָ מֵאֵיזוֹ עֵצָה קָפַץ הַנָּחָשׁ עֲלֵיהֶם, רָאָה אוֹתָם עֲרֻמִּים וְעוֹסְקִים בְּתַשְׁמִישׁ לְעֵין כֹּל וְנִתְאַוָּה לָהּ:

"And the serpent was more subtle" – What does this statement have to do with the passages that precede and follow it? It should appear just before the verse, "and He [God] made for Adam and his wife garments of skin and clothed them" (3:21). Instead, Scripture informs you with what plan the Serpent assailed them: he saw them naked and engaged in the act of intimacy, unashamed, and he lusted for her. (Rashi, Bereishit 3:1)

---

4. See the comments of Rashi; prior to eating the fruit they didn't know the ways of modesty, to distinguish between good and bad:

רש"י בראשית פרק ב פסוק כה

וְלֹא יִתְבֹּשָׁשׁוּ - שֶׁלֹּא הָיוּ יוֹדְעִים דֶּרֶךְ צְנִיעוּת לְהַבְחִין בֵּין טוֹב לָרָע, וְאַעַ"פִּ שֶׁנִּתְּנָה בוֹ דֵעָה לִקְרוֹת לוֹ שֵׁמוֹת, לֹא נִתַּן בּוֹ יֵצֶר הָרָע עַד אָכְלוֹ מִן הָעֵץ וְנִכְנַס בּוֹ יֵצֶר הָרָע וְיָדַע מַה בֵּין טוֹב לָרָע:

The Serpent was an interloper, a voyeur, who spied on Adam and Chava when they were engaged in coitus, and he hatched a plan to come between them and take Chava for himself; the Serpent's lust is the catalyst for the sin that will follow, but Adam and Chava's intimacy was untainted by the sin that they would soon commit.

Following Rashi's reading, and positing that ***yada*** indicates past tense, there are a number of alternative timelines to consider. One possibility is that as a result of eating the forbidden fruit, when their eyes were opened and they realized that they were naked, a new awareness of sexuality was ignited.[5] In this reading, as in Rashi's reading, "knowledge" is the key to understanding the narrative:

בראשית פרשת בראשית פרק ג

(ו) וַתֵּרֶא הָאִשָּׁה כִּי טוֹב הָעֵץ לְמַאֲכָל וְכִי תַאֲוָה־הוּא לָעֵינַיִם וְנֶחְמָד הָעֵץ לְהַשְׂכִּיל וַתִּקַּח מִפִּרְיוֹ וַתֹּאכַל וַתִּתֵּן גַּם לְאִישָׁהּ עִמָּהּ וַיֹּאכַל: (ז) וַתִּפָּקַחְנָה עֵינֵי שְׁנֵיהֶם **וַיֵּדְעוּ** כִּי עֵירֻמִּם הֵם וַיִּתְפְּרוּ עֲלֵה תְאֵנָה וַיַּעֲשׂוּ לָהֶם חֲגֹרֹת: (ח) וַיִּשְׁמְעוּ אֶת־קוֹל ה׳ אֱלֹהִים מִתְהַלֵּךְ בַּגָּן לְרוּחַ הַיּוֹם וַיִּתְחַבֵּא הָאָדָם וְאִשְׁתּוֹ מִפְּנֵי ה׳ אֱלֹהִים בְּתוֹךְ עֵץ הַגָּן: (ט) וַיִּקְרָא ה׳ אֱלֹהִים אֶל־הָאָדָם וַיֹּאמֶר לוֹ אַיֶּכָּה: (י) וַיֹּאמֶר אֶת־קֹלְךָ שָׁמַעְתִּי בַּגָּן וָאִירָא כִּי־עֵירֹם אָנֹכִי וָאֵחָבֵא:

(6) The woman saw that the tree was good for food, and that it was a delight to the eyes, and that the tree was desirable (lust?) to make one wise. She took of its fruit and ate, and she gave some to her husband with her and he ate. (7) The eyes of both of them were opened, and they **knew** that they were

5. See the comments of Radak and Seforno, Bereishit 3:7:

רד"ק בראשית פרשת בראשית פרק ג פסוק ז

ותפקחנה עיני שניהם - עיני לבבם וזהו שאמר וידעו ולא אמר ויראו, כי את אשר ראו עתה הוא את אשר ראו בתחילה אלא אחר שאכלו מפרי העץ נולדה בהם תאות המשגל ונתקשה אבר המשגל מן התאוה, והיה בושת להם מה שהיה אבר בגופם יוצא מתחת רשותם והיא מדה כנגד מדה שהם יצאו מן הרשות האל וממצותיו: ועוד כי דבר המשגל הוא דבר מגונה ומכוער לולי שיש בו צורך להשאיר הזרע ומפני זה התבוששו זה מזה גם מהאל שהתחבאו ממנו:

ספורנו בראשית פרשת בראשית פרק ג פסוק ז

וידעו כי ערומים הם. ידעו שראוי לכסות מקום הערוה, בהיות מעתה רוב פעולתו מכוונת לתענוג מאוס ומזיק:

naked. They sewed fig leaves together, and made for themselves loincloths. (8) They heard the voice of Hashem, God, walking in the garden in the breeze of the day, and the man and his wife hid themselves from the Hashem, God, among the trees of the garden. (9) Hashem, God, called to the man, and said to him, "Where are you?" (10) He said, "I heard Your voice in the garden, and I was afraid because I was naked, and I hid myself." (Bereishit 3:6–10)

This knowledge, this new self-awareness, gives rise to a new sense of sexuality which is consummated in the Garden of Eden, immediately following the sin but before the punishment. At the same time, this same knowledge gives rise to Adam's sense that he has something to hide: First, their nakedness, and then their sexuality, both of which result from their act of disobedience. They were caught in the act – *in flagrante delicto*. If this is indeed the moment of intimacy, it follows that Kayin is literally the child born in sin and of sin.

The key term, "knowledge," is conspicuously absent from the description of the sin itself: What is otherwise identified as the "Tree of Knowledge of Good and Evil" is described at the moment of sin as "pleasant," a tree of "delight" and of "insight" (וְנֶחְמָד הָעֵץ לְהַשְׂכִּיל) – with an added tinge of lust (וְכִי תַאֲוָה־הוּא לָעֵינַיִם).

Previously, all of the trees of the Garden were described in similar fashion:

בראשית פרשת בראשית פרק ב פסוק ט

וַיַּצְמַח ה׳ אלקים מִן־הָאֲדָמָה כָּל־עֵץ נֶחְמָד לְמַרְאֶה וְטוֹב לְמַאֲכָל וְעֵץ הַחַיִּים בְּתוֹךְ הַגָּן וְעֵץ הַדַּעַת טוֹב וָרָע:

And *Hashem Elokim* (the Eternal, Almighty God) made grow out of the ground every tree that is pleasant to the sight and good for food; and the Tree of Life was in the [center of] the garden, and the Tree of the Knowledge of Good and Evil. (Bereishit 2:9)

As the sin unfolds, the tree from which they have been forbidden to eat is set apart from all the trees of the Garden with the addition of one descriptive phrase: This tree and its fruit possess one additional attribute: *taavah*, desire, lust. How was this attribute awakened? What was the spark that ignited desire? Was the conversation with the Serpent the catalyst that sparked a lust for the forbidden, or did Chava herself spark this lust by simply observing the forbidden tree? In other words, was lust something external to the human psyche that was introduced by the Serpent, or was this "evil inclination" an internal, integral, and essential element of the human condition?

There is a third possible timeline for the act of intimacy referred to by the word *yada*: *after* the expulsion from Eden. In this case, while the word *yada* indicates past tense, it does not hark as far back as the other possibilities we have examined: After Adam and Chava are expelled from the Garden, they start a new life. That is when a child is conceived.

The implications of this timeline debate go beyond the question of **when**, and ultimately attempt to grapple with a different question altogether, a question that goes far deeper to the core of human nature: What is the nature of this child? Was he conceived in the idyllic Garden of Eden, before man's sin? Was he the child born of sin, part and parcel of the sin? Or was this child part of the new post-Eden world, the world of pain, estrangement, confusion and frustration? Was Kayin's conception and birth unblemished by sin, a product of sin, or an aspect of mankind's punishment?

One element of the narrative is easily overlooked – because it is striking only in its absence: Adam, the father of this first child, is nowhere to be seen. Kayin is *his* progeny,[6] but we find no interaction between Adam and Kayin. It is left to his mother to name him – and perhaps raise him. When another son, Hevel, is born, Adam is similarly absent:[7]

---

6. Regarding the possibility that Kayin is not the progeny of Adam, see my *Echoes of Eden: Bereishit* – chapter 1, "In Search of the Serpent."

7. Bereishit 4:25. Also note that as opposed to the birth of Kayin when the name of God (Hashem) is used, in this naming "Elokim" is used:

בראשית פרשת בראשית פרק ד

(א) וְהָאָדָם יָדַע אֶת־חַוָּה אִשְׁתּוֹ וַתַּהַר וַתֵּלֶד אֶת־קַיִן וַתֹּאמֶר קָנִיתִי אִישׁ אֶת־ה': (ב) וַתֹּסֶף לָלֶדֶת אֶת־אָחִיו אֶת־הָבֶל וַיְהִי־הֶבֶל רֹעֵה צֹאן וְקַיִן הָיָה עֹבֵד אֲדָמָה:

The man knew his wife Chava. She conceived and gave birth to Kayin. She said, "I have acquired a man with God." She gave birth again, to his brother, Hevel. Hevel was a shepherd, while Kayin worked the land. (Bereishit 4:1–2)

What was the impact of the expulsion on this couple? How did each of them perceive their new situation? To answer this question, we might consider their very different origins, and consider the implications: Adam, who was formed outside of Eden and placed in the Garden,[8] may have seen his current situation as a return to his roots. Chava, on the other hand, was a product of Eden; she was created *inside* Eden, and now was losing the only home she had ever known. As a result of her expulsion, she now had to contend with a harsh, unfamiliar "new normal." Perhaps the trauma of leaving Eden was felt more acutely by Chava than by Adam. Perhaps the gap between their perceptions of the situation – Adam felt at home in exile while Chava felt estranged and lost outside the Garden of Eden – created a wedge that drove them apart.

Chava's awareness of the results of her sin is acute, and she seeks healing, rapprochement; what we are unsure of is the nature of the "acquisition" (*Kayin* related to *kinyan*) she hopes for. Is she speaking of reconciliation with God, or with her estranged husband, or perhaps with her newborn son? Either way, with the name she gives her son,

---

בראשית פרשת בראשית פרק ד פסוק כה

וַיֵּדַע אָדָם עוֹד אֶת־אִשְׁתּוֹ וַתֵּלֶד בֵּן וַתִּקְרָא אֶת־שְׁמוֹ שֵׁת כִּי שָׁת־לִי אלקים זֶרַע אַחֵר תַּחַת הֶבֶל כִּי הֲרָגוֹ קָיִן:

8. See Bereishit 2:15:

בראשית פרשת בראשית פרק ב פסוק טו

וַיִּקַּח ה' אֱלֹקִים אֶת־הָאָדָם וַיַּנִּחֵהוּ בְגַן־עֵדֶן לְעָבְדָהּ וּלְשָׁמְרָהּ:

God Elokim took the man and put him into the Garden of Eden to work it and watch over it.

Kayin will serve as a living reminder of the healing she seeks, the rekindling of intimacy in this strange new world.

Chava reaches out to God using the name Hashem, and this choice is surely not random. She utters the ineffable name of God, which we translate as "The Eternal" – a name that invokes God's attributes of warmth, kindness, compassion, and forgiveness.[9] This, in stark contrast to the aspect of God both Chava and the Serpent used in the moments before the sin, when referring to the command emanating from **Elohim** "The Almighty," the name of God related to strictness and judgment[10] that forbade partaking of the fruit of the Tree of Knowledge:

בראשית פרשת בראשית פרק ג

(א) וְהַנָּחָשׁ הָיָה עָרוּם מִכֹּל חַיַּת הַשָּׂדֶה אֲשֶׁר עָשָׂה **ה׳ אֱלֹקִים** וַיֹּאמֶר אֶל־הָאִשָּׁה אַף כִּי־אָמַר **אֱלֹקִים** לֹא תֹאכְלוּ מִכֹּל עֵץ הַגָּן: (ב) וַתֹּאמֶר הָאִשָּׁה אֶל־הַנָּחָשׁ מִפְּרִי עֵץ־הַגָּן נֹאכֵל: (ג) וּמִפְּרִי הָעֵץ אֲשֶׁר בְּתוֹךְ־הַגָּן אָמַר **אֱלֹקִים** לֹא תֹאכְלוּ מִמֶּנּוּ וְלֹא תִגְּעוּ בּוֹ פֶּן־תְּמֻתוּן: (ד) וַיֹּאמֶר הַנָּחָשׁ אֶל־הָאִשָּׁה **לֹא־מוֹת תְּמֻתוּן:** (ה) כִּי **יֹדֵעַ אֱלֹהִים** כִּי בְּיוֹם אֲכָלְכֶם מִמֶּנּוּ וְנִפְקְחוּ עֵינֵיכֶם **וִהְיִיתֶם כֵּאלֹהִים יֹדְעֵי טוֹב וָרָע:**

Now the Serpent was more cunning than any beast of the field which the Almighty, Eternal God (*Hashem Elokim*) had made.

---

9. See Rashi, Shemot 34:6, and Bereishit Rabbah 8:4, and note the use of the word *yode'a* (יוֹדֵעַ) from Psalms 1:6:

רש״י שמות פרשת כי תשא פרק לד פסוק ו

ה׳ ה׳ מִדַּת רַחֲמִים הִיא, אַחַת קֹדֶם שֶׁיֶּחֱטָא, וְאַחַת אַחַר שֶׁיֶּחֱטָא וְיָשׁוּב:

This is the attribute of Divine mercy. The one (the first ה׳) alludes to God having mercy on the sinner before he sins and the other after he has sinned and repented:

בראשית רבה (וילנא) פרשה ח סימן ד

אָמַר רַבִּי בֶּרֶכְיָה בְּשָׁעָה שֶׁבָּא הַקָּדוֹשׁ בָּרוּךְ הוּא לִבְרֹאת אֶת אָדָם הָרִאשׁוֹן, רָאָה צַדִּיקִים וּרְשָׁעִים יוֹצְאִים מִמֶּנּוּ, אָמַר אִם אֲנִי בוֹרֵא אוֹתוֹ רְשָׁעִים יוֹצְאִים מִמֶּנּוּ, וְאִם לֹא אֶבְרָא אוֹתוֹ הֵיאַךְ צַדִּיקִים יוֹצְאִים מִמֶּנּוּ. מֶה עָשָׂה הַקָּדוֹשׁ בָּרוּךְ הוּא הִפְלִיג דַּרְכָּן שֶׁל רְשָׁעִים מִכְּנֶגֶד פָּנָיו וְשִׁתֵּף בּוֹ מִדַּת רַחֲמִים וּבְרָאוֹ, הֲדָא הוּא דִכְתִיב (תהלים א, ו): כִּי יוֹדֵעַ ה׳ דֶּרֶךְ צַדִּיקִים וְדֶרֶךְ רְשָׁעִים תֹּאבֵד, אִבְּדָהּ מִכְּנֶגֶד פָּנָיו וְשִׁתֵּף בּוֹ מִדַּת רַחֲמִים וּבְרָאוֹ.

10. See Rashi, Shemot 20:1:

רש״י שמות פרשת יתרו פרק כ פסוק א

וַיְדַבֵּר אֱלֹקִים – אֵין אֱלֹקִים אֶלָּא דַּיָּן;

> He said to the woman, "Has God Almighty (*Elokim*) indeed said, 'You shall not eat of any tree of the garden?'" The woman said to the serpent, "Of the fruit of the trees of the garden we may eat. But of the fruit of the tree which is in the middle of the garden, God Almighty (*Elokim*) has said, 'You shall not eat of it, neither shall you touch it, lest you die.'" The Serpent said to the woman, "You will surely not die. Rather God Almighty (*Elokim*) knows that in the day you eat of it, your eyes will be opened, and you will be like God Almighty (*Elokim*), knowing good and evil." (Bereishit 3:1–4)

The difference between the command itself and the manner in which it is relayed is striking: The text teaches us that the commandment to abstain from the fruit of the Tree of Knowledge of Good and Evil was articulated by the Eternal, Almighty God (*Hashem Elokim*) – both the Eternal God, indicating warmth and mercy, and the Almighty God of judgment. This same formulation is explained by Rashi's comments on the opening verse of the Torah: "In the beginning Almighty God (*Elokim*) created heaven and earth":

> **רש"י בראשית פרשת בראשית פרק א פסוק א**
>
> ברא אלקים - וְלֹא נֶאֱמַר בָּרָא ה', שֶׁבַּתְּחִלָּה עָלָה בְמַחֲשָׁבָה לִבְרֹאתוֹ בְּמִדַּת הַדִּין, רָאָה שֶׁאֵין הָעוֹלָם מִתְקַיֵּם, הִקְדִּים מִדַּת רַחֲמִים וְשִׁתְּפָהּ לְמִדַּת הַדִּין וְהַיְינוּ דִּכְתִיב (להלן ב ד) בְּיוֹם עֲשׂוֹת ה' אלקים אֶרֶץ וְשָׁמָיִם:
>
> "Almighty God created" – It does not state "The Eternal God (*Hashem*) created," because at first God intended to create [the world] under the attribute of strict justice, but He realized that the world could not thus endure and therefore gave precedence to Divine Mercy, and joined it with Divine Justice. This is alluded to in the verse (Bereishit 2:4) – "On the day that the Eternal, Almighty God (*Hashem Elokim*) made earth and heaven." (Rashi, Bereishit 1:1)

In other words, the prohibition was intended to prevent death from entering the Garden; it was a commandment that created boundaries and limits, but it was also a commandment emanating from love and compassion:

בראשית פרשת בראשית פרק ב

(טז) וַיְצַו ה' אֱלֹקִים עַל־הָאָדָם לֵאמֹר מִכֹּל עֵץ־הַגָּן אָכֹל תֹּאכֵל:
(יז) וּמֵעֵץ הַדַּעַת טוֹב וָרָע לֹא תֹאכַל מִמֶּנּוּ כִּי בְּיוֹם אֲכָלְךָ מִמֶּנּוּ מוֹת
תָּמוּת:

(16) And the Eternal, Almighty God (*Hashem Elokim*) com-
manded the man, saying, "Of every tree of the garden you may
surely eat; (17) but of the Tree of Knowledge of Good and Evil,
you shall not eat of it; for on the day that you eat of it you will
surely die." (Bereishit 2:16–17)

Chava's use of the name of God that implies judgment, boundaries,
and limitations – the name used by the Serpent to express a very
subtly insidious philosophical position – reveals her own inner world:
She perceives the law as arbitrary, the prohibition against the Tree of
Knowledge coming from a place of strictness. This position is only
possible if reality is obscured. But the prohibition was not arbitrary
and the fruit of this tree was truly deadly. Therefore, the prohibition
was created in order to protect Chava and her husband, to save all of
humanity. This is not a meaningless, arbitrary law. Her life depended
on adherence. When God commanded them not to eat from this tree,
both names – Eternal and Almighty, *Hashem* and *Elohim* – were used
to indicate that although it is a strict law with massive consequences,
it emanates from a place of compassion. The Serpent turns the tables
by shifting the focus and only using the name *Elokim*. He refers only
to the limiting aspects, speaking only to the power that is embodied
by the ability to make life-and-death judgments, and attempting
to entice her with the promise of unlimited power unhindered by
compassion and intimacy.

In the desolation of the aftermath, Chava takes charge. Determined
to fix the shattered world, Chava now speaks of the aspect of God
which is identified with mercy and compassion. She counters the
specter of death with a commitment to life, and healing[11] as her son
Kayin arrives.

---

11. See the comments of Bechor Shor, Chizkuni, and Rabbenu Bachya on
Bereishit 4:1:

Apparently cognizant of the role he was born to play in human history, Kayin sets out to make things right. He dedicates his life to working the land, to working the earth that has been cursed as a result of his parents' sin. This is his destiny.

But there is a slight complication. Another brother arrives. We are told nothing about his parents' intimacy or the pregnancy; without fanfare or expectation, he simply arrives. This child's name is not explained; he simply is, he comes to be, his existence almost an afterthought. Even his name indicates this ephemeral, weightless existence: "Hevel" means nothingness, or close to it. It is a wisp or a whisper. He seems devoid of importance:

בראשית פרשת בראשית פרק ד פסוק ב

וַתֹּסֶף לָלֶדֶת אֶת־אָחִיו אֶת־הָבֶל

She continued to give birth to his **brother** Hevel. (Bereishit 2:4)

The one piece of information which is shared is that Hevel is Kayin's brother. We don't know if they are twins, but brothers they are. As their story unfolds we learn that "brotherhood" is an emotion that is absent

---

בכור שור בראשית פרק ד פסוק א

קָנִיתִי אִישׁ אֶת־ה'. קָנִיתִי אוֹתוֹ בְּגוּפִי וּבְצַעֲרִי וּבְעִצְּבוֹנִי אֶת הַקָּדוֹשׁ בָּרוּךְ הוּא **לֵישֵׁב אֶת עוֹלָמוֹ, וְאִם אִישׁ הֱמַתִּי הִנֵּה אִישׁ שִׁלַּמְתִּי.**

חזקוני בראשית פרשת בראשית פרק ד פסוק א

[והאדם ידע את וגו' למשכב]. קניתי איש את ה' בבריאת עולם דהיינו מבראשית עד אלה תולדות השמים לא נזכר הקדוש ברוך הוא אלא בשם **אלקים** לומר שברא עולמו במדת הדין ובעשיית העולם ובתיקונו דהיינו מאלה תולדות השמים עד והאדם ידע הוא נזכר בשתי אזכרות לומר לך ששיתף הרחמים עם מדת הדין אולי יוכל עולמו לעמוד ואל תשיבני אף כי אמר אלקים, אשר בתוך הגן אמר אלקים, כי יודע אלקים, לפי שהן דברי הנחש וחוה, ומן והאדם ידע ואילך שיצר הרע בא ומתגדל בבריות סילק הקדוש ברוך הוא את מדת דינו ונזכר במדת הרחמים לבדה להתנהג בה עם בריותיו כדי להעמיד ולקיים עולמו.

רבינו בחיי בראשית פרשת בראשית פרק ד פסוק א

והאדם ידע את חוה אשתו. אחר שראה שנטרד מגן עדן בחטאו ונקנסה עליו מיתה ולא יחיה לעולם, הוצרך להזדווג עם חוה לקיום המין להשאיר אדם אחריו. ודע כי התשמיש בלשון התורה נקרא "ידיעה",...ועוד תאות התשמיש היתה סבתה עץ הדעת, ולכן נקרא בשם ידיעה.

in Kayin. Perhaps his hyper-focus on fixing his mother's world leaves his own inner world with no room for another task – even if it is the task of building a loving relationship with his own brother. Perhaps Chava's dismissive attitude toward her second son is internalized by her first son. Perhaps in her quest to create life and rekindle hope, Chava paved the way for the actualization of the curse which she brought into the world: Indeed, there is death, and she is its unwilling architect.

Kayin's downward spiral was avoidable. We see it set in motion – in terms of language and content – by his mother. His failure to gain God's favor – which was, quite literally, his *raison d'être,* the meaning and purpose of his existence – was more than he could bear. Coming in second in a two-person race, bested by someone whose existence was a mere afterthought at best, sent him into a depression. Healing the world was his job, his only job, and his alone; how had he failed? Why had his offering been rejected? The problem seems to be that Kayin's offering was, in a sense, "Hevel-like," an afterthought, another check on the checklist, and was therefore not accepted by God:

בראשית פרשת בראשית פרק ד

(ה) וְאֶל־קַיִן וְאֶל־מִנְחָתוֹ לֹא שָׁעָה וַיִּחַר לְקַיִן מְאֹד וַיִּפְּלוּ פָּנָיו: (ו) וַיֹּאמֶר ה׳ אֶל־קָיִן לָמָּה חָרָה לָךְ וְלָמָּה **נָפְלוּ פָנֶיךָ**: (ז) הֲלוֹא אִם־תֵּיטִיב שְׂאֵת וְאִם לֹא תֵיטִיב לַפֶּתַח חַטָּאת רֹבֵץ וְאֵלֶיךָ **תְּשׁוּקָתוֹ** וְאַתָּה **תִּמְשָׁל־בּוֹ**:

(5) But He did not favorably regard Kayin and his offering, and Kayin was very angry, and his face fell. (6) The Eternal (*Hashem*) said to Kayin, "Why are you angry, and why has your face fallen? (7) If you do well, will you not be uplifted? And if you do not do well, sin crouches at the door. Its desire is for you, but you shall rule over it." (Bereishit 4:4–7)

Kayin became depressed, but God admonished and instructed him, reminding him that he has the ability to control these feelings. We should not overlook the cluster of words used here that echo God's words to Kayin's parents:

בראשית פרשת בראשית פרק ג

(טז) **אֶל־הָאִשָּׁה** אָמַר הַרְבָּה אַרְבֶּה **עִצְּבוֹנֵךְ** וְהֵרֹנֵךְ **בְּעֶצֶב** תֵּלְדִי **בָנִים** **וְאֶל־אִישֵׁךְ** **תְּשׁוּקָתֵךְ** וְהוּא **יִמְשָׁל־בָּךְ**: ס (יז) וּלְאָדָם אָמַר כִּי־שָׁמַעְתָּ

לְקוֹל אִשְׁתֶּךָ וַתֹּאכַל מִן־הָעֵץ אֲשֶׁר צִוִּיתִיךָ לֵאמֹר לֹא תֹאכַל מִמֶּנּוּ אֲרוּרָה הָאֲדָמָה בַּעֲבוּרֶךָ בְּעִצָּבוֹן תֹּאכֲלֶנָּה כֹּל יְמֵי חַיֶּיךָ:

(16) To the woman He said, "I will greatly multiply your travails in pregnancy. In sorrow you will bear children; and your desire will be for your husband, and he will rule over you." (17) To Adam He said, "Because you have listened to your wife's voice, and have eaten of the tree of which I commanded you, saying, 'You shall not eat of it,' cursed is the ground on your behalf. Through sorrow you will eat of it all the days of your life." (Bereishit 3:16–17)

Chava was punished with the pain and sorrow of childbirth, and Adam with the pain and sorrow of working the land. Kayin inherited their combined sorrow, but his pain was different than theirs. Neither childbirth nor even physical labor broke his spirit or his resolve; it was his brother's success that tormented him. God reminds Kayin that he has the ability to rule (timshol, תִּמְשָׁל־בּוֹ) over his desires, to control his passion (teshukah, תְּשׁוּקָתוֹ), using the same words He used to describe to Chava the impact of her sin on the human condition in the post-Eden world.

Kayin was born with the innate ability to control his passions, but he fails to develop this ability. He sees himself as the savior and his brother as expendable and unimportant, an annoyance standing in the way of his mission. He has no sense of brotherhood. He takes no pleasure in his brother's success, learns nothing about the service of God from his brother's offering. In a fit of passion, Kayin snuffs out the wisp that was his brother.

Apparently, the sins of the parents are, indeed, visited on the children.

While Chava may have been convinced that as she and her husband still live and breathe, the ultimate punishment has been avoided and death has been averted, Kayin bears the curse. Through Kayin and Hevel, punishment is exacted.

We do not know if Chava experienced the pain of childbirth; this would depend on when she conceived and gave birth. Perhaps she thought she could skip over the pain of raising children by channeling all her hopes and dreams through Kayin, who would fix the world from the ground up and clear the way for their return to Eden. But eating from the tree of knowledge of good and evil results in Chava carrying two children, one who would prove to be good by living his life to serve God with the best of what he has, while the other son would carry evil within – evil which he should have controlled, but did not.

Kayin goes through the perfunctory steps of serving God, as he was programmed to do, as he must, but he allows the evil within to control him. And when that evil is allowed to metastasize, Kayin morphs into an angel of death. Chava's hope for redemption, for life, becomes the source of death.

Perhaps only when her other son lay lifeless on the ground, as his blood seeped into the cursed earth, did she come to understand that the curse of death she had brought upon the world was unavoidable. Now the pain of childbirth, the sorrow of raising children, and the finality of death become wrapped together for all time. At that moment she finally learns that man can hide from God but cannot avoid His gaze. Death has invaded her home, and will continue to visit the homes of her descendants – even as they bring more life into the world. She is, indeed, Chava, the mother of all life. But she is also the mother of Kayin, and the mother of all death.

PARASHAT NOACH

Everyone Dies

Perhaps with the birth of every child new hope fills the hearts of the parents. However, when we look at the list of births representing the line of descendants from Adam through his son Shet (Seth), one son stands out in terms of the hope that he represents:

בראשית פרשת בראשית פרק ה

(כח) וַיְחִי־לֶמֶךְ שְׁתַּיִם וּשְׁמֹנִים שָׁנָה וּמְאַת שָׁנָה וַיּוֹלֶד בֵּן: (כט) וַיִּקְרָא
אֶת־שְׁמוֹ **נֹחַ** לֵאמֹר זֶה **יְנַחֲמֵנוּ מִמַּעֲשֵׂנוּ וּמֵעִצְּבוֹן** יָדֵינוּ **מִן־הָאֲדָמָה**
אֲשֶׁר אֵרְרָהּ ה׳:

And Lemech lived one hundred and eighty-two years and he fathered a son. He called his name **Noach** saying: **This one will bring us comfort from our actions and from the sadness** of our hands **from the earth which has been cursed by God.** (Bereishit 5:28–29)

Why did this son, more than all others, ignite this wave of optimism, this prospect of deliverance? Why now? Was the name given to this son an expression of hope, a prayer, or was it perhaps a prophecy? And if the latter, did this prophecy, in fact, come to fruition? God's response to Lemech's words is instructive: When He describes mankind's failure, He uses the same language to describe the dashed hopes for the elevation of humanity and to foreshadow the coming destruction:

Dedicated in honor of Jemima Lyons

בראשית פרשת בראשית פרק ו

(ו) **וַיִּנָּחֶם** ה' כִּי־עָשָׂה אֶת־הָאָדָם בָּאָרֶץ **וַיִּתְעַצֵּב אֶל־לִבּוֹ**: (ז) וַיֹּאמֶר ה'
אֶמְחֶה אֶת־הָאָדָם אֲשֶׁר־בָּרָאתִי מֵעַל פְּנֵי הָאֲדָמָה מֵאָדָם עַד־בְּהֵמָה עַד־
רֶמֶשׂ וְעַד־עוֹף הַשָּׁמָיִם כִּי **נִחַמְתִּי** כִּי עֲשִׂיתִם: (ח) **וְנֹחַ מָצָא חֵן בְּעֵינֵי ה'**:

(6) God regretted that He had made man on the land, and He
was saddened in His heart. (7) God said, "I will eradicate man
whom I have created from the face of the earth; from man to
animals to creeping things and to birds of the sky; for I have
regretted that I made them." (8) But Noach found favor in
God's eyes. (Bereishit 6:6–8)

The name given to Noach was extrapolated from *yenachamenu*,
denoting comfort, condolence or consolation – yet God also uses
a word constructed from the same core letters – *nun, chet, mem* – to
describe regret or frustration. Much ink has been spilled explain-
ing the theological difficulty of ascribing regret to the all-knowing,
omnipotent God; most commentaries write this difficult phrase off
as an anthropomorphism. But all of the philosophical wrangling and
squirming is unnecessary when we read the verse in context, and note
that "regret" is a poor translation of the play on words with which God
rejects Lemech's dream/prayer for his son: This child brings neither
comfort nor redemption; he will be a part of the destruction. Lemech
employed similar wordplay when explaining the significance of his
son's name: Lemech intended for this child to mark a new beginning,
to repeal or rescind the curse under which they were living, and
the language Lemech uses echoes the language of that curse. Both
Adam and Eve are sentenced to different types of *etzev* – "sadness"
or "anguish" – and this *etzev* is precisely what Lemech hopes will be
banished by the birth of his son Noach:

בראשית פרשת בראשית פרק ג

(טז) אֶל־הָאִשָּׁה אָמַר הַרְבָּה אַרְבֶּה **עִצְּבוֹנֵךְ** וְהֵרֹנֵךְ **בְּעֶצֶב** תֵּלְדִי בָנִים
וְאֶל־אִישֵׁךְ תְּשׁוּקָתֵךְ וְהוּא יִמְשָׁל־בָּךְ: ס (יז) וּלְאָדָם אָמַר כִּי־שָׁמַעְתָּ
לְקוֹל אִשְׁתֶּךָ וַתֹּאכַל מִן־הָעֵץ אֲשֶׁר צִוִּיתִיךָ לֵאמֹר לֹא תֹאכַל מִמֶּנּוּ אֲרוּרָה
הָאֲדָמָה בַּעֲבוּרֶךָ **בְּעִצָּבוֹן** תֹּאכֲלֶנָּה כֹּל יְמֵי חַיֶּיךָ: (יח) **וְקוֹץ וְדַרְדַּר תַּצְמִיחַ**

לָךְ וְאָכַלְתָּ אֶת־עֵשֶׂב הַשָּׂדֶה: (יט) **בְּזֵעַת אַפֶּיךָ תֹּאכַל לֶחֶם** עַד שׁוּבְךָ אֶל־הָאֲדָמָה כִּי מִמֶּנָּה לֻקָּחְתָּ כִּי־עָפָר אַתָּה וְאֶל־עָפָר תָּשׁוּב:

(16) To the woman He said, "I will greatly multiply your **anguish** in pregnancy. In **pain** you will bear children. Your desire will be for your husband, and he will rule over you." (17) To Adam He said, "Because you have listened to your wife's voice, and have eaten of the tree of which I commanded you, saying, 'You shall not eat of it,' cursed is the ground on your behalf. Through **anguish** you will eat of it all the days of your life. (18) And it will yield thorns and thistles to you; and you will eat the herbage of the field. (19) By the sweat of your brow you will eat bread until you return to the ground, for out of it you were taken. For you are dust, and to dust you shall return." (Bereishit 3:16–19)

Following the linguistic thread, we realize that Lemech thought that this child would bring a change, and the curse[1] meted on Adam[2] would be expunged:[3] "He called his name **Noach** saying: **This one**

---

1. See Chizkuni, Bereishit 5:29:

חזקוני בראשית פרשת בראשית פרק ה פסוק כט
זה ינחמנו, מן האדמה שהרי נאמר **לאדם** ארורה האדמה בעבורך כל ימי חייך ושנות אדם כלו לתולדות נח וחשב בלבו מה שקלקל זה יתקן זה.

2. There are some who say that it is the curse of Kayin which disappears – as would the entire line of Kayin – with the flood; see Bechor Shor and Aderet Eliyahu, Bereishit 5:29:

בכור שור בראשית פרשת בראשית פרק ה פסוק כט
זה ינחמנו ממעשנו ומעצבון ידינו. שמא לא נתכוון לכך אלא ניצק מפיו לקרותו על העתיד להיות בימיו, **וזו היא הנחמה, שבימיו כלה זרעו של קין, שנתקללה האדמה בעבורו כדכתיב "לא תוסיף תת כחה לך"2, כל זמן שאתה וזרעך בעולם, וכיון שכלה זרעו של קין, התחילה [לחזור] לקדמתה, ולכך נאמר מן האדמה אשר ארדה ה'.**

אדרת אליהו בראשית פרשת בראשית פרק ה פסוק כט
לאמר זה ינחמנו. כשראו שינוי בארץ קראו אותו כן שקריא' שמות' לא הי' ביום לידתם רק לשם המעשה הנעשה בימיהם: מן האדמה. **שנתקללה בימי קין:**

3. Rashi explains that the blessing of Noach – or the manner he would counter the curse – was by creating a plow, which would make the dreary work of the land more manageable:

will bring us comfort from our actions and from the sadness of our hands **from the earth which has been cursed by God.**" God thought otherwise. In fact, He seems to "double down" on the curse, bringing mankind even more *etzev*, more pain, more regret, and not comfort.[4]

What was the catalyst for God's harsh response? The verses between Noach's birth and naming and the response of God, provide the answer:

רש"י בראשית פרשת בראשית פרק ה פסוק כט

זֶה יְנַחֲמֵנוּ - יָנַח מִמֶּנּוּ אֶת עִצְּבוֹן יָדֵינוּ. **עַד שֶׁלֹּא בָא נֹחַ לֹא הָיָה לָהֶם כְּלֵי מַחֲרֵשָׁה וְהוּא הֵכִין לָהֶם וְהָיְתָה הָאָרֶץ מוֹצִיאָה קוֹצִים וְדַרְדָּרִים כְּשֶׁזּוֹרְעִים חִטִּים, מִקִּלְלָתוֹ שֶׁל אָדָם הָרִאשׁוֹן,** וּבִימֵי נֹחַ נָחָה, וְזֶהוּ יְנַחֲמֵנוּ, וְאִם לֹא תְפָרְשֵׁהוּ כָּךְ אֵין טַעַם הַלָּשׁוֹן נוֹפֵל עַל הַשֵּׁם וְאַתָּה צָרִיךְ לִקְרוֹת שְׁמוֹ מְנַחֵם:

"This will comfort us" – He will ease from off us (ינחמנו) the toil of our hands. For until Noach came people had no agricultural instruments and he prepared such for them. The earth had brought forth thorns and thistles when they sowed wheat in consequence of the curse imposed upon Adam HaRishon: In the days of Noach, however, this ceased (Tanchuma 1:1:11). This is what is meant by the word ינחמנו (viz., ינח מנו). If, however, you do not explain it in this manner, but from the root נחם "to comfort," then the meaning you give to this expression (connecting it with the idea of "comfort") will have no application to the name נח, and you would have to call him מנחם, "Comforter." (Rashi, Bereishit 5:29)

4. Others understand the discomfort differently: The Rosh cites a teaching from Rav Yehudah HaChasid that prior to Noach, people's hands were different and the joints did not provide the same dexterity. With fingers that could not bend, the opposable thumb was of little service. Also see Hadar Zekeinim:

רא"ש בראשית פרשת בראשית פרק ה פסוק כט

זה ינחמנו ממעשינו קבלה היתה בידם שלא תפסוק הקללה עד שיולד אדם מהול ונח נולד מהול אמרו זה ינחמנו. נמצא בשם ר' יהודה החסיד ז"ל שקודם שנולד נח לא היה להם פיסוק אצבעות והיו חורשים בידיהם ונח נולד בחילוק אצבעות ולא היה בו כח לחרוש בידיו וזה שאחז"ל מחרישות תקן להם:

זה ינחמנו לפי שנתקללה הארץ בעבור אדם הראשון כשמת היה נח במקום אדם והוא הפסיק הקללה והכי איתא גם בפסיקתא דר' אליעזר:

הדר זקנים בראשית פרשת בראשית פרק ה פסוק כט

זה ינחמנו. היה לו לקוראו מנחם אלא לשון נופל על הלשון ינחמנו ינח ממנו. וא"ת אמאי והא אמרי' נביא גדול היה למך שקרא בנו נח. י"ל ראה שהיה לו פיסוק אצבעות וכל ראשי האצבעות דבוקות יחד...

בראשית פרשת בראשית פרק ה פסוק כט - פרק ו פסוק ו

(כט) וַיִּקְרָא אֶת־שְׁמוֹ נֹחַ לֵאמֹר זֶה יְנַחֲמֵנוּ מִמַּעֲשֵׂנוּ וּמֵעִצְּבוֹן יָדֵינוּ
מִן־הָאֲדָמָה אֲשֶׁר אֵרְרָהּ ה׳: (ל) וַיְחִי־לֶמֶךְ אַחֲרֵי הוֹלִידוֹ אֶת־נֹחַ חָמֵשׁ
וְתִשְׁעִים שָׁנָה וַחֲמֵשׁ מֵאֹת שָׁנָה וַיּוֹלֶד בָּנִים וּבָנוֹת: (לא) וַיְהִי כָּל־יְמֵי־לֶמֶךְ
שֶׁבַע וְשִׁבְעִים שָׁנָה וּשְׁבַע מֵאוֹת שָׁנָה וַיָּמֹת: (לב) וַיְהִי־נֹחַ בֶּן־חֲמֵשׁ מֵאוֹת
שָׁנָה וַיּוֹלֶד נֹחַ אֶת־שֵׁם אֶת־חָם וְאֶת־יָפֶת: **פרק ו** (א) וַיְהִי כִּי־הֵחֵל הָאָדָם
לָרֹב עַל־פְּנֵי הָאֲדָמָה וּבָנוֹת יֻלְּדוּ לָהֶם: (ב) וַיִּרְאוּ בְנֵי־הָאלקים אֶת־בְּנוֹת
הָאָדָם כִּי טֹבֹת הֵנָּה וַיִּקְחוּ לָהֶם נָשִׁים מִכֹּל אֲשֶׁר בָּחָרוּ: (ג) וַיֹּאמֶר ה׳
לֹא־יָדוֹן רוּחִי בָאָדָם לְעֹלָם בְּשַׁגַּם הוּא בָשָׂר וְהָיוּ יָמָיו מֵאָה וְעֶשְׂרִים שָׁנָה:
(ד) הַנְּפִלִים הָיוּ בָאָרֶץ בַּיָּמִים הָהֵם וְגַם אַחֲרֵי־כֵן אֲשֶׁר יָבֹאוּ בְּנֵי הָאלקים
אֶל־בְּנוֹת הָאָדָם וְיָלְדוּ לָהֶם הֵמָּה הַגִּבֹּרִים אֲשֶׁר מֵעוֹלָם אַנְשֵׁי הַשֵּׁם: פ
מפטיר (ה) וַיַּרְא ה׳ כִּי רַבָּה רָעַת הָאָדָם בָּאָרֶץ וְכָל־יֵצֶר מַחְשְׁבֹת לִבּוֹ רַק
רַע כָּל־הַיּוֹם: (ו) וַיִּנָּחֶם ה׳ כִּי־עָשָׂה אֶת־הָאָדָם בָּאָרֶץ וַיִּתְעַצֵּב אֶל־לִבּוֹ:

> He called his name Noach saying: This one will bring us comfort from our actions and from the sadness of our hands from the earth which has been cursed by God. After the birth of Noach, Lamech lived 595 years and begot sons and daughters. All the days of Lamech came to 777 years; then he died. When Noah had lived 500 years, Noach begot Shem, Cham, and Yafet. [**Chapter 6**] It happened, when men began to multiply upon the surface of the ground, and daughters were born to them, that the sons of the powerful saw that the daughters of man were beautiful, and they took for themselves wives of all that they chose. God said, "My spirit will not strive with man forever, because he also is flesh; and his days will be one hundred twenty years." The *Nefilim* were in the earth in those days, and also after that, when the sons of the powerful took with the daughters of man, and they bore them children. They were the mighty men of the ages, men of renown. God saw that the wickedness of man was great on the earth, and that every inclination of the thoughts of his heart was only evil all day long. And God regretted that He had made man on earth, and His heart was saddened. (Bereishit 5:29–6:6)

The breakdown is identified with sexual violence and corruption, a society without a moral compass. While Noach will not be a part of the solution, he will be used to facilitate the appropriate punishment.

Why did Lemech have such high hopes with the birth of this child? Was he delusional, out of touch with the reality around him? In fact, he seems to have read the situation more accurately than we might have guessed; the text seems to bear out his optimism. Despite the chaos and corruption around him, Lemech's son is different:

בראשית פרשת בראשית פרק ו

(ח) וְנֹחַ מָצָא חֵן בְּעֵינֵי ה׳: (ט) אֵלֶּה תּוֹלְדֹת נֹחַ נֹחַ אִישׁ צַדִּיק תָּמִים הָיָה
בְּדֹרֹתָיו אֶת־הָאֱלֹקִים הִתְהַלֶּךְ־נֹחַ:

Noach found favor in the eyes of God. These are the generations of Noach. Noach was an innocent[5] man, perfect in his generation Noach walked with God. (Bereishit 6:8–9)

While the rest of the generation displeased God, Noach pleased God. While the others were guilty, Noach was innocent. While the others ignored the word of God and were not God-fearing, Noah walked with God – but he was not the first to have done so. There was another individual who had walked with God generations before; his name was Chanoch (Enoch), and he was Noach's great-grandfather:

בראשית פרשת בראשית פרק ה

(יח) וַיְחִי־יֶרֶד שְׁתַּיִם וְשִׁשִּׁים שָׁנָה וּמְאַת שָׁנָה וַיּוֹלֶד אֶת־חֲנוֹךְ: (יט) וַיְחִי־
יֶרֶד אַחֲרֵי הוֹלִידוֹ אֶת־חֲנוֹךְ שְׁמֹנֶה מֵאוֹת שָׁנָה וַיּוֹלֶד בָּנִים וּבָנוֹת: (כ) וַיִּהְיוּ
כָּל־יְמֵי־יֶרֶד שְׁתַּיִם וְשִׁשִּׁים שָׁנָה וּתְשַׁע מֵאוֹת שָׁנָה וַיָּמֹת: פ (כא) וַיְחִי
חֲנוֹךְ חָמֵשׁ וְשִׁשִּׁים שָׁנָה וַיּוֹלֶד אֶת־מְתוּשָׁלַח: (כב) **וַיִּתְהַלֵּךְ חֲנוֹךְ אֶת־**
הָאֱלֹקִים אַחֲרֵי הוֹלִידוֹ אֶת־מְתוּשֶׁלַח שְׁלֹשׁ מֵאוֹת שָׁנָה וַיּוֹלֶד בָּנִים
וּבָנוֹת: (כג) **וַיְהִי כָּל־יְמֵי חֲנוֹךְ חָמֵשׁ וְשִׁשִּׁים שָׁנָה וּשְׁלֹשׁ מֵאוֹת שָׁנָה:**
(כד) **וַיִּתְהַלֵּךְ חֲנוֹךְ אֶת־הָאֱלֹקִים וְאֵינֶנּוּ כִּי־לָקַח אֹתוֹ אלקים:**

(18) Yared (Jared) lived one hundred sixty-two years and fathered Chanoch. (19) Yared lived after he fathered Chanoch eight hundred years, and he fathered sons and daughters. (20) All the days of Yared were nine hundred sixty-two years,

5. As per the translation of the Targum Onkelos:

תרגום אונקלוס בראשית פרשת נח פרק ו פסוק ט

אִלֵּין תּוֹלְדָת נֹחַ נֹחַ גְּבַר זַכַּאי שְׁלִים הֲוָה בְּדָרוֹהִי בְּדַחְלְתָא דַייָ הַלֵּיךְ נֹחַ.

> and he died. (21) Chanoch lived sixty-five years and fathered Metushelach (Methuselah). (22) Chanoch walked with God after he fathered Metushelach three hundred years, and he fathered sons and daughters. (23) All the days of Chanoch were three hundred sixty-five years. (24) Chanoch walked with God, and he was no more, for God took him. (Bereshit 5:18–24)

Chanoch also walked with God, and the result was his disappearance. The nature of his disappearance may help us understand his "walking with God." Chanoch lives fewer years than the others in his family line, he dies at three hundred and sixty-five, all of his ancestors average a life span of over nine hundred years. Some see him as being so good, or walking with God in such a profound way, that he was too good to be of this world and was returned to Eden – and never died. The word death is not mentioned in his disappearance, rather "he ceased to be, for God took him." While the Targum Neophiti leaves his disappearance as a mystery,[6] the Pseudo-Yonatan says that Chanoch ascended to heaven:

תרגום המיוחס ליונתן פרשת בראשית פרק ה פסוק כד
וּפְלַח חֲנוֹךְ בְּקוּשְׁטָא קֳדָם יְיָ וְהָא לֵיתוֹהִי עִם דַיְירֵי אַרְעָא אֲרוּם אִתְנְגִיד וְסַלִיק לִרְקִיעָא בְּמֵימַר קֳדָם יְיָ וּקְרָא שְׁמֵיהּ מִיטַטְרוֹן סַפְרָא רַבָּא:

כתר יונתן בראשית פרשת בראשית פרק ה פסוק כד
וַיַּעֲבֹד חֲנוֹךְ בֶּאֱמֶת לִפְנֵי יְיָ וְהִנֵּה אֵינֶנּוּ עִם תּוֹשָׁבֵי הָאָרֶץ כִּי נִלְקַח וְעָלָה לָרָקִיעַ בְּמַאֲמָר לִפְנֵי יְיָ וַיִּקְרָא שְׁמוֹ **מְטַטְרוֹן** הַסּוֹפֵר הַגָּדוֹל:

> And Chanoch served God in truth and he no longer lived among those who inhabit the earth. For he was taken and went up to heaven by the word before God, who named him Metatron the great scribe. (Targum Pseudo-Yonatan, Bereishit 5:24)

---

6. See Targum Yerushalmi Neophiti 5:24:

תרגום ירושלמי (ניאופיטי) בראשית פרשת בראשית פרק ה פסוק כד
ופלח חנוך בקושטא קדם ייי **ולית ידיע אן הוא** (....) אתנגד במימר מן קדם ייי.

Other commentaries are even more specific: Chanoch was taken away – untouched by death, back to the Garden of Eden.[7] The curse of death is visited on others, on those who deserve to die; Chanoch does not merit this same fate. He is of a higher order, and is worthy of returning to the Garden, where he lives as Adam before the sin – beyond the reach of death.

---

7. See Derech Eretz 1:18; Ralbag, Bereishit 5:23; Radak and Chizkuni, Bereishit 5:24:

מסכתות קטנות מסכת דרך ארץ פרק א הלכה יח

תשעה נכנסו בחייהם לגן עדן, ואילו הן, חנוך, אליהו, ומשיח, ואליעזר עבד אברהם, ועבד מלך הכושי, וחירם מלך צור, ויעבץ בן בנו של ר׳ יהודה הנשיא, וסרח בת אשר, ובתיה בת פרעה, ויש אומרים, הוצא חירם מלך צור, והכנס תחתיו ר׳ יהושע בן לוי.

רלב"ג ביאור הפרשה בראשית פרשת בראשית פרק ה פסוק כג

(כג-כד) והנה סיפר על חנוך שהלך בדרכי ה׳ יתעלה אחר שהוליד את מתושלח - וזה מורה כי קודם זה לא הלך בדרכי ה׳ אבל הלך בדרכי אנשי דורו. והנה כאשר התבונן בטבע הנמצאות והשיג מאמיתת ה׳ יתעלה מה שלא הושג לאנשי דורו, **עבד ה׳ יתעלה שלוש מאות שנה, ואחר כן לקחו ה׳ יתעלה, רוצה לומר שהושמה נפשו בגן עדן,** כטעם ׳ואַחַר כבוד תִּקָּחֵנִי׳ (תהלים עג, כד). **והנה לזאת הסיבה לא זכר בו מיתה, וזכרה בשאר האנשים אשר נזכרו עימו, להורות על ההבדל שהיה בינו וביניהם, כי הוא השלים נפשו והגיע בו שלמותו, ושאר האנשים ההם מתו בלא חמדה.**

חזקוני בראשית פרשת בראשית פרק ה פסוק כד

ואיננו לפי שהיה קצר ימים לפי האחרים נראה כמי שלא היה. ואיננו כי לקח אתו אלקים תרגם אונקלוס ואיתוהי ארי לא אמית יתיה. פי׳ והנה הוא עומד וקים שהרי לא המית אותו הקדוש ברוך הוא ועתיד לבא עם אליהו בעת הגאולה. וכל אין ואיני שבתלמוד פירוש אחר ואיננו זה. ובתרגום ירושלמי מתרגמינן והא לית הוא ארי איתנגיד במימר מן קדם ה׳ ולפי תרגום ירושלמי צריך לומר לקח אתו לשון מיתה כמו קח נא את נפשי אך אלקים יפדה נפשי. מיד שאול כי יקחני סלה. והוא דרך כבוד שהרי צדיק היה.

רד"ק בראשית פרשת בראשית פרק ה פסוק כד

...**ודעת התרגום גם קצת חכמים כי חנוך ואליהו הכניסם האל חיים בגן עדן בנפש ובשר ועודם שם חיים אוכלים מפרי העץ ועובדים את ה׳ כמו שהיה אדם הראשון קודם שחטא ויהיו שם עד ימות המשיח**; יש לשאול כי בספור אלה התולדות מאדם ועד נח אמר וימת, ובספור תולדות נח לא אמר כן? ואמרו לפי שמתו במבול אמר באלה וימת, ולדעתנו, כי הנזכרים היו צדיקים וטובים לא מת אחד מהם במבול, אלא תולדותיהם שלא היו טובים, וכל אלה מתו קודם המבול כמו שנמצא בחשבון ימיהם, והנכון, לפי שהיו שנותיהם ארוכים מאוד אמר בהם וימת כלומר חיו כל אלה השנים והולידו תולדות ואחר מתו, אבל בספור התולדות מנח ועד אברהם לא היו כל כך מופלגים בחייהם לא אמר בהם וימת:

The Netziv attributes Chanoch's fate to the results of religious ecstasy.[8] Chanoch's desire to be near God caused his disappearance from this world.[9] According to this approach, Chanoch achieved spiritual perfection that enabled him to shed the physical constraints of this world and achieve unique proximity to God in the non-physical sphere.

On the other hand, there are those who see Chanoch as far less perfect in his spirituality. Rashi, following the Midrashic approach, describes Chanoch as tainted. Although righteous, Chanoch was inconsistent, his spiritual landscape was made up of peaks and valleys. In an act of kindness, God took him before he slipped from the apex of his spiritual peak, before his fall into bad behavior; hence his relatively short life:

רש"י בראשית פרשת בראשית פרק ה פסוק כד

וַיִּתְהַלֵּךְ חֲנוֹךְ - צַדִּיק הָיָה וְקַל בְּדַעְתּוֹ לָשׁוּב לְהַרְשִׁיעַ, לְפִיכָךְ מִהֵר הַקָּבָּ"ה וְסִלְּקוֹ וֶהֱמִיתוֹ קֹדֶם זְמַנּוֹ, וְזֶהוּ שֶׁשִּׁנָּה הַכָּתוּב בְּמִיתָתוֹ לִכְתֹּב וְאֵינֶנּוּ בָּעוֹלָם - לְמַלְּאוֹת שְׁנוֹתָיו:

כִּי־לָקַח אֹתוֹ - לִפְנֵי זְמַנּוֹ, כְּמוֹ הִנְנִי לֹקֵחַ מִמְּךָ אֶת מַחְמַד עֵינֶיךָ:

"And Chanoch walked [with God]" – He was a righteous man, but his mind was easily induced to turn from his righteous ways and to become wicked. The Holy One, blessed be He, therefore took him away quickly and made him die before his full time.

---

8. See Haamek Davar, Bereishit 5:24:

העמק דבר בראשית פרשת בראשית פרק ה פסוק כד

ויתהלך חנוך וגו׳. פעם אחת היה מתבודד ומשקיע עצמו באהבת ה׳ עד שהגיע לעלות לרקיע:

ואיננו. נאבד ונעלם מבני דורו: כי לקח אתו אלקים. באשר חפשו אתו כמו שאמרו בני הנביאים על אליהו [מ"ב ב׳ ט"ז] פן נשאו רוח ה׳ וישליכהו באחד ההרים וגו׳, על כן הודיע הכתוב כי באמת לקח אותו אלקים:

9. Rashi, in his comments regarding the death of Ben Azzai, uses a similar description, which seems to be the source for the thoughts of the Netziv. Ironically (or not) Chanoch – who according to some opinions morphs into Metatron – also has a role in the Pardes story. For more on this see *The Crowns on the Letters*, p. 222 n. 8.

> This is why Scripture uses a different expression when referring to his death by writing "and he was not," meaning, he was not in the world to complete the number of his years.
>
> For God took him – before his time; a similar meaning of "to take" we find in (Yechezkel 24:16), "I take away from you what your eyes desire [by a plague]." (Rashi, Bereishit 5:24)[10]

Others see the removal of Chanoch as an act to save him from the wickedness of his generation.[11]

The Seforno offers what may be the most intriguing insight, describing Chanoch and Noach in the same manner:

Both Chanoch and Noach are described as "walking with Elokim" – the name of God that denotes judgment. This very particular phrasing indicates, for many commentaries, that both Noach and Chanoch were innocent of transgression; they broke no laws, committed none of the crimes that were so rampant in their surroundings. However, this statement says nothing about their proactive, positive behavior. We know what they did not do, but we are given no information about what they did do. Nonetheless, the Seforno eschews this interpretation and prefers to understand the idiom of "walking with Elokim" as *imitatio dei*, following the attributes of God:[12]

---

10. Rashi is based upon Bereishit Rabbah 25:1:

בראשית רבה (וילנא) פרשת בראשית פרשה כה סימן א
[א] וַיִּתְהַלֵּךְ חֲנוֹךְ אֶת הָאלקים וְאֵינֶנּוּ כִּי לָקַח אֹתוֹ אלקים - אָמַר רַבִּי חָמָא בַּר הוֹשַׁעְיָא אֵינוֹ נִכְתַּב בְּתוֹךְ טִימוֹסָן שֶׁל צַדִּיקִים אֶלָּא בְּתוֹךְ טִימוֹסָן שֶׁל רְשָׁעִים. אָמַר רַבִּי אַיְבוּ חֲנוֹךְ חָנֵף הָיָה, **פְּעָמִים צַדִּיק פְּעָמִים רָשָׁע, אָמַר הַקָּדוֹשׁ בָּרוּךְ הוּא עַד שֶׁהוּא בְּצִדְקוֹ אֲסַלְּקֶנּוּ.**

11. See Bechor Shor, Bereishit 5:24:

בכור שור בראשית פרשת בראשית פרק ה פסוק כד
ויתהלך חנוך את האלקים. לפי שהיה קצר - ימים, שהאחרים היו חיים ט׳ מאות לבד הפרט, והוא לא חי אלא ג׳ מאות ופרט, והיה סבור שברשעו מת בחצי - ימיו, לכך הוא אומר: "ויתהלך חנוך [את האלקים"], שחסיד גמור היה. ואיננו בעולם כי מת בשליש ימיו, כי לקח אותו אלקים וסילק אותו מבין הרשעים ההמה, כי "בעבדיו לא יאמין".

12. See Devarim 13:5 (also see Devarim 28:9); Talmud Bavli, *Sotah* 14a (and *Shabbat* 133b):

ספורנו בראשית פרשת בראשית פרק ה פסוק כב

ויתהלך חנוך את האלקים. התהלך בדרכיו להיטיב לזולתו בצדקה ותוכחת:

He walked in the paths pleasing to God in order to rebuke and call to order the people of his time. (Seforno, Bereishit 5:22)

ספורנו בראשית פרשת נח פרק ו

(ט) את האלקים התהלך נח. הלך בדרכיו להטיב לזולתו והוכיח בני דורו, כדברי רבותינו זכרונם לברכה....

He walked in God's way trying to be helpful to others, and to instruct and if necessary to rebuke them, as our Sages pointed out.... (Seforno 6:9–10)

According to the Seforno, Chanoch and Noach were spiritual twins, both proactively tried to help others by teaching and admonishing, and rebuking when necessary, in an attempt to change the tide of history.

Seforno's approach fails to address one problem: As we noted, both men "walked with Elokim," the Almighty God of Judgment, rather than with the Eternal, the God of Compassion. We must also ask why

---

דברים פרשת ראה פרק יג פסוק ה

אַחֲרֵי ה׳ אֱלֹהֵיכֶם תֵּלֵכוּ וְאֹתוֹ תִירָאוּ וְאֶת־מִצְוֹתָיו תִּשְׁמֹרוּ וּבְקֹלוֹ תִשְׁמָעוּ וְאֹתוֹ תַעֲבֹדוּ וּבוֹ תִדְבָּקוּן:

תלמוד בבלי מסכת סוטה דף יד עמוד א

ואמר רבי חמא ברבי חנינא, מאי דכתיב: אחרי ה׳ אלהיכם תלכו? וכי אפשר לו לאדם להלך אחר שכינה? והלא כבר נאמר: כי ה׳ אלהיך אש אוכלה הוא! אלא להלך אחר מדותיו של הקדוש ברוך הוא, מה הוא מלביש ערומים, דכתיב: ויעש ה׳ אלקים לאדם ולאשתו כתנות עור וילבישם, אף אתה הלבש ערומים; הקדוש ברוך הוא ביקר חולים, דכתיב: וירא אליו ה׳ באלוני ממרא, אף אתה בקר חולים; הקדוש ברוך הוא ניחם אבלים, דכתיב: ויהי אחרי מות אברהם ויברך אלקים את יצחק בנו, אף אתה נחם אבלים; הקדוש ברוך הוא קבר מתים, דכתיב: ויקבר אותו בגיא, אף אתה קבור מתים.

דברים פרשת כי תבוא פרק כח, ט

(ט) יְקִימְךָ ה׳ לוֹ לְעַם קָדוֹשׁ כַּאֲשֶׁר נִשְׁבַּע־לָךְ כִּי תִשְׁמֹר אֶת־מִצְוֹת ה׳ אֱלֹקֶיךָ וְהָלַכְתָּ בִּדְרָכָיו:

תלמוד בבלי מסכת שבת דף קלג עמוד ב

אבא שאול אומר: ואנוהו - הוי דומה לו: מה הוא חנון ורחום - אף אתה היה חנון ורחום.

the ultimate fates of Chanoch and Noach were so different from one another if they were so similar in their spirituality, their goals, their interaction with others.

The Rashbam's comments[13] invite us to take a step back and consider Noach in the context of his birth. Rashbam explains the hope expressed when Noach was born by drawing our attention to a simple fact that emerges from the text, specifically from the list of births, deaths and the lifespans of Noach's ancestors: Noach was the first person born after the death of Adam.[14] Adam had lived to see eight generations of descendants:

---

13. There is some intrigue in reconstructing the commentary of the Rashbam to these chapters of Bereishit – which is beyond the scope of this essay. For these comments of the Rashbam see the version in the Bar Ilan Responsa project, which seem to be based on R. Chaim Paltiel, Bereishit 5:29. However see the version in AlHatorah.org, and the explanatory note at the end of the citation https://mg.alhatorah.org/Full/Bereshit/5.29#eon6.

ר׳ חיים פלטיאל בראשית פרשת בראשית פרק ה פסוק כט
ד״א זה ינחמינו. וא״ת כיון שאומרים נביא גדול היה עבר שקרא לבנו פלג למה אין אומ׳ נביא גדול היה למך שקרא לבנו נח. **ותירץ רשב״ם** שזה היה ראשון לנולדים אחר מיתת אדם ולכך קראו נח שאמר י״ר שיתקן זה עוותו של זה, ולשון תפילה הוא ינחמנו ינח ממנו כלומר שיעשה לנו הנחה וקורת רוח, אבל לשם לא שייך למימר לשון תפילה אלא לשון נביאות הוא. אי נמי י״ל קודם שנולד נח.

רשב״ם המשוחזר בראשית פרשת בראשית פרק ה פסוק כט
זה ינחמנו - לפי שמת אדם הראשון בחיי למך כשהיה למך בן קכ״ו לפי חשבון הדורות הכתובים בפרשה, ונמצא שנח בנו של למך הוא הראשון שנולד תחלה אחר מיתה של אדם הראשון, לכך אמר אביו של נח כשנולד זה בנו נולד במזל טוב שכבר מת אדם ותקל ממנו הגזרה שנגזרה על אדם: ארורה האדמה בעבורך בעצבון תאכלנה כל ימי חייך (בראשית ג׳:י״ז), עד שובך אל האדמה (בראשית ג׳:י״ט), משמע כי לאחר אדם הראשון מיד שימות תבטל הגזרה, דלא יאכלו עוד בעצבון. והכי משמע: בני ינחמנו מן האדמה אשר ארה כל ימי אדם.

(שוחזר ממנחת יהודה וליקוט אוקספורד-מינכן, ועיינו בהרחבה בשחזור פירוש רשב״ם האבוד לבראשית א׳-י״ז, עמ׳ 192 ואילך.)

14. Also see the Riva and Hadar Zekeinim:

ריב״א בראשית פרשת בראשית פרק ה פסוק כט
זה ינחמינו ממעשנו ומעצבון ידינו. וא״ת וכי נביאים היו שיהיו יודעים מה שהיה עתיד להם. וי״ל לפי שכתוב ארורה האדמה וגו׳ עד שובך אל האדמה וגו׳. משמע ומיד שתמות ותשוב אל האדמה תבטל הגזרה. **והוא היה ראשון שנולד אחר שמת אדם ולכך אמרו עליו זה ינחמנו. וראה וחשוב שנותיו של אדם ותמצא שמת בימי**

רשב"ם בראשית פרשת בראשית פרק ה פסוק כט

זה ינחמינו - (ואם תאמר כיון שאמרו נביא גדול היה עבר שקרא לבנו פלג, למה אין אומר נביא גדול היה למך שקרא לבנו נח, ותירץ רשב"ם) **שזה היה ראשון לנולדים אחר מיתת אדם ולכך קראו נח שאמר יהי רצון שיתקן זה עיותו של זה ולשון תפלה** הוא ינחמנו ינח ממנו כלומר שיעשה לנו הנחה וקורת רוח, אבל לשם לא שייך למימר לשון תפלה אלא לשון נביאות. אי נמי יש לומר קודם שנולד נח:

When Noach was born, in the year 1056, his father and grandfather were still alive.[15] His great-grandfather Chanoch was gone – for he alone died (or was taken) young. However, another four generations of ancestors beyond Chanoch were also still alive. In other words, Noach was born surrounded by nine generations of people who averaged 900 years of life; most of his ancestors were still alive when Noach was born. For these people, death must have seemed to be extremely rare. Until Adam's death in the year 930, no one had died of natural causes; Hevel's murder was of a different order altogether. And Chanoch's death – or disappearance – was Divine. Death, until that point, was not perceived as "natural."

למך אבי נח ששים שנ' קודם שנולד נח. והקש' רשב"ם מה לנו שנות רשעים למנות בכתובים בפרש' זו. וי"ל שכן דרכם של נביאים זה אחר זה כדי להודיע השנים מבריאת העולם כי מתוך השנים ומנינם הכתובים כאן ומנין שנת הדורות הכתובים עד משה רבינו ומנין שעבוד מצרים דכתיב ומושב בני ישראל אשר ישבו בארץ מצרים וגו' ומנין מ' למדנו מנין שנים אשר מבריאת עולם עד שנכנסו ישראל לארץ. וכבר מפורש בנביאים מנין השנים אשר מיציאת מצרים עד בנין בית ראשון ומבנינו עד חרבנו ומתוך דברי דניאל למדנו מנין השנים אשר מחרבן בית ראשון עד חרבן בית שני. וכתב על זה שבועים שבעים נחתך על עמך: פי' שבעים מגלות בבל וה' מאות ועשרים שעמד בית שני. הרי כאן שבעים פעמים שבעה שנים וזהו שבועים שבעה. ודוק ותשכח:

הדר זקנים בראשית פרשת בראשית פרק ה פסוק כט

...עי"ל דבשעה שנולד מת אדם הראשון:

15. See Seder Olam Chapter 1:

סדר עולם רבה (ליינר) פרק א

מאדם עד המבול אלף ותרנ"ו שנים, וזה פרטן, אדם ק"ל, שת ק"ה, אנוש צ', קינן ע', מהללאל ס"ה, ירד קס"ב, חנוך ס"ה, מתושלח קפ"ז, למך קפ"ב ונח בן שש מאות שנה וגו' (בראשית ז ו). חנוך קבר את אדם, וחיה אחריו נ"ז שנה, מתושלח מיצה ימיו עד המבול, מן המבול עד הפלגה ש"מ שנה, נמצא נח חיה אחר הפלגה עשר שנים אבינו אברהם היה בפלגה בן מ"ח שנה

Adam's descendants had heard a rumor about death, but nearly a millennium had gone by and no one had died. We cannot but wonder what sort of impact this might have had on their behavior, and on their lives. One could procrastinate for a hundred years and not feel that an opportunity had slipped away. Multiple generations had arrived on the stage of history; none had exited. And then, perhaps surprisingly, Adam died. His descendants may have seen his death as a personal punishment, fulfillment of God's promise, and assumed that death had run its course; the curse would begin and end with Adam. A new life came into the world; the child called Noach would bring comfort, and a new world order, free of the stain of sin and the curse of sorrow and death, could begin.[16]

There was counter-evidence, warning signs that this was no more than wishful thinking: Adam's son Shet had also died before Noach was born. The rest of Adam's descendants should have understood that Adam's fate was their own, and the curse would be carried by all humanity. They should have understood that, as God had warned, eating from the forbidden tree had brought death into the world and irreversibly altered the human experience. Just as Chava was cursed with the pain of childbirth and that curse was now part and parcel of human procreation, so, too, the people should have understood that death was here to stay. Instead, they chose to explain Shet's death on an individual level: Perhaps they preferred to explain Shet's death as the extension of Chava's private punishment. Perhaps seeing her son die was Chava's personal sorrow, a punishment that would begin and end with her. We can imagine them ascribing Shet's death to the curse with which Chava was punished: if she was doomed to bear children in pain, this was surely pain.

---

16. See the comments of the Rosh, who says (in the name of the Pesikta) that Noach was seen as a replacement for Adam:

רא״ש בראשית פרשת בראשית פרק ה פסוק כט
זה ינחמנו ממעשינו קבלה היתה בידם שלא תפסוק הקללה עד שיולד אדם מהול ונח נולד מהול אמרו זה ינחמנו.... זה ינחמנו לפי שנתקללה הארץ בעבור אדם הראשון כשמת היה נח במקום אדם והוא הפסיק הקללה והכי איתא גם בפסיקתא דר׳ אליעזר:

Perhaps they all hoped that Noach would cause the pain to be forgotten, and that the punishment of death had already been exacted upon humankind. This was a new world, a world of life – and by extension, a world devoid of responsibility, a world with no need for morality, a world in which everyone would live forever.

What of the one man who had died young, Chanoch? He was a righteous man who died after Adam and before Shet; they could not explain his death.[17] Could it be that they preferred to say that he simply "disappeared"? Perhaps some took this as evidence that "only the good die young" – and concluded that a life of righteousness was not desirable.

The birth of Noach presented a new possibility for engagement with God, and they assumed that this engagement would be on different terms. The curse of the earth would be lifted – and in their minds the curse that hung over Adam's head had run its course. They were to be freed of the sorrow, left to sip the waters of the fountain of youth.

But something else happened instead. One after another, Noach's ancestors perished. By the time the flood arrived in the six hundredth year of his life, Noach was alone, an orphan; in short order, Noach lost seven generations of ancestors. But that was not the worst of it: Rather than a fountain of youth, a flood covered the earth. Instead of being surrounded by teeming life, Noah was surrounded by death. Life as they had known it – long and self-absorbed – would come to end, and people would begin to live with the end in sight. The flood brought with it the realization that everyone dies – which was a far cry from the reality they had perceived not too long before the rain began to fall.

---

17. He died of natural causes, with no explanation; see Ibn Ezra, Bereishit 5:24:

אבן עזרא בראשית פרשת בראשית פרק ה פסוק כד

ואיננו כי **לקח** אותו אלקים. מת. וכן **קח** נא את נפשי (יונה ד, ג), הנני לוקח ממך את מחמד עיניך (יחז' כד, טז), ואח"כ פירש מה היה ותמת אשתו. וזאת הלקיחה על חנוך אין שם זכר מגפה, ולא וימת. והטעם אשר כתוב בדברי אסף (תה' עג, כד) ואחר כבוד תקחני, וכן במזמור בני קרח (שם מט, טז) אך אלקים יפדה נפשי מיד שאול כי יקחני סלה. **והמשכיל יבין:**

Instead of being a harbinger of life, Noach experienced the death of his ancestors; with death already in evidence all around him – and only then – he entered the ark. The flood completed the process that had already begun. The decadent generations who believed they were impervious to God's judgment, including the poisonous progeny of Kayin were washed away.[18] They thought they were beyond *Elokim*'s judgment, but Noach knew he wasn't. He "walked with *Elokim*" – he always kept the aspect of God's judgment in his consciousness as he went through life.

Noach's birth had brought hope for change, but those who were washed away had failed to appreciate the nature of the change.[19] After the flood a new world did, indeed emerge, a world in which people would live shorter lives, but hopefully honest, productive, decent lives. After the flood, everyone finally understood that everyone dies.

---

18. See Bechor Shor, Bereishit 5:29:

בכור שור בראשית פרשת בראשית פרק ה פסוק כט
זה ינחמנו ממעשנו ומעצבון ידינו. שמא לא נתכוון לכך אלא ניצק מפיו לקרותו על **העתיד להיות בימיו, וזו היא הנחמה, שבימיו כלה זרעו של קין, שנתקללה האדמה בעבורו כדכתיב "לא תוסיף תת כחה לך", כל זמן שאתה וזרעך בעולם, וכיון שכלה זרעו של קין, התחילה [לחזור] לקדמתה, ולכך נאמר מן האדמה אשר ארדה ה'.**

19. Rabbi Meir taught that death was good; see Bereishit Rabbah 9:5:

בראשית רבה (וילנא) פרשת בראשית פרשה ט סימן ה
בְּתוֹרָתוֹ שֶׁל רַבִּי מֵאִיר מָצְאוּ כָּתוּב וְהִנֵּה טוֹב מְאֹד, וְהִנֵּה טוֹב מוֹת.

In (the margin of) the Torah of Rabbi Meir they found it written "and behold everything was very good and behold death is good."

PARASHAT NOACH

The Terrible Secret
of the Tower

The story of the Tower of Bavel (Babel) is well known:[1] Mankind
unites to build an edifice designed to reach the heavens; God
descends and frustrates the plan; man is dispersed, and a language
barrier, not a tower, is erected:

בראשית פרשת נח פרק יא

(א) וַיְהִי כָל הָאָרֶץ שָׂפָה אֶחָת וּדְבָרִים אֲחָדִים: (ב) וַיְהִי בְּנָסְעָם מִקֶּדֶם
וַיִּמְצְאוּ בִקְעָה בְּאֶרֶץ שִׁנְעָר וַיֵּשְׁבוּ שָׁם: (ג) וַיֹּאמְרוּ אִישׁ אֶל רֵעֵהוּ הָבָה
נִלְבְּנָה לְבֵנִים וְנִשְׂרְפָה לִשְׂרֵפָה וַתְּהִי לָהֶם הַלְּבֵנָה לְאָבֶן וְהַחֵמָר הָיָה לָהֶם
לַחֹמֶר: (ד) וַיֹּאמְרוּ הָבָה נִבְנֶה לָּנוּ עִיר וּמִגְדָּל וְרֹאשׁוֹ בַשָּׁמַיִם וְנַעֲשֶׂה לָּנוּ
שֵׁם פֶּן נָפוּץ עַל פְּנֵי כָל הָאָרֶץ:

The entire earth had one language with uniform words. When
[the people] migrated from the east, they found a valley in the
land of Shinar, and they settled there. Man said to his friend,
"Come, let us mold bricks and fire them." They then had bricks
to use as stone, and clay for mortar. They said, "Come, let us

---

1. A shorter version of this essay was published in *A River Flowed from Eden*
(Kodesh Press, 2015), which in turn was based on a lecture I delivered on
October 13, 2012: https://www.yutorah.org/lectures/lecture.cfm/782651
/Rabbi_Ari_Kahn/The_Terrible_Secret_Behind_the_Tower

build ourselves a city, and a tower whose top shall reach the sky. Let us make ourselves a name, so that we will not be scattered over the face of the earth." (Bereishit 11:1–4)

We often start our analysis of a text with foreknowledge of the outcome. In this case God's involvement, and what sounds like a punishment, follows:

בראשית פרשת נח פרק יא

(ה) וַיֵּרֶד ה' לִרְאֹת אֶת־הָעִיר וְאֶת־הַמִּגְדָּל אֲשֶׁר בָּנוּ בְּנֵי הָאָדָם: (ו) וַיֹּאמֶר ה' הֵן עַם אֶחָד וְשָׂפָה אַחַת לְכֻלָּם וְזֶה הַחִלָּם לַעֲשׂוֹת וְעַתָּה לֹא־יִבָּצֵר מֵהֶם כֹּל אֲשֶׁר יָזְמוּ לַעֲשׂוֹת: (ז) הָבָה נֵרְדָה וְנָבְלָה שָׁם שְׂפָתָם אֲשֶׁר לֹא יִשְׁמְעוּ אִישׁ שְׂפַת רֵעֵהוּ: (ח) וַיָּפֶץ ה' אֹתָם מִשָּׁם עַל־פְּנֵי כָל־הָאָרֶץ וַיַּחְדְּלוּ לִבְנֹת הָעִיר: (ט) עַל־כֵּן קָרָא שְׁמָהּ בָּבֶל כִּי־שָׁם בָּלַל ה' שְׂפַת כָּל־הָאָרֶץ וּמִשָּׁם הֱפִיצָם ה' עַל־פְּנֵי כָּל־הָאָרֶץ:

God came down to see the city and the tower, which the children of men built. God said, "Behold, they are one people, and they have all one language, and this is what they begin to do. Now nothing will be withheld from them, which they intend to do. Come, let's go down, and there confuse their language, that they may not understand one another's speech." So God scattered them abroad from there on the surface of all the earth. They stopped building the city. Therefore, its name was called Bavel (Babel), because there God confused (*balal*) the language of all the earth. From there, God scattered them abroad on the surface of all the earth. (Bereishit 11:5–9)

While God is missing from the first four verses, He is mentioned multiple times in the verses that immediately follow. Moreover, while the people are frustrated in their plans to go **up** to heaven, they do "succeed" in bringing God **down**, if only to mete out their punishment (if indeed this was a punishment).

The commentator is left to look for clues to what must be assumed was nefarious behavior, and fill in the lacunae into the narrative.

In the first four verses, the text of the Torah is terse; much of the information is missing. We are told that the people gather in a valley and build a city and tower; more words are used to describe the actual construction than any other aspect of the story: They gather the raw materials and turn earth into bricks and the bricks into a structure.

At first glance, the text does not seem to describe any sin or rebellion; on the contrary, the narrative sounds uplifting:

> "The entire earth had one language with uniform words."

The people are unified. They speak one language. The description sounds idyllic, with overtones of utopia. The third verse uses the term *re'eiyhu* (man said to his "friend"), indicating a certain warmth and camaraderie.[2] Why did these people deserve to be punished? What was so wrong with this endeavor?

Rashi's comments on this verse signal that the text is anything but simple; he offers multiple interpretations:

רש"י בראשית פרשת נח פרק יא פסוק א

שפה אחת - לְשׁוֹן הַקֹּדֶשׁ:

ודברים אחדים - בָּאוּ בְעֵצָה אַחַת וְאָמְרוּ לֹא כָּל הֵימֶנּוּ שֶׁיָּבֹר לוֹ אֶת הָעֶלְיוֹנִים, נַעֲלֶה לָרָקִיעַ וְנַעֲשֶׂה עִמּוֹ מִלְחָמָה. דָּבָר אַחֵר עַל יְחִידוֹ שֶׁל עוֹלָם. דָּבָר אַחֵר וּדְבָרִים אֲחָדִים - אָמְרוּ אַחַת לְאֶלֶף ותרנ"ו (1656) שָׁנִים הָרָקִיעַ מִתְמוֹטֵט כְּשֵׁם שֶׁעָשָׂה בִּימֵי הַמַּבּוּל, בֹּאוּ וְנַעֲשֶׂה לוֹ סְמִיכוֹת (ב"ר):

---

2. This is the term used in Vayikra (19:18) in the verse that commands us to love our "neighbors." Similarly this same term is used for the loving relationship between man and woman, husband and wife, in the *sheva berachot*. See Rashi, *Ketuvot* 8a, who seems to connect the blessing of the *sheva berachot* with the mitzvah of loving one's neighbor. For more on this idea see *Echoes of Eden: Sefer Vayikra*, pp. 162 ff:

ויקרא פרשת קדשים פרק יט פסוק יח

לֹא־תִקֹּם וְלֹא־תִטֹּר אֶת־בְּנֵי עַמֶּךָ וְאָהַבְתָּ לְרֵעֲךָ כָּמוֹךָ אֲנִי ה׳:

תלמוד בבלי מסכת כתובות דף ח עמוד א

שמח תשמח ריעים האהובים, כשמחך יצירך בגן עדן מקדם, ברוך אתה ה׳ משמח חתן וכלה;

רש"י מסכת כתובות דף ח עמוד א

ריעים האהובים - החתן והכלה שהן ריעים האוהבים זה את זה.

> "one language" – The Holy Tongue (Hebrew).
> "and one speech" – They came with one plan, saying: "He has no right to select the heavenly regions exclusively for Himself; let us ascend to the skies and make war upon Him."
>
> Another explanation (of דברים אחדים which is taken to mean "words referring to 'One'"): Words regarding the Sole Being (God) in the Universe.
>
> Another explanation of ודברים אחדים is: They spoke דברים חדים "sharp" words; they said, "Once in every one thousand six hundred and fifty six years (the period that elapsed from the Creation to the Flood) there is a heaven-shaking, just as there was in the days of the Flood. Come then, and let us make supports for it." (Rashi, Bereishit 11:1)

According to these varied approaches, either the people were upset with God for taking the heavens for Himself, or they rejected the concept of God as the ultimate sovereign of the universe. Alternatively, we hear an echo of the flood, of which they were apparently aware; and in anticipation of a future calamity, they decided that it would be wise to take preventative steps and build a tower to avoid the deadly waters.

Several questions arise from a close reading of the verses that precipitate and then describe God's response. First, the name of God employed in this passage is YHVH, connoting kindness or compassion – not judgment.[3] If a punishment is to follow, why is this particular aspect of God invoked?

God's response seems to applaud the unity they had achieved, but the verse imparts a sense of disappointment in the ends to which this unity was used:

---

3. For an easily accessible source of this idea see Rashi, Bereishit 1:1 (and the sources upon which his comments are based):

רש"י בראשית פרשת בראשית פרק א פסוק א

ברא אלקים וְלֹא נֶאֱמַר בָּרָא ה', שֶׁבַּתְּחִלָּה עָלָה בְמַחֲשָׁבָה לִבְרֹאתוֹ בְּמִדַּת הַדִּין, רָאָה שֶׁאֵין הָעוֹלָם מִתְקַיֵּם, הִקְדִּים מִדַּת רַחֲמִים וְשִׁתְּפָהּ לְמִדַּת הַדִּין, וְהַיְינוּ דִּכְתִיב בְּיוֹם עֲשׂוֹת ה' אלקים אֶרֶץ וְשָׁמָיִם:

(ו) וַיֹּאמֶר ה' הֵן עַם אֶחָד וְשָׂפָה אַחַת לְכֻלָּם וְזֶה הַחִלָּם לַעֲשׂוֹת...

(6) "Behold, they are one people, and they have all one lan-
guage, and **this** is what they begin to do....

Interestingly, the tower itself seems secondary; it does not even war-
rant a mention when the dispersion is decreed. The entire enterprise,
and not the construction of the particular structure, was the prob-
lem:

(ח) וַיָּפֶץ ה' אֹתָם מִשָּׁם עַל־פְּנֵי כָל־הָאָרֶץ וַיַּחְדְּלוּ לִבְנֹת הָעִיר:

(8) God scattered them abroad from there on the surface of all
the earth, and they stopped building the **city**.

There is a basic question, one that should be obvious, that must be
raised: If their plan was to reach heaven – perhaps to "declare war" on
God, as some commentaries have suggested – why build in the low
terrain of the **valley** and not on a **mountain**? If the plan was to prevent
the destruction that would result from a future flood, why not build
on higher ground? Furthermore, building on a mountain would surely
have simplified the process and enhanced the results: Quarrying stone
would have been far more effective than making bricks. Why, then,
gather in a valley and suffer these disadvantageous conditions?

The text does not tell us why God deemed it necessary to halt
the project, but rabbinic sources reveal that there was something so
heinous about their plan that the record of the entire episode was
censored, and the shocking details suppressed. The Maharal tells us
that if one understood the true plan, one would know that these are
not real questions:[4]

---

4. The only commentary I came across who raised this question is the Maharal
in his Gur Aryeh (Bereishit 11:1), who then deflects it, and tells us not to ask
this question:

ספר גור אריה על בראשית פרשת נח פרק יא פסוק א
והשתא לא יקשה קושיא יבנו אותו בהר, שזה היה קשיא כאשר נפרש שלא היה המגדל
הזה רק לעלות בו, ואם כן יבנו אותו בהר, אבל עתה המגדל היה כמו השמים עצמו,
ודבר זה לא יתכן בהר, שאין ההר - שהוא מן הארץ - יש לו דמיון לזה. כלל הדבר
הזה שהמגדל הזה היה בנין על ידי פעולות זרות הידוע להם לאותו דור, עד שהיה

בראשית רבה (וילנא) פרשה נח פרשה לח סימן ו

רַבִּי אֶלְעָזָר אוֹמֵר וּדְבָרִים אֲחָדִים, דִּבּוּרִים אֲחָדִים. מַעֲשֶׂה דוֹר הַמַּבּוּל, נִתְפָּרֵשׁ. מַעֲשֶׂה דוֹר הַפְּלָגָה, לֹא נִתְפָּרֵשׁ.

Rabbi Eliezer said, one speech (unified speech) the actions of the generation of the flood were elucidated, the actions of the generation of the dispersal were not elucidated. (Bereishit Rabbah 38:6)

The Malbim cites this Midrash and adds that despite the cryptic nature of the text, the secret can be discerned:

מלבים על בראשית פרשת נח פרק יא פסוק א

ואמרו חז"ל מעשה דור הפלגה לא נתפרש, רק נבין ברמז מה היה החטא שלהם מן הספור:

The Rabbis said that the actions of the generation of the dispersal were not elucidated. One can discern hints from the narrative what their sin was. (Malbim, Bereishit 11:1)

Rabbenu Bachya says the verses are "closed":

רבנו בחיי על בראשית פרשת נח פרק יא פסוק ד

והנה הפסוקים סוגרים הדלת בעד המחשבות הרעות שהיו חושבים בלבם ולא רצו לפרסמם....ושמעתי כי בוני המגדל היו שבעים ואין ספק כי היה להם בזה כוונה ידועה:

Here the verses "closed the door" because of the evil thoughts which were in the hearts, and they did not wish to publicize them.... I have heard that there were seventy builders of the tower and without doubt they had a known intention. (Rabbenu Bachya, Bereishit 11:4)

The Radak adds that not everything in this section should be taken at face value, for these people were not so primitive – the word he uses is "stupid" – that they really believed that building a tall building could be a functional stairway to heaven.[5]

בנין זה מתנגד אל רצון השם יתברך, וסדור העולם אשר סדרו השם יתברך, ודי בזה ואין כאן מקום להאריך:

5. Radak, Bereishit 11:4:

There are those who defend the "censorship"of the text. Rabbi Yosef Patzanovski (1875–1942) in his Pardes Yosef writes:

פרדס יוסף על ספר בראשית פרשת נח פרק יא פסוק א

עוד יש לומר כיון שדור הפלגה פשטו ידם בעיקר והטיחו דברים קשים כלפי מעלה, ולא ניתנו לכתוב, וכדי בזיון וקצף לומר נעלה לרקיע ונעשה עמו מלחמה, ולכן לא נתפרשה, וכל שכן לפי דברי מקובלים שכתבו שקצצו בנטיעות, וכבוד אלקים הסתר דבר:

One can further say that this generation of dispersion reached out their hands towards foundation(al teachings) and they hurled difficult things heavenward. Things which cannot be – written words of disgrace and anger – to say "let us go up to heaven and make war with Him" therefore this section is not explained, certainly according to the kabbalists who explain that "they ripped out the trees." The honor of God is to conceal the matter. (Pardes Yosef, 11:1)

As we try to understand this passage, we can rely on some information found in other sections. This place called "Shinar" had been previously mentioned, and was associated with a man whose very name indicates rebellion – Nimrod:

בראשית פרשת נח פרק י פסוקים ח-י

(ח) וְכוּשׁ יָלַד אֶת־נִמְרֹד הוּא הֵחֵל לִהְיוֹת גִּבֹּר בָּאָרֶץ: (ט) הוּא־הָיָה גִבֹּר־צַיִד לִפְנֵי ה' עַל־כֵּן יֵאָמַר כְּנִמְרֹד גִּבּוֹר צַיִד לִפְנֵי ה': (י) וַתְּהִי רֵאשִׁית מַמְלַכְתּוֹ בָּבֶל וְאֶרֶךְ וְאַכַּד וְכַלְנֵה בְּאֶרֶץ שִׁנְעָר:

Cush begot Nimrod, who was the first man of might on earth. He was a mighty hunter before God; hence the saying, "Like Nimrod a mighty hunter before God." The mainstays of his kingdom were **Bavel**, Erech, Accad, and Calneh in the land of **Shinar**. (Bereishit 10:8–10)

רד"ק בראשית פרשת נח פרק יא פסוק א

וראשו בשמים, וזה אינו כמשמעו כי לא היו טפשים לעשות מלחמה ממש אלא המלחמה הזאת באמונה היתה לעבוד זולתו, וכיון שנתפזרו בטלה הסכמתם:

There was another person present at the building of the city and the tower, a young man forty-eight years of age. His name was Avram.[6] There is a rabbinic tradition hinted at in the text of the Torah[7] that Nimrod cast Avraham into a fiery furnace.[8]

---

6. See Seder Olam Rabbah Chapter 1:

סדר עולם רבה (ליינר) פרק א ד"ה מאדם עד המבול

נמצא נח חיה אחר הפלגה עשר שנים אבינו אברהם היה בפלגה בין מ"ח שנה:

7. See Bereishit 11:31, 15:7 which both speak of Avram emerging from Ur Casdim, which can be translated as the furnace (Ur) of Casdim:

ספר בראשית פרשת נח פרק יא

(לא) וַיִּקַּח תֶּרַח אֶת־אַבְרָם בְּנוֹ וְאֶת־לוֹט בֶּן־הָרָן בֶּן־בְּנוֹ וְאֵת שָׂרַי כַּלָּתוֹ אֵשֶׁת אַבְרָם בְּנוֹ וַיֵּצְאוּ אִתָּם מֵאוּר כַּשְׂדִּים לָלֶכֶת אַרְצָה כְּנַעַן וַיָּבֹאוּ עַד־חָרָן וַיֵּשְׁבוּ שָׁם:

ספר בראשית פרשת לך לך פרק טו

(ז) וַיֹּאמֶר אֵלָיו אֲנִי ה' אֲשֶׁר הוֹצֵאתִיךָ מֵאוּר כַּשְׂדִּים לָתֶת לְךָ אֶת־הָאָרֶץ הַזֹּאת לְרִשְׁתָּהּ:

אברבנאל על בראשית - פרק יא פסוק כו-לב

כי הכתוב אומר (לקמן טו, ז): "אני ה' אשר הוצאתיך מאור כשדים", וכתוב אחר אומר (יהושע כד, ג): "ואקח את אביכם את אברהם מעבר הנהר". והרב אומר כי 'הוצאתיך' אינו כמו לקחתיך, ושהוצאתיך מאור כשדים היה על הצלת אברהם מכבשן האש שהשליכו בו נמרוד, כמו שזכרו חכמינו זכרונם לברכה (בראשית רבה לח, יג).

ספר ביאורי אגדות (אפיקי ים) - סנהדרין דף צג עמוד א

וכמו שהי' באברהם שלאחר שיצא מאור כשדים וכבשן האש שהפילו שם נמרוד ואח"כ אמר לו הקב"ה לך לך מארצך וכו'

ספר שם עולם חלק ב - קונטרס נפוצות ישראל - פרק א

וכו' מצינו באברהם אבינו ע"ה שמאס משפחתו ומקומו וברח לנפשו להנצל מעדת הכופרים [שכן בסוף פ' נח כתיב שיצא אברהם אבינו מאור כשדים שהוא מקום נמרוד].

8. See *Pesachim* 118a, Bereishit Rabbah 38:13:

תלמוד בבלי מסכת פסחים דף קיח עמוד א

שֶׁבְּשָׁעָה שֶׁהִפִּיל נִמְרוֹד הָרָשָׁע אֶת אַבְרָהָם אָבִינוּ בְּכִבְשַׁן הָאֵשׁ, אָמַר גַּבְרִיאֵל לִפְנֵי הַקָּדוֹשׁ בָּרוּךְ הוּא, רִבּוֹנוֹ שֶׁל עוֹלָם, אֵרֵד וַאֲצַנֵּן וְאַצִּיל אֶת הַצַּדִּיק מִכִּבְשַׁן הָאֵשׁ. אָמַר לוֹ הַקָּדוֹשׁ בָּרוּךְ הוּא, אֲנִי יָחִיד בְּעוֹלָמִי, וְהוּא יָחִיד בְּעוֹלָמוֹ, נָאֶה לַיָּחִיד לְהַצִּיל אֶת הַיָּחִיד.

When the evil Nimrod threw our father, Avraham, into the fiery furnace, Gavriel said before the Holy One, Blessed be He: Master of the Universe, I will descend and cool the furnace, and I will thereby save the righteous Avraham from the fiery furnace. The Holy One, Blessed be He, said to him: I am unique in my world and Avraham is still unique in his world. It is fitting for the unique to save the unique.

בראשית רבה (וילנא) פרשת נח פרשה לח סימן יג

וַיָּמָת הָרָן עַל פְּנֵי תֶּרַח אָבִיו (בראשית יא: כח), רַבִּי חִיָּא בַּר בְּרֵיהּ דְּרַב אַדָּא דְּיָפוֹ, תֶּרַח

עוֹבֵד צְלָמִים הָיָה, חַד זְמַן נְפֵיק לַאֲתַר, הוֹשִׁיב לְאַבְרָהָם מוֹכֵר תַּחְתָּיו. הֲוָה אָתֵי בַּר אֵינָשׁ בָּעֵי דְּיִזְבַּן, וַהֲוָה אֲמַר לֵהּ בַּר כַּמָּה שְׁנִין אַתְּ, וַהֲוָה אֲמַר לֵיהּ בַּר חַמְשִׁין אוֹ שִׁתִּין, וַהֲוָה אֲמַר לֵיהּ וַי לֵיהּ לְהַהוּא גַּבְרָא דַּהֲוָה בַּר שִׁתִּין וּבָעֵי לְמִסְגַּד לְבַר יוֹמֵי, וַהֲוָה מִתְבַּיֵּשׁ וְהוֹלֵךְ לוֹ. חַד זְמַן אֲתָא חַד אִתְּתָא טְעִינָא בִּידָהּ חָדָא פִּינָךְ דְּסֹלֶת, אֲמָרָה לֵיהּ הֵא לָךְ קָרֵב קֳדָמֵיהוֹן, קָם נְסֵיב בּוּקְלָסָא בִּידֵיהּ, וְתַבְרִינוּן לְכֻלְּהוֹן פְּסִילַיָּא, וִיהַב בּוּקְלָסָא בִּידָא דְּרַבָּה דַּהֲוָה בֵּינֵיהוֹן. כֵּיוָן דַּאֲתָא אֲבוּהָ אֲמַר לֵיהּ מַאן עָבֵיד לְהוֹן כְּדֵין, אֲמַר לֵיהּ מַה נִּכְפּוּר מִינָךְ אֲתַת חָדָא אִתְּתָא טְעִינָא לָהּ חָדָא פִּינָךְ דְּסוֹלֶת, וַאֲמַרַת לִי הֵא לָךְ קָרֵיב קֳדָמֵיהוֹן, קָרֵיבְתְּ לְקֳדָמֵיהוֹן הֲוָה דֵּין אֲמַר אֲנָא אֵיכוֹל קַדְמָאי, וְדֵין אֲמַר אֲנָא אֵיכוֹל קַדְמָאי, קָם הָדֵין רַבָּה דַּהֲוָה בֵּינֵיהוֹן נְסַב בּוּקְלָסָא וְתַבְּרִינוּן. אֲמַר לֵיהּ מָה אַתָּה מַפְלֶה בִּי, וְיָדְעִין אִינוּן. אֲמַר לֵיהּ וְלֹא יִשְׁמְעוּ אָזְנֶיךָ מַה שֶּׁפִּיךָ אוֹמֵר. נַסְבֵיהּ וּמְסָרֵיהּ לְנִמְרוֹד. אֲמַר לֵיהּ נִסְגּוֹד לְנוּרָא, אֲמַר לֵיהּ אַבְרָהָם וְנִסְגּוֹד לְמַיָּא דְּמַטְפִין נוּרָא. אֲמַר לֵיהּ נִמְרוֹד נִסְגּוֹד לְמַיָּא, אֲמַר לֵיהּ אִם כֵּן נִסְגּוֹד לַעֲנָנָא דְּטָעִין מַיָּא. אֲמַר לֵיהּ נִסְגּוֹד לַעֲנָנָא. אָמַר לֵיהּ אִם כֵּן נִסְגּוֹד לְרוּחָא דִּמְבַדֵּר עֲנָנָא. אֲמַר לֵיהּ נִסְגּוֹד לְרוּחָא. אֲמַר לֵיהּ וְנִסְגּוֹד לְבַר אֵינָשָׁא דְּסָבֵיל רוּחָא. אֲמַר לֵיהּ מִלִּין אַתְּ מִשְׁתָּעֵי, אֲנִי אֵינִי מִשְׁתַּחֲוֶה אֶלָּא לָאוּר, הֲרֵי אֲנִי מַשְׁלִיכֲךָ בְּתוֹכוֹ, וְיָבוֹא אֱלוֹהַּ שֶׁאַתָּה מִשְׁתַּחֲוֶה לוֹ וְיַצִּילְךָ הֵימֶנּוּ. הֲוָה תַּמָּן הָרָן קָאֵים פְּלוּג, אָמַר מַה נַּפְשָׁךְ אִם נָצַח אַבְרָהָם אֲנָא אָמַר מִן דְּאַבְרָהָם אֲנָא וְאִם נָצַח נִמְרוֹד אֲנָא אֲמַר דְּנִמְרוֹד אֲנָא. כֵּיוָן שֶׁיָּרַד אַבְרָהָם לְכִבְשַׁן הָאֵשׁ וְנִצַּל, אָמְרִין לֵיהּ דְּמַאן אַתְּ, אֲמַר לְהוֹן מִן אַבְרָהָם אֲנָא, נְטָלוּהוּ וְהִשְׁלִיכוּהוּ לָאוּר וְנֶחְמְרוּ בְּנֵי מֵעָיו, וְיָצָא וּמֵת עַל פְּנֵי תֶּרַח אָבִיו, הֲדָא הוּא דִכְתִיב: וַיָּמָת הָרָן עַל פְּנֵי תֶּרַח וגו׳.

"And Charan died in the presence of his father Terach" (Bereishit 11:28). Rabbi Chiya said: Terach was a manufacturer of idols. He once went away somewhere and left Avraham to sell them in his place. A man came in and wished to buy one. "How old are you?" Avraham asked the man. "Fifty years old," he said. "Woe to such a man, who is fifty years old and would worship a day old object!" Avraham said. On another occasion a woman came in with a plateful of flour and requested him, "Take this and offer it to them." So he took a stick and broke them, and put the stick in the hand of the largest. When his father returned he demanded, "What have you done to them?" "I cannot conceal it from you. A woman came with a plateful of fine meal and requested me to offer it to them. One claimed, 'I must eat first,' while another claimed, 'I must eat first.' Thereupon, the largest arose, took the stick and broke them." "Why do you make sport of me? Have they any knowledge?" Terach said. "Should not your ears hear what your mouth has said?" Avraham said. Thereupon Terach seized him and delivered him to Nimrod. "Let us worship fire," Nimrod said. "Let us rather worship water which quenches fire," Avraham said. "Let us worship water," Nimrod said. "Let us rather worship the clouds which bear the water," Avraham said. "Let us then worship the clouds," Nimrod said. "Let us worship the wind which disperses the clouds," Avraham said. "Let us

We can now say that this so-called unity was an illusion. It was achieved by murdering those who did not concur with the leadership and the stated goals. But why did they hate Avram (Avraham) so much? And what were their goals? And to repeat a previous question, why build in a valley?

Avraham was a do-gooder, whose behavior was inspired by what he discerned to be a benevolent God. Nimrod and company, while they preached unity, found the idea of a benevolent God obscene. Their concept of divinity was of a malevolent god, if any.

In order to unpack this episode and understand the secret behind the project to build this city and tower, we can consult some traditional sources which provide us with a small but crucial bit of information. Again, why build in a valley? The answer is stems in part from topography and partly from geology. This valley was the lowest point in the region, and it became the drainage route for the waters of the flood. The ecosystem in this particular valley was comprised of the debris from the flood:

בראשית רבה (וילנא) פרשת נח פרשה לז

וַתְּהִי רֵאשִׁית מַמְלַכְתּוֹ בָּבֶל וְאֶרֶךְ וְאַכַּד וְכַלְנֵה (בראשית י, י), חֶרֶן וּנְצִיבִין וְקַטּוֹסְפִּין. בְּאֶרֶץ שִׁנְעָר, זוֹ בָּבֶל, לָמָה נִקְרָא שְׁמָהּ שִׁנְעָר אָמַר רֵישׁ לָקִישׁ שֶׁשָּׁם נִנְעֲרוּ מֵתֵי דוֹר הַמַּבּוּל.[9]

---

worship the wind," Nimrod said. "Let us worship human beings which can stand up to the wind," Avraham said. "You are just bandying words, and we will worship nothing but the fire. Behold, I will cast you into it, and let your God whom you adore come and save you from it!" Nimrod said. Now Charan was standing there undecided. "If Avraham is victorious, I will say that I am of Avraham's belief, while if Nimrod is victorious, I will say that I am on Nimrod's side," he thought. When Avraham descended into the fiery furnace and was saved, Nimrod asked him, "Of whose belief are you?" "Of Avraham's," he replied. Thereupon he seized him and cast him into the fire; his innards were scorched and he died in the presence of his father. Hence it is written, "And Charan died in the presence of his father Terach."

9. This idea is mentioned in numerous sources see:

> ...Resh Lakish said, why is it called *Shinar*? For all of the dead of the flood drained to there. (Bereishit Rabbah 37)

The Talmud adds:

> **תלמוד בבלי מסכת שבת דף קיג עמוד ב**
>
> אָמַר רַב אַמִּי, כֹּל הָאוֹכֵל מֵעֲפַר שֶׁל בָּבֶל, כְּאִילּוּ אוֹכֵל מִבְּשַׂר אֲבוֹתָיו, וְיֵשׁ אוֹמְרִים, כְּאִילּוּ אוֹכֵל שְׁקָצִים וּרְמָשִׂים, דִּכְתִיב, (בראשית ז) "וַיִּמַח אֶת כֹּל הַיְקוּם" וְגוֹ'. אָמַר רֵישׁ לָקִישׁ, לָמָּה נִקְרָא שְׁמָהּ "שִׁנְעָר"? שֶׁכָּל מֵתֵי מַבּוּל נִנְעֲרוּ לְשָׁם.
>
> Rabbi Ami said, "Whoever eats from the dust of the earth of Bavel, it is if they have ingested the flesh of their ancestors...." Reish Lakish said, "Why is it called *Shinar*? For all of the dead of the flood drained to there.[10] (Talmud Bavli, *Shabbat* 113b)

The Talmud[11] states that an austere blessing should be made upon seeing the place from which the dust of the earth of Bavel is excavated. Rashi adds:

מדרש אגדה (בובר) בראשית פרשת נח פרק יא סימן ב

[ב] וימצא בקעה. שהלכו בכל העולם למצוא מקום שיחזיק כולם ולא מצאו אלא בארץ **שנער, ששם ננערו דור המבול שהיא עמוקה:**

תלמוד ירושלמי (וילנא) מסכת ברכות פרק ד:א

דְּמָר רַבִּי יוֹחָנָן (ישעיה מד, כז) הָאוֹמֵר לַצּוּלָה חֳרָבִי, זוֹ בָּבֶל שֶׁהִיא זוּטוֹ שֶׁל עוֹלָם. אָמַר רַבִּי יוֹחָנָן, לָמָּה נִקְרָא שְׁמָהּ צוּלָה? שֶׁשָּׁם צָלְלוּ מֵיתֵי דוֹר הַמַּבּוּל. (ירמיה נא, מט) גַּם בָּבֶל לִנְפֹּל חַלְלֵי יִשְׂרָאֵל, גַּם לְבָבֶל נָפְלוּ חַלְלֵי כָל הָאָרֶץ. כְּתִיב (בראשית יא, ב) וַיִּמְצְאוּ בִקְעָה בְּאֶרֶץ שִׁנְעָר וַיֵּשְׁבוּ שָׁם. אָמַר רֵישׁ לָקִישׁ, לָמָּה נִקְרָא שְׁמָהּ שִׁנְעָר? שֶׁשָּׁם נִנְעֲרוּ מֵיתֵי דוֹר הַמַּבּוּל.

10. See *Perush Kadmon mi-Beit Midrasho shel R. Perachia* (found in Shitat Rishonim, *Shabbat* 113b):

> **פירוש קדמון מבית מדרשו של ר' פרחיה (בשיטת הקדמונים) מסכת שבת קיג:**
>
> ואמרינן בגמרא האוכל מעפר בבל כאילו אוכל מעצמות אבותיו. שלא נקרא שמה שנער אלא משום שננערו כל מיתי המבול לשם:

11. *Berachot* 57b:

> **תלמוד בבלי מסכת ברכות דף נז עמוד ב**
>
> רָאָה מָקוֹם שֶׁנּוֹטְלִין מִמֶּנּוּ עָפָר, אוֹמֵר, "בָּרוּךְ אוֹמֵר וְעוֹשֶׂה גּוֹזֵר וּמְקַיֵּם".

רש״י מסכת ברכות דף נז עמוד ב

מקום שנוטלין ממנו עפר –... וביסוד מורנו הרב רבי יצחק ראיתי
שנוטלים משם עפר לטיט לבניני המקום, וסוף סוף אותו מקום אין בו
ישוב ולא זרע ולא נטיעה.

...I have seen an idea taught by my teacher Rabbi Yitzchak,
from this dust of the earth they take mud and build bricks for
the buildings there (in Bavel). (Rashi, *Berachot* 57b)

The shocking, macabre implication of this seemingly insignificant
bit of information is that the raw materials from which the Tower of
Bavel was built were the physical remains of the previous generation.
The bricks were made from the sediment of the valley – sediment
created when an entire generation was eradicated by the flood.

What motivated them to create their tower on these foundations?
Here, we must proceed with caution. Apparently, the new generation
had developed some type of animosity towards a God whom they
perceived as merciless and destructive. Careful consideration of
what is not in the text shows that God is not part of their narrative;
perhaps this is what some have characterized as a "war against heaven."
Perhaps their behavior may have been no more than callous disregard:
Infatuated with their new technology, stories of the past held no
interest. History was of no consequence; they concerned themselves
only with progress and the future.

Alternatively, they saw the tower as a type of memorial for the
victims, made out of the very victims it sought to memorialize. When
they said we will make a *"shem"* we initially understood that the word
indicated they would make a "name" for themselves. Perhaps the word
shem refers not to immortalizing themselves, not to their own name,
but instead refers to a "memorial" to those taken by the cataclysmic
flood. This connotation is familiar to us from the book of Yeshayahu,
which refers to a *Yad Vashem*, a memorial that cannot be expunged:

ספר ישעיה פרק נו פסוק ה

וְנָתַתִּי לָהֶם בְּבֵיתִי וּבְחוֹמֹתַי יָד וָשֵׁם טוֹב מִבָּנִים וּמִבָּנוֹת שֵׁם עוֹלָם אֶתֶּן
לוֹ אֲשֶׁר לֹא יִכָּרֵת:

Even unto them will I give in My house and within My walls
a monument and a memorial better than sons and daughters;
I will give them an everlasting memorial, that shall not be cut
off. (Yeshayahu 56:5)

We now have the pieces that will enable us to solve the puzzle of
the Tower of Bavel: The people attacked heaven – but this was no
primitive assault using sticks and bows and arrows. The attack used
the remains of the generation killed in the flood to lash out at God.
Instead of recognizing that the flood had eradicated a wicked society,
they developed a hatred for God who had cleansed the earth of evil
and given humanity a fresh start. They felt no remorse, no gratitude, no
need for reflection or introspection; instead, they based their sense of
community on hatred. They fed off one another's animosity, and their
shared hate metastasized into a corrupt, self-serving sense of cama-
raderie and society. These people had to be separated and dispersed.
Only then could the teachings of Avraham find a receptive ear.

Avraham was thrown into the furnace when he expressed belief
in the One God, a loving and merciful God. The very same furnace
used to build the ghoulish bricks was meant to quell Avraham's voice
of dissent: While the text emphasizes the positive trait of unity dis-
played in the building of the tower, this unity was apparently achieved
through brutal enforcement. This society was intolerant of dissenting
opinions. Sadly, human history has proven more than once that it is
a very short leap between turning one's back on the past, to (literally
or figuratively) misusing the remains of the dead, to killing someone
who disagrees with you.[12]

---

12. See R. Naftali Tzvi Yehuda Berlin (Haamek Davar), Bereishit 11:3:

העמק דבר על בראשית פרשת נח פרק יא פסוק ג 1817-1893
ונשרפה לשרפה וגו'. כל המקרא אין בו ענין שראוי להודיע לענין הספור, ומה לי
אם היו להם אבנים לבנין או בנו בעץ או עשו שריפת לבנים, וכבר לפני המבול כתיב
"ויהי בונה עיר" (לעיל ד,יז). ונראה דכאן מרומזת קבלת חז"ל דהפילו לאברהם אבינו
לכבשן האש, ומגוף המקרא "אשר הוצאתיך מאור כשדים" (להלן טו,ז) אין הכרח, דלפי
הפשט הוא מקום שנקרא הכי, וכמו דכתיב "בארץ מולדתו באור כשדים" (להלן פסוק
כ"ח), "ויצאו אתם מאור כשדים וגו'" (להלן פסוק ל"א). אלא כאן מרומז הענין, דהא

The generation of the tower, unified in trampling the remains of the previous generation as well as the rights of dissenters amongst them, was doomed from the start; their unity was an illusion, a means to achieve their malevolent goal.

As for us, we choose Avraham who emerges unscathed from the furnace, committed to decency and kindness. We reject the voice of the mob, the united but tyrannical masses who trampled their fellow man and desecrated the remains of those who came before them in order to build an edifice they believed would bring them honor and glory, a monument to their perception of God's cruelty and injustice.

For this very reason, God's engagement in this episode is manifest through the Name identified with compassion. In His mercy, He gave this generation a new chance to grow in a healthy way. Had the aspect of God's strictness and judgment been manifest, it would only have served to reinforce that misguided generation's worst idea of God's essence. Instead, the benevolent God saved Avraham from the furnace, and a whole new world became possible.

Despite the misguided conclusions they reached, the generation after the flood achieved a unity of purpose that remains a powerful concept in our vision of a corrected world: The day will yet come when people once again strive for and achieve unity – but this time, when they achieve authentic unity and set aside their self-hatred, they will learn to use that unity to serve God. They will learn to speak one language – the language of love and kindness that is the true language of the service of God:

צפניה פרק ג פסוק כ

בָּעֵת הַהִיא אָבִיא אֶתְכֶם וּבָעֵת **קַבְּצִי** אֶתְכֶם כִּי־אֶתֵּן אֶתְכֶם **לְשֵׁם** וְלִתְהִלָּה בְּכֹל עַמֵּי הָאָרֶץ **בְּשׁוּבִי אֶת־שְׁבוּתֵיכֶם** לְעֵינֵיכֶם אָמַר ה׳:

ודאי דלפי הקבלה שהפילו את אברהם אבינו לכבשן האש לא עשו כבשן האש בשביל זה, אלא היה אתון נורא יקידתא לצורך הבריות, והודיע זה הכתוב שהיה כבשן לצורך העיר והמגדל, ומזה נבין כמה גדול ועמוק היה הכבשן, ומזה הכבשן ניצול אברהם אבינו. והא שלא פירש המקרא זה הנס באר היטב יבואר להלן (יב,יז בהרחב דבר).

At that time will I **bring** you in, And at that time will I gather you; For I will make you to be a **name** and a praise among all the peoples of the earth, when I return your captives before your eyes, said God. (Tzefanya 3:20)

God will gather us from our dispersion and make us a name/monument when we return to serve God in earnest. On that day the work of Avraham will be complete.

PARASHAT LECH LECHA

Silence, Speech – and Silence

The text of the Torah tells us little about Avram (later called Avraham) prior to the start of *Lech Lecha.*[1] However, with those words – *Lech Lecha* – God speaks, instructs, and promises. And from that moment onward, Avram's life is changed; in retrospect, we can say that the course of human history is changed, the entire world is changed:

> **בראשית פרשת לך לך פרק יב**
>
> (א) וַיֹּאמֶר ה׳ אֶל־אַבְרָם לֶךְ־לְךָ מֵאַרְצְךָ וּמִמּוֹלַדְתְּךָ וּמִבֵּית אָבִיךָ אֶל־
> הָאָרֶץ אֲשֶׁר אַרְאֶךָּ: (ב) וְאֶעֶשְׂךָ לְגוֹי גָּדוֹל וַאֲבָרֶכְךָ וַאֲגַדְּלָה שְׁמֶךָ וֶהְיֵה
> בְּרָכָה: (ג) וַאֲבָרְכָה מְבָרְכֶיךָ וּמְקַלֶּלְךָ אָאֹר וְנִבְרְכוּ בְךָ כֹּל מִשְׁפְּחֹת
> הָאֲדָמָה:
>
> God said to Avram, go forth from your land and your birthplace and your father's house to the land I will show you. And I will make you a great nation, and I will bless you and make your name great and you shall be a [source of] blessing. I will bless those who bless you and those who curse you I will damn,

Dedicated in honor of Ezra

1. Though Avram and his family are introduced in the end of Chapter 11, very little is told about Avram. The various Midrashim that fill out the narrative tell of Avraham's trials and tribulations; while these details are a significant part of Jewish consciousness, they are absent from the text of the Torah, although some textual hints support the Midrashic tradition. See below.

and all the peoples of the earth shall be blessed through you. (12:1–3)

We do not know if this was God's first communication with Avram, though it is the first recorded one.[2] We also don't know exactly when

---

2. According to a Midrashic teaching recorded by many medieval sages, the conversation in the 15th chapter of Bereishit chronologically precedes *Lech Lecha* (the 12th chapter). See Seder Olam Rabbah, Chapter 1; this Midrash is incorporated in Rashi, Shemot 12:40 and Bereishit 15:13, and can be found in many other commentaries. Tosafot (Talmud Bavli, *Berachot* 7b) opines that the events recorded in Bereishit 15: 1–6 happened at one point in time, while the events recorded in verses 7- 21 were at an earlier juncture. Either way, this Midrashic insight does not change the thrust of the argument:

סדר עולם רבה (ליינר) פרק א

אברהם אבינו היה בשעה שנדבר עמו בין הבתרים בן ע׳ שנה, שנאמר ויהי מקץ שלשים שנה וארבע מאות שנה וגו׳ (שמות יב מא), לאחר שנדבר עמו ירד לחרן ועשה שם חמש שנים, שנאמר ואברם בן חמש שנים ושבעים שנה בצאתו מחרן (בראשית יב ד), נמצא מן הפלגה ועד שיצא אברהם אבינו מחרן כ״ז שנים הן, הן שתים עשרה שנה עבדו את כדרלעמר ושלש עשרה שנה מרדו, ובארבע עשרה שנה בא כדרלעמר (שם /בראשית/ י״ד) אותה השנה שיצא בה אבינו אברהם מחרן היא היתה שנת הרעב, וירד למצרים ועשה שם שלשה חדשים, ועלה ובא וישב באלני ממרא אשר בחברון, והיא השנה שכבש בה את המלכים,

רש״י שמות פרשת בא פרק יב פסוק מ

שלשים שנה וארבע מאות שנה - בֵּין הַכֹּל, מִשֶּׁנּוֹלַד יִצְחָק עַד עַכְשָׁו, הָיוּ אַרְבַּע מֵאוֹת, מִשֶּׁהָיָה לוֹ זֶרַע לְאַבְרָהָם נִתְקַיֵּם כִּי גֵר יִהְיֶה זַרְעֲךָ, וּשְׁלֹשִׁים שָׁנָה הָיוּ מִשֶּׁנִּגְזְרָה גְּזֵרַת בֵּין הַבְּתָרִים עַד שֶׁנּוֹלַד יִצְחָק; וְאִי אֶפְשָׁר לוֹמַר בְּאֶרֶץ מִצְרַיִם לְבַדָּהּ, שֶׁהֲרֵי קְהָת מִן הַבָּאִים עִם יַעֲקֹב הָיָה, צֵא וַחֲשֹׁב כָּל שְׁנוֹתָיו וְכָל שְׁנוֹת עַמְרָם בְּנוֹ וּשְׁמוֹנִים שֶׁל מֹשֶׁה, לֹא תִמְצָאֵם כָּל כָּךְ, וְעַל כָּרְחֲךָ הַרְבֵּה שָׁנִים הָיוּ לִקְהָת עַד שֶׁלֹּא יָרַד לְמִצְרַיִם, וְהַרְבֵּה מִשְּׁנוֹת עַמְרָם נִבְלָעִים בִּשְׁנוֹת קְהָת, וְהַרְבֵּה מִשְּׁמוֹנִים שֶׁל מֹשֶׁה נִבְלָעִים בִּשְׁנוֹת עַמְרָם, הֲרֵי שֶׁלֹּא תִמְצָא אַרְבַּע מֵאוֹת לְבִיאַת מִצְרַיִם, וְהֻזְקַקְתָּה לוֹמַר עַל כָּרְחֲךָ, שֶׁאַף שְׁאָר הַיְשִׁיבוֹת נִקְרְאוּ גֵרוּת וַאֲפִלּוּ בְּחֶבְרוֹן שֶׁנֶּאֱמַר "אֲשֶׁר גָּר שָׁם אַבְרָהָם וְיִצְחָק" (בראשית ל״ה), וְאוֹמֵר "אֶת אֶרֶץ מְגֻרֵיהֶם אֲשֶׁר גָּרוּ בָהּ" (שמות ו׳), לְפִיכָךְ אַתָּה צָרִיךְ לוֹמַר "כִּי גֵר יִהְיֶה זַרְעֲךָ" מִשֶּׁהָיָה לוֹ זֶרַע, וּכְשֶׁתִּמְנֶה ת׳ שָׁנָה מִשֶּׁנּוֹלַד יִצְחָק, תִּמְצָא מִבִּיאָתָן לְמִצְרַיִם עַד יְצִיאָתָן ר״י, וְזֶה אֶחָד מִן הַדְּבָרִים שֶׁשִּׁנּוּ לְתַלְמַי הַמֶּלֶךְ (מגילה ט׳):

"Four hundred and thirty years" – Altogether from the birth of Yitzchak until now were 400 years, and we must reckon from that event, for only from the time when Avraham had offspring from Sarah could the prophecy (Bereishit 15:13) "Your offspring shall be a stranger" be fulfilled; and there had been 30 years since that decree made at "the covenant between the parts" until the birth of Yitzchak. It is impossible to say that this means that they were 430 years in the land of Egypt alone, for Kohath was one of those who came into Egypt with Yaakov (Bereishit 46:11); go and reckon all his years and all the years of Amram his son and the whole eighty years of Moshe, the latter's son, until the Exodus and you will not find that they total to so many; and you must admit that Kohath had already lived many years before he went down to Egypt, and that many of Amram's years are included in the years of his father Kohath, and that many of the 80 years of Moshe are included in the years of his father Amram, so that you see that you will not find 400 years from the time of Israel's coming into Egypt until the Exodus. You are compelled to admit, even though unwillingly, that the other settlements which the patriarchs made in lands other than Egypt come also under the name of "sojourning as a stranger" (גרות), including also that at Chevron, even though it was in Canaan itself, because it is said, (Bereishit 35:27) "[Chevron] where Avraham and Yitzchak sojourned", and it says, (Shemot 6:4) "[the land Canaan], the land of their sojournings wherein they sojourned." Consequently, you must necessarily say that the prophecy, "your offspring shall be strangers . . . [four hundred years]" began only from the time when he had offspring. And only if you reckon the 400 years from the birth of Yitzchak will you find that from the time they came into Egypt until the time they left it, was 210 years (as alluded to in Bereishit 15:13). This was one of the passages which they altered for king Ptolemy (Mekhilta de-Rabbi Yishmael 12:40; *Megillah* 9a). (Rashi, Shemot 12:40)

תוספות מסכת ברכות דף ז עמוד ב

לא היה אדם שקראו אדון - וא"ת והא כתיב ברוך ה' אלהי שם (בראשית ט.) וי"ל דהתם אינו באל"ף דל"ת שהוא לשון אדנות. וא"ת אמאי לא מייתי קרא אדני (אלקים) מה תתן לי (שם טו) שהוא כתוב קודם. וי"ל שהפרשיות לא נאמרו כסדר ואין מוקדם ומאוחר בתורה וזה הפסוק דבין הבתרים היה קודם לכן. וכן צ"ל ע"כ שהרי אברהם היה בן שבעים שנה בברית בין הבתרים. ואחר הדברים האלה (שם) נאמר אחר מלחמת המלכים כדפירש רש"י בפירוש חומש ובמלחמת המלכים היה בן ע"ג שנים שהרי כל הימים של סדום נ"ב שנים כדאמרי' בפ"ק דשבת (דף יא.) צא מהם י"ב שנים שעבדו את כדרלעומר וי"ג שנים של מרידה ונשאר מישובה כ"ו שנים שהיתה בשלוה ובהפיכתה היה אברהם בן צ"ט שנה שהרי היתה ההפיכה שנה אחת קודם שנולד יצחק צא מהם ששה ועשרים שנה למפרע של שלוה נמצא שבן ע"ג שנה היה במלחמת המלכים. אם כן היתה פרשת בין הבתרים קודם לפרשת אחר הדברים שלש שנים ואותה פרשה מסיימת ויחשבה לו צדקה ולכך הביא אותו פסוק דבמה אדע שהוא מוקדם. ומזה מיישב רשב"ם דבמקום אחד משמע שהיה לילה דכתיב וספור הככבי' (בראשי' טו) ובתר הכי כתי' ויהי השמש לבוא משמע שהוא יום. אלא ודאי ש"מ דשני פרשיות הם ולאו בבת אחת נאמרו ואין מוקדם ומאוחר בתורה.

the communication took place. The text reports that Avram was 75 years old when he left Charan, and we would prefer to assume that Avram carried out God's instructions soon after he received them.[3]

Rabbinic tradition[4] fills in the lacunae in the written text and paints

---

3. The text (12:4) states only that Avraham was 75 when he left Charan but does not state his age when God spoke to him. See previous note:

בראשית פרשת לך לך פרק יב פסוק ד

...וְאַבְרָם בֶּן־חָמֵשׁ שָׁנִים וְשִׁבְעִים שָׁנָה בְּצֵאתוֹ מֵחָרָן:

4. It is worth noting that these Midrashic teachings of Avraham's life are not considered as simple stories or folk tales; the Rambam (*Hilkhot Avodah Zarah* 1:3) codifies these episodes, and they constitute the early history of monotheism:

רמב"ם הלכות עבודה זרה פרק א הלכה ג

כֵּיוָן שֶׁנִּגְמַל אֵיתָן זֶה, הִתְחִיל לְשׁוֹטֵט בְּדַעְתּוֹ וְהוּא קָטָן, וּלְחַשֵּׁב בַּיּוֹם וּבַלַּיְלָה, וְהָיָה תָּמֵהַּ, הֵיאַךְ אֶפְשָׁר שֶׁיִּהְיֶה הַגַּלְגַּל הַזֶּה נוֹהֵג תָּמִיד וְלֹא יִהְיֶה לוֹ מַנְהִיג, וּמִי יְסַבֵּב אוֹתוֹ, לְפִי שֶׁאִי אֶפְשָׁר שֶׁיְּסַבֵּב אֶת עַצְמוֹ. וְלֹא הָיָה לוֹ לֹא מְלַמֵּד וְלֹא מוֹדִיעַ דָּבָר, אֶלָּא מְשֻׁקָּע בְּאוּר כַּשְׂדִּים בֵּין עוֹבְדֵי עֲבוֹדָה זָרָה הַטִּפְּשִׁים. וְאָבִיו וְאִמּוֹ וְכָל הָעָם עוֹבְדִין עֲבוֹדָה זָרָה, וְהוּא הָיָה עוֹבֵד עִמָּהֶם, וְלִבּוֹ מְשׁוֹטֵט וּמֵבִין, עַד שֶׁהִשִּׂיג דֶּרֶךְ הָאֱמֶת וְהֵבִין קַו הַצֶּדֶק מִדַּעְתּוֹ הַנְּכוֹנָה, וְיָדַע שֶׁיֵּשׁ שָׁם אֱלוֹהַּ אֶחָד, וְהוּא מַנְהִיג הַגַּלְגַּל, וְהוּא בָּרָא הַכֹּל, וְאֵין בְּכָל הַנִּמְצָא אֱלוֹהַּ חוּץ מִמֶּנּוּ. וְיָדַע שֶׁכָּל הָעָם טוֹעִים, וְדָבָר שֶׁגָּרַם לָהֶם לְטָעוּת - זֶה שֶׁעוֹבְדִים אֶת הַכּוֹכָבִים וְאֶת הַצּוּרוֹת עַד שֶׁאָבַד הָאֱמֶת מִדַּעְתָּם. וּבֶן אַרְבָּעִים שָׁנָה הִכִּיר אַבְרָהָם אֶת בּוֹרְאוֹ. כֵּיוָן שֶׁהִכִּיר וְיָדַע, הִתְחִיל לְהָשִׁיב תְּשׁוּבוֹת עַל בְּנֵי אוּר כַּשְׂדִּים וְלַעֲרֹךְ דִּין עִמָּהֶם, וְלוֹמַר שֶׁ'אֵין זוֹ דֶּרֶךְ הָאֱמֶת שֶׁאַתֶּם הוֹלְכִים בָּהּ'. וְשִׁבֵּר אֶת הַצְּלָמִים, וְהִתְחִיל לְהוֹדִיעַ לָעָם שֶׁאֵין רָאוּי לַעֲבֹד אֶלָּא לֶאֱלוֹהַּ הָעוֹלָם, וְלוֹ רָאוּי לְהִשְׁתַּחֲווֹת וּלְהַקְרִיב וּלְנַסֵּךְ, כְּדֵי שֶׁיַּכִּירוּהוּ כָּל הַבְּרוּאִים הַבָּאִים. וְרָאוּי לְאַבֵּד וּלְשַׁבֵּר כָּל הַצּוּרוֹת, כְּדֵי שֶׁלֹּא יִטְעוּ בָּהֶן כָּל הָעָם כְּמוֹ אֵלּוּ שֶׁהֵם מְדַמִּים שֶׁאֵין שָׁם אֱלוֹהַּ אֶלָּא אֵלּוּ. כֵּיוָן שֶׁגָּבַר עֲלֵיהֶם בִּרְאָיוֹתָיו, בִּקֵּשׁ הַמֶּלֶךְ לְהָרְגוֹ; נַעֲשָׂה לוֹ נֵס, וְיָצָא לְחָרָן, וְהִתְחִיל לַעֲמֹד וְלִקְרוֹת בְּקוֹל גָּדוֹל לְכָל הָעָם וּלְהוֹדִיעָם שֶׁיֵּשׁ אֱלוֹהַּ אֶחָד לְכָל הָעוֹלָם, וְלוֹ רָאוּי לַעֲבֹד. וְהָיָה מְהַלֵּךְ וְקוֹרֵא וּמְקַבֵּץ הָעָם מֵעִיר לְעִיר וּמִמַּמְלָכָה לְמַמְלָכָה, עַד שֶׁהִגִּיעַ לְאֶרֶץ כְּנַעַן וְהוּא קוֹרֵא, שֶׁנֶּאֱמַר: "וַיִּקְרָא שָׁם בְּשֵׁם יי אֵל עוֹלָם" (בראשית כא, לג).

As soon as this giant was weaned he commenced to busy his mind, in his infancy he commenced to think by day and by night, and would encounter this enigma: How is it possible that this planet should continuously be in motion and have no leader – and who, indeed, causes it to revolve, it being impossible that it should revolve itself? Moreover, he neither had a teacher nor one to impart aught to him, for he was sunk in Ur of the Chaldeans among the foolish worshipers of stars, and his father, and his mother, like all the people, worshiped stars, and he, although following them in their worship, busies his heart and reflects until he attains the path of truth, and, by his correct thinking, he understood when he finally saw the line of righteousness. He knew that there is One God; He leads the planet; He created everything; and in all that is there is no god save He. He knew that the whole world was in error, and that the thing which caused them to err was, that their worshiping the stars and the images brought about the loss of the truth from their consciousness. And, when Avraham was forty years old he recognized his Creator. After he came to this comprehension and knowledge he started to confute the sons of Ur of the Chaldeans, and to organize disputations with them, cautioning them, saying: "This is not the true path that you are following," and he destroyed the images, and commenced preaching to the people warning them that it is not right to worship any save the God of the universe, and unto Him alone it is right to bow down, to offer sacrifices, and compound offerings, so that the creatures of the future shall recognize Him. Moreover, it is right to destroy and break in pieces all of the images, so that the whole population of the future be not led to an error like unto these who imagine that there is no God save these images. When he had them subdued by his well supported contentions, the king tried to put him to death, but he was saved by a miracle, and went hence to Haran. There he stood up anew and called out in a great voice to the whole world, to let them know that there is One God for the whole universe, and unto Him it is proper to render service. And thus he went onward with his proclamations from city to city, and from government to government, until he attained the land of Canaan amidst his outcry, even as it is said: "And called there on the name of the Lord, the Everlasting God" (Bereishit 21:33). When the people who congregated about him asked him concerning his preachments, he replied by imparting knowledge to each and every one according to his mentality, to the end that he was able to turn him to the path of truth, until there congregated about him thousands, even tens of thousands, and they became the people of Avraham's household, in whose heart he implanted this great cause, concerning which he compiled books, and which he imparted to his son Yitzchak. Yitzchak, from his seat of learning, gave instructions and admonitions. And Yitzchak, in turn, imparted it to Yaakov and appointed him headmaster, who, at his seat of learning, gave instructions and supported all who flocked to him. And Yaakov our father instructed all his sons, but separated Levi and appointed him head master, and established him in a seat of learning where to instruct in the path of the Name and in the observance of the charges of Avraham.

a picture of Avram as an individual who seeks truth and "discovers" God, an individual whose love of God and man inspires him to share his discovery – monotheism – as widely as possible.[5] In his hometown, his efforts are met with resistance, eventually leading to a showdown with Nimrod that nearly results in Avram's death. Avram sets off for a safer venue; at his next location, he apparently enjoys much greater success in inspiring people toward a relationship with God: When he eventually leaves Charan, he is accompanied by a large entourage of students, new adherents to the idea of monotheism:

בראשית פרשת לך לך פרק יב פסוק ה

(ה) וַיִּקַּח אַבְרָם אֶת־שָׂרַי אִשְׁתּוֹ וְאֶת־לוֹט בֶּן־אָחִיו וְאֶת־כָּל־רְכוּשָׁם אֲשֶׁר רָכָשׁוּ וְאֶת־הַנֶּפֶשׁ אֲשֶׁר־עָשׂוּ בְחָרָן וַיֵּצְאוּ לָלֶכֶת אַרְצָה כְּנַעַן וַיָּבֹאוּ אַרְצָה כְּנָעַן:

He, moreover, commanded his sons not to interrupt the succession of the sons of Levi to the presidency of the school so that the learning be not forgotten. So did the movement advance intensely among the sons of Yaakov and their followers that the world saw a God-knowing nation called into existence, until Israel spent a long time in Egypt, when they turned to be instructed in their practice and to worship the stars as they did, save only the tribe of Levi, which remained faithful to their ancestorial charge; for the tribe of Levi at no time worshiped stars. Verily, in but a short space of time, the root which Avraham had planted would have been uprooted, and the sons of Yaakov would have turned to the universal error and wandering; save because of the Lord's love for us, and because He observes the oath of covenant with Avraham our father, He appointed Moshe our Master lord of all prophets, and made him His messenger. After Moshe our Master was endowed with prophecy and the Lord chose Israel as an inheritance, He crowned them with commandments, and made known to them the way to serve Him, and what will be the judgment rendered against idolatry and all its erring devotees. (Rambam, *Hilchot Avodah Zarah* 1:3)

5. See Bereishit Rabbah 30:10:

בראשית רבה (וילנא) פרשת נח פרשה ל סימן י

וּלְמָה אַבְרָהָם דּוֹמֶה לְאוֹהֲבוֹ שֶׁל מֶלֶךְ שֶׁרָאָה אֶת הַמֶּלֶךְ מְהַלֵּךְ בַּמְּבוֹאוֹת הָאֲפֵלִים, הֵצִיץ אוֹהֲבוֹ וְהִתְחִיל מֵאִיר עָלָיו דֶּרֶךְ הַחַלּוֹן, הֵצִיץ הַמֶּלֶךְ וְרָאָה אוֹתוֹ, אָמַר לוֹ עַד שֶׁאַתָּה מֵאִיר לִי דֶּרֶךְ חַלּוֹן בּוֹא וְהָאֵר לְפָנַי. כָּךְ אָמַר הַקָּדוֹשׁ בָּרוּךְ הוּא לְאַבְרָהָם, עַד שֶׁתְּהֵא מֵאִיר לִי מֵאַסְפּוֹטַמְיָא וּמֵחַבְרוֹתֶיהָ, בּוֹא וְהָאֵר לְפָנַי בְּאֶרֶץ יִשְׂרָאֵל:

> Avram took his wife, Sarai, and his brother's son, Lot, and all their possessions which they had acquired, and the souls [people] they had made in Charan, and they departed to go to the land of Canaan, and they came to the land of Canaan. (Bereishit 12:5)

The "souls that they made in Charan" is understood by Targum Onkelos as the people he (and Sarah) had inspired:

תרגום אונקלוס בראשית פרשת לך לך פרק יב פסוק ה

...וְיָת נַפְשָׁתָא דְשַׁעֲבִידוּ לְאוֹרָיְתָא

All the souls they made subservient to the Torah (Law/teachings). (Targum Onkelos, Bereishit 12:5)

Rashi cites[6] this teaching:[7]

רש״י בראשית פרשת לך לך פרק יב פסוק ה

אשר עשו - שֶׁהִכְנִיסָן תַּחַת כַּנְפֵי הַשְּׁכִינָה; אַבְרָהָם מְגַיֵּר אֶת הָאֲנָשִׁים וְשָׂרָה מְגַיֶּרֶת הַנָּשִׁים, וּמַעֲלֶה עֲלֵיהֶם הַכָּתוּב כְּאִלּוּ עֲשָׂאוּם.

"The souls that they had made in Charan" – The souls which he had brought beneath the sheltering wings of the Shechinah.

---

6. However, Rashi continues and explains that the *peshat* is that these are people who were acquired:

וּפְשׁוּטוֹ שֶׁל מִקְרָא עֲבָדִים וּשְׁפָחוֹת שֶׁקָּנוּ לָהֶם, כְּמוֹ עָשָׂה אֵת כָּל הַכָּבֹד הַזֶּה (שם ל״א), וְיִשְׂרָאֵל עֹשֶׂה חָיִל (במדבר כד יח), לְשׁוֹן קוֹנֶה וְכוֹנֵס:

However, the real sense of the text is that it refers to the men-servants and to the maidservants whom they had acquired for themselves. The word "עשה" is used here as (in Bereishit 31:1), "he has acquired (עשה) all this wealth", and (Bamidbar 24:8), "And Israel acquires (עושה) wealth" – an expression for acquiring and amassing. (Rashi, Bereishit 12:5)

7. This teaching is also found in Bereishit Rabbah 39:14:

בראשית רבה פרשה לט סימן יד

וְאֶת הַנֶּפֶשׁ אֲשֶׁר עָשׂוּ בְחָרָן (בראשית י״ב:ה׳), אָמַר רַבִּי אֶלְעָזָר בַּר זִמְרָא אִם מִתְכַּנְסִין כָּל בָּאֵי הָעוֹלָם לִבְרֹא אֲפִלּוּ יַתּוּשׁ אֶחָד אֵינָן יְכוֹלִין לִזְרֹק בּוֹ נְשָׁמָה, וְאַתְּ אָמַר וְאֶת הַנֶּפֶשׁ אֲשֶׁר עָשׂוּ, אֶלָּא אֵלּוּ הַגֵּרִים שֶׁגִּיְּרוּ, וְאִם כֵּן שֶׁגִּיְּרוּ לָמָּה אֲשֶׁר עָשׂוּ, אֶלָּא לְלַמֶּדְךָ שֶׁכָּל מִי שֶׁהוּא מְקָרֵב אֶת הָעוֹבֵד כּוֹכָבִים וּמְגַיְּרוֹ כְּאִלּוּ בְּרָאוֹ. וַיֹּאמַר אֲשֶׁר עָשָׂה, לָמָּה נֶאֱמַר אֲשֶׁר עָשׂוּ, אָמַר רַב הוּנָא אַבְרָהָם הָיָה מְגַיֵּר אֶת הָאֲנָשִׁים וְשָׂרָה מְגַיֶּרֶת אֶת הַנָּשִׁים.

Avraham converted the men and Sarah converted the women and Scripture accounts it unto them as if they had made them. (Rashi, Bereishit 12:5)

After all of these events – after his near-death experience, after uprooting his family and re-settling in Charan, after successfully spreading the message of the One God, the God of compassion and mercy – at long last, Avraham receives a confirming communication from the God in whom he believes. More than just a confirmation of his belief, Avraham receives directions. He knows how he is to proceed. He knows that his future will be in a new land, where he hopes he will find new opportunities, and perhaps most importantly, where he will enjoy Divine protection and assistance: Unlike his earlier trials and tribulations, now those who attack him will pay the price. At last, everyone will know that Avraham's belief in God has brought blessing to the world. The promise he receives, "all the peoples of the earth shall be blessed through you," guarantees his success. Avraham starts his journey with the certainty that now things would be different – but would they?

Perhaps the commandment to leave his home – which was bundled together with blessings of success – wasn't the beginning of the solution, after all; perhaps it was simply one more challenge, one more hurdle, one more of the tests Avraham endured. The Mishnah[8] teaches that Avraham was challenged with ten tests – and passed them all. However, the Mishnah doesn't reveal precisely what these ten tests were.[9] Was the instruction to leave Charan, albeit laden

---

8. Mishnah, *Avot* 5:3:

משנה מסכת אבות פרק ה משנה ג

עֲשָׂרָה נִסְיוֹנוֹת נִתְנַסָּה אַבְרָהָם אָבִינוּ עָלָיו הַשָּׁלוֹם וְעָמַד בְּכֻלָּם, לְהוֹדִיעַ כַּמָּה חִבָּתוֹ שֶׁל אַבְרָהָם אָבִינוּ עָלָיו הַשָּׁלוֹם:

With ten trials was our forefather Avraham (may he rest in peace) tried, and he withstood them all; to make known how great was the love of Avraham, our father (peace be upon him). (Mishnah, *Avot* 5:3)

9. The only episode in Avraham's life which is called a "test" in the text of the Torah, is the instruction to offer his son Yitzchak. Various Midrashim and

with Divine blessings, considered a test, a challenge to be met? There
were certainly difficulties involved. Despite the blessings he had been
promised, other than his wife and his nephew Lot, Avraham left his
entire family behind.[10] He disconnected himself from the protection
and support of his kin and set out to points unknown.

We may well assume that Avram's stay in Charan was originally
intended as a temporary situation, a layover in the journey toward his
final destination. When he first set out from Ur Kasdim, Avram's party
included a significant member of his family – his father Terach:

בראשית פרשת נח פרק יא פסוק לא

וַיִּקַּח תֶּרַח אֶת־אַבְרָם בְּנוֹ וְאֶת־לוֹט בֶּן־הָרָן בֶּן־בְּנוֹ וְאֵת שָׂרַי כַּלָּתוֹ אֵשֶׁת
אַבְרָם בְּנוֹ וַיֵּצְאוּ אִתָּם מֵאוּר כַּשְׂדִּים לָלֶכֶת אַרְצָה כְּנַעַן וַיָּבֹאוּ עַד־חָרָן
וַיֵּשְׁבוּ שָׁם:

Terach took his son Avram, and his grandson Lot, the son
of Charan, and his daughter-in-law Sarai, the wife of Avram.
And they set out with them from Ur Kasdim to go **to the
land of Canaan**, and they came to **Charan** and dwelled there.
(Bereishit 11:31)

We might argue that this strange idea – Terach's inexplicable trek
toward the Land of Canaan – was in fact an idea planted in **his** mind
by God.[11]

---

commentators enumerate the tests, and their lists differ significantly. For a
sample of the differences, see *Avot de-Rabbi Natan*, chapter 33; *Pirkei de-Rabbi
Eliezer*, chapter 26 and the commentary of Rabbi David Luria (Radal);
Rambam, Commentary to the Mishnah; Rabbenu Yonah – Commentary to
the Mishnah.

10. According to one tradition Lot was also Avraham's brother-in-law, see
Rashi, Bereishit 11:29, who identifies Yiscah, the daughter of Charan, as Sarah.
Lot was the son of Charan.

11. See Rabbenu Meyuchas, Bereishit 11:31 and 15:7, who says that God gave the
idea to Terach to take his son Avram to the Land of Canaan. Also, see Ha'amek
Davar, Bereishit 11:31 and 15:7: God took Terach on this journey in order to
facilitate Avraham's journey; God did not yet communicate with Avram, but
he (Avram) was already spiritually enlightened. He perceived the holiness of

the Land of Israel from afar. Also see Chizkuni, Bereishit 11:31, who opines that God commanded Terach to leave Ur Kasdim. See Sefat Emet, Bereishit 5632, based on the Zohar (Bereishit 165b) that God spoke to everyone – but Avram was the only one who listened. Also see Kuzari 4:27: God's instruction was a response to Avram's religious yearning and his righteous behavior:

רבינו מיוחס בראשית פרשת נח פרק יא פסוק לא

ויקח תרח. המקום נתן בלבו של תרח לצאת משם ואברהם אז היה בן ע׳ שנה, יצא עם אביו והלך לחרן, וישבו שם חמש שנים, והיה תרח עובד ע״ז כמו שנאמר להלן בעבר הנהר ישבו אבותיכם, ואברהם קידש את שמו שהשליכוהו לכבשן האש, ולא פירשוה נביאים אלא על פי הקבלה, ואחר כך יצא אברהם משם והניח את אביו ואת אחיו שם כמו שנא׳ למטה ואברהם בן חמש כו׳:

רבינו מיוחס בראשית פרשת לך לך פרק טו פסוק ז

אשר הוצאתיך מאור כשדים. שנתתי בלב אביך להוציאך:

העמק דבר בראשית פרשת נח פרק יא פסוק לא

ויקח תרח את אברם בנו וגו׳ ללכת ארצה כנען. אף על גב שלא היה עוד מאמר ה׳ לאברהם אבינו, מכ״מ כבר היה הערה מן השמים וראה מרחוק קדושת הארץ, וכמש״כ להלן ט״ו ז׳. והא דכתיב ויקח תרח וגו׳, אף על גב דעיקר רצון אותה יציאה היה אברם ובעצתו, מכ״מ כיון שהיה אברם שקוע ברעיונות אלקיות או חכמות, ולא יכול להנהיג נסיעה הוא וביתו, על כן נמסר הנסיעה לאביו והוא לקח את אברם וכל הכבודה על ידו:

העמק דבר בראשית פרשת לך לך פרק טו פסוק ז

...[ונראה שגם בסדר עולם אין הכונה שהי׳ הדבור לאברהם כשהי׳ בן שבעים, אלא שהי׳ אז הערה מן השמים וקול דודו ית׳ דופק על ליבו לצאת מאור כשדים לחרן ומשם לארץ ישראל, והערה זו מפורש בס׳ ישעיה מ״א מי העיר ממזרח וגו׳]. וכך הי׳ כאן שעלה ברצון ה׳ כשהי׳ אברם בן שבעים, וכשהי׳ בן חמש ושבעים הי׳ המאמר הראשון לזרעך נתתי את הארץ הזאת, ואחר מלחמת המלכים בשעה שעלה בדעת אברהם אבינו שהוא צדקה בלי טעם, בא המאמר בשלימות להודיע שאינו צדקה אלא הכרח עפ״י טבע הבריאה. ואמר אני ה׳. אני הוא שהוצאתיך מאור כשדים, שהעירותי את לבבך לצאת משם, כדי להגיע להארץ הזאת,

חזקוני בראשית פרשת נח פרק יא פסוק לא

ויצאו אתם מאור כשדים במצות הקדוש ברוך הוא כדכתיב אני ה׳ אשר הוצאתיך מאור כשדים, ולפי פירוש זה לא נתפרש היכן צוהו. ויבאו עד חרן ולא הספיק תרח לבא בארץ כנען וימת בחרן.

ספר שפת אמת בראשית פרשת לך שנת תרל״ב

רמב״ן הקשה שנאמר לך לך בלי שנזכר מקודם חיבתו. ובזוה״ק נראה **כי זה עצמו השבח ששמע זה המאמר לך לך שנאמר מהשי״ת לכל האנשים תמיד** כמ״ש וי לאינון דשינתא בחוריהון **ואאע״ה שמע וקיבל**. וממילא נקרא רק הדיבור אליו כי הלא לא נמצא מיוחד לשמוע. רק הוא אבל בודאי זה השבח בעצמו שהי׳ מוכן לקבל המאמר:

זהר חלק א דף קסה/ב

(בראשית ל) וַיִּקַּח לוֹ יַעֲקֹב מַקַּל לִבְנֶה וְגוֹ׳, מַתְנִיתִין, רְעוּתָא דְעוֹבָדָא, קִטְרֵי דִמְהֵימְנוּתָא,

In a communication recorded subsequently,[12] God takes the credit for taking Avraham from his birthplace, Ur Kasdim:

קָל קָלָא דְּקָלְיָא אִתְּעַר מֵעֵילָּא לְתַתָּא, אֲנַן פְּתִיחִין עַיְינִין הֲוֵינָן. גַּלְגְּלָא אַסְחַר מֵעֵילָּא לְכַמָּה סִטְרִין, קָל נְעִימוּתָא אִתְּעַר. אִתְּעָרוּ נַיְימִין דְּמִיכִין דְּשִׁינְתָא בְּחוֹרֵיהוֹן, וְלָא יָדְעֵי וְלָא מִסְתַּכְּלָן, וְלָא חָמָאן. אֲטִימִין אוּדְנִין, כְּבֵדִין דְּלִבָּא, נַיְימִין וְלָא יָדְעִין. אוֹרַיְיתָא קַיְימָא קַמַּיְיהוּ, וְלָא מַשְׁגִּיחִין וְלָא יָדְעֵי בְּמָה מִסְתַּכְּלָן, חָמָאן וְלָא חָמָאן. אוֹרַיְיתָא רָמַאת קָלִין אִסְתַּכָּלוּ טִפְּשִׁין, פִּתְחוּ עַיְינִין, וְתִנְדְּעוּן. לֵית מַאן דְּיִשְׁגַּח, וְלֵית מַאן דְּיַרְכִין אוּדְנֵיהּ, עַד מָה תֶּהֱווּן בְּגוֹ חֲשׁוֹכָא דִּרְעוּתַיְיכוּ. אִסְתַּכָּלוּ לְמִנְדַּע, וְאִתְגְּלֵי לְכוֹן נְהוֹרָא דְּנָהִיר. [וַיִּקַּח לוֹ מַקַּל לִבְנֶה וְגוֹ'. מִשְׁנָה. הָרָצוֹן שֶׁל הַמַּעֲשֶׂה, קִשְׁרֵי הָאֱמוּנָה, קוֹל הַקּוֹל שֶׁל הַקּוֹלוֹת, מִתְעוֹרֵר מִמַּעְלָה לְמַטָּה. אָנוּ הָיִינוּ פְּתוּחֵי עֵינַיִם. הַגַּלְגַּל סוֹבֵב מִמַּעְלָה לְכַמָּה צְדָדִים, קוֹל שֶׁל נְעִימוּת הִתְעוֹרֵר. הִתְעוֹרְרוּ יְשֵׁנִים נִרְדָּמִים שֶׁשֵּׁנָה בְּנִחִירֵיהֶם, וְלֹא יוֹדְעִים וְלֹא מִסְתַּכְּלִים וְלֹא רוֹאִים, אֲטוּמֵי אָזְנַיִם, כִּבְדֵי לֵב, יְשֵׁנִים וְאֵין יוֹדְעִים, הַתּוֹרָה עוֹמֶדֶת לִפְנֵיהֶם וְלֹא מַשְׁגִּיחִים וְלֹא יוֹדְעִים בַּמֶּה מִסְתַּכְּלִים, רוֹאִים וְלֹא רוֹאִים. הַתּוֹרָה מְרִימָה קוֹלוֹת: הִסְתַּכְּלוּ טִפְּשִׁים, יִפָּתְחוּ הָעֵינַיִם וְתֵדְעוּ. אֵין מִי שֶׁיַּשְׁגִּיחַ, אֵין מִי שֶׁיַּרְכִּין אָזְנוֹ. עַד מָתַי תִּהְיוּ בְּתוֹךְ הַחֲשֵׁכָה שֶׁל רְצוֹנְכֶם? הִסְתַּכְּלוּ לָדַעַת, וְיִתְגַּלֶּה לָכֶם הָאוֹר הַמֵּאִיר.]

ספר הכוזרי מאמר רביעי

(כז) אמר החבר: יפה אמרת מלך הכוזרים וכחך לאלוה זוהי האמת וזוהי האמונה באמת ועזיבת כל מותר ויתכן כי העיון הזה שמצאנו בספר יצירה היה עיונו של אברהם אבינו שעה שכבר נתבררו לו אחדות האלוה ורבונותו אך טרם זכה להתגלות אולם לאחר שזכה להתגלות עזב את כל ההקשים ולא בקש מעם האלוה כי אם להיות לו לרצון אחרי אשר למדו האלוה מה הוא הרצון במה ישג ובאיזה מקום וכבר דרשו החכמים על מאמר הכתוב ויוצא אותו החוצה צא מאצטגנינות שלך כלומר עזב חכמת הכוכבים וכל חכמת טבע מספקת וכל ספר אפלטון על נביא אחד בדורו של מרינוס שאמר על פי חזון שהיה אליו מאת האלוה לפילוסוף אחד שהשתדל מאד לזכות להתגלות האלוה על ידי עיון בפילוסופיה לא בדרך הזאת תגיע אלי כי אם על ידי אותם ששמתים מתוכים ביני ובין יצירי רצונו לומר הנביאים וחקי האמת וכבר נרמז ענין זה בספר יצירה בסוד ספירת העשרה ספירה זו הסכם עליה במזרח ובמערב אם כי אין לכך יסוד בחכמה טבעית ולא הכרעה מצד הקש שכלי כי אם סוד אלוהי בלבד הלא הוא אמרו עשר ספירות בלימה בלם פיך מלדבר בלם לבך מלהרהר ואם רץ לבך שוב למקום שלכך נאמר רצוא ושוב ועל דבר זה נכרתה ברית ומדתן עשר שאין להן סוף נעוץ סופן בתחלתן ותחלתן בסופן כשלהבת קשורה בגחלת דע וחשב וצור שהיוצר אחד ואין בלעדיו ולפני אחד מה אתה סופר וחתימת הספר היא וכשהבין אברהם אבינו וצר (וחקק וצרף ויצר) וחקר וחשב ועלתה בידו נגלה עליו אדון הכל וקראו אוהבי וכרת לו ברית בין עשר אצבעות ידיו והוא ברית לשון ובין עשר אצבעות רגליו והוא ברית מילה וקרא עליו בטרם אצרך בבטן ידעתיך:

12. We noted above that according to the Seder Olam Rabbah, this conversation took place when Avram was seventy years old.

בראשית פרשת לך לך פרק טו פסוק ז

וַיֹּאמֶר אֵלָיו אֲנִי ה׳ אֲשֶׁר הוֹצֵאתִיךָ מֵאוּר כַּשְׂדִּים לָתֶת לְךָ אֶת־הָאָרֶץ הַזֹּאת לְרִשְׁתָּהּ:

He said to him, "I am God who brought you out of Ur Kasdim to give you this land to inherit." (Bereishit 15:7)

There are those who read this verse in a more specific manner: God is reminding Avraham that it was He who saved him from the *Ur* – the fire or furnace – in Kasdim:[13]

תרגום המיוחס ליונתן - תורה בראשית פרשת לך לך פרק טו פסוק ז

וַאֲמַר לֵיהּ אֲנָא יְיָ דְאַפֵּיקְתָּךְ מֵאַתּוּן נוּרָא דְכַשְׂדָאֵי לְמִתַּן לָךְ יַת אַרְעָא הָדָא לְמֵירְתָהּ:

כתר יונתן בראשית פרשת לך לך פרק טו פסוק ז

ויאמר לו אני יי שהוצאתיך מכבשן האש של כשדים לתת לך את הארץ הזאת לְרִשתה:

And He said to him, I am the Eternal God who brought you out of the fiery furnace of Kasdim, to give you this land to inherit. (Targum Pseudo-Yonatan, Bereishit 15:7)

"Ur Kasdim" contains within it a reference – perhaps a hint – to the events that are absent in the text but are recounted in the famous Midrash: Avram was thrown into a fiery furnace by Nimrod, but survived due to Divine intervention. Does this episode, which pre-dates God's promises to Avraham articulated in *Lech Lecha,* nonetheless fall under the same umbrella of Divine protection? Was the as-yet unspoken promise already in effect during the episodes of Avraham's life detailed in the Midrash, including his miraculous survival of death-by-fire at the hands of Nimrod? Or does that earlier episode merely foreshadow what the future relationship between God and Avraham will be?

---

13. See Bereishit Rabbah 44:13:

בראשית רבה (וילנא) פרשת לך לך פרשה מד סימן יג

וַיֹּאמֶר אֵלָיו אֲנִי ה׳ אֲשֶׁר הוֹצֵאתִיךָ מֵאוּר כַּשְׂדִּים וגו׳ - רַבִּי אֱלִיעֶזֶר בֶּן יַעֲקֹב וְרַבָּנָן, רַבִּי אֱלִיעֶזֶר בֶּן יַעֲקֹב אָמַר מִיכָאֵל יָרַד וְהִצִּילוֹ מִכִּבְשַׁן הָאֵשׁ. וְרַבָּנָן אָמְרֵי הַקָּדוֹשׁ בָּרוּךְ הוּא הִצִּילוֹ, הֲדָא הוּא דִכְתִיב: אֲנִי ה׳ אֲשֶׁר הוֹצֵאתִיךָ מֵאוּר כַּשְׂדִּים...

The implication of the Divine communication, *lech lecha,* was that Terach's participation in this journey would come to an end: "Go forth from your land and your birthplace[14] and your **father's house** to the land I will show you." Terach, father of Avram, the man who had started the journey to Canaan, would be left behind.[15] Apparently, Terach, the purveyor of idols, had gone as far as he would or could go; he had to be left behind, collateral damage of his own mission.

It is worth noting that in his comments on the verses describing Terach's truncated journey and Avram's new mandate moving

---

14. Avraham's precise birthplace is the subject of some debate, and beyond the scope of this essay. See Ramban, Bereishit 11:28 and 12:1:

רמב"ן בראשית פרשת לך לך פרק יב פסוק א

מארצך וממולדתך - כתב רש"י והלא כבר יצא משם עם אביו ובא עד חרן, אלא כך אמר לו הקדוש ברוך הוא, התרחק עוד מבית אביך. ורבי אברהם פירש וכבר אמר השם אל אברם לך לך מארצך, כי הדבור הזה היה בעודנו באור כשדים, ושם צוהו לעזוב ארצו ומולדתו ובית אביו אשר שם. ואיננו נכון, כי אם היה כן היה אברם עיקר הנסיעה מבית אביו במצות האלקים, ותרח אביו ברצון נפשו הלך עמו, והכתוב אמר (לעיל יא לא) ויקח תרח את אברם בנו, יורה כי אברם אחרי אביו ובעצתו יצא מאור כשדים ללכת ארצה כנען, ועוד כי הכתוב שאמר (יהושע כד ג) ואקח את אביכם את אברהם מעבר הנהר ואולך אותו בכל ארץ כנען, היה ראוי שיאמר "ואקח את אביכם את אברהם מאור כשדים ואולך אותו בכל ארץ כנען", כי משם לוקח ושם נצטוה בזה:

ועוד יקשה עליהם, כי אברהם בצוותו את אליעזר לקחת אשה לבנו אמר לו כי אל ארצי ואל מולדתי תלך (להלן כד ד), והוא הלך אל ארם נהרים אל עיר נחור (שם כד י), אם כן היא ארצו ומולדתו, ושם נאמר (בפסוק לח) אם לא אל בית אבי תלך ואל משפחתי, כי שם בית אביו ומשפחתו שהיא מולדתו, לא כאשר השתבש רבי אברהם לומר אל ארצי חרן, ומולדתי אור כשדים. והנה הוא האומר כאן כי באור כשדים נאמר לו לך לך מארצך וממולדתך ומבית אביך, והנה לו ארצות רבות: אבל העיקר כבר ידעת אותו ממה שכתבנו בסדר שלפני זה (יא כח), **כי חרן היא ארצו, ושם מולדתו, והיא ארץ אבותיו מעולם**, ושם נצטוה לעזוב אותם. וכך אמרו בבראשית רבה (לט ח) לך לך, אחת מארם נהרים ואחת מארם נחור: וטעם להזכיר "ארצך ומולדתך ובית אביך", כי יקשה על האדם לעזוב ארצו אשר הוא יושב בה ושם אוהביו ורעיו וכל שכן כשהוא ארץ מולדתו ששם נולד, וכל שכן כשיש שם כל בית אביו, ולכך הוצרך לומר לו שיעזוב הכל לאהבתו של הקדוש ברוך הוא:

15. The acknowledgement that Terach had left Ur Kasdim with Avraham helps explain what some see as an awkwardness of the sequence of the instructions in text, and the claim that leaving his father's home should have been first, now we realize, that his "father's home" had left his birthplace. And therefore, after leaving his birthplace, Avraham needs to leave his father's home.

forward, Rashi explains that Terach would live many more years after the parting of the ways (Bereishit 11:32). Nonetheless, Rashi argues, it was appropriate for Avram to abandon his father (and his filial responsibilities) because Terach was wicked; he was an idolator.[16] Later in his life (and at a later point in the text) we find hints that Terach eventually[17] abandoned idolatry and ended his life as a penitent (Bereishit 15:15).[18] Perhaps Avram's presence, his heightened spirituality and righteousness, had been holding Terach back; as long

---

16. See Rashi, Bereishit 11:32:

רש״י בראשית פרשת נח פרק יא פסוק לב

וימת תרח בחרן - לְאַחַר שֶׁיָּצָא אַבְרָם מֵחָרָן וּבָא לְאֶרֶץ כְּנַעַן, וְהָיָה שָׁם יוֹתֵר מִשִּׁשִּׁים שָׁנָה; שֶׁהֲרֵי כָתוּב וְאַבְרָם בֶּן חָמֵשׁ שָׁנִים וְשִׁבְעִים שָׁנָה בְּצֵאתוֹ מֵחָרָן וְתֶרַח בֶּן שִׁבְעִים שָׁנָה כְּשֶׁנּוֹלַד אַבְרָם, הֲרֵי קמ״ה לְתֶרַח; כְּשֶׁיָּצָא אַבְרָם מֵחָרָן עֲדַיִן נִשְׁאֲרוּ מִשְּׁנוֹתָיו הַרְבֵּה, וְלָמָּה הִקְדִּים הַכָּתוּב מִיתָתוֹ שֶׁל תֶּרַח לִיצִיאָתוֹ שֶׁל אַבְרָם? שֶׁלֹּא יְהֵא הַדָּבָר מְפֻרְסָם לַכֹּל וְיֹאמְרוּ לֹא קִיֵּם אַבְרָם אֶת כְּבוֹד אָבִיו, שֶׁהִנִּיחוֹ זָקֵן וְהָלַךְ לוֹ, לְפִיכָךְ קְרָאוֹ הַכָּתוּב מֵת, שֶׁהָרְשָׁעִים אַף בְּחַיֵּיהֶם קְרוּיִים מֵתִים, וְהַצַּדִּיקִים אַף בְּמִיתָתָן קְרוּיִים חַיִּים, שֶׁנֶּאֱמַר וּבְנָיָהוּ בֶּן יְהוֹיָדָע בֶּן אִישׁ חַי (שְׁמוּאֵל ב׳ כ״ג):

"And Terach died in Charan" – after Avram had left Charan (as related in the next chapter) and had come to the land of Canaan and had been there more than sixty years. For it is written, (Bereishit 12:4) "And Avram was seventy five years old when he left Charan," and Terach was seventy years old when Avram was born (Bereishit 11:26), making Terach 145 years old when Avram left Charan, so that there were then many years of his life left (i.e., he lived many years after that – as a matter of fact, 60 years, as he was 205 years old when he died). Why, then, does Scripture mention the death of Terach before the departure of Avram? In order that this matter (his leaving home during his father's lifetime) might not become known to all, lest people should say that Avram did not show a son's respect to his father, for he left him in his old age and went his way. That is why Scripture speaks of him as dead (Bereishit Rabbah 39:7). For indeed the wicked even while alive are called dead and the righteous even when dead are called living, as it is said, (2 Shmuel 23:20) "And Benaiah the son of Jehoiada the son of a living man." (Rashi, Bereishit 11:32)

17. As previously noted, Rashi follows the Seder Olam in the understanding that the *berit bein ha-betarim* transpired prior to *Lech Lecha*, making it much more complicated to contend that Terach subsequently repented.

18. Rashi, Bereishit 15:15, based on Bereishit Rabbah 38:12. For various changes in Terach's belief system see Panim Yafot, Bereishit 11:31:

as Avraham was around, Terach felt no need to do the hard spiritual work. He left the "heavy lifting" to his son and simply hung on to his coattails. Only when Avraham left him behind did Terach realize that he himself must make his own spiritual journey.[19]

רש״י בראשית פרשת לך לך פרק טו פסוק טו

אל אבותיך - אָבִיו עוֹבֵד עבודה זרה וְהוּא מְבַשְּׂרוֹ שֶׁיָּבֹא אֵלָיו? לִמֶּדְךָ שֶׁעָשָׂה תֶּרַח תְּשׁוּבָה:

"To your fathers" – His father was an idolator and yet it (the text) announced to him that he (Avraham) would go to him! But this teaches you that Terach repented of his evil ways. (Rashi, Bereishit 15:15)

בראשית רבה פרשה לח סימן יב

וְאֵלֶּה תּוֹלְדֹת תֶּרַח תֶּרַח הוֹלִיד אֶת אַבְרָם וגו׳ (בראשית יא, כז), אָמַר רַבִּי אַבָּא בַּר כַּהֲנָא, כָּל מִי שֶׁנִּכְפַּל שְׁמוֹ יֵשׁ לוֹ חֵלֶק לָעוֹלָם הַזֶּה וְלָעוֹלָם הַבָּא, אֲתִיבוּן לֵיהּ וְהָכְתִיב: אֵלֶּה תּוֹלְדֹת תֶּרַח תֶּרַח, יֵשׁ לוֹ בָּעוֹלָם הַזֶּה וְיֵשׁ לוֹ לָעוֹלָם הַבָּא, אֶתְמְהָא, אָמַר לָהֶם אַף הִיא לָא תַּבְרָא, דְּאָמַר רַבִּי יוּדָן מִשּׁוּם רַבִּי אַבָּא בַּר כַּהֲנָא (בראשית טו, טו): וְאַתָּה תָּבוֹא אֶל אֲבֹתֶיךָ בְּשָׁלוֹם, בִּשְּׂרוֹ שֶׁיֵּשׁ לְאָבִיו חֵלֶק לָעוֹלָם הַבָּא, (בראשית טו, טו): תִּקָּבֵר בְּשֵׂיבָה טוֹבָה, בִּשְּׂרוֹ שֶׁיִּשְׁמָעֵאל עוֹשֶׂה תְּשׁוּבָה.

פנים יפות בראשית פרשת נח פרק יא פסוק לא

ויצאו אתם מאור כשדים ללכת ארצה כנען. י״ל לשון אתם שנדחק רש״י בזה כמו בסוף פ׳ ויצא [לא, כז] למה נחבאת לברוח ותגנוב אותי, פירש״י גנבת את דעתי, ה״נ י״ל ויצאו אתם שדעתם ללכת ארצה כנען, כי לאחר שניצל אברהם מאור כשדים חזר תרח בתשובה גמורה, ומפני שאחז״ל סוף כתובות [קי ב] כל הדר בח״ל דומה כמי שאין לו אלוה, וכל הדר בא״י דומה כמי שיש לו אלוה. והטעם כמ״ש בחידושינו שם, שכל ארצות ח״ל הם תחת המזלות, לבד בא״י שנאמר [דברים יא, יב] ארץ אשר וגו׳ עיני ה׳ אלהיך בה, ורצו לקבוע דירתם בא״י לעבוד את ה׳ ביחוד, אך כשבא לחרן שהוא מקום טומאה, כמ״ש בפסוק [במדבר כג, ז] מן ארם ינחני בלק מהררי קדם, כמו שפירש״י בחרן נון הפוכה, עד כאן חרון אף של מקום, וכמ״ש בפ׳ בהעלותך שנון הפוכה, כמו שיש חמישים שערי בינה שנמסרו למשה, כן בהיפוכו חמשים שערי טומאה והוא נון הפוכה, ושם היה דירת נחור כמשמעות הכתוב בפ׳ ויצא, ונתחלל שם תרח לעבוד בשיתוף. וזה שאמר הכתוב בפ׳ ויצא [לא, נג] אלהי אברהם ואלהי נחור ישפטו בינינו, אלהי אביהם שהוא תרח שעבד בשיתוף, ולא הניח אברהם מצות כיבוד אב, כי סבר כיון שבני נח אינם מצווין על השיתוף חייב לכבדו, אבל באמת אמר לו הקדוש ברוך הוא שילך ממנו, כיון שכבר נדר ללכת ארצה כנען אינו חייב לכבדו, לכך נקרא מת כמשחז״ל [סוכה מה ב] כל המשתף שם שמים וד״א נעקר מן העולם, ונקרא מת. וי״ל מזה הטעם אמר הש״י אל הארץ אשר אראך ולא גלה לו הארץ מיד, שאם היה אומר לו ארץ כנען היה סבר שהוא מטעם קיום נדרו ללכת ארצה כנען, לכך אין לו לקיים מצות כיבוד, כדקי״ל [נדרים יג ב] דנדרים חלים על דבר מצוה, לכך אמר אשר אראך להודיע שאינו חייב בכבוד אב:

19. Similar to the ruffians who lived in the neighborhood of Rav Zeira. See *Sanhedrin* 37; for more on this see *The Crowns on The Letters*, pp. 431–432.

Once again, we return to our question: Is this another test? Was the commandment to abandon his father another means of testing Avram's dedication, or did Avram perceive this as being finally freed from the burden of his idolatrous father?

Other aspects of the command of *lech lecha* make matters even worse: Avram did not have any idea where he was headed. Surely the challenge of this journey and the challenge of uprooting his life were amplified by the uncertainty. However, all of these considerations would seem to be outweighed by the promises and blessings bestowed upon Avraham.

Once Avram and his entourage arrived in the Land of Canaan, they traveled through the landscape to a place called Shechem or Eilon Moreh:

בראשית פרשת לך לך פרק יב

(ו) וַיַּעֲבֹר אַבְרָם בָּאָרֶץ עַד מְקוֹם שְׁכֶם עַד אֵלוֹן מוֹרֶה וְהַכְּנַעֲנִי אָז בָּאָרֶץ:
(ז) וַיֵּרָא ה' אֶל־אַבְרָם וַיֹּאמֶר לְזַרְעֲךָ אֶתֵּן אֶת־הָאָרֶץ הַזֹּאת וַיִּבֶן שָׁם מִזְבֵּחַ לַה' הַנִּרְאֶה אֵלָיו:

(6) Avram passed through the land to the place of Shechem, to Eilon [the oak] of Moreh, and the Canaanites were then in the land. (7) God appeared to Avram and said, "I will give this land to your descendants." He built an altar there to God who appeared to him. (Bereishit 12:6–7)

In what seems like an innocent aside, we are told that the Canaan-ites inhabited the land at the time. At this juncture, God appears to Avram and blesses him: His descendants will inherit this land. This wonderful news contains two blessings: One, the hitherto barren Avram would have a child who would bear subsequent generations of descendants; and two, the purpose of this trip was to bring him to the land that these descendants would one day call their own. But therein lies the rub: The land was not actually promised to Avraham himself; rather it was promised as a gift to the children and the descendants he did not yet have. For now, the Canaanites inhabited the land, which means that this promise refers to distant future events and realities.

Should this give us pause? Should we perhaps reconsider the other promises he was given, and conclude that these, too, were "long-term" promises that would come to fruition only in some distant future?

בראשית פרשת לך לך פרק יב

(ב) וְאֶעֶשְׂךָ לְגוֹי גָּדוֹל וַאֲבָרֶכְךָ וַאֲגַדְּלָה שְׁמֶךָ וֶהְיֵה בְּרָכָה: (ג) וַאֲבָרְכָה מְבָרְכֶיךָ וּמְקַלֶּלְךָ אָאֹר וְנִבְרְכוּ בְךָ כֹּל מִשְׁפְּחֹת הָאֲדָמָה:

I will make you a great nation I will bless you and make your name great and you shall be a blessing. I will bless those who bless you and those who damn you I will curse and all the peoples of the earth shall be blessed through you. (Bereishit 12:2–3)

Were these blessings something Avram could expect immediately? Did they refer to Avraham's lifetime, or were these promises of protection and blessing, like the promise of the land, something only future generations would see?

Perhaps the very fact that he received these blessings was a test: Would Avram demand immediate gratification? Would he lose faith if he did not see the blessings realized? Would he despair when he understood that he would never personally reap the rewards of his devotion and sacrifice?

To compound the problem, the blessings themselves were clouded by imprecision and a lack of specificity: Which land would he be receiving? What would be the borders and contours of this land? This confusion crescendos in the complex verses that follow. Avraham continues traveling south – perhaps seeking answers to some of these questions:

בראשית פרשת לך לך פרק יב פסוק ח

וַיַּעְתֵּק מִשָּׁם הָהָרָה מִקֶּדֶם לְבֵית־אֵל וַיֵּט אָהֳלֹה בֵּית־אֵל מִיָּם וְהָעַי מִקֶּדֶם וַיִּבֶן־שָׁם מִזְבֵּחַ לַה' וַיִּקְרָא בְּשֵׁם ה':

He left from there to the mountain east of Beit El, and pitched his tent; Beit El to the west, and the Ai to the east. There he built an altar to the Eternal God and called out in the name of the Eternal God. (12:8)

Something is missing. God is silent; no further information or clarification is offered. Avraham, for his part, repeats what he had done before. Once again he builds an altar and "calls in the name of God." Some commentaries imagine Avraham calling out, as he did in Charan, to his neighbors, teaching them to serve the One God. Targum Onkelos understands these verses very differently: Avram calls God by name, searches for Him. Avram is at a loss; he is stymied by the lack of information and he calls to God for answers, for details, for further instructions. But this time, God doesn't speak.

And then, things get worse. A famine descends upon the land, and still God is silent. Avraham is left to ponder on his own: Was the promise that he would be a source of blessing something he should count on in the here-and-now, or was it, like the promise of offspring and inheriting the land, also a promise for the more distant future? The combination of God's continued non-communication and the lack of food leads Avraham to a decision: He continues his trek southward.

The Ramban attacks Avraham for his decision to leave Israel, and for causing his wife to enter a morally precarious situation.[20] But is this critique fair?[21] Did Avram know that the land on which he found himself (Egypt) was outside of the borders of his future inheritance?

---

20. Ramban, Bereishit 12:10:

רמב"ן בראשית פרשת לך לך פרק יב פסוק י
ודע כי אברהם אבינו חטא חטא גדול בשגגה שהביא אשתו הצדקת במכשול עון מפני פחדו פן יהרגוהו, והיה לו לבטוח בשם שיציל אותו ואת אשתו ואת כל אשר לו, כי יש באלקים כח לעזור ולהציל. גם יציאתו מן הארץ, שנצטווה עליה בתחילה, מפני הרעב, עון אשר חטא, כי האלקים ברעב יפדנו ממות. ועל המעשה הזה נגזר על זרעו הגלות בארץ מצרים ביד פרעה. במקום המשפט שמה הרשע והחטא:

21. In a comment on Bereishit 12:1, Ramban himself allows for the possibility that Avraham does not know the destination which God has in store for him. It is possible that even after arriving in the Land which will be known as Israel, that Avraham doesn't know the precise borders:

רמב"ן בראשית פרשת לך לך פרק יב פסוק א
אל הארץ אשר אראך - היה נודד והולך מגוי אל גוי וממּמלכה אל עם אחר, עד שבא אל ארץ כנען ואמר לו לזרעך אתן את הארץ הזאת, אז נתקיים "אל הארץ אשר אראך", ואז נתעכב וישב בה. ומה שאמר ויצאו ללכת ארצה כנען, לא להתישב בה, כי עדיין לא ידע כי על הארץ ההיא נצטוה, אלא שאחז צדיק דרכו דרך ארץ כנען, כי כן היה בדעתו ובדעת אביו גם מתחלה בצאתם מאור כשדים. ומפני זה אמר ויהי כאשר התעו אותי אלקים מבית אבי (להלן כ יג), כי היה תועה כשה אובד:

Based on the communication he had received, how could he have
known which land was included in the promise? He feared for his
safety; should he have trusted solely in God's promise to protect him,
putting faith before action? When considering the situation, the facts
seemed to indicate that the promises – all the promises – were not
intended to have any bearing on the present; they were more akin
to long-term bonds than to immediate insurance policies. A famine
had come; surely the promise of blessing flowing through Avraham
to the world had not yet begun. Could he expect Divine protection
at this point in history?

The conclusion is inescapable: From the moment God spoke
to him, every minute and every aspect of Avram's life had become
complicated. The blessings, it seems, would not 'kick in' until the
future; God's deafening silence seemed to confirm this diagnosis.

This wholly unsatisfying model of communication continues
for the rest of Avraham's life: God speaks when *He* sees fit, and not
necessarily when Avraham is in great need of direction, clarification,
friendship or mentoring. Only after Avraham separates from Lot does
God speak again, although the separation itself might have happened
earlier, more seamlessly and peacefully, and with less self-doubt, had
God given Avraham some guidance or assured him that parting ways
with Lot was the correct course of action.[22]

---

22. It is possible that the separation from Lot was the completion of the
Divine instruction to leave his father's home. Lot's accompanying of Avraham
is complex, for at first it seems that Lot "tags along" and only subsequently is
he taken. Compare the description in verses 19:4 and 19:5. See comments of
Rashi 12:2, and Ramban where he cites Rashi and Ibn Ezra (yet the Ramban
disagrees):

בראשית פרשת לך לך פרק יב

(ד) וַיֵּלֶךְ אַבְרָם כַּאֲשֶׁר דִּבֶּר אֵלָיו ה' וַיֵּלֶךְ אִתּוֹ לוֹט וְאַבְרָם בֶּן־חָמֵשׁ שָׁנִים וְשִׁבְעִים שָׁנָה
בְּצֵאתוֹ מֵחָרָן: (ה) וַיִּקַּח אַבְרָם אֶת־שָׂרַי אִשְׁתּוֹ וְאֶת־לוֹט בֶּן־אָחִיו וְאֶת־כָּל־רְכוּשָׁם
אֲשֶׁר רָכָשׁוּ וְאֶת־הַנֶּפֶשׁ אֲשֶׁר־עָשׂוּ בְחָרָן וַיֵּצְאוּ לָלֶכֶת אַרְצָה כְּנַעַן וַיָּבֹאוּ אַרְצָה כְּנָעַן:
Avram went forth as God had commanded him, **and Lot went with him.**
Avram was seventy-five years old when he left Charan. **Avram took his
wife, Sarai, and his brother's son, Lot,** and all their acquisitions which
they had acquired, and the souls/people they had made/purchased in

Similarly, only after Avraham became embroiled in battle between warring kings, and only after the hostilities came to an end, did God assure Avraham that He would protect him. Arguably, those comforting words would have been more helpful *before*, and not after, the war. Yet God alone decides when to speak and when to leave the courageous Avraham to his own devices. When details are finally provided, Avraham is told that four hundred years will have to pass before the land is his – but his descendants will first suffer angst, servitude and abuse.

When Sarah is taken by Avimelech,[23] God speaks to Avimelech,[24] not to Avraham. Avraham is left to work the situation out without guidance, instructions or assurances, only silence. And so it continues: Avraham's entire life seems to be an ongoing test, an endless series of challenges, some of which are unimaginably difficult. But Avraham marches on with incredible aplomb. His faith is never shaken; he

---

Charan, and they departed to go to the land of Canaan, and they came to the land of Canaan. (Bereishit 12:4–5)

רש"י בראשית פרשת לך לך פרק יב פסוק ב

מארצך - וַהֲלֹא כְּבָר יָצָא מִשָּׁם עִם אָבִיו וּבָא עַד חָרָן? אֶלָּא כָּךְ אָמַר לוֹ הִתְרַחֵק עוֹד מִשָּׁם וְצֵא מִבֵּית אָבִיךָ:

"From your land" – But had he not already departed from there together with his father and had reached as far as Charan (Bereishit 11:31)? But thus God in effect said to him: Go still further away – leave now your father's house also. (Rashi, Bereishit 12:2)

רמב"ן בראשית פרשת לך לך פרק יב פסוק א

מארצך וממולדתך - כתב רש"י והלא כבר יצא משם עם אביו ובא עד חרן, אלא כך אמר לו הקדוש ברוך הוא, התרחק עוד מבית אביך. ורבי אברהם פירש וכבר אמר השם אל אברם לך לך מארצך, כי הדבור הזה היה בעודנו באור כשדים, ושם צוהו לעזוב ארצו ומולדתו ובית אביו אשר שם. ואיננו נכון, כי אם היה כן היה אברם עיקר הנסיעה מבית אביו במצות האלקים, ותרח אביו ברצון נפשו הלך עמו, והכתוב אמר (לעיל יא לא) ויקח תרח את אברם בנו, יורה כי אברם אחרי אביו ובעצתו יצא מאור כשדים ללכת ארצה כנען, ועוד כי הכתוב שאמר (יהושע כד ג) ואקח את אביכם את אברהם מעבר הנהר ואולך אותו בכל ארץ כנען, היה ראוי שיאמר "ואקח את אביכם את אברהם מאור כשדים ואולך אותו בכל ארץ כנען", כי משם לוקח ושם נצטוה בזה:

23. Bereishit Chapter 20.

24. Bereishit Chapter 20:3–7.

continues his journey armed with promises for the distant future. The tests he faces phase him no more than the hurdles over which a well-trained athlete leaps; Avraham takes them all in stride. Despite God's silence, Avraham feels blessed; he knows that he is blessed. He knows it with certainty, because he knows with certainty that the God he loves, the loving God, has blessed him. Even though it will take years, generations, Avraham knows that the day will come when these blessings will be manifest. Sooner or later, it will happen: He will have children and the Land of Israel will be theirs,[25] for God had spoken.

---

25. Rabbi Yom Tov Lipman Heller in his commentary to the Mishnah, Tosfot Yom Tov, notes that in the Mishnah in *Avot* which spoke of the ten tests (5:3), the *tanna* uses the term "Avraham _Avinu_" – "Our forefather Avraham," while in the previous Mishnah he was only described as "Avraham." The implication of the addition of *"avinu"* in this context is that we, as Avraham's descendants, inherit reward from our forefather based on those same actions. This idea is expanded by Rav Chaim of Volozhin in his *Ruach Chaim*, where he points to the self-sacrifice exhibited by even "simple," unlearned Jews – even to the point of death. Rav Chaim explains that this was imprinted on the collective Jewish soul by our forefather Avraham. Similarly, the sudden awakening of Jews who pine for and travel to the Land of Israel was imprinted by the test of *Lech Lecha*:

תוספות יום טוב מסכת אבות פרק ה משנה ג

אברהם אבינו - שאנו זוכים ומקבלים טובה בזכותו זה שעמד בכל נסיונותיו לפיכך קראו התנא בכאן אבינו. נראה לי:

ספר רוח חיים על אבות פרק ה משנה ג

עשרה נסיונות נתנסה אברהם אבינו. כאן אמר **אברהם אבינו**. ולעיל אמר מנח ועד אברהם. ולא אמר אבינו. ירצה בזה על פי מה שכתוב (משלי כ, ז), מתהלך בתומו צדיק אשרי בניו אחריו. כי כמה מדות שהצדיק טרח ויגע להשיגם. לבניו אחריו המה כטבע מוטבע. ובקצת יגיעה יגיעו לזה. כמו **שנראה בחוש שרבים מעמי ארץ מהיהודים מוסרים את עצמם על קידוש השם**. והוא מוטבע בנו מאבינו אברהם שמסר נפשו לאור כשדים על אמונתו. וכן כל העשרה נסיונות היו להישיר הדרך לפנינו. וכן **ההתעוררות לאדם פתאום לילך לארץ הקודש הוא מנסיון "לך לך"**.

PARASHAT VAYERA

The Inadvertent Trial of Sodom

The *parashah* begins in a peculiar way:

בראשית פרשת וירא פרק יח

(א) וַיֵּרָא אֵלָיו ה' בְּאֵלֹנֵי מַמְרֵא וְהוּא יֹשֵׁב פֶּתַח־הָאֹהֶל כְּחֹם הַיּוֹם:
(ב) וַיִּשָּׂא עֵינָיו וַיַּרְא וְהִנֵּה שְׁלֹשָׁה אֲנָשִׁים נִצָּבִים עָלָיו וַיַּרְא וַיָּרָץ לִקְרָאתָם
מִפֶּתַח הָאֹהֶל וַיִּשְׁתַּחוּ אָרְצָה: (ג) וַיֹּאמַר אֲדֹנָי אִם־נָא מָצָאתִי חֵן בְּעֵינֶיךָ
אַל־נָא תַעֲבֹר מֵעַל עַבְדֶּךָ: (ד) יֻקַּח־נָא מְעַט־מַיִם וְרַחֲצוּ רַגְלֵיכֶם וְהִשָּׁעֲנוּ
תַּחַת הָעֵץ: (ה) וְאֶקְחָה פַת־לֶחֶם וְסַעֲדוּ לִבְּכֶם אַחַר תַּעֲבֹרוּ כִּי־עַל־כֵּן
עֲבַרְתֶּם עַל־עַבְדְּכֶם וַיֹּאמְרוּ כֵּן תַּעֲשֶׂה כַּאֲשֶׁר דִּבַּרְתָּ:

(1) God appeared to **him** by the oaks of Mamre, as **he** sat in the tent door in the heat of the day. (2) **He** lifted up his eyes and looked, and saw that three men stood opposite him. When **he** saw them, **he** ran to meet them from the tent door, and bowed himself to the earth, (3) and said, "My lords, if I have found favor in your sight, please do not pass by your servant. (4) Now let a little water be fetched, wash your feet, and rest yourselves under the tree. (5) I will get a morsel of bread so you can refresh your heart. After that be on your way, for this is surely why you have passed by your servant." They said, "Very well, do as you have said." (Bereishit 18:1–5)

Dedicated in honor of Jacob Lyons, Jr.

There are two oddities in the text. The first is the lack of identity of the subject; Avraham is not mentioned by name, and is alluded to by pronouns only. The Hebrew equivalent of "him" and "he" are used, but the normal convention of naming the protagonist at the start of the section, at the very least, is not followed.

The second point is more curious than the first: The text informs us of an awesome event, but appears to gloss over it entirely. God appears to him (obviously, to Avraham), yet the content of the visit seems strangely absent, or at least it is not immediately clear. Instead of elaborating on this Divine communication, the text moves on to the other guests who arrive and receive the full attention of their host, Avraham. At face value it seems quite strange that God could "arrive," that God could appear to Avraham, and yet no content is imparted – or at least recorded.

Both of these textual anomalies are resolved if we see this new chapter, this *parashah*, as a continuation of the previous episode, in which Avraham is clearly the subject. The preceding *parashah* ends with the change of Avram's name to Avraham, and the commandment of circumcision:

בראשית פרשת לך לך פרק יז

(א) וַיְהִי אַבְרָם בֶּן־תִּשְׁעִים שָׁנָה וְתֵשַׁע שָׁנִים וַיֵּרָא ה' אֶל־אַבְרָם וַיֹּאמֶר אֵלָיו אֲנִי־אֵל שַׁדַּי הִתְהַלֵּךְ לְפָנַי וֶהְיֵה תָמִים: (ב) וְאֶתְּנָה בְרִיתִי בֵּינִי וּבֵינֶךָ וְאַרְבֶּה אוֹתְךָ בִּמְאֹד מְאֹד: (ג) וַיִּפֹּל אַבְרָם עַל־פָּנָיו וַיְדַבֵּר אִתּוֹ אֱלֹהִים לֵאמֹר: (ד) אֲנִי הִנֵּה בְרִיתִי אִתָּךְ וְהָיִיתָ לְאַב הֲמוֹן גּוֹיִם: (ה) וְלֹא־יִקָּרֵא עוֹד אֶת־שִׁמְךָ אַבְרָם וְהָיָה שִׁמְךָ אַבְרָהָם כִּי אַב־הֲמוֹן גּוֹיִם נְתַתִּיךָ: (ו) וְהִפְרֵתִי אֹתְךָ בִּמְאֹד מְאֹד וּנְתַתִּיךָ לְגוֹיִם וּמְלָכִים מִמְּךָ יֵצֵאוּ: ... (כד) וְאַבְרָהָם בֶּן־תִּשְׁעִים וָתֵשַׁע שָׁנָה בְּהִמֹּלוֹ בְּשַׂר עָרְלָתוֹ: (כה) וְיִשְׁמָעֵאל בְּנוֹ בֶּן־שְׁלֹשׁ עֶשְׂרֵה שָׁנָה בְּהִמֹּלוֹ אֵת בְּשַׂר עָרְלָתוֹ: (כו) בְּעֶצֶם הַיּוֹם הַזֶּה נִמּוֹל אַבְרָהָם וְיִשְׁמָעֵאל בְּנוֹ: (כז) וְכָל־אַנְשֵׁי בֵיתוֹ יְלִיד בָּיִת וּמִקְנַת־כֶּסֶף מֵאֵת בֶּן־נֵכָר נִמֹּלוּ אִתּוֹ:

(1) When Avram was ninety-nine years old, Hashem appeared to Avram and said to him, "I am *El Shaddai*. Walk before Me and be faultless. (2) I will set My covenant between Me and you and will multiply you exceedingly." (3) Avram threw himself on his face and the Almighty spoke to him, saying, (4) "As for

> Me, here is My covenant with you: You will be the father of a multitude of nations. (5) No longer will you be called by the name Avram, but your name will be Avraham, because I have made you the father of a multitude of nations. (6) I will make you exceedingly fruitful; I will make you into nations and kings will come forth from you.... (24) Avraham was ninety-nine years old when he was circumcised in the flesh of his foreskin. (25) And his son, Yishmael, was thirteen years old when he was circumcised in the flesh of his foreskin. (26) On that very day both Avraham and his son Yishmael, were circumcised. (27) And all the men of his house, those born in the house, and those bought with money from a foreigner, were circumcised with him. (Bereishit 17:1–27)

Linking this section with the verses that follow – the visitation by God and by the three guests – Rashi resolves the textual challenges: *Vayera* begins precisely where *Lech Lecha* ends; Avraham is the subject of the narrative, and because he has just undergone a painful medical procedure God appears to him, visits him during his convalescence. There is no need to mention the protagonist by name because the narrative continues seamlessly, nor is there a need to describe the content of the revelation, because the visit itself was the objective.

In this vein, Rashi makes various comments on this verse, all of which refer or relate to circumcision:

רש"י בראשית פרק יח פסוק א

וַיֵּרָא אֵלָיו - לְבַקֵּר אֶת הַחוֹלֶה. אָמַר רַבִּי חָמָא בַּר חֲנִינָא, **יוֹם שְׁלִישִׁי לְמִילָתוֹ** הָיָה, וּבָא הַקָּבָּ"ה וְשָׁאַל בִּשְׁלוֹמוֹ (בבא מציעא פ"ו):

"And [Hashem] appeared to him" – to visit the sick. R. Chama the son of Chanina said: It was the third day after his **circumcision** and the Holy One, blessed be He, came and enquired after the state of his health. (*Bava Metzia* 86b). (Rashi, Bereishit 18:1)

באלוני ממרא - הוּא שֶׁנָּתַן לוֹ **עֵצָה עַל הַמִּילָה**, לְפִיכָךְ נִגְלָה עָלָיו בְּחֶלְקוֹ (בראשית רבה):

"By the oaks of Mamre" – It was he (a person named "Mamre") who advised him (Avraham) regarding the **circumcision** and therefore He revealed himself to him in his (Mamre's) territory (Bereishit Rabbah 42:8). (Rashi, Bereishit 18:1)

וְהוּא יֹשֵׁב - יֹשֵׁב כְּתִיב, **בִּקֵּשׁ לַעֲמֹד, אָמַר לוֹ הַקָּבָּ"ה שֵׁב וַאֲנִי אֶעֱמֹד,** וְאַתָּה סִימָן לְבָנֶיךָ שֶׁעָתִיד אֲנִי לְהִתְיַצֵּב **בַּעֲדַת הַדַּיָּנִים** וְהֵן יוֹשְׁבִין, שֶׁנֶּאֱמַר אֱלֹקִים נִצָּב בַּעֲדַת אֵל (תהילים פ"ב) (בראשית רבה):

"He was sitting" – The word is written ישב (without the ו) and therefore may be translated "he sat": **He wished to rise, but the Holy One, blessed be He, said to him, "Sit and I will stand." You shall form an example to your descendants – that I, in time to come, will stand in the assembly of the judges while they will sit, as it is said, (Tehillim 82:1) "God stands in the assembly of the judges"** (Bereishit Rabbah 48:7)

פתח האהל - לִרְאוֹת אִם יֵשׁ עוֹבֵר וָשָׁב וְיַכְנִיסֵם בְּבֵיתוֹ:

"At the tent door" – that he might see whether anyone passed by, and invite him into the house. (Rashi, Bereishit 18:1)

כחום היום - הוֹצִיא הַקָּבָּ"ה חַמָּה מִנַּרְתִּיקָהּ, **שֶׁלֹּא לְהַטְרִיחוֹ בְּאוֹרְחִים,** וּלְפִי שֶׁרָאָהוּ מִצְטַעֵר שֶׁלֹּא הָיוּ אוֹרְחִים בָּאִים, הֵבִיא הַמַּלְאָכִים עָלָיו בִּדְמוּת אֲנָשִׁים (בבא מציעא שם):

"In the heat of the day" – The Holy One, blessed be He, brought the sun out of its sheath that he might not be troubled by travelers, and when He perceived that he was grieved that no travelers came He brought to him angels in the form of men (*Bava Metzia* 86b). (Rashi, Bereishit 18:1)

The episode described in the verses that follow, Rashi explains, took place in the plains of Mamre – because Mamre advised Avraham to perform the circumcision. As a result of this procedure, Avraham was in pain and God visited him, fulfilling the mitzvah of visiting the sick. God had arranged the weather to be particularly hot that day, so no travelers would be outside. Had there been wayfarers, Avraham – who was still recovering from surgery – would have wanted to welcome guests into his tent to perform the mitzvah of *hachnasat orchim*. Instead of using the lull in traffic to recover, Avraham was distressed because there was nobody to invite into his home.

In the midst of this circumcision-focused commentary, Rashi adds an additional comment that seems unrelated: Avraham was sitting at the opening of his tent; although he wanted to stand, God instructed him to remain seated – as would his descendants in future generations: When sitting in judgment, judges will sit while God will stand in the courtroom. This comment seems like a non-sequitur, and we are at a loss as to how it fits into the larger theme of visiting the sick or circumcision.

Rashbam's understanding of these verses differs considerably: In contrast to Rashi's reading, Rashbam[1] understands that the revelation,

---

1. See Rambam, *Guide to the Perplexed* 2:42, who gives a similar explanation; according to the Rambam the entire episode was a vision. This position is severely attacked by Ramban, Bereishit 18:1. Also see the comments of Ralbag, Bereishit 19:37.

רמב"ן בראשית פרשת וירא פרק יח פסוק א

(א) וירא אליו - לשון רש"י, לבקר את החולה, אמר רבי חמא בר חנינא יום שלישי למילתו היה ובא הקדוש ברוך הוא ושאל בו. והנה שלשה אנשים, המלאכים שבאו אליו בדמות אנשים. שלשה, אחד לבשר את שרה ואחד לרפאות את אברהם ואחד להפוך את סדום, ורפאל שריפא את אברהם הלך משם להציל את לוט, שאין זה שתי שליחות, כי היה במקום אחר ונצטווה בו אחר כן, או ששתיהן להצלה. ויאכלו, נראו כמי שאכלו:

ובספר מורה הנבוכים (ב מב) נאמר כי הפרשה כלל ופרט. אמר הכתוב תחלה כי נראה אליו השם במראות הנבואה, ואיך היתה המראה הזאת, כי נשא עיניו במראה והנה ג' אנשים נצבים עליו. ויאמר אם נא מצאתי חן בעיניך, זה ספור מה שאמר במראה הנבואה לאחד מהם הגדול שבהם. ואם במראה, לא נראו אליו רק אנשים אוכלים בשר, איך אמר "וירא אליו ה'", כי הנה לא נראה לו השם לא במראה ולא במחשבה, וככה לא נמצא בכל הנבואות, והנה לדבריו לא לשה שרה עוגות, ולא עשה אברהם בן בקר, וגם לא צחקה שרה, רק הכל מראה, ואם כן בא החלום הזה ברוב ענין כחלומות השקר, כי מה תועלת להראות לו כל זה:

וכן אמר (שם) בענין "ויאבק איש עמו" (להלן לב כה) שהכל מראה הנבואה. ולא ידעתי למה היה צולע על ירכו בהקיץ, ולמה אמר (להלן לב לא) כי ראיתי אלקים פנים אל פנים ותנצל נפשי, כי הנביאים לא יפחדו שימותו מפני מראות הנבואה. וכבר ראה מראה גדולה ונכבדת מזאת, כי גם את השם הנכבד ראה פעמים רבות במראה הנבואה (עיין להלן כח יג, לא ג):

והנה לפי דעתו זאת יצטרך לומר כן בענין לוט, כי לא באו המלאכים אל ביתו, ולא אפה להם מצות ויאכלו, אבל הכל היה מראה. ואם יעלה את לוט למעלת מראה הנבואה איך יהיו אנשי סדום הרעים והחטאים נביאים, כי מי הגיד להם שבאו אנשים אל ביתו. ואם הכל מראות נבואתו של לוט, יהיה "ויאיצו המלאכים

described in Verse 1, consists of the events described in Verse 2 and thereafter. In other words, the arrival of the three visitors, and their message of Sarah's impending pregnancy and the birth of Yitzchak, were the content imparted to Avraham when God appeared to him:

רשב"ם בראשית פרשת וירא פרק יח פסוק א

וַיֵּרָא אֵלָיו ה' - הֵיאַךְ? שֶׁבָּאוּ אֵלָיו שְׁלֹשָׁה אֲנָשִׁים שֶׁהָיוּ מַלְאָכִים. שֶׁבְּהַרְבֵּה מְקוֹמוֹת כְּשֶׁנִּרְאֶה הַמַּלְאָךְ קוֹרֵהוּ בִּלְשׁוֹן שְׁכִינָה כִּדְכַת' כִּי שְׁמִי בְּקִרְבּוֹ, שְׁלוּחוֹ כְּמוֹתוֹ. וְכֵן וַיֵּרָא אֵלָיו מַלְאַךְ ה' בְּלַבַּת אֵשׁ מִתּוֹךְ הַסְּנֶה, וּכְתוֹ' שָׁם וַיַּרְא ה' כִּי סָר לִרְאוֹת:

And the Eternal appeared to him – How? In the three men who came to him, for they were angels. In many instances, when an angel[2] appears, it is referred to as *Shechinah* (God's Presence),

---

וגו' קום קח את אשתך", "ויאמר המלט על נפשך" (להלן יט טו יז), "והנה נשאתי פניך" (שם כא), וכל הפרשה כלה מראה, וישאר לוט בסדום. אבל יחשוב שהיו המעשים נעשים מאליהם, והמאמרים בכל דבר ודבר מראה, ואלה דברים סותרים הכתוב, אסור לשומעם אף כי להאמין בהם:...

רלב"ג פרק יט פסוק לז

וראוי שתדע, שאין ראוי שיֵאָמֵר שאֵלו השלושה אנשים ראה אברהם במראה הנבואה, לסיבות רבות. מהם, שאין בכאן דבר מכריח אותנו לומר שזה הדבר היה במראה הנבואה לבד, לא סיפור דבר שקרה, ולזה ראוי שנאמין שזה הדבר הוא כפשוטו. כי אין ראוי שנוציא דבר מידי פשוטו במאמרים התוריים, אם לא יביאנו אל זה ההכרח, כמו שביארנו בפרשת בראשית. ומהם, שאין ראוי שיֵאָמֵן שהדבר שיגיע לאברהם במראה הנבואה תשמעהו שרה ותלעג עליו. וזה, שאם היתה נביאה - לא יתכן לה שתלעג על מה שהגיעה אליה בנבואה; ואם לא היתה נביאה - לא יתכן שתשמע זה הדיבור. ואיך שיהיה, לא יתכן שתשמעהו, אבל תשמע הנבואה אשר הגיעה לה, לא הדיבור בעינו שהגיע לאברהם, וזה דבר מבואר בעצמו למי שיתבונן באיכות הנבואה ומהותה. ומהם, שאין ראוי שנאמין שיהיו אלו המלאכים באים ללוט במראה הנבואה, כי לא היה ראוי לנבואה לפי מה שנראה מעִנְינו, עד שכבר סיפר כי לא היה מושגח כי אם בזכות אברהם. ומהם, שאם היו אלו המלאכים מגיעים אל לוט במראה הנבואה, לא יתכן מה שסיפר מאנשי העיר שבאו ללוט שיוציא האנשים ההם אליהם וידעו אותם, וזה מבואר מאד עד שהאריכות בביאורו הוא מותר.

2. Note that in chapter 18 the visitors are described as "people" in contrast to chapter 19 where the visitors are described as *malachim*, "angels." Ralbag opines that the people visiting were prophets:

רלב"ג ביאור הפרשה בראשית פרשת וארא פרק יח

(ב) ונשא אברהם את עיניו וראה שלושה אנשים מהנביאים אשר היו אז שהיו ניצבים אצלו.

as it says, "for My name is within him"; – a person's agent is like the person himself. Similarly, "an angel of God appeared to [Moshe] in the midst of the burning bush," and then it says, "God appeared, for [Moshe] had turned to look." (Rashbam, Bereishit 18:1)

In a nutshell, Rashbam explains that the three men who visited Avraham and delivered a message **are the revelation** described in the first verse. In Rashi's portrayal, God had come to visit and found Avraham depressed and pining for visitors in order to perform *chesed*. God therefore sent three emissaries – and stood on the sideline (as it were), allowing Avraham the space to attend to the visitors. Rashi's interpretation may be supported by God's response to Sarah's incredulous laughter upon hearing that she will bear a child:

בראשית פרשת וירא פרק יח

(יב) וַתִּצְחַק שָׂרָה בְּקִרְבָּהּ לֵאמֹר אַחֲרֵי בְלֹתִי הָיְתָה־לִּי עֶדְנָה וַאדֹנִי זָקֵן: (יג) **וַיֹּאמֶר ה׳ אֶל־אַבְרָהָם** לָמָּה זֶּה צָחֲקָה שָׂרָה לֵאמֹר הַאַף אֻמְנָם אֵלֵד וַאֲנִי זָקַנְתִּי: (יד) הֲיִפָּלֵא מֵה׳ דָּבָר לַמּוֹעֵד אָשׁוּב אֵלֶיךָ כָּעֵת חַיָּה וּלְשָׂרָה בֵן: (טו) וַתְּכַחֵשׁ שָׂרָה לֵאמֹר לֹא צָחַקְתִּי כִּי יָרֵאָה וַיֹּאמֶר לֹא כִּי צָחָקְתְּ:

(12) Sarah laughed within herself, saying, "After I have grown old will I have pleasure, my lord being old also?" (13) **God said to Avraham,** "Why did Sarah laugh, saying, 'Will I really bear a child, yet I am old?' (14) Is anything too hard for God? At the set time I will return to you, when the season comes round, and Sarah will have a son." (15) Then Sarah denied, saying, "I did not laugh," for she was afraid. He said, "No, but you did laugh." (Bereishit 18:12–15)

(ט) ואחרי אוכלם שאלו איה שרה אשתו, כי האחד מהם בא לבשר אותה שיהיה לה בן, כי מדרך הנביא שיודיע ענין נבואתו לאשר באה הנבואה עליהם, אם טוב ואם רע, כדי שישמחו בטוב וישתדלו בהבאתו בסיבות הנאותות, ושימלטו מהרע בשישובו אל ה׳ יתעלה וירחמם. ואמר להם אברהם שהיא באהל המיוחד לה.

(טז) ויקומו משם האנשים וישקיפו קצתם לפאת סדום, כי המבשר את שרה לא הלך לסדום, כמו שזכר אחר זה (יט, א) ששנים מהם הלכו לסדום. וזה ממה שיורה על מיעוט הִמָּצֵא הנבואה לנביאים ההם, כי לא נודע לנביא האחד מהם כי אם דבר אחד מאלו הענינים. ואברהם, לרוב מוּסָרוֹ, היה הולך עימם ללוותם.

God, who has been patiently waiting on the sidelines, entered the narrative to question Sarah's response.[3]

The entire episode remains unclear. If God is waiting on the sidelines, only to "reappear," are we to imagine that a visit by God was not satisfying enough for Avraham? Was he so hyper-focused on his own need to perform acts of kindness, of *chesed*, that a visit by the Almighty Himself was unappreciated?

The next verse makes the question even more pointed: In what may appear to be a bit of literary foreshadowing, Avraham's guests prepare to take their leave and they take a long, hard look at the city of Sodom:

בראשית פרשת וירא פרק יח פסוק טז

וַיָּקֻמוּ מִשָּׁם הָאֲנָשִׁים וַיַּשְׁקִפוּ עַל־פְּנֵי סְדֹם וְאַבְרָהָם הֹלֵךְ עִמָּם לְשַׁלְּחָם:

The men arose from there and turned their gaze toward Sodom, and Avraham walked with them to escort them. (Bereishit 18:16)

Their next destination apparently was Sodom, and Avraham started them on their journey (ostensibly leaving his original "guest," God Himself, waiting for him back in the tent). It is at this point that God addresses Avraham and negotiations regarding Sodom commence.

Before continuing the narrative, let us revisit the first of our textual anomalies: The use of pronouns to replace the protagonist's name. In retrospect, the fact that Avraham's name is not mentioned creates some drama, particularly when we consider this chapter as a continuation of the previous one. The message of the previous chapter was not only the impending birth of Yitzchak; a mitzvah was given – circumcision – and a covenant was forged. But there was one more point: Avram and Sarai were given new names. What is the significance of this change? Are these the same people? Have they undergone some type of "rebirth" or conversion?[4] If the change of their names reflects

---

3. According to the Rashbam, God was never an active participant in the narrative.

4. See Rabbi Yosef Dov Soloveitchik, *Reshimot Shiurim*, Yevamot 45b for discussion of this issue:

some deeper change, how does it manifest itself? Later in the Torah, Yaakov will be given a new name, but his original name is never lost; his two names reflect a dual reality. The name Yaakov lives on, referring to the private persona, while the name Yisrael refers to the patriarch of the emerging nation. Here, when only pronouns are used so soon after the new names are conferred, we are forced to consider whether Avraham continues to be Avram, whether Sarah is still Sarai.

The significance of Avraham's new name is articulated by God: Avram is to be "the father of many nations," but this seems quite ironic. At the moment God informs him that he will have a single heir, a son who will be named Yitzchak and that his son Yishmael is out of the picture, we cannot help but wonder how or why the name Avraham – father of many nations – is suitable:

בראשית פרשת לך לך פרק יז

(א) וַיְהִי אַבְרָם בֶּן־תִּשְׁעִים שָׁנָה וְתֵשַׁע שָׁנִים **וַיֵּרָא ה׳** אֶל־אַבְרָם וַיֹּאמֶר
אֵלָיו אֲנִי־אֵל שַׁדַּי הִתְהַלֵּךְ לְפָנַי וֶהְיֵה תָמִים: (ב) וְאֶתְּנָה בְרִיתִי בֵּינִי
וּבֵינֶךָ וְאַרְבֶּה אוֹתְךָ בִּמְאֹד מְאֹד: (ג) וַיִּפֹּל אַבְרָם עַל־פָּנָיו וַיְדַבֵּר אִתּוֹ
אֱלֹהִים לֵאמֹר: (ד) אֲנִי הִנֵּה בְרִיתִי אִתָּךְ **וְהָיִיתָ לְאַב הֲמוֹן גּוֹיִם**: (ה) **וְלֹא־
יִקָּרֵא עוֹד אֶת־שִׁמְךָ אַבְרָם וְהָיָה שִׁמְךָ אַבְרָהָם כִּי אַב־הֲמוֹן גּוֹיִם
נְתַתִּיךָ**: (ו) וְהִפְרֵתִי אֹתְךָ בִּמְאֹד מְאֹד וּנְתַתִּיךָ לְגוֹיִם וּמְלָכִים מִמְּךָ יֵצֵאוּ:
(ז) וַהֲקִמֹתִי אֶת־בְּרִיתִי בֵּינִי וּבֵינֶךָ וּבֵין זַרְעֲךָ אַחֲרֶיךָ לְדֹרֹתָם לִבְרִית
עוֹלָם לִהְיוֹת לְךָ לֵאלֹהִים וּלְזַרְעֲךָ אַחֲרֶיךָ: (ח) וְנָתַתִּי לְךָ וּלְזַרְעֲךָ אַחֲרֶיךָ
אֵת אֶרֶץ מְגֻרֶיךָ אֵת כָּל־אֶרֶץ כְּנַעַן לַאֲחֻזַּת עוֹלָם וְהָיִיתִי לָהֶם לֵאלֹקִים:

רשימות שעורים (רי"ד סולובייצ'יק) מסכת יבמות דף מה עמוד ב

ולפי"ז עלינו להתבונן בדברי הרמב"ם שכתב (פ"ט מהל' מלכים הל"א) וז"ל על ששה דברים נצטוה אדם הראשון על ע"ז ועל ברכת השם ועל שפיכת דמים ועל גילוי עריות ועל הגזל ועל הדינים כו' הוסיף לנח אבר מן החי כו' נמצאו שבע מצוות. וכן היה הדבר בכל העולם עד אברהם, בא אברהם נצטוה יתר על אלו במילה, והוא התפלל שחרית. ויצחק הפריש מעשר והוסיף תפילה אחרת לפנות היום. ויעקב הוסיף גיד הנשה והתפלל ערבית. ובמצרים נצטוה עמרם במצות יתרות עד שבא משה רבינו ונשלמה תורה על ידו עכ"ל. ולפי הנ"ל יל"ע בכל מצוה ומצוה שנתוספה ע"י יצחק יעקב ועמרם בנוסף למצות מילת אברהם, האם אבותינו טבלו לכל הוספת מצוה ומצוה, שהרי לפי משנ"ת הדין נותן שבכל מצוה ומצוה הנוספת חלה תוספת קדושת ישראל על גבי קדושת ישראל הראשונה שחלה מחמת מצות מילת אברהם אבינו, וא"כ הם היו חייבים לטבול לכל מצוה ומצוה הנוספת.

(ט) וַיֹּאמֶר אלקים אֶל־אַבְרָהָם וְאַתָּה אֶת־בְּרִיתִי תִשְׁמֹר אַתָּה וְזַרְעֲךָ
אַחֲרֶיךָ לְדֹרֹתָם: (י) זֹאת בְּרִיתִי אֲשֶׁר תִּשְׁמְרוּ בֵּינִי וּבֵינֵיכֶם וּבֵין זַרְעֲךָ
אַחֲרֶיךָ הִמּוֹל לָכֶם כָּל־זָכָר: (יא) וּנְמַלְתֶּם אֵת בְּשַׂר עָרְלַתְכֶם וְהָיָה לְאוֹת
בְּרִית בֵּינִי וּבֵינֵיכֶם: (יב) וּבֶן־שְׁמֹנַת יָמִים יִמּוֹל לָכֶם כָּל־זָכָר לְדֹרֹתֵיכֶם
יְלִיד בָּיִת וּמִקְנַת־כֶּסֶף מִכֹּל בֶּן־נֵכָר אֲשֶׁר לֹא מִזַּרְעֲךָ הוּא: (יג) הִמּוֹל
יִמּוֹל יְלִיד בֵּיתְךָ וּמִקְנַת כַּסְפֶּךָ וְהָיְתָה בְרִיתִי בִּבְשַׂרְכֶם לִבְרִית עוֹלָם:
(יד) וְעָרֵל זָכָר אֲשֶׁר לֹא־יִמּוֹל אֶת־בְּשַׂר עָרְלָתוֹ וְנִכְרְתָה הַנֶּפֶשׁ הַהִוא
מֵעַמֶּיהָ אֶת־בְּרִיתִי הֵפַר: ס (טו) **וַיֹּאמֶר אלקים אֶל־אַבְרָהָם שָׂרַי אִשְׁתְּךָ
לֹא־תִקְרָא אֶת־שְׁמָהּ שָׂרָי כִּי שָׂרָה שְׁמָהּ:** (טז) וּבֵרַכְתִּי אֹתָהּ וְגַם נָתַתִּי
מִמֶּנָּה לְךָ בֵּן וּבֵרַכְתִּיהָ וְהָיְתָה לְגוֹיִם מַלְכֵי עַמִּים מִמֶּנָּה יִהְיוּ:

(1) When Avram was ninety-nine years old, God appeared to Avram, and said to him, "I am *El Shaddai*. Walk before me and be blameless. (2) I will make My covenant between Me and you, and will multiply you exceedingly." (3) Avram fell on his face. The Almighty spoke to him, saying, (4) "As for Me, behold, My covenant is with you. You will be the father of a multitude of nations. (5) Neither will your name any more be called Avram, but your name will be Avraham; for I have made you the father of a multitude of nations. (6) I will make you exceedingly fruitful, and I will make nations of you. Kings will come out of you. (7) I will establish My covenant between Me and you and your descendants after you throughout their generations for an everlasting covenant, to be a God to you and to your descendants after you. (8) I will give to you, and to your descendants after you, the land where you are traveling, all the land of Canaan, for an everlasting possession. I will be their God." (9) God said to Avraham, "As for you, you will keep My covenant, you and your descendants after you throughout their generations. (10) This is My covenant, which you shall keep, between Me and you and your descendants after you. Every male among you shall be circumcised. (11) You shall be circumcised in the flesh of your foreskin. It will be a token of the covenant between Me and you. (12) He who is eight days old will be circumcised among you, every male throughout your generations, he who is born in the house, or bought with

money from any foreigner who is not of your descendants.
(13) He who is born in your house, and he who is bought with
your money, must be circumcised. My covenant will be in your
flesh for an everlasting covenant. (14) The uncircumcised male
who is not circumcised in the flesh of his foreskin, that soul
shall be cut off from his people. He has broken My covenant."
(15) God said to Avraham, "As for Sarai your wife, you shall not
call her name Sarai, but her name will be Sarah. (16) I will bless
her, and moreover, I will give you a son by her. Yes, I will bless
her, and she will be a mother of nations. Kings of peoples will
come from her." (Bereishit 17:1–16)

Perhaps we can go so far as to say that while Avram fathered
Yishmael, Avraham will have a son, Yitzchak, and only a son of both
Avraham and Sarah is a real son. This would explain the concern that
Avraham immediately expresses regarding the status and stature of
Yishmael:

בראשית פרשת לך לך פרק יז

(יח) וַיֹּאמֶר אַבְרָהָם אֶל־הָאֱלֹקִים לוּ יִשְׁמָעֵאל יִחְיֶה לְפָנֶיךָ: (יט) וַיֹּאמֶר
אֱלֹקִים אֲבָל שָׂרָה אִשְׁתְּךָ יֹלֶדֶת לְךָ בֵּן וְקָרָאתָ אֶת־שְׁמוֹ יִצְחָק וַהֲקִמֹתִי
אֶת־בְּרִיתִי אִתּוֹ לִבְרִית עוֹלָם לְזַרְעוֹ אַחֲרָיו: (כ) וּלְיִשְׁמָעֵאל שְׁמַעְתִּיךָ
הִנֵּה בֵּרַכְתִּי אֹתוֹ וְהִפְרֵיתִי אֹתוֹ וְהִרְבֵּיתִי אֹתוֹ בִּמְאֹד מְאֹד שְׁנֵים־עָשָׂר
נְשִׂיאִם יוֹלִיד וּנְתַתִּיו לְגוֹי גָּדוֹל: (כא) וְאֶת־בְּרִיתִי אָקִים אֶת־יִצְחָק אֲשֶׁר
תֵּלֵד לְךָ שָׂרָה לַמּוֹעֵד הַזֶּה בַּשָּׁנָה הָאַחֶרֶת:

(18) Avraham said to God, "Oh that Yishmael might live before
you!" (19) God said, "No, but Sarah, your wife, will bear you a
son. You shall call his name Yitzchak. I will establish My cove-
nant with him for an everlasting covenant for his descendants
after him. (20) As for Yishmael, I have heard you. Behold, I have
blessed him, and will make him fruitful, and will multiply him
exceedingly. He will become the father of twelve princes, and I
will make him a great nation. (21) But My covenant I establish
with Yitzchak, whom Sarah will bear to you at this set time next
year." (Bereishit 17:18–21)

This distinction leaps out of the dialogue leading up to the Akeidah (the "binding of Yitzchak") later in the *parashah*, when God demonstrably calls Avraham by name – by that very particular name:

בראשית פרשת וירא פרק כב

(א) וַיְהִי אַחַר הַדְּבָרִים הָאֵלֶּה וְהָאֱלֹקִים נִסָּה אֶת־אַבְרָהָם וַיֹּאמֶר אֵלָיו אַבְרָהָם וַיֹּאמֶר הִנֵּנִי: (ב) וַיֹּאמֶר קַח־נָא אֶת־בִּנְךָ אֶת־יְחִידְךָ אֲשֶׁר־אָהַבְתָּ אֶת־יִצְחָק וְלֶךְ־לְךָ אֶל־אֶרֶץ הַמֹּרִיָּה וְהַעֲלֵהוּ שָׁם לְעֹלָה עַל אַחַד הֶהָרִים אֲשֶׁר אֹמַר אֵלֶיךָ: (ג) וַיַּשְׁכֵּם אַבְרָהָם בַּבֹּקֶר וַיַּחֲבֹשׁ אֶת־חֲמֹרוֹ וַיִּקַּח אֶת־שְׁנֵי נְעָרָיו אִתּוֹ וְאֵת יִצְחָק בְּנוֹ וַיְבַקַּע עֲצֵי עֹלָה וַיָּקָם וַיֵּלֶךְ אֶל־הַמָּקוֹם אֲשֶׁר־אָמַר־לוֹ הָאֱלֹקִים:

(1) It happened after these things, that God tested Avraham, and said to him, "Avraham!" He said, "Here I am." (2) He said, "Now take your son, your only son, whom you love, Yitzchak, and go to the land of Moriah. Offer him there for an *olah* offering on one of the mountains which I will tell you of." (3) Avraham rose early in the morning and saddled his donkey, and took his two young men with him, and Yitzchak his son. He split the wood for the *olah* offering, and rose up, and went to the place of which the Almighty had told him. (Bereishit 22:1–3)

Avraham had but one son – Yitzchak. Moreover, according to the Midrash, Yishmael was there – but he is not referred to as a son but as one of Avraham's "young men:"

רש"י בראשית פרשת וירא פרק כב פסוק ג

את שני נעריו - יִשְׁמָעֵאל וֶאֱלִיעֶזֶר, ...

"His two young men" – Yishmael and Eliezer. (Rashi, Bereishit 22:3)

Yishmael and Eliezer, each in their own way a potential heir of Avraham, are now seen as mere pretenders, "extras" in the unfolding drama; a third candidate for surrogate son or heir, Lot, had left the stage long ago, choosing Sodom over the tent of Avraham – even though Sodom was already an infamously wicked city when Lot made his terrible choice:

בראשית פרשת לך לך פרק יג

(יא) וַיִּבְחַר־לוֹ לוֹט אֵת כָּל־כִּכַּר הַיַּרְדֵּן וַיִּסַּע לוֹט מִקֶּדֶם וַיִּפָּרְדוּ אִישׁ מֵעַל אָחִיו: (יב) אַבְרָם יָשַׁב בְּאֶרֶץ־כְּנָעַן וְלוֹט יָשַׁב בְּעָרֵי הַכִּכָּר וַיֶּאֱהַל עַד־סְדֹם: (יג) וְאַנְשֵׁי סְדֹם **רָעִים וְחַטָּאִים לַה׳ מְאֹד:**

(11) So Lot chose the Plain of the Jordan for himself. Lot traveled east, and they separated themselves one from the other. (12) Avram lived in the land of Canaan, and Lot lived in the cities of the plain, and moved his tent as far as Sodom. (13) Now the people of Sodom were exceedingly wicked and sinners against God. (Bereishit 13:11–13)

How was the evil, the wickedness of Sodom, manifest? While some commentaries attribute every possible sin to the people of Sodom,[5]

---

5. See Talmud Yerushalmi, *Sanhedrin* 10:3; Targum Pseudo-Yonatan, Bereishit 13:13; various commentaries to Bereishit 13:13, including Rashi, Radak, Baal HaTurim, Haamek Davar:

תלמוד ירושלמי מסכת סנהדרין פרק י הלכה ג ידיד נפש

אַנְשֵׁי סְדוֹם אֵין לָהֶן חֵלֶק לָעוֹלָם הַבָּא וְאֵינָן רוֹאִין לְעָתִיד לָבוֹא. מַאי טַעְמָא? (בראשית יג) וְאַנְשֵׁי סְדֹם רָעִים וְחַטָּאִים לַה׳ מְאֹד. רָעִים וְחַטָּאִים, בָּעוֹלָם הַזֶּה. לַה׳ מְאֹד, לֶעָתִיד לָבוֹא. דָּבָר אַחֵר, **רָעִים** אֵלּוּ לְאֵלּוּ בין אדם לחבירו וְחַטָּאִים, **בְּגִלּוּי עֲרָיוֹת**. לַה׳ בע״ז. מְאֹד, בִּשְׁפִיכוּת דָּמִים.

תרגום המיוחס ליונתן – תורה בראשית פרשת לך לך פרק יג פסוק יג

וְאֵינָשִׁין דִסְדוֹם **בִּישִׁין בְּמָמוֹנְהוֹן** דֵין לְדֵין וְחַיָּיבִין בְּגוּפְהוֹן **בְּגִילוּי עֶרְיְיתָא וְשַׁדְיוּת אֲדַם זַכְּאַי וּפַלְחַן פּוּלְחָנָא נוּכְרָאָה** וּמְרָדִין לִשְׁמָא דַייָ לַחֲדָא:

כתר יונתן בראשית פרשת לך לך פרק יג פסוק יג

ואנשים של סדום רעים בממוניהם זה לזה וחוטאים בגופם בגילוי עריות ושפיכות [דם] אדם זכאי ועובדים עבודה זרה ומורדים לשמו של יי מאוד:

רש״י בראשית פרשת לך לך פרק יג פסוק יג

ואנשי סדום רעים וְאַף עַל פִּי כֵן לֹא נִמְנַע לוֹט מִלִּשְׁכֹּן עִמָּהֶם. וְרַבּוֹתֵינוּ לָמְדוּ מִכָּאן (יומא ל״ח) וְשֵׁם רְשָׁעִים יִרְקָב (משלי י׳): רעים - בְּגוּפָם: וחטאים - בְּמָמוֹנָם: לה׳ מאד. יוֹדְעִים רִבּוֹנָם, וּמִתְכַּוְּנִים לִמְרֹד בּוֹ:

רד״ק בראשית פרשת לך לך פרק יג פסוק יג

ואנשי סדום רעים - רעים לשמים ורעים לבריות והכל הוא לה׳, כי עברו על מצותיו שצוה לאדם ולנח והם שבע מצות כמו שפירשנו, ובהם ע״ז שהיא חטא לה׳ ובהם גזל ועריות ושפיכת דמים שהם חטא ורעה איש לחבירו, והכל הוא חטא לה׳ שעוברים על מצותיו ובוזים דבריו. ואמר מאד, כי פרוצים היו בהם עושים הרעות בפרהסיא ורגילים בהם:

the prophet Yechezkel is very specific: He accuses them of maltreatment of the poor and the weak:[6]

יחזקאל פרק טז פסוק מט

הִנֵּה־זֶה הָיָה עֲוֹן סְדֹם אֲחוֹתֵךְ גָּאוֹן שִׂבְעַת־לֶחֶם וְשַׁלְוַת הַשְׁקֵט הָיָה לָהּ וְלִבְנוֹתֶיהָ **וְיַד־עָנִי וְאֶבְיוֹן לֹא הֶחֱזִיקָה:**

Only this was the sin of your sister Sodom: Arrogance! She and her daughters had plenty of bread and untroubled tranquility; yet she did not support the poor and the needy. (Yechezkel 16:49)

With this value judgment, offered by God via the prophet, a question emerges: If Sodom was already considered spiritually dysfunctional in the 13th chapter of Bereishit, why does God only heed the cry now (in chapter 18)? What has changed? Why is the time now ripe for Sodom's destruction?

This question brings us back to the point in the text where we paused: Avraham's visitors look toward Sodom and take their leave, and God, quite remarkably, tells us what He is thinking:

בעל הטורים בראשית פרשת לך לך פרק יג פסוק יג

ואנשי סדום רעים וחטאים, ומה היתה רעתם, כי מעכבים העוברים בארץ שלא יכנסו להם אורחים (סנהדרין קט ב). וזהו ואנשי תמיד יבדילו עוברים בארץ, הם הסדומיים המבדילין ומעכבין העוברים בארץ:

העמק דבר בראשית פרשת לך לך פרק יג פסוק יג

רעים. פירש"י בגופם, והוא דעת רב יהודה בסנהדרין דף ק"ט, והביאו ראיה מדכתיב ואיך אעשה הרעה הגדולה הזאת, ואין הפי' שטופים בזמה כרש"י שם, דבכל מקום משמעות רע הוא בין אדם לחבירו כמ"ש לעיל פ' נח, אלא רע הוא מזיק בגופו, והכי הפי' בדברי יוסף שיעשה רעה גדולה לאדוניו כי קנאת אשה חמת גבר, וע"ש מ"ש בזה המקרא, וה"נ הפי' רעים בגופם נואפים עם אשת רעיהם וכדומה היזק בין אדם לחבירו:

6. See Chizkuni and Ibn Ezra, *ad loc.*:

חזקוני בראשית פרשת לך לך פרק יג פסוק יג

ואנשי סדם רעים לבני אדם כדכתיב ביחזקאל **וְיַד־עָנִי וְאֶבְיוֹן לֹא הֶחֱזִיקָה:**

אבן עזרא בראשית פרשת לך לך פרק יג פסוק יג

רעים לבני אדם. ויחזקאל פירש זה: **וְיַד־עָנִי וְאֶבְיוֹן לֹא הֶחֱזִיקָה:** (יחז' טז, מט):

בראשית פרשת וירא פרק יח

(יז) וַה׳ אָמָר הַמְכַסֶּה אֲנִי מֵאַבְרָהָם אֲשֶׁר אֲנִי עֹשֶׂה: (יח) **וְאַבְרָהָם הָיוֹ יִהְיֶה לְגוֹי גָּדוֹל וְעָצוּם** וְנִבְרְכוּ־בוֹ כֹּל גּוֹיֵי הָאָרֶץ: (יט) כִּי יְדַעְתִּיו לְמַעַן אֲשֶׁר יְצַוֶּה אֶת־בָּנָיו וְאֶת־בֵּיתוֹ אַחֲרָיו **וְשָׁמְרוּ דֶּרֶךְ ה׳ לַעֲשׂוֹת צְדָקָה וּמִשְׁפָּט** לְמַעַן הָבִיא ה׳ עַל־אַבְרָהָם אֵת אֲשֶׁר־דִּבֶּר עָלָיו: (כ) וַיֹּאמֶר ה׳ זַעֲקַת סְדֹם וַעֲמֹרָה כִּי־רָבָּה וְחַטָּאתָם כִּי כָבְדָה מְאֹד:

(17) God said, "Will I hide from Avraham what I do, (18) since **Avraham will surely become a great and mighty nation**, and all the nations of the earth will be blessed through him? (19) For I have known him, that he will command his children and his household after him, that they will keep **the way of God, to do righteousness and justice** such that God will bring on Avraham that which He has spoken of him." (20) God said, "The cry of Sodom and Amorrah is great, and their sin is very grievous." (Bereishit 18:17–20)

The question that has troubled so many philosophers is answered in the text itself: Why is Avraham chosen? Because **he will command his children** to follow the path of God and perform acts of charity and justice. Avraham's name was changed because he was destined to be "the father of many nations," a change that can take place only through Yitzchak. Avraham can assume his role as the father of many nations – the role that is his destiny, the role that is reflected in the name God gave him in the previous chapter – with the birth of his one true heir, Yitzchak. This is the start of a nation that will be dedicated to decency and justice.

God tells Avraham about the outrage in Sodom. Avraham-the-father-of-many-nations takes up the proverbial gauntlet and takes on the role of defense attorney[7] in the trial of Sodom, attempting to defend the indefensible.

Prima facie, Avraham's seamless segue into this role seems strange

---

7. See Rashi, Bereishit 18:33:

רש"י בראשית פרשת וירא פרק יח פסוק לג

וילך ה׳ וגו׳. כֵּיוָן שֶׁנִּשְׁתַּתֵּק הַסָּנֵגוֹר הָלַךְ לוֹ הַדַּיָּן:

and counterintuitive; the people of Sodom are the antithesis of everything Avraham stands for. Nonetheless, Avraham argues on their behalf, insisting that the doomed cities must contain some good.

In retrospect, this brings God's visit to Avraham's tent into clear focus: This must have been the point from the outset. The reason God appeared to Avraham was to conduct the trial of Sodom, which may explain Rashi's seemingly disconnected reference to judges in a trial. Yet Avraham's valiant defense should give us pause: Is it possible that Avraham's arguments for Sodom tell us far more about Avraham and his righteousness than they tell us about Sodom itself? If the roles were reversed, would the king of Sodom have argued to save Avraham? Could the arguments presented by Avraham have served to highlight the chasm between the wickedness of Sodom and the righteousness of Avraham? With each round of negotiation, Avraham's arguments make the guilt of Sodom more and more obvious.

This insight unlocks the entire chapter: The first section of the *parashah*, whether we were aware of it or not, was also about the trial of Sodom; we might say that it was "Exhibit A."

God appears to Avraham; the trial is about to begin. Three visitors arrive, and Avraham treats them like royalty, like angels who have come to visit from heaven; he spares no cost or effort to make them feel welcome and valued. Avraham's tent is open for business, and this is "business as usual." The message these guests bear is that there will be continuity. A child will be born, precisely because this enterprise is investment-worthy, because these people will teach their children kindness and decency. This couple deserves a child; their legacy, the "business" they have built – kindness, charity, justice – must continue.

In stark contrast stand the people of Sodom; in the words of Yechezkel, these people do not stretch out their hand to those in need. The poor, the hungry, the disenfranchised are left to die in Sodom; there is no mercy, and not a tear is shed.

"And the Lord went away" – As soon as the counsel for the defense had nothing more to say the Judge took his departure.

When the angels arrive in Sodom they witness firsthand the deplorable moral state of the city, and the trial of Sodom continues – but this is "Exhibit B." The first piece of evidence introduced at the trial was the extraordinary kindness of Avraham and Sarah. The juxtaposition is not a coincidence: The behavior of Sodom seems even more pale in comparison to the reception of these guests in Avraham's tent. It is the shining example of how things should be that damns Sodom to destruction, and the fate of the city is sealed. Avraham will have an heir, whereas there is no justification for the continued existence of Sodom.

The overriding theme of the narrative, then, concerns Avraham becoming the father of many nations. Nations that follow Avraham's lead will be uplifted by his moral guidance and enlightened by his teachings; those that do not will be damned for failing to adhere to those teachings and for falling so short of the benchmark of decency set by Avraham.

Ironically, while Avraham's words argued for Sodom to be saved, Avraham's deeds inadvertently sealed their fate. They had chosen misanthropy and moral decay, despite the opportunity to follow Avraham's lead.[8] Their time was up; Avraham's was just beginning.

---

8. See the events described in Chapter 14.

PARASHAT CHAYEI SARAH

A Match for Yitzchak

Many years earlier, God had told Avraham that his descendants would be strangers in a land not their own.[1] While this exile would unfold years later in the Land of Egypt, the description is just as apt for an earlier time as well: The Land of Canaan, the land that God promised would be inherited by his descendants, was a land where Avraham himself was a stranger.[2]

Perhaps Avraham had never felt these words as acutely as he did now. His wife had died, and as an immigrant he not only had no ancestral burial ground, he owned no suitable plot of land. He had no place to bury Sarah. Only as a result of a great deal of negotiation and large sums of money changing hands was Avraham able to acquire a suitable piece of property and give his wife a proper burial. Avraham was forced to overpay in order to acquire a parcel of land that had been promised to him by God.

Dedicated in honor of Isaac Lyons

1. See Bereishit 15:13:

בראשית פרשת לך לך פרק טו פסוק יג

וַיֹּאמֶר לְאַבְרָם יָדֹעַ תֵּדַע כִּי־גֵר יִהְיֶה זַרְעֲךָ בְּאֶרֶץ לֹא לָהֶם וַעֲבָדוּם וְעִנּוּ אֹתָם אַרְבַּע מֵאוֹת שָׁנָה:

He said to Avram, "Know for sure that your seed will live as foreigners in a land that is not theirs, where they will be enslaved and afflicted four hundred years. (Bereishit 15:13)

2. See Talmud Bavli, *Megillah* 9a.

His "strangeness" in this land is further highlighted by the lack of an appropriate match for his son. Rather than looking for a local girl, he sends his servant to a far-away destination to find an appropriate spouse for Yitzchak.

Tradition tells us that the name of Avraham's servant was Eliezer, based on what we might describe as a "theory of conservation of characters." Earlier in his life, Avraham lamented the fact that he and Sarah were childless and gave voice to his distress over the prospect that the only one who would inherit his legacy would be his majordomo, the head of his household staff – a man named Eliezer.[3]

Since that point, Avraham had produced two sons: Yishmael, who had been ousted, and Yitzchak, his true heir. With Yitzchak now on the scene, the erstwhile potential heir Eliezer reverted to his original status, and once again was merely household help. In that role, Avraham sent him on a critical mission – to find a suitable match for Yitzchak.

Various Midrashic passages provide more background information about Eliezer, identifying him as being related in one way or another to Avraham's arch-nemesis, Nimrod – either as a former servant of Nimrod,[4] or as Nimrod's son or grandson.[5]

---

3. See Bereishit 15:2:

בראשית פרשת לך לך פרק טו פסוק ב

וַיֹּאמֶר אַבְרָם אֲדֹנָי ה' מַה־תִּתֶּן־לִי וְאָנֹכִי הוֹלֵךְ עֲרִירִי וּבֶן־מֶשֶׁק בֵּיתִי הוּא דַּמֶּשֶׂק אֱלִיעֶזֶר:

But Avram said, "O Almighty, Eternal God, what can You give me, seeing that I shall die childless, and the one member of my household is Dammesek Eliezer!" (Bereishit 15:2)

4. *Pirkei de-Rabbi Eliezer*, Chapter 16; Midrash HaGadol 24:2:

פרקי דרבי אליעזר פרק טז

זְקַן בֵּיתוֹ שֶׁל אַבְרָהָם הָיָה עַבְדּוֹ אֱלִיעֶזֶר. וּמֵאַיִן הָיָה עַבְדּוֹ, אֶלָּא כֵּיוָן שֶׁיָּצָא מֵאוּר כַּשְׂדִּים עָמְדוּ כָּל גְּדוֹלֵי הַדּוֹר וְנָתְנוּ לוֹ מַתָּנוֹת, וְעָמַד נִמְרוֹד וְכָתַב אֶת עַבְדּוֹ אֱלִיעֶזֶר לְאַבְרָהָם.

מדרש הגדול בראשית פרשת חיי שרה פרק כד פסוק ב

ויאמר אברהם אל עבדו. מאיכן היה עבדו, כשיצא מאור כשדים עמדו כל גדולי המדינה ונתנו לו מתנות ועמד נמרוד וכתב לו את אליעזר בנו עבד עולם.

5. Targum Pseudo-Yonatan, Bereishit 14:14; Midrash Aggadah Buber, Bereishit 16 siman 1; Hadar Zekeinim 24:63. Chizkuni, Bereishit 15:2 and Midrash Talpiot write that he was the grandson of Nimrod:

When the time comes to find a wife for Yitzchak, this person – whoever he is, whoever he once was – was entrusted with the mission of securing Avraham's legacy, and according to the Midrashic account, he suggested his own daughter for his master's son. When Avraham rebuffed his proposal, he set out on his mission[6] – and we might wonder whether his efforts were wholehearted: Would he, as a faithful servant, make his best effort to find a wife for Yitzchak from far afield, or would he prefer to fail, forcing Avraham to resort to his earlier suggestion and "settle" for Eliezer's daughter by default?

These two possibilities color our reading of what transpires when the servant arrives at his destination:

בראשית פרק כד

(יב) **וַיֹּאמַר ה' אֱלֹהֵי אֲדֹנִי אַבְרָהָם** הַקְרֵה־נָא **לְפָנַי הַיּוֹם וַעֲשֵׂה־חֶסֶד** עִם אֲדֹנִי אַבְרָהָם: (יג) הִנֵּה אָנֹכִי נִצָּב עַל־עֵין הַמָּיִם וּבְנוֹת אַנְשֵׁי הָעִיר יֹצְאֹת

תרגום המיוחס ליונתן - תורה בראשית פרשת לך לך פרק יד פסוק יד

(יד) וְכַד שְׁמַע אַבְרָם אֲרוּם אִשְׁתְּבִי אָחוּי וְזַיֵּין יַת עוּלֵימוֹי דְחָנִיךְ לִקְרָבָא מַרְבִּיָינֵי בֵּיתֵיהּ וְלָא צְבוּ לְמֶהֱלְכָה עִימֵיהּ וּבָחַר מִנְהוֹן יַת אֱלִיעֶזֶר בַּר נִמְרוֹד דַהֲוָה מְתִיל בִּגְבוּרְתֵּיהּ כְּכֻלְּהוֹן תְּלַת מְאָה וְתַמְנֵסַר וּרְדַף עַד דָּן:

כתר יונתן בראשית פרשת לך לך פרק יד פסוק יד

(יד) וכאשר שמע אברם כי נשבה אחיו חימש את בחוריו שחינך למלחמה מגידולי ביתו ולא רצו ללכת עמו ויבחר מהם את אליעזר בן נִמרוד שהיה דומה בגבורתו ככולם שלש מאות ושמונה עשר וירדוף עד דן:

מדרש אגדה (בובר) בראשית פרשת לך לך פרק טז פסוק א

ושמה הגר. פרעה נתן בתו לשרי שפחה בעת שלקחה, ולכך נקראת הגר, כך אמר לשרי הא אגריך, וכן נתן נמרוד אליעזר בנו לאברהם, בשעה שניצל מכבשן האש:

הדר זקנים בראשית פרשת חיי שרהפרק כד פסוק סג

...אמר הקדוש ברוך הוא למלאכי השרת הכניסו אליעזר בג"ע נכנס בג"ע והוא אליעזר בן נמרוד והיינו דאמר ר' יוסי יהי חלקי עם מי שחושדין אותו ואין בו:

חזקוני בראשית פרשת לך לך פרק טו פסוק ב

הוא דמשק אליעזר בן בנו של נמרוד הרשע היה.

6. See Bereishit Rabbah 59:9:

בראשית רבה (וילנא) פרשת חיי שרה פרשה נט סימן ט

וַיֹּאמֶר אֵלָיו הָעֶבֶד (בראשית כד, ה), הֲדָא הוּא דִכְתִיב (הושע יב, ח): כְּנַעַן בְּיָדוֹ מֹאזְנֵי מִרְמָה לַעֲשֹׁק אָהֵב. כְּנַעַן זֶה אֱלִיעֶזֶר. **בְּיָדוֹ מֹאזְנֵי מִרְמָה, שֶׁהָיָה יוֹשֵׁב וּמַשְׁקִיל אֶת בִּתּוֹ**, רְאוּיָה הִיא אוֹ אֵינָהּ רְאוּיָה. לַעֲשֹׁק אָהֵב, לַעֲשֹׁק אֲהוּבוֹ שֶׁל עוֹלָם, זֶה יִצְחָק, אָמַר: אוּלַי לֹא תֹאבֶה, **וְאֶתֵּן לוֹ אֶת בִּתִּי**. אָמַר לוֹ אַתָּה אָרוּר וּבְנִי בָּרוּךְ וְאֵין אָרוּר מִתְדַּבֵּק בְּבָרוּךְ.

לִשְׁאֹב מָיִם: (יד) וְהָיָה הַנַּעֲרָ אֲשֶׁר אֹמַר אֵלֶיהָ הַטִּי־נָא כַדֵּךְ וְאֶשְׁתֶּה וְאָמְרָה שְׁתֵה וְגַם־גְּמַלֶּיךָ אַשְׁקֶה אֹתָהּ הֹכַחְתָּ לְעַבְדְּךָ לְיִצְחָק וּבָהּ אֵדַע כִּי־עָשִׂיתָ חֶסֶד עִם־אֲדֹנִי:

(12) He said, "Eternal God, the God of my master Avraham, please give me success this day, and show kindness to my master Avraham. (13) Behold, I am standing by the spring of water. The daughters of the men of the city are coming out to draw water. (14) Let it happen, that the young lady to whom I will say, 'Please let down your pitcher, that I may drink,' and she will say, 'Drink, and I will also give your camels a drink,' let her be the one you have appointed for your servant Yitzchak. By this I will know that you have shown kindness to my master." (Bereishit 24:12–14)

This is a prayer – and it may be read either as tainted by tremendous cynicism or as a testimony of his great faith: Not only does he "challenge" God and create a very specific test for a potential bride, he stipulates an almost impossible timeline:

בראשית פרק כד פסוק יא

וַיַּבְרֵךְ הַגְּמַלִּים מִחוּץ לָעִיר אֶל־בְּאֵר הַמָּיִם **לְעֵת עֶרֶב** לְעֵת צֵאת הַשֹּׁאֲבֹת:

He made the camels kneel down outside the city by the well of water at the **time of evening**, the time that women go out to draw water. (Bereishit 24:11)

He arrives in the evening and prays that God should show compassion for Avraham "**today.**" With the sun about to set, we wonder how this request can possibly be fulfilled. To compound matters, the cantillation symbol (the traditional *"trop"* or *ta'amei ha-mikra* indicating the parsing and reading instructions for the Torah text) on the word *va-yomar* ("he said"), with which this prayer is introduced, has a *shalshelet* (֓) indicating that this word is read in the most deliberate, most drawn-out manner of all, understood by many commentaries as an indication of hesitation or internal conflict.[7]

7. For a more in-depth discussion on the use of the *shalshelet*, see *Echoes of*

Our quandary remains: Does the servant hope to fail, and therefore provides only the smallest possible window for success, or is he so certain that God can and will do miraculous things for Avraham that the time constraints and probabilities are of no concern?

Either way, we should have no doubt why the Sages identified the servant with Eliezer: This man truly lives up to the name which translates, quite literally, as "my God helps." Through him, God expresses His love for Avraham by immediately providing a wife for Yitzchak. By helping the servant, God helps the master[8] – which is precisely the content of the servant's prayer.

Rabbinic tradition suggests that this is a remarkable insight into life in the tent of Avraham, a snapshot of the household.[9] The servant –

Eden Sefer Vayikra, pp. 29–38, and see Mois A. Navon, "The Shalshelet: Mark of Ambivalence," Jewish Thought 4, no. 1 (5755–6), http://www.divreinavon.com/pdf/Shalshelet1.pdf. For other opinions, see lookingforgh.blogspot.com/2005/11/parsha-rabbi-saks-on-eliezers-inner.html. Rabbi Josh Waxman, parsha.blogspot.com/2005/11/parshat-chayyei-sarah-why-shalshelet_20.html.

8. See Bereishit Rabbah 60:1:

בראשית רבה (וילנא) פרשת חיי שרה פרשה ס סימן א

וַיֹּאמַר ה' אֱלֹקֵי אַבְרָהָם הַקְרֵה **נָא לְפָנַי הַיּוֹם** וגו' (בראשית כד, יב), (ישעיה נ, י): מִי בָכֶם יְרֵא ה' שֹׁמֵעַ בְּקוֹל עַבְדּוֹ, אָמַר מִי בָכֶם יְרֵא ה', זֶה אַבְרָהָם. שֹׁמֵעַ בְּקוֹל עַבְדּוֹ וגו', **אֲשֶׁר שָׁמַע הַקָּדוֹשׁ בָּרוּךְ הוּא בְּקוֹלוֹ שֶׁל עַבְדּוֹ.** (ישעיה נ, י): אֲשֶׁר הָלַךְ חֲשֵׁכִים, שֶׁבָּא מֵאַסְפַּמְיָא וּמֵחַבְרוֹתֶיהָ, וְלֹא הָיָה יוֹדֵעַ הֵיכָן, כְּאָדָם שֶׁהוּא שָׁרוּי בַּחֹשֶׁךְ. (ישעיה נ, י): וְאֵין נֹגַהּ לוֹ, **וּמִי הָיָה מֵאִיר לוֹ הַקָּדוֹשׁ בָּרוּךְ הוּא הָיָה מֵאִיר לוֹ בְּכָל מָקוֹם שֶׁהָיָה הוֹלֵךְ.** (ישעיה נ, י): יִבְטַח בְּשֵׁם ה' וְיִשָּׁעֵן בֵּאלֹקָיו, (נחמיה ט, ח): **וּמָצָאתָ אֶת לְבָבוֹ** נֶאֱמָן לְפָנֶיךָ, דָּבָר אַחֵר, מִי בָכֶם יְרֵא ה', **זֶה אֱלִיעֶזֶר. שֹׁמֵעַ בְּקוֹל עַבְדּוֹ, בְּקוֹל אַבְרָהָם שֶׁהָיָה עֶבֶד לְהַקָּדוֹשׁ בָּרוּךְ הוּא,** שֶׁנֶּאֱמַר (בראשית כו, כד): בַּעֲבוּר אַבְרָהָם עַבְדִּי. אֲשֶׁר הָלַךְ חֲשֵׁכִים, **בְּשָׁעָה שֶׁהָלַךְ לְהָבִיא אֶת רִבְקָה.** וְאֵין נֹגַהּ לוֹ, וּמִי הָיָה מֵאִיר לוֹ הַקָּדוֹשׁ בָּרוּךְ הוּא הָיָה מֵאִיר לוֹ בְּזִיקִים וּבִבְרָקִים. יִבְטַח בְּשֵׁם ה' וְיִשָּׁעֵן בֵּאלֹקָיו **וַיֹּאמֶר ה' אֱלֹקֵי אֲדֹנִי אַבְרָהָם הַקְרֵה נָא לְפָנַי הַיּוֹם.**

9. See Bereishit Rabbah 60:8; Rashi, Bereishit 24:42; R. Dovid Zvi Hoffman, *Parashat Chayei Sarah*:

בראשית רבה (וילנא) פרשת חיי שרה פרשה ס סימן ח

אָמַר רַבִּי אַחָא **יָפָה שִׂיחָתָן שֶׁל עַבְדֵי בָּתֵּי אָבוֹת מִתּוֹרָתָן שֶׁל בָּנִים,** פָּרָשָׁתוֹ שֶׁל אֱלִיעֶזֶר שְׁנַיִם וּשְׁלֹשָׁה דַפִּים הוּא אוֹמְרָהּ וְשׁוֹנָהּ, וְשֶׁרֶץ מִגּוּפֵי תּוֹרָה וְאֵין דָּמוֹ מְטַמֵּא כִּבְשָׂרוֹ אֶלָּא מֵרִבּוּי הַמִּקְרָא. רַבִּי שִׁמְעוֹן בֶּן יוֹחָאי אוֹמֵר: טָמֵא, הַטָּמֵא (ויקרא יא, כט). רַבִּי אֱלִיעֶזֶר בֶּן יוֹסֵי אוֹמֵר: זֶה, וְזֶה (ויקרא יא, כט). (בראשית כד, לב): וּמַיִם לִרְחֹץ רַגְלָיו

Eliezer – has repeatedly seen miraculous things; in the life of Avraham, the impossible is not only possible, it is quite probable. Eliezer has seen Avraham walk out of the furnace; he has seen Avraham emerge victorious from the war of the kings. From his vantage point as an observer of Avraham's life, the task with which he himself has been entrusted is, in a sense, an easy task. Eliezer had every expectation that God would help him to help Avraham, and enable him to fulfill his mission immediately so that he could return to Avraham with an appropriate bride to carry Avraham's legacy forward.

The specifics of the test or task he sets up are no less instructive: He asks for God's assistance in finding a young woman who will perform an act of unusual kindness, because only a person with an affinity for

---

וְרַגְלֵי הָאֲנָשִׁים אֲשֶׁר אִתּוֹ, אָמַר רַבִּי אַחָא יָפָה רְחִיצַת רַגְלֵי עַבְדֵי בָּתֵּי אָבוֹת מִתּוֹרָתָן שֶׁל בָּנִים, שֶׁאֲפִלּוּ רְחִיצַת רַגְלַיִם צָרִיךְ לִכְתֹּב, וְהַשֶּׁרֶץ מִגּוּפֵי תוֹרָה וְאֵין דָּמוֹ מְטַמֵּא כִּבְשָׂרוֹ אֶלָּא מֵרִבּוּי הַמִּקְרָא. רַבִּי שִׁמְעוֹן בֶּן יוֹחָאי אוֹמֵר: טָמֵא, הַטָּמֵא, רַבִּי אֱלִיעֶזֶר בְּרַבִּי יוֹסֵי אָמַר: זֶה, וְזֶה.

רש״י בראשית פרשת חיי שרה פרק כד פסוק מב

וָאָבֹא הַיּוֹם - הַיּוֹם יָצָאתִי וְהַיּוֹם בָּאתִי, מִכָּאן שֶׁקָּפְצָה לוֹ הָאָרֶץ. אָמַר רַבִּי אַחָא יָפָה שִׂיחָתָן שֶׁל עַבְדֵי אָבוֹת לִפְנֵי הַמָּקוֹם מִתּוֹרָתָן שֶׁל בָּנִים, שֶׁהֲרֵי פָּרָשָׁה שֶׁל אֱלִיעֶזֶר כְּפוּלָה בַּתּוֹרָה וְהַרְבֵּה גּוּפֵי תוֹרָה לֹא נִתְּנוּ אֶלָּא בִּרְמִיזָה (בראשית רבה):

"And I came this day" – Today I started on my journey and today I have arrived here. Hence we may infer that the earth (the road) shrunk for him (i.e., that the journey was shortened in a miraculous manner) (*Sanhedrin* 95a). R. Acha said: The ordinary conversation of the patriarchs' servants is more pleasing to God than even the Torah (religious discourse) of their children, for the chapter of Eliezer (the account of his journey) is repeated in the Torah (i.e., it is written once as a narrative and again repeated as part of the conversation of the patriarch's servant) whereas many important principles of the Law are derived only from slight indications given in the text (Bereishit Rabbah 60:8).

רד״צ הופמן פרשת חיי שרה

הפרק הבא מראה לנו תמונה נפלאה של בית אבי האומה, כיצד אפילו עבדו נישא על ידי רעיונות אברהם אדוניו, כיצד הוא מוציא אל הפועל את השליחות שהוטלה עליו, תוך נאמנות מלאה לאדוניו ותוך בטחון בלתי מוגבל באלהי אברהם, וכיצד ה׳ גומל להם לאברהם ולעבדו על בטחונם בו בהצלחה מהירה של משימתם. ואגב אורחא נמצינו למדים על קדושת הנשואין וחשיבותם להשגת האושר האמיתי. וכל המבין יבין מדוע זה מתאר הכתוב תמונה זו בפרטות יתרה, וכי לא בכדי העירו חכמינו ז״ל: ״יפה שיחתן של עבדי בתי אבות מתורתן של בנים״.

chesed[10] could possibly join Avraham's family, in which *chesed* is such an integral component:[11]

רש"י בראשית פרשת חיי שרה פרק כד פסוק יד

אוֹתָהּ הוֹכַחְתָּ - רְאוּיָה הִיא לוֹ שֶׁתְּהֵא גּוֹמֶלֶת חֲסָדִים, וּכְדַאי לִכָּנֵס בְּבֵיתוֹ שֶׁל אַבְרָהָם;...

"You have proven that it is she" – She is fit for him since she will perform acts of kindness and will therefore be worthy of admission into the house of Avraham. (Rashi, Bereishit 24:12)

In a certain sense, the fact that Avraham sent his servant back to his hometown[12] indicated that the successful candidate should be very "Avraham-like."[13] It should therefore come as no surprise when Rivka chooses to accompany the man back to Canaan; it is clear to all concerned that God had chosen her,[14] and she is willing to leave her

---

10. See Chatam Sofer in *Torat Moshe*, Bereishit 24:14, who nuances this suitability of this relationship somewhat differently:

תורת משה בראשית פרק כד פסוק יד

אוֹתָהּ הוֹכַחְתָּ. פרש"י רְאוּיָה הִיא לוֹ שֶׁתְּהֵא גּוֹמֶלֶת חֲסָדִים. ויל"פ עפמ"ש הַמְפָרְשִׁים ע"פ **אֶעֱשֶׂה לוֹ עֵזֶר כְּנֶגְדּוֹ** (לְעֵיל ב':י"ח), שֶׁאִם הָאִשָּׁה הִיא מִתְנַגֶּדֶת בְּטִבְעָהּ לְטִבְעוֹ שֶׁל הַבַּעַל עי"ז הִיא עָזְרוֹ, כִּי לֹא טוֹב אִם שְׁנֵיהֶם הֵם וַתְּרָנִים וּפַזְרָנִים, וְהִנֵּה אַבְרָהָם שֶׁהִי' בְּמִדַּת הַחֶסֶד הַי' שָׂרָה עֵינָהּ צָרָה בְּאוֹרְחִים (ב"מ פ"ז ע"א), **יִצְחָק שֶׁהִי' בְּמִדַּת הַדִּין פַּחַד יִצְחָק, טוֹב מְאֹד שֶׁתְּהֵי' אִשְׁתּוֹ בְּמִדַּת הַחֶסֶד גּוֹמֶלֶת חֲסָדִים טוֹבִים**, וּלְכָךְ אָמַר לְעַבְדְּךָ לְיִצְחָק.

11. Midrash Aggadah, Bereishit 24:14:

מדרש אגדה (בובר) בראשית פרשת חיי שרה פרק כד פסוק יד

וְאָמְרָה שְׁתֵה. וְלָמָּה אָמַר אֱלִיעֶזֶר זֶה הַתְּנַאי, כָּעִנְיָן הַזֶּה אֲשֶׁר הֹכִיחַ ה' לְבֶן אֲדֹנִי, לְפִי שֶׁהוּא יוֹדֵעַ אִם אָמְרָה כֵּן הִיא תִּהְיֶה צַדֶּקֶת, וְתִהְיֶה אוֹהֶבֶת לְשַׁמֵּשׁ אֶת הָאוֹרְחִים כְּשֵׁם שֶׁהָיוּ עוֹשִׂים אַבְרָהָם וְשָׂרָה:

12. See Bereishit 24:4; Ramban, Bereishit 11:28 and 12:1.

13. See Malbim, Bereishit 24:14:

מלבי"ם בראשית פרשת חיי שרה פרק כד פסוק יד

אוֹתָהּ הוֹכַחַת ר"ל מִצַּד שֶׁאֲנִי עָשִׂיתִי זֹאת לְסִימָן וּלְהוֹכָחָה שֶׁהוּא **הַזִּווּג שֶׁל יִצְחָק**, יִתְבָּרֵר בְּהוֹכָחָה וּבָרוּר שֶׁהִיא זִווּג שֶׁל יִצְחָק, וּבַמֶּה שֶׁזֶּה עֵדוּת שֶׁהִיא גּוֹמֶלֶת חֶסֶד בְּהַכְנָסַת אוֹרְחִים שֶׁזּוֹ מִדָּתוֹ שֶׁל אַבְרָהָם, א"כ בָּהּ אֵדַע כִּי עָשִׂיתָ חֶסֶד עִם אֲדֹנִי, לְהַכְנִיס בְּבֵיתוֹ אִשָּׁה יִרְאַת ה' עוֹשָׂה צְדָקָה וָחֶסֶד:

14. See especially Bereishit 24:56:

land, her family and her birthplace with "Avraham-like" resolve. Aside from the family connection, her behavior, her outlook, her essence, were "Avrahamic."[15]

Avraham had made it very clear that he would not consider a Canaanite woman for his son; he had commanded the servant to find someone from Avraham's extended family.[16] What, we might ask,

---

בראשית פרשת חיי שרה פרק כד פסוק נו
וַיֹּאמֶר אֲלֵהֶם אַל־תְּאַחֲרוּ אֹתִי וַה׳ הִצְלִיחַ דַּרְכִּי שַׁלְּחוּנִי וְאֵלְכָה לַאדֹנִי:

He said, "Do not delay me, when God has made my journey successful. Send me that I may go to my master."

15. On the other hand, Rivka also takes the place of Sarah, as evidenced by Bereishit 24:67, and especially the comments of Rashi on that verse:

בראשית פרק כד פסוק סז
וַיְבִאֶהָ יִצְחָק הָאֹהֱלָה שָׂרָה אִמּוֹ וַיִּקַּח אֶת־רִבְקָה וַתְּהִי־לוֹ לְאִשָּׁה וַיֶּאֱהָבֶהָ וַיִּנָּחֵם יִצְחָק אַחֲרֵי אִמּוֹ:

Yitzchak then brought her into the tent of his mother Sarah, and he took Rivka as his wife. Yitzchak loved her, and thus found comfort after his mother's death.

רש״י בראשית פרק כד פסוק סז
האהלה שרה אמו. וַיְבִיאֶהָ הָאֹהֱלָה וְנַעֲשֵׂית דֻּגְמַת שָׂרָה אִמּוֹ, כְּלוֹמַר וַהֲרֵי הִיא שָׂרָה אִמּוֹ, שֶׁכָּל זְמַן שֶׁשָּׂרָה קַיֶּמֶת הָיָה נֵר דָּלוּק מֵעֶרֶב שַׁבָּת לְעֶרֶב שַׁבָּת וּבְרָכָה מְצוּיָה בָּעִסָּה וְעָנָן קָשׁוּר עַל הָאֹהֶל, וּמִשֶּׁמֵּתָה פָּסְקוּ, וּכְשֶׁבָּאת רִבְקָה חָזְרוּ:

"In his mother Sarah's tent" – He brought her into the tent and she became exactly like his mother Sarah – that is to say, the words signify as much as, [And he brought her into the tent] and, behold, she was Sarah, his mother. For while Sarah was alive a light had been burning in the tent from one Shabbat eve to the next, there was always a blessing in the dough (a miraculous increase) and a cloud was always hanging over the tent (as a divine protection), but since her death all these had stopped. However, when Rivka came, they reappeared" (Bereishit Rabbah 60:16). (Rashi, Bereishit 24:67)

16. Initially Avraham told his servant to go to his land and birthplace (24:4). Subsequently the servant questions, if he were to fail to convince the prospective bride to come and marry a groom "sight unseen," could he bring Yitzchak there? Avraham responds and mentions how God took him from "his father's home and birthplace" (24:7). The servant apparently merges these two statements (which he understands is the meaning of the word "there" in 24:7) and tells Rivka's family that he was sent to the home of Avraham's "father

would have happened had Rivka declined? Were there other potential candidates who could have met the "job description"? The servant raises this issue in his discussion with Rivka's family:

בראשית פרק כד פסוק מט

וְעַתָּה אִם־יֶשְׁכֶם עֹשִׂים חֶסֶד וֶאֱמֶת אֶת־אֲדֹנִי הַגִּידוּ לִי וְאִם־לֹא הַגִּידוּ לִי וְאֶפְנֶה עַל־יָמִין אוֹ עַל־שְׂמֹאל:

And now, if you mean to treat my master with kindness and truth – tell me; and if not, tell me, that I may turn to the right or to the left." (Bereishit 24:49)

רש"י בראשית פרק כד פסוק מט

על ימין. מִבְּנוֹת יִשְׁמָעֵאל **על שמאל.** מִבְּנוֹת לוֹט, שֶׁהָיָה יוֹשֵׁב לִשְׂמֹאלוֹ שֶׁל אַבְרָהָם.

"To the right" – to take a wife from the daughters of Yishmael. "To the left" – to take a wife from the daughters of Lot who dwelt to the left of Avraham. (Rashi, Bereishit 24:49)

---

and family" (24:38). See Abarbanel who catches this, and many other changes large and small in Eliezer's soliloquy:

כִּי אֶל־אַרְצִי וְאֶל־מוֹלַדְתִּי תֵּלֵךְ וְלָקַחְתָּ אִשָּׁה לִבְנִי לְיִצְחָק:

"... but will go to the land of my birth and get a wife for my son Yitzchak."

ה' אֱלֹקֵי הַשָּׁמַיִם **אֲשֶׁר לְקָחַנִי מִבֵּית אָבִי וּמֵאֶרֶץ מוֹלַדְתִּי** וַאֲשֶׁר דִּבֶּר־לִי וַאֲשֶׁר נִשְׁבַּע־לִי לֵאמֹר לְזַרְעֲךָ אֶתֵּן אֶת־הָאָרֶץ הַזֹּאת הוּא יִשְׁלַח מַלְאָכוֹ לְפָנֶיךָ וְלָקַחְתָּ אִשָּׁה לִבְנִי **מִשָּׁם:**

The Eternal God, the Almighty God of heaven, who took me from my father's house and from my native land, who promised me on oath, saying, 'I will give this land to your offspring' – He will send His angel before you, and you will take a wife for my son from there.

אִם־לֹא אֶל־בֵּית־אָבִי תֵּלֵךְ וְאֶל־מִשְׁפַּחְתִּי וְלָקַחְתָּ אִשָּׁה לִבְנִי:

"... but you shall go to my father's house, to my kindred, and get a wife for my son."

אברבנאל פרשת חיי שרה

...דעו כי אדני השביעני לא תקח אשה לבני מבנות הכנעני שאם הוא היה רוצה בתופים ובמחולות היו נותנים לו האשה היותר נבחרת שבארץ אבל הוא השביעני אל בית אבי תלך ואל משפחתי וזהו השנוי הראשון שעשה אליעזר שבמקום **שאמר לו אברהם אל ארצי ואל מולדתי תלך שינה העבד ואמר אל בית אבי תלך ואל משפחתי** כדי שיחשבו שהי' אברהם חפץ מאד בקרבתם וכן עשה.

Rashi, based on the Midrash,[17] understood that the servant was referring to other potential matches who met some, if not all, of the criteria: The daughters of Lot and Yishmael.

Interestingly, in an earlier comment, Rashi refers to a completely different set of alternative candidates – the daughters of Avraham's comrades Aner, Eshkol and Mamre who were not from Avraham's extended family – and does not consider the daughters of Lot or Yishmael:

רש"י בראשית פרק כד פסוק ח

ונקית משבועתי וגו'. וְקַח לוֹ אִשָּׁה מִבְּנוֹת עָנֵר אֶשְׁכּוֹל וּמַמְרֵא:

"Then you will be absolved of this oath you have made to me" – and take a wife for him from the daughters of Aner or Eshkol or Mamre.[18] (Rashi, Bereishit 24:8)

Despite the apparent suitability of members of the extended family, who ostensibly fit some of the criteria, in reality these candidates fall short of the mark. Apparently, to be truly suitable, the quality of *chesed* was not the sole criterion. To be a suitable wife for Yitzchak, the young woman would also need proper appreciation of Avraham and Sarah.

Yishmael did not value Sarah; this lack of regard began with his mother, from the moment Yishmael was conceived:

בראשית פרשת לך לך פרק טז פסוק ד

וַיָּבֹא אֶל־הָגָר וַתַּהַר וַתֵּרֶא כִּי הָרָתָה וַתֵּקַל גְּבִרְתָּהּ בְּעֵינֶיהָ:

He went in to Hagar, and she conceived. When she saw that she had conceived, her mistress was diminished in her eyes. (Bereishit 16:4)

---

17. See Bereishit Rabbah 60:9:

בראשית רבה (וילנא) פרשת חיי שרה פרשה ס סימן ט

וַיּוּשַׂם לְפָנָיו לֶאֱכֹל וַיֹּאמֶר עֶבֶד אַבְרָהָם אָנֹכִי (בראשית כד, לג לד), אָמַר רַבִּי יִצְחָק מִלְּתָא דְּאִית בָּךְ מַגַּנְיָא קְדִים וְאֶמְרָהּ. וְעַתָּה אִם יֶשְׁכֶם עֹשִׂים חֶסֶד וֶאֱמֶת אֶת אֲדֹנִי הַגִּידוּ לִי וגו' וְאֶפְנֶה עַל יָמִין אוֹ עַל שְׂמֹאל (בראשית כד, מט), **עַל יָמִין זֶה יִשְׁמָעֵאל, עַל שְׂמֹאל זֶה לוֹט**, הֵיךְ מָה דְאַתְּ אָמַר (בראשית יג, ט): אִם הַשְּׂמֹאל וְאֵימִנָה וְאִם הַיָּמִין וְאַשְׂמְאִילָה.

18. For more on Aner, Eshkol and Mamre see Bereishit 14:13, 24.

רש"י בראשית פרשת לך לך פרק טז פסוק ד

ותקל גברתה בעיניה - אָמְרָה שָׂרַי זוֹ אֵין סִתְרָהּ כִּגְלוּיָהּ **מַרְאָה עַצְמָהּ כְּאִלּוּ הִיא צַדֶּקֶת וְאֵינָהּ צַדֶּקֶת**, שֶׁלֹּא זָכְתָה לְהֵרָיוֹן כָּל הַשָּׁנִים הַלָּלוּ, וַאֲנִי נִתְעַבַּרְתִּי מִבִּיאָה רִאשׁוֹנָה (בראשית רבה):

"Her mistress was diminished in her eyes" – She said, "As regards this woman Sarai, her conduct in private certainly cannot be what it appears to be in public: She pretends to be a righteous woman, but she cannot really be righteous since all these years she has not been privileged to have children, while I have had that blessing from the first union." (Bereishit Rabbah 45:4) (Rashi, Bereishit 16:4)

Hagar claimed that Sarah was an imposter, that she feigned righteousness but was in fact devoid of holiness. Hagar's proof was her own fertility – one night with Avraham and she produced an heir for Avraham, which Sarah was unable to do for so many years. Hagar created an unfounded correlation between fertility and righteousness, claiming that the real Sarah – the person below the veneer of piety – was empty, corrupt, unworthy.

The Kabbalistic description of this phenomenon is called a *kelipah* (literally, a shell or husk), a pretender, a profane shadow or echo of holiness, a cheap imitation of the real thing.

Hagar's son Yishmael is cut from the same cloth as his mother; both display this *kelipah* of *chesed*:

בראשית פרשת וירא פרק כא פסוק ט

וַתֵּרֶא שָׂרָה אֶת־בֶּן־הָגָר הַמִּצְרִית אֲשֶׁר־יָלְדָה לְאַבְרָהָם **מְצַחֵק**:

Sarah saw the son of Hagar the Egyptian, whom she had borne to Avraham, **mocking**. (Bereishit 21:9)

רש"י בראשית פרשת וירא פרק כא פסוק ט

דבר אחר לְשׁוֹן גִּלּוּי עֲרָיוֹת, כְּמָה דְּתֵימָא **לְצַחֶק** בִּי (בראשית ל"ט)...

...Another explanation is that it refers to immoral sexual conduct, just as it says (in reference to Potiphar's wife), "To **mock** at me" (Bereishit 39:17).... (Rashi, Bereishit 21:9)

Yishmael's mocking or laughter of is related to immoral sexual practices, as is evidenced by other uses of this word.[19] But what exactly was Yishmael guilty of in this instance? Some commentaries accuse him of exploiting his father's elevated philosophy of love and caring, turning it into a cheap "pickup line" to snare unsuspecting women among Avraham's students who wished to practice *chesed*. Yishmael was the *kelipah* of *chesed*; rather than practicing loving-kindness, he espoused "free love."[20]

---

19. See the text and Rashi's comments on Bereishit 26:8 and 39:14, and Shemot 32:6:

בראשית פרשת תולדות פרק כו פסוק ח

וַיְהִי כִּי אָרְכוּ־לוֹ שָׁם הַיָּמִים וַיַּשְׁקֵף אֲבִימֶלֶךְ מֶלֶךְ פְּלִשְׁתִּים בְּעַד הַחַלּוֹן וַיַּרְא וְהִנֵּה יִצְחָק מְצַחֵק אֵת רִבְקָה אִשְׁתּוֹ׃

רש"י בראשית פרשת תולדות פרק כו פסוק ח

וַיַּשְׁקֵף אֲבִימֶלֶךְ וגו' - רָאָהוּ מְשַׁמֵּשׁ מִטָּתוֹ:

בראשית פרשת וישב פרק לט

(יד) וַתִּקְרָא לְאַנְשֵׁי בֵיתָהּ וַתֹּאמֶר לָהֶם לֵאמֹר רְאוּ הֵבִיא לָנוּ אִישׁ עִבְרִי **לְצַחֶק בָּנוּ בָּא אֵלַי לִשְׁכַּב עִמִּי** וָאֶקְרָא בְּקוֹל גָּדוֹל׃ (טו) וַיְהִי כְשָׁמְעוֹ כִּי־הֲרִימֹתִי קוֹלִי וָאֶקְרָא וַיַּעֲזֹב בִּגְדוֹ אֶצְלִי וַיָּנָס וַיֵּצֵא הַחוּצָה׃ (טז) וַתַּנַּח בִּגְדוֹ אֶצְלָהּ עַד־בּוֹא אֲדֹנָיו אֶל־בֵּיתוֹ׃ (יז) וַתְּדַבֵּר אֵלָיו כַּדְּבָרִים הָאֵלֶּה לֵאמֹר בָּא־אֵלַי הָעֶבֶד הָעִבְרִי **אֲשֶׁר־הֵבֵאתָ לָּנוּ לְצַחֶק** בִּי׃

שמות פרשת כי תשא פרק לב פסוק ו

(ו) וַיַּשְׁכִּימוּ מִמָּחֳרָת וַיַּעֲלוּ עֹלֹת וַיַּגִּשׁוּ שְׁלָמִים וַיֵּשֶׁב הָעָם לֶאֱכֹל וְשָׁתוֹ וַיָּקֻמוּ לְצַחֵק.

רש"י שמות פרשת כי תשא פרק לב פסוק ו

לצחק - יש במשמע הזה גילוי עריות, שנאמר: לצחק בי (בראשית ל"ט:י"ז)

20. See Siftei Kohen, Vayikra 12:3, Megaleh Amukot, *Parashat Mishpatim*:

שפתי כהן על ויקרא פרשת תזריע פרק יב פסוק ג

ודע שאלו שתי הקליפות הם קליפת פרס וישמעאל, הפנימית היא של ישמעאל שהזנות מצויה בהם יותר משאר אומות כמו שאמרו חז"ל (קידושין מ"ט ע"ב)

ספר מגלה עמוקות על התורה - פרשת משפטים

כי תצא אש. בזוהר שלע"ל אש יצא על רו"ם ומצאה קו"צים בגי' רום ונאכל גדיש **דא קליפה ישמעאל מימין** חמור דתמן לילית הגר שפחת שרי לכן דרשו רז"ל בשי"בה טובה תקבר מלמד שעשה ישמעאל תשובה כי קליפה שלו ישמעאל ב"קליפה ש"ל י"שמעאל ב"צד ה"ימין. או קמה זו קליפת עשו מצד שמאל דאיהו שור אוכל עשב עליה אמר יוסף הנה קמה אלומתי לבטל קליפת עשו וגם ניצבה לבטל כח נוקבא כי ת' איש שעם עשו יש לו עוד קמה כוחות בסוד צווחה כמ"ש האר"י בפי' זמירות שלו צווחין אף עקתין כו' צוחה מסיטרא דעשו שכולל ק"ט כוחות מנין דק"ה ה"פ דק"ה הרי תקמ"ה בהמה דקה נקנית ב"משיכה לקביל קליפת עשו עם הכולל בגי' הכי הוי

בראשית רבה פרשה נג סימן יא

דָּרַשׁ רַבִּי עֲקִיבָא וַתֵּרֶא שָׂרָה וגו׳, אֵין מְצַחֵק אֶלָּא גִּלּוּי עֲרָיוֹת, הֵיךְ מָה דְאַתְּ אָמַר (בראשית לט:יז): בָּא אֵלַי הָעֶבֶד הָעִבְרִי אֲשֶׁר הֵבֵאתָ לָּנוּ לְצַחֶק בִּי, מְלַמֵּד שֶׁהָיְתָה אִמֵּנוּ שָׂרָה רוֹאָה אוֹתוֹ לְיִשְׁמָעֵאל מְכַבֵּשׁ גִּנּוֹת וְצָד נְשֵׁי אֲנָשִׁים וּמְעַנֶּה אוֹתָן.

Rabbi Akiva taught: "And Sarah saw [the son of Hagar the Egyptian, whom she had borne to Avraham, making sport]" – Now "making sport" refers to nothing else but sexual immorality, as in the verse, "The Hebrew servant, whom you have brought to us, came in to make sport of me" (Bereishit 39:17). This teaches that Sarah saw Yishmael ravish maidens, seduce married women and dishonor them. (Bereishit Rabbah 53:11)

Elsewhere, Rashi notes the Midrashic account of the mean-spirited laughter and insinuations after the birth of Yitzchak, as 'jokesters' questioned Avraham's paternity.

רש״י בראשית פרשת תולדות פרק כה פסוק יט

אברהם הוליד את יצחק - עַל יְדֵי שֶׁכָּתַב הַכָּתוּב יִצְחָק בֶּן אַבְרָהָם הֻזְקַק לוֹמַר אַבְרָהָם הוֹלִיד אֶת יִצְחָק; לְפִי שֶׁהָיוּ לֵיצָנֵי הַדּוֹר אוֹמְרִים מֵאֲבִימֶלֶךְ נִתְעַבְּרָה שָׂרָה, שֶׁהֲרֵי כַּמָּה שָׁנִים שָׁהֲתָה עִם אַבְרָהָם וְלֹא נִתְעַבְּרָה הֵימֶנּוּ; מֶה עָשָׂה הַקָּבָּ״ה? צָר קְלַסְתֵּר פָּנָיו שֶׁל יִצְחָק דּוֹמֶה לְאַבְרָהָם, וְהֵעִידוּ הַכֹּל אַבְרָהָם הוֹלִיד אֶת יִצְחָק, וְזֶהוּ שֶׁכָּתוּב כָּאן יִצְחָק בֶּן אַבְרָהָם, שֶׁהֲרֵי עֵדוּת יֵשׁ שֶׁאַבְרָהָם הוֹלִיד אֶת יִצְחָק:

"Avraham begat Yitzchak" – Just as Scripture wrote, "Yitzchak, son of Avraham" it felt compelled to say "Avraham begat Yitzchak," because the cynics of that time said, "Sarah became pregnant by Avimelech. See how many years she lived with Avraham without becoming pregnant from him." What did the Holy One, blessed be He, do? He formed Yitzchak's facial features exactly like Avraham's, so that everyone had to admit

---

ובהמה גסה לקביל קליפת ישמעאל שהיא יותר קשה כמו שאמרו רז״ל תחת אדום ולא תחת ישמעאל ב״על שו״ר נ״קי בש״ן קליפת עוג נקי נו״גה ק״ליפת יו״ן. ב״על שו״ר בגי׳ תרח נקי ש״מעון ב׳ נ״תנאל שהיה ירא חטא:

that Avraham fathered Yitzchak. This is what is stated here: Yitzchak was the son of Avraham, for there is evidence that Avraham fathered Yitzchak (Midrash Tanchuma, Toldot 1). (Rashi, Bereishit 25:19)

Apparently Yishmael found this idle gossip amusing (or self-serving), and repeated it:

ספורנו בראשית פרשת וארא פרק כא פסוק ט

את בן הגר המצרית - חשבה שהתעורר לזה הלעג מפני ששמע כך מאמו, כאמרם זכרונם לברכה: שותא דינוקא בשוקא או דאבוהי או דאמיה (סוכה נ"ו)

מצחק - מלעיג על המשתה שנעשה בבית אברהם, באמרו שנתעברה מאבימלך. והטעם שלא קרה זה בעת לידת יצחק, כי ישמעאל שמע כזאת אחר כך מליצני הדור, ואם באולי בעת הלידה היה מצחק לא הרגישה בו שרה שהיתה אז טרודה.

She assumed that the reason Yishmael made these disparaging remarks [about Yitzchak] was because he heard them from his mother. Our Sages have a saying (*Sukkah* 56) that the prattle of children in public reflects either what they picked up from their father or what they picked up from their mother.

[Sarah heard Yishmael mocking]: Making fun of the feast in Avraham's home, Yishmael claimed that surely Sarah must have become pregnant from Avimelech. The reason he had not made such remarks already at the time Yitzchak was born, was because he had only overheard wicked gossip about this at a later stage, and now he repeated what he had heard; if he had said these things at the time of Yitzchak's birth, Sarah was unaware of it, as she was preoccupied with the birth. (Seforno, Bereishit 21:90)[21]

---

21. This idea is echoed by R. Eliezer ben Eliyahu Ashkenazi in *Maasei Hashem*, and in the Malbim, Bereishit 21:9:

מעשי ה' מעשי אבות פרק יט פרשת וירא ר' אליעזר בן אליהו אשכנזי 1513-1583

ולפי ששרה אמרה כן ואברהם עשה המשתה לפרסם, הנה ישמעאל נתחבר עם המלעיגים והיה מלעיג כמאמר ליצני הדור שמאבימלך נתעברה, וזהו שנאמר ותרא

There are two sides of the coin of holiness; both involve giving to others, both are called *chesed,* but one is real while the other is counterfeit:

ויקרא פרשת קדושים פרק כ פסוק יז

וְאִישׁ אֲשֶׁר־יִקַּח אֶת־אֲחֹתוֹ בַּת־אָבִיו אוֹ בַת־אִמּוֹ וְרָאָה אֶת־עֶרְוָתָהּ וְהִיא־תִרְאֶה אֶת־עֶרְוָתוֹ **חֶסֶד הוּא** וְנִכְרְתוּ לְעֵינֵי בְּנֵי עַמָּם עֶרְוַת אֲחֹתוֹ גִּלָּה עֲוֹנוֹ יִשָּׂא:

If a man takes his sister, his father's daughter, or his mother's daughter, and sees her nakedness, and she sees his nakedness; it is *chesed*; and they shall be cut off in the sight of the children of their people: He has uncovered his sister's nakedness; he shall bear his iniquity. (Vayikra 20:17)

Illicit, incestual relationships are also labeled by the Torah as a type of *chesed* – albeit the artificial, unholy kind.[22]

This will help explain why another possible source for a mate

---

שרה את בן הגר המצרית אשר ילדה לאברהם מצחק, כלומר שהיה מצחק על האומרים ששרה ילדה לאברהם. וקרוב מזה יתכן לומר שהכתוב הזכיר אשר ילדה לאברהם, להודיע שזה היה הצחוק שלו שהוא לבד נולד לאברהם, וזהו שראתה שרה וכעסה ואמרה גרש את האמה, לפי שאין התינוקות אומרים אלא מה ששומעים מהוריהם (ראה סוכה נו, ב), וזהו שנאמר שראתה אותו מצחק, רצה לומר מלעיג כדברי ליצני הדור.

מלבי"ם בראשית פרק כא פסוק ט

ותרא - ואז בעת המשתה ראתה שרה שישמעאל מצחק ומתלוצץ על המשתה הזה, ולא פירש מה היה הצחוק רק ברמז מ"ש אשר ילדה לאברהם, שאמר כמו לצני הדור שמאבימלך נתעברה שרה, ורק הוא נולד מאברהם, ושרה הכירה שלצחוק זה הסיתו אמו, שהורע בעיניה מה שמבכר בן שרה על בנה, וע"ז קראו בן הגר המצרית ולא קראו בשם ישמעאל, כי ראתה שאמו הסיתה אותו לזה.

22. This type of relationship was needed to populate the world at the dawn of history, and it was part of God's kindness – *chesed* which temporarily allowed this form of relationship – so the world could exist; see Rashi, Vayikra 20:17; Yeurshalmi *Sanhedrin* 9:1; *Pirkei de-Rabbi Eliezer* chapter 21; and Rashi, Psalms 89:3:

רש"י ויקרא פרשת קדושים פרק כ פסוק יז

חסד הוא - לְשׁוֹן אֲרַמִּי חֶרְפָּה חִסּוּדָא; וּמִדְרָשׁוֹ אִם תֹּאמַר קַיִן נָשָׂא אֲחוֹתוֹ חֶסֶד עָשָׂה הַמָּקוֹם, לִבְנוֹת עוֹלָמוֹ מִמֶּנּוּ, שֶׁנֶּאֱמַר (תהילים פ"ט), עוֹלָם חֶסֶד יִבָּנֶה (ספרא; סנהדרין נ"ח):

was rejected. The daughters of Lot are also members of Avraham's extended family. According to tradition, not only is Lot Avraham's nephew, he is also Sarah's brother, making him Avraham's brother-in-law. This dual relationship should make Lot and his family the perfect place to search for a bride for Yitzchak.

One wonders if Rivka's brother Lavan, who somehow insinuates himself into the middle of things, is worried that the unexpected visit by a representative of a long-lost family member was nothing more than a ruse, disguised as a marriage proposal, to lay claim to the family inheritance. Ironically, in the next generation, the son of Rivka and Yitzchak returns and does precisely that: Yaakov eventually walks off with all of Lavan's wealth.

It is worth noting that Rivka's father Betuel was the son of Milkah and Nachor.[23] Nachor was Avraham's brother, while Milkah was Lot's

---

תלמוד ירושלמי מסכת סנהדרין פרק ט הלכה א

וְהַכְתִיב (שם כ, יז) וְאִישׁ אֲשֶׁר יִקַּח אֶת אֲחֹתוֹ בַּת אָבִיו אוֹ בַת אִמּוֹ וְרָאָה אֶת עֶרְוָתָהּ וְהִיא תִרְאֶה אֶת עֶרְוָתוֹ חֶסֶד הוּא שֶׁלֹּא תֹאמַר קַיִן נָשָׂא אֶת אֲחוֹתוֹ, הֶבֶל נָשָׂא אֶת אֲחוֹתוֹ חֶסֶד עָשִׂיתִי עִם הָרִאשׁוֹנִים שֶׁיִּבָּנֶה הָעוֹלָם מֵהֶם (תהלים פט, ג) אָמַרְתִּי עוֹלָם חֶסֶד יִבָּנֶה.

פרקי דרבי אליעזר פרק כא

רַבִּי מִיאֲשָׁא אוֹמֵר,(י) נוֹלַד קַיִן וּתְאוֹמָתוֹ עִמּוֹ, נוֹלַד הֶבֶל וּתְאוֹמָתוֹ עִמּוֹ. אָמַר לוֹ רַבִּי יִשְׁמָעֵאל,(יא) וַהֲלֹא כְּבָר נֶאֱמַר [ויקרא כ, יז] וְאִישׁ אֲשֶׁר יִקַּח אֶת אֲחֹתוֹ בַּת אָבִיו. אָמַר לוֹ, (יב) מִתּוֹךְ הַדְּבָרִים הָאֵלֶּה תֵּדַע לְךָ שֶׁלֹּא הָיוּ נָשִׁים אֲחֵרוֹת בָּעוֹלָם שֶׁיִּשְׂאוּ לָהֶן, וְהִתִּירָן לָהֶם, וְעַל זֶה נֶאֱמַר [תהלים פט, ג] כִּי אָמַרְתִּי עוֹלָם חֶסֶד יִבָּנֶה, בְּחֶסֶד נִבְרָא הָעוֹלָם (יג) עַד שֶׁלֹּא נִתְּנָה תוֹרָה.

רש"י תהלים פרק פט פסוק ג

כי אמרתי עולם חסד יבנה - כי אמרתי עד עולם יבנה בחסד כסא דוד כמ"ש שמואל ב' ז') והכינותי כסא ממלכתו וגו', ד"א סבור הייתי שיהא העולם בנוי בחסדך ותכין אמונתך בשמים שתהא נכונה ומקוימת ומה היא האמונה אותה ההבטחה שהבטחת את דוד ע"י נתן הנביא לאמר כרתי ברית לבחירי להכין עד עולם זרעו (שם):

23. See Bereishit 22:20–23 and 24:24:

בראשית פרשת וירא פרק כב

(כ) וַיְהִי אַחֲרֵי הַדְּבָרִים הָאֵלֶּה וַיֻּגַּד לְאַבְרָהָם לֵאמֹר הִנֵּה **יָלְדָה מִלְכָּה גַם־הִוא בָּנִים לְנָחוֹר אָחִיךָ**: (כא) אֶת־עוּץ בְּכֹרוֹ וְאֶת־בּוּז אָחִיו וְאֶת־קְמוּאֵל אֲבִי אֲרָם: (כב) וְאֶת־כֶּשֶׂד וְאֶת־חֲזוֹ וְאֶת־פִּלְדָּשׁ וְאֶת־יִדְלָף וְאֵת **בְּתוּאֵל**: (כג) **וּבְתוּאֵל יָלַד אֶת־רִבְקָה** שְׁמֹנָה אֵלֶּה **יָלְדָה מִלְכָּה לְנָחוֹר אֲחִי אַבְרָהָם:**

(20) It happened after these things, that it was told Avraham, saying, "Behold, Milkah, she also has borne children to your brother

sister, Avraham's niece (and, according to tradition, Milkah and Lot had a third sibling – Sarah).[24] Rivka was related to both Avraham and Sarah, which would make her a perfect candidate.

Lot, like Rivka and Avraham, also practices *chesed*, but his *chesed* is tainted. When the marauding mob of Sodomites besieges his home demanding that he surrender his guests, Lot offers up his daughters to placate the crowd, confusing true *chesed* with warped sexuality.

After Sodom is laid to waste, Lot's daughters follow in the father's footsteps, practicing a confused form of *chesed* by committing incest with their father. Their behavior – but even more so the warped philosophy that motivates and animates them – will ultimately place them beyond the pale; they and their descendants will not re-join the family of Avraham. They believe that the destruction from which

---

Nachor: (21) Uz his firstborn, Buz his brother, Kemuel the father of Aram, (22) and Kesed, Chazo, Pildash, Yidlaf, and Betuel. (23) Betuel fathered Rivka. These eight Milkah bore to Nachor, Avraham's brother. (Bereishit 22:20–23)

בראשית פרשת חיי שרה פרק כד פסוק כד

וַתֹּאמֶר אֵלָיו בַּת־בְּתוּאֵל אָנֹכִי בֶּן־מִלְכָּה אֲשֶׁר יָלְדָה לְנָחוֹר:

(24) She said to him, "I am the daughter of Betuel the son of Milkah, whom she bore to Nachor."

24. See Bereishit 11:26–29 and Rashi:

בראשית פרשת נח פרק יא

(כו) וַיְחִי תֶרַח שִׁבְעִים שָׁנָה וַיּוֹלֶד אֶת אַבְרָם אֶת נָחוֹר וְאֶת הָרָן. (כז) וְאֵלֶּה תּוֹלְדֹת תֶּרַח תֶּרַח הוֹלִיד אֶת אַבְרָם אֶת נָחוֹר וְאֶת הָרָן וְהָרָן הוֹלִיד אֶת לוֹט. (כח) וַיָּמָת הָרָן עַל פְּנֵי תֶּרַח אָבִיו בְּאֶרֶץ מוֹלַדְתּוֹ בְּאוּר כַּשְׂדִּים. (כט) וַיִּקַּח אַבְרָם וְנָחוֹר לָהֶם נָשִׁים שֵׁם אֵשֶׁת אַבְרָם שָׂרָי וְשֵׁם אֵשֶׁת נָחוֹר מִלְכָּה בַּת הָרָן אֲבִי מִלְכָּה וַאֲבִי יִסְכָּה.

(26) Terach lived seventy years, and fathered Avram, Nachor, and Charan. (27) Now this is the history of the generations of Terach. Terach fathered Avram, Nachor, and Charan. Charan fathered Lot. (28) Charan died before his father Terach in the land of his birth, in Ur Kasdim. (29) Avram and Nachor took wives. The name of Avram's wife was Sarai, and the name of Nachor's wife, Milkah, the daughter of Charan who was also the father of Yiscah.

רש"י בראשית פרשת נח פרק יא פסוק כט

יסכה - [זו שרה, על שם] שסוכה ברוח הקודש, ושהכל סוכין ביופיה, ולשון נסיכות, כמו: שרה לשון סררות.

they were saved was total and complete; to their minds, only they and their father survive, and the only way to reproduce and save humanity is through their father. However, this world view is based on a fatal error: How could they have imagined that Avraham, their righteous uncle who had removed himself from the influence of Sodom, was also wiped out along with their wicked neighbors? This is the precise inverse of Avraham's outlook: When told of the impending destruction, Avraham pleads with God, assuming that there must be more righteous people in the world, and at least a handful of people worth saving in Sodom – but when Sodom is destroyed, it never occurs to the daughters of Lot that there are any righteous people who were spared. They never considered that Avraham had survived, when in fact they themselves had been saved only in the merit of Avraham.[25] The world view which they had inherited from their father was distorted; Avraham, the greatest man of the generation, had been edited out of their family lore.

Just as Hagar underestimated Sarah, the daughters of Lot underestimated Avraham. The bride of Yitzchak could not come from either of these branches of the family.

Only Rivka, a person of true *chesed*, takes a leap of faith; like Avraham and Sarah, she leaves her birthplace, her home and family, to join the family of Avraham. She alone appreciated the greatness of Avraham and Sarah and was willing to be a part of the journey they had embarked on years earlier and to re-join that branch of the family. She was, in every way, the perfect match for Yitzchak.

---

25. See Bereishit 19:29:

בראשית פרשת וארא פרק יט פסוק כט

וַיְהִי בְּשַׁחֵת אלקים אֶת־עָרֵי הַכִּכָּר וַיִּזְכֹּר אֱלֹקִים אֶת־אַבְרָהָם וַיְשַׁלַּח אֶת־לוֹט מִתּוֹךְ הַהֲפֵכָה בַּהֲפֹךְ אֶת־הֶעָרִים אֲשֶׁר־יָשַׁב בָּהֵן לוֹט:

It happened, when God destroyed the cities of the plain, that God remembered Avraham, and sent Lot out of the middle of the overthrow, when He overthrew the cities in which Lot lived.

PARASHAT TOLDOT

A Little Bit of Lavan

With the start of the *parashah* we are reintroduced to the second patriarchal couple – Yitzchak and Rivka:

בראשית פרשת תולדות פרק כה

(יט) וְאֵלֶּה תּוֹלְדֹת יִצְחָק בֶּן־אַבְרָהָם אַבְרָהָם הוֹלִיד אֶת־יִצְחָק: (כ) וַיְהִי יִצְחָק בֶּן־אַרְבָּעִים שָׁנָה בְּקַחְתּוֹ אֶת־רִבְקָה בַּת־בְּתוּאֵל הָאֲרַמִּי מִפַּדַּן אֲרָם אֲחוֹת לָבָן הָאֲרַמִּי לוֹ לְאִשָּׁה:

(19) And these are the generations of Yitzchak, Avraham's son. Avraham fathered Yitzchak. (20) Yitzchak was forty years old when he took Rivka, the daughter of Betuel the Arami of Paddan Aram, the sister of Lavan the Arami, to be his wife. (Bereishit 25:19–20)

The introduction lacks symmetry, in more ways than one. First, in describing Yitzchak, the opening verse is repetitive. Yitzchak is the son of Avraham, and Avraham fathered Yitzchak – are these not two different ways of saying the same thing? Next, Rivka is described – only once – as the daughter of Betuel, but seemingly superfluous information about her brother is added. The emphasis in the verse on Yitzchak's lineage seems to indicate that this is a man who follows in his holy father's footsteps; not only is Yitzchak the son of Avraham, Avraham is his father, both literally and figuratively. However, when it comes to Rivka there are apparently two problematic influences.

Dedicated in honor of Isaiah and Shalom-Mathilde

Not only is she the daughter of Betuel – as if that weren't enough of a problem – but she also has a brother named Lavan, who is also "quite a character." How all of this may impact the story which unfolds remains to be seen:

בראשית פרשת תולדות פרק כה פסוק כא

וַיֶּעְתַּר יִצְחָק לַה' לְנֹכַח אִשְׁתּוֹ כִּי עֲקָרָה הִוא וַיֵּעָתֶר לוֹ ה' וַתַּהַר רִבְקָה אִשְׁתּוֹ:

Yitzchak entreated God on behalf of his wife because she was barren. God answered his entreaties, and Rivka, his wife, conceived. (Bereishit 25:21)

Even though it will soon become clear that this couple had been married for some twenty years before Rivka became pregnant, the description in the verse makes it sound like an immediate response – Yitzchak prays, Yitzchak's prayers are answered, and God responds.

The episode that immediately precedes this chapter gives us the same impression:

בראשית פרשת חיי שרה פרק כד

(סב) וְיִצְחָק בָּא מִבּוֹא בְּאֵר לַחַי רֹאִי וְהוּא יוֹשֵׁב בְּאֶרֶץ הַנֶּגֶב: (סג) וַיֵּצֵא יִצְחָק לָשׂוּחַ בַּשָּׂדֶה לִפְנוֹת עָרֶב וַיִּשָּׂא עֵינָיו וַיַּרְא וְהִנֵּה גְמַלִּים בָּאִים: (סד) וַתִּשָּׂא רִבְקָה אֶת־עֵינֶיהָ וַתֵּרֶא אֶת־יִצְחָק וַתִּפֹּל מֵעַל הַגָּמָל:

(62) Yitzchak came from the way of *Be'er Lachai Roi*, for he lived in the land of the South. (63) Yitzchak went out to meditate in the field at the evening. He lifted up his eyes, and saw, and, behold, there were camels coming. (64) Rivka lifted up her eyes, and when she saw Yitzchak, she dismounted from the camel. (Bereishit 24:62–64)

Yitzchak is returning from a place of spiritual significance; *Be'er Lahai Roi* was a place of revelation, a place of importance for his brother Yishmael, and for Hagar.[1] Yitzchak stops in the field to pray,

---

1. See Bereishit 16:13–14:

בראשית פרשת לך לך פרק טז

(יג) וַתִּקְרָא שֵׁם־ה' הַדֹּבֵר אֵלֶיהָ אַתָּה אֵל רֳאִי כִּי אָמְרָה הֲגַם הֲלֹם רָאִיתִי אַחֲרֵי רֹאִי: (יד) עַל־כֵּן קָרָא לַבְּאֵר בְּאֵר לַחַי רֹאִי הִנֵּה בֵין־קָדֵשׁ וּבֵין בָּרֶד:

presumably for what was his most acute need at that moment, a wife.[2] As he stands in prayer, his prayers are answered almost immediately, and Rivka appears:[3]

ספורנו בראשית פרשת חיי שרה כד פסוק סג

ויצא יצחק לשוח נטה מן הדרך על דעת לשפוך שיחו לפני ה׳ בשדה שלא יפסיקוהו עוברי דרכים אף על פי שכבר התפלל בבאר לחי ראי וקודם שהתפלל נענה על דרך מן היום אשר נתת אל לבך להתענות נשמעו דבריך:

He had detoured from his regular path to the field in order to pour out his heart to God in prayer. He did not want to be interrupted in his devotion by passing travelers whom he would have to greet. This was in spite of the fact that he had already prayed in *Be'er Lachai Roi,* and he was answered before

---

She called the name of Hashem who spoke to her, "You are a God who sees," for she said, "Have I even stayed alive after seeing Him?" Therefore the well was called *Be'er Lachai Roi.* Behold, it is between Kadesh and Bered.

2. See Ha'amek Davar, Bereishit 24:63:

העמק דבר בראשית פרשת חיי שרה פרק כד פסוק סג

ויצא יצחק לשוח בשדה. כבר פירשו חז״ל שהוא הי׳ מתפלל מנחה. וע״כ אין הפי׳ בשדה כמשמעו שהרי אסור להתפלל בשדה כדאי׳ בברכות ספ״ה חציף עלי מאן דמצלי בביקתא. אלא כדאי׳ במס׳ פסחים ר״פ האשה דבשדה היינו הר המוריה שקראו שדה וכ״כ התוס׳ שם וכמש״כ לעיל י״ב י״ז דבשביל שמדת יצחק הי׳ עבודה שהוא שורש לפרנסה ע״כ קרא אותו מקום שהוא שער השמים שדה המסוגל לפרנסה. ואין הכונה שהי׳ יצחק עומד אז בהר המוריה אלא הוא התפלל תחת אילן וכדומה ועינו ולבו היו לצד הר המוריה שנקרא שדה והתפלל אז על הפרנסה **שבכלל זה הוא השגת אשה שהיא צרכי האדם ונקראת ג״כ פרנסה כלשון הגמ׳ פרנסת נשואין.** והזמין ה׳ לפניו באותה שעה את אשתו וזהו וישא עיניו וגו׳:

3. This parallels the prayer of Eliezer, when he prays for a wife for Yitzchak, before he completes his words – Rivka appears:

בראשית פרשת חיי שרה פרק כד פסוק טו

וַיְהִי־הוּא טֶרֶם כִּלָּה לְדַבֵּר וְהִנֵּה רִבְקָה יֹצֵאת אֲשֶׁר יֻלְּדָה לִבְתוּאֵל בֶּן־מִלְכָּה אֵשֶׁת נָחוֹר אֲחִי אַבְרָהָם וְכַדָּהּ עַל־שִׁכְמָהּ:

It happened, before he had finished speaking, that Rivka, who was born to Betuel the son of Milkah, the wife of Nachor, Avraham's brother, came out with her pitcher on her shoulder. (Bereishit 24:15)

he began to pray, as it says (Daniel 10:12), "For from the day you set your mind to prayer and fasting, your prayer was heard." (Seforno, Bereishit 24:63)

Another crucial element to our understanding of these verses is that Yitzchak's prayer in the field takes place during the day. Rabbinic tradition attributes the afternoon prayer of *Mincha*[4] with this very particular scene: Yitzchak's prayer is unique precisely because of the setting in which it is uttered. Unlike *Shacharit*, the morning prayer prior to the start of the workday, and unlike *Arvit* with which the workday comes to an end, *Mincha* is a prayer for the middle of the day. It is therefore quite appropriate that this prayer is said in the field, the place of labor; the essential essence of this prayer infuses physical existence with spiritual power.

It may be argued that not much is known about the life of Yitzchak; the verses are sparse when compared to the details of the lives of our other patriarchs. On the other hand, this forces us to be hypersensitive to what the text does tell us. The field – *sadeh* – is a theme in the life of Yitzchak. An entire chapter (26) tells of his planting in the field and digging wells. Yitzchak was a man of the field; he knew the value of work in the field. It is certainly not a coincidence that his prayers come from the field as well.

Sensitivity to this very central element in Yitzchak's life sheds light on Yitzchak's relationship with his son Esav, who is described as "a man of the field."[5] Yitzchak surely understood that the challenge presented

---

4. Talmud Bavli, *Berachot* 26b:

תלמוד בבלי מסכת ברכות דף כו עמוד ב

יִצְחָק תִּקֵּן תְּפִלַּת מִנְחָה, שֶׁנֶּאֱמַר "וַיֵּצֵא יִצְחָק לָשׂוּחַ בַּשָּׂדֶה לִפְנוֹת עָרֶב", וְאֵין "שִׂיחָה"
אֶלָּא תְּפִלָּה, שֶׁנֶּאֱמַר "תְּפִלָּה לְעָנִי כִי יַעֲטֹף וְלִפְנֵי ה' יִשְׁפֹּךְ שִׂיחוֹ".

Yitzchak instituted the afternoon prayer, as it is stated: "And Yitzchak went out to converse [*la-suach*] in the field toward evening" (Bereishit 24:63), and conversation means nothing other than prayer, as it is stated: "A prayer of the afflicted when he is faint and pours out his complaint [*sicho*] before the Almighty" (Tehillim 102:1).

5. See Bereishit 25:27:

בראשית פרשת תולדות פרק כה פסוק כז

וַיִּגְדְּלוּ הַנְּעָרִים וַיְהִי עֵשָׂו אִישׁ יֹדֵעַ צַיִד אִישׁ שָׂדֶה וְיַעֲקֹב אִישׁ תָּם יֹשֵׁב אֹהָלִים:

in the personality of Esav was the same challenge represented by *Mincha*, the afternoon prayer: To infuse the physical with spirituality, to raise up a prayer from the fields.

This brings us to the episode of the blessings. In his later years, Yitzchak summons his son Esav in order to bless him, but the blessing is contingent on Esav bringing the hunt from the field:

בראשית פרשת תולדות פרק כז

(א) וַיְהִי כִּי־זָקֵן יִצְחָק וַתִּכְהֶיןָ עֵינָיו מֵרְאֹת וַיִּקְרָא אֶת־עֵשָׂו בְּנוֹ הַגָּדֹל וַיֹּאמֶר אֵלָיו בְּנִי וַיֹּאמֶר אֵלָיו הִנֵּנִי: (ב) וַיֹּאמֶר הִנֵּה־נָא זָקַנְתִּי לֹא יָדַעְתִּי יוֹם מוֹתִי: (ג) וְעַתָּה שָׂא־נָא כֵלֶיךָ תֶּלְיְךָ וְקַשְׁתֶּךָ וְצֵא הַשָּׂדֶה וְצוּדָה לִּי צָיִד: (ד) וַעֲשֵׂה־לִי מַטְעַמִּים כַּאֲשֶׁר אָהַבְתִּי וְהָבִיאָה לִּי וְאֹכֵלָה בַּעֲבוּר תְּבָרֶכְךָ נַפְשִׁי בְּטֶרֶם אָמוּת:

When Yitzchak was old and his eyes were too dim to see, he called his older son Esav and said to him, "My son." He answered, "Here I am." And he said, "I am old now, and I do not know how soon I may die. Take your gear, your quiver and bow, and go out into the field and hunt me some game. Then prepare a dish for me such as I like, and bring it to me to eat, so that my soul can bless you before I die." (Bereishit 27:1–4)

Yitzchak, who has excelled at praying from the field and making the mundane holy, hopes to do the same with his son Esav. By *commanding* him to hunt and prepare food of the field, the hunt itself is *transformed* into a mitzvah. Yitzchak has created the means with which he hopes to elevate Esav, as he had elevated the field itself in his younger days. Yitzchak continues to infuse the mundane with spirituality – including, or perhaps especially, the soul of his son Esav.

But lest we forget, there is another parent, Rivka, and another sibling, Yaakov. She overhears this conversation and derails the plan. There is another narrative, another strand that must be considered and understood, and it is alluded to from the outset:

בראשית פרשת תולדות פרק כה

(יט) וְאֵלֶּה תּוֹלְדֹת יִצְחָק בֶּן־אַבְרָהָם אַבְרָהָם הוֹלִיד אֶת־יִצְחָק: (כ) וַיְהִי יִצְחָק בֶּן־אַרְבָּעִים שָׁנָה בְּקַחְתּוֹ אֶת־רִבְקָה בַּת־בְּתוּאֵל הָאֲרַמִּי מִפַּדַּן אֲרָם אֲחוֹת לָבָן הָאֲרַמִּי לוֹ לְאִשָּׁה:

(19) And these are the generations of Yitzchak, Avraham's son. Avraham fathered Yitzchak. (20) Yitzchak was forty years old when he took Rivka, the daughter of Betuel the Arami of Paddan Aram, the sister of Lavan the Arami, to be his wife. (Bereishit 25:19–20)

Rivka was not only the daughter of Betuel, she was the sister of Lavan. We previously had a glimpse of Lavan, and we will learn much more about him as the narrative unfolds. When we are first introduced, Lavan seems like an opportunist. When Avraham's emissary appears, we can easily imagine Lavan eyeing the jewels the man bears. He is interested in the money, and quite capable of manipulative behavior in order to get his hands on it: After a marriage agreement is reached and gifts have changed hands, Rivka's brother Lavan (and her mother) suggest a delay of indeterminate duration before the bride-to-be sets out on her journey – if at all:

בראשית פרשת תולדות פרק כד פסוק נה

וַיֹּאמֶר אָחִיהָ וְאִמָּהּ תֵּשֵׁב הַנַּעֲרָ אִתָּנוּ יָמִים אוֹ עָשׂוֹר אַחַר תֵּלֵךְ:

Her brother and her mother said, "Let the young lady stay with us some days, or ten. After that she will go." (Bereishit 24:55)

Years later, fearing Esav's wrath, Rivka uses eerily similar language when she instructs Yaakov to run away for "a few days," setting him off on a journey that will take decades to complete:

בראשית פרשת תולדות פרק כז

(מג) וְעַתָּה בְנִי שְׁמַע בְּקֹלִי וְקוּם בְּרַח־לְךָ אֶל־לָבָן אָחִי חָרָנָה: (מד) וְיָשַׁבְתָּ עִמּוֹ יָמִים אֲחָדִים עַד אֲשֶׁר־תָּשׁוּב חֲמַת אָחִיךָ:

(43) Now therefore, my son, obey my voice. Arise, flee to Lavan, my brother, in Charan. (44) Stay with him a few days, until your brother's fury turns away. (Bereishit 27:43–44)

Perhaps this is precisely the sort of delay Lavan had in mind when he made his cryptic suggestion to Avraham's representative.[6]

---

6. Later, when Yaakov runs away and works for Lavan, similar language is used regarding Yaakov's experience; the seven years seem like days:

This is not the only similarity between Rivka and her brother Lavan. After her exchange with Avraham's servant at the well, Rivka runs home and recounts the events and the conversation to her mother. Lavan hears, and leaps into action:

בראשית פרשת חיי שרה פרק כד

(כח) וַתָּרָץ הַנַּעֲרָ וַתַּגֵּד לְבֵית אִמָּהּ כַּדְּבָרִים הָאֵלֶּה: (כט) וּלְרִבְקָה אָח וּשְׁמוֹ לָבָן וַיָּרָץ לָבָן אֶל־הָאִישׁ הַחוּצָה אֶל־הָעָיִן: (ל) וַיְהִי כִּרְאֹת אֶת־הַנֶּזֶם וְאֶת־הַצְּמִדִים עַל־יְדֵי אֲחֹתוֹ וּכְשָׁמְעוֹ אֶת־דִּבְרֵי רִבְקָה אֲחֹתוֹ לֵאמֹר כֹּה־דִבֶּר אֵלַי הָאִישׁ וַיָּבֹא אֶל־הָאִישׁ וְהִנֵּה עֹמֵד עַל־הַגְּמַלִּים עַל־הָעָיִן:

(28) The young lady ran and told her mother's house what had transpired. (29) And Rivka had a brother, and his name was Lavan. Lavan ran out to the man, to the spring. (30) And when he saw the ring, and the bracelets on his sister's hands, and when he heard the words of his sister Rivka, saying, "This is what the man said to me," he approached the man, who was standing by the camels at the spring. (Bereishit 24:28–30)

Like her brother, Rivka also has a highly developed sense of hearing; in fact, hers is even keener than her brother's. Whereas Lavan overhears conversations between others, Rivka hears other people's thoughts. When Esav is enraged that his brother has taken the blessing intended for him, he is so infuriated that he contemplates murdering Yaakov – and Rivka hears Esav's unspoken thoughts:[7]

בראשית פרשת ויצא פרק כט פסוק כ

וַיַּעֲבֹד יַעֲקֹב בְּרָחֵל שֶׁבַע שָׁנִים וַיִּהְיוּ בְעֵינָיו כְּיָמִים אֲחָדִים בְּאַהֲבָתוֹ אֹתָהּ:

Yaakov served seven years for Rachel. They seemed to him but a few days, for the love he had for her. (Bereishit 29:20)

7. It is possible that this was not the first instance in which Rivka displays the ability to hear other people's thoughts. When the servant (Eliezer) arrives and prays that God provide a wife, the scene is described twice, with a very subtle difference. In the first telling, the text reads as follows:

בראשית פרשת חיי שרה פרק כד פסוק טו

וַיְהִי־הוּא טֶרֶם כִּלָּה לְדַבֵּר וְהִנֵּה רִבְקָה יֹצֵאת אֲשֶׁר יֻלְּדָה לִבְתוּאֵל בֶּן־מִלְכָּה אֵשֶׁת נָחוֹר אֲחִי אַבְרָהָם וְכַדָּהּ עַל־שִׁכְמָהּ:

It happened, before he had finished speaking, that behold, Rivka came

בראשית פרשת תולדות פרק כז

(מא) וַיִּשְׂטֹם עֵשָׂו אֶת־יַעֲקֹב עַל־הַבְּרָכָה אֲשֶׁר בֵּרְכוֹ אָבִיו וַיֹּאמֶר עֵשָׂו **בְּלִבּוֹ** יִקְרְבוּ יְמֵי אֵבֶל אָבִי וְאַהַרְגָה אֶת־יַעֲקֹב אָחִי: (מב) וַיֻּגַּד לְרִבְקָה אֶת־דִּבְרֵי עֵשָׂו בְּנָהּ הַגָּדֹל וַתִּשְׁלַח וַתִּקְרָא לְיַעֲקֹב בְּנָהּ הַקָּטָן וַתֹּאמֶר אֵלָיו הִנֵּה עֵשָׂו אָחִיךָ מִתְנַחֵם לְךָ לְהָרְגֶךָ:

(41) Esav hated Yaakov because of the blessing with which his father blessed him. Esav said **in his heart**, "The days of mourning for my father are at hand. Then I will kill my brother Yaakov." (42) The words of Esav, her elder son, were told to Rebekah. She sent and called Yaakov, her younger son, and said to him, "Behold, your brother Esav comforts himself about what you have done by planning to kill you. (Bereishit 27:41–42)

Rivka's "gifted" hearing skill is explained by some commentaries as prophetic ability.[8]

---

out, who was born to Betuel the son of Milkah, the wife of Nachor, Avraham's brother, with her pitcher on her shoulder. (Bereishit 24:15)

When the servant repeats the story, he clarifies that his words were not audible, rather they were a silent prayer – yet Rivka somehow heard, and knew the precise words with which to respond:

בראשית פרשת חיי שרה פרק כד פסוק מה

אֲנִי טֶרֶם אֲכַלֶּה לְדַבֵּר אֶל־לִבִּי וְהִנֵּה רִבְקָה יֹצֵאת וְכַדָּהּ עַל־שִׁכְמָהּ וַתֵּרֶד הָעַיְנָה וַתִּשְׁאָב וָאֹמַר אֵלֶיהָ הַשְׁקִינִי נָא:

Before I had finished speaking **in my heart**, behold, Rivka came out with her pitcher on her shoulder. She went down to the spring, and drew water. I said to her, "Please let me drink." (Bereishit 24:45)

In this earlier episode, we would be tempted to attribute her behavior not to her "hearing" but to her decency. It is only in retrospect, when we see a repetition of this phenomenon and the very same words with which it described, that we may suspect there is more to her hearing than would otherwise have been expected.

8. Bereishit Rabbah 67:9. Targum Onkelos hints at the interpretation at least in this verse, in other places he seems to reaffirm here prophetic ability – see further on in this essay. Targum Pseudo-Yonatan and Rashi say she was told by *ruach ha-kodesh*:

תרגום אונקלוס בראשית פרשת תולדות פרק כז פסוק מב

וְאִתְחַוַּא לְרִבְקָה יָת פִּתְגָמֵי עֵשָׂו בְּרַהּ רַבָּא וּשְׁלַחַת וּקְרָת לְיַעֲקֹב בְּרַהּ זְעֵירָא וַאֲמַרַת לֵיהּ הָא עֵשָׂו אֲחוּךְ כָּמֵין לָךְ לְמִקְטְלָךְ.

מדרש רבה בראשית פרק סז סימן ט

וַיֻּגַּד לְרִבְקָה וגו' (בראשית כ"ז:מ"ב), מִי הִגִּיד לָהּ, רַבִּי חַגַּי בְּשֵׁם רַבִּי יִצְחָק, אִמָּהוֹת נְבִיאוֹת הָיוּ וְרִבְקָה הָיְתָה מִן הָאִמָּהוֹת.

And the words of Esav her eldest son were shown to Rivka, and she sent and called Yaakov her younger son, and said to him, "Behold, Esav your brother is plotting against you, to kill you." (Targum Onkelos, Bereishit 27:42)

תרגום ירושלמי (יונתן) בראשית פרשת תולדות פרק כז פסוק מב

ואתחווא לרבקה ברוח קודשא ית פיתגמי עשו ברא רבא דחשיב בליביה למקטול ליעקב ושדרת וקראת ליעקב ברא זעירא ואמרת ליה הא עשו אחוך כמין לך כמן ומתיעט עלך למיקטלך.

And the words of Esav her elder son, who thought in his heart to kill Yaakov, were shown by the holy spirit to Rivka, and she sent, and called Yaakov her younger son, and said to him, "Behold, Esav your brother lies in wait for you, and is plotting against you, to kill you." (Targum Pseudo-Yonatan, Bereishit 27:42)

רש"י בראשית פרשת תולדות פרק כז פסוק מב

ויגד לרבקה - ברוח הקדש הוגד לה מה שעשו מהרהר בלבו.

"Were told to Rivka" – It was told her by the holy spirit what Esav was thinking in his heart (Bereishit Rabbah 67:9). (Rashi, Bereishit 27:42)

מדרש רבה בראשית פרשת תולדות פרק כז פסוק מב

(ט) וַיֻּגַּד לְרִבְקָה וגו' (בראשית כ"ז:מ"ב), מִי הִגִּיד לָהּ, רַבִּי חַגַּי בְּשֵׁם רַבִּי יִצְחָק, אִמָּהוֹת נְבִיאוֹת הָיוּ וְרִבְקָה הָיְתָה מִן הָאִמָּהוֹת. רַבִּי יִצְחָק אָמַר אֲפִלּוּ [תלם] הֶדְיוֹט אֵינוֹ חוֹרֵשׁ תֶּלֶם בְּתוֹךְ תֶּלֶם, וּנְבִיאִים חוֹרְשִׁים תֶּלֶם בְּתוֹךְ תֶּלֶם, וְאַתְּ אָמַר (תהלים ק"ה:ט"ו): אַל תִּגְּעוּ בִמְשִׁיחָי וְלִנְבִיאַי אַל תָּרֵעוּ. וַתִּשְׁלַח וַתִּקְרָא לְיַעֲקֹב, אָמְרָה לוֹ הָרָשָׁע הַזֶּה כַּמָּה הוּא תּוֹהֶא עָלֶיךָ, כַּמָּה הוּא מִתְנַחֵם עָלֶיךָ וּכְבָר שָׁתָה עָלֶיךָ כּוֹס תַּנְחוּמִין.

שכל טוב בראשית פרשת תולדות פרק כז פסוק מב

ויוגד לרבקה - ע"י מלאך, דא"ר חגי אמנו רבקה נביאה היתה:

רד"ק בראשית פרשת תולדות פרק כז פסוק מב

ויגד לרבקה - והיאך הוגד לה, והוא לא אמר אלא בלבו? אפשר כי בנבואה נאמר לה כי נביאה היתה, כדברי הקבלה, או אפשר, כי כמו שחשב בלבו כן אמר בלא מתכוין והוגד לרבקה.

How did she come to know about Esav's intentions which he had not articulated? It is possible that she experienced a prophetic revelation, seeing that she was a prophetess (compare Rashi). It is also possible that what Esav had thought about doing, he inadvertently mentioned to someone so that the one who had heard him reported it to Rivka. (Radak, Bereishit 27:42)

> "It was told to Rivka" – Who told her? Rabbi Chagai taught in the name of Rabbi Yitzchak, the matriarchs were prophets and Rivka was among the matriarchs. (Bereishit Rabbah 67:9)

This prophetic ability was mentioned previously by Targum Onkelos, when Yaakov hesitated before fulfilling his mother's instructions to impersonate his brother and take Esav's blessing. Yaakov tells Rivka that he is afraid that such action would lead to a curse and not a blessing:

> **בראשית פרשת תולדות פרק כז**
>
> (יא) וַיֹּאמֶר יַעֲקֹב אֶל־רִבְקָה אִמּוֹ הֵן עֵשָׂו אָחִי אִישׁ שָׂעִר וְאָנֹכִי אִישׁ חָלָק׃ (יב) אוּלַי יְמֻשֵּׁנִי אָבִי וְהָיִיתִי בְעֵינָיו כִּמְתַעְתֵּעַ וְהֵבֵאתִי עָלַי קְלָלָה וְלֹא בְרָכָה׃ (יג) וַתֹּאמֶר לוֹ אִמּוֹ עָלַי קִלְלָתְךָ בְּנִי אַךְ שְׁמַע בְּקֹלִי וְלֵךְ קַח־לִי׃
>
> (11) Yaakov said to Rivka his mother, "Behold, Esav my brother is a hairy man, and I am a smooth man. (12) What if my father touches me? I will seem to him as a deceiver, and I would bring a curse on myself, and not a blessing." (13) His mother said to him, "Your curse will be on me, my son. Only obey my voice, and go get them for me." (Bereishit 27:11–13)

Rivka's response, according to the Targum, goes beyond a mere dismissal of Yaakov's fears:

> **תרגום אונקלוס בראשית פרשת תולדות פרק כז פסוק יג**
>
> יה עֲלַי אִתְאֲמַר **בִּנְבוּאָה** דְּלָא יֵיתוֹן לְוָטַיָּא עֲלָךְ בְּרִי בְּרַם קַבֵּיל מִנִּי וְאִיזֵיל סַב לִי.
>
> And his mother said to him, I have been told in a **prophecy** that there shall be no curses upon you, my son; only obey me, and go, and take for me. (Targum Onkelos, Bereishit 27:13)

Rivka may not have been referring to a recent prophecy, rather to one that she had received years earlier, when after years of childlessness she experienced a strange and unsettling pregnancy:

> **בראשית פרשת תולדות פרק כה**
>
> (כב) וַיִּתְרֹצְצוּ הַבָּנִים בְּקִרְבָּהּ וַתֹּאמֶר אִם־כֵּן לָמָּה זֶּה אָנֹכִי **וַתֵּלֶךְ לִדְרֹשׁ אֶת־ה׳**: (כג) **וַיֹּאמֶר ה׳ לָהּ** שְׁנֵי גוֹיִם בְּבִטְנֵךְ וּשְׁנֵי לְאֻמִּים מִמֵּעַיִךְ יִפָּרֵדוּ וּלְאֹם מִלְאֹם יֶאֱמָץ וְרַב יַעֲבֹד צָעִיר׃

(22) The children struggled together within her. She said, "If it be so, why is this happening to me?" She went to inquire of the Almighty. (23) God said to her, "Two nations are in your womb. Two peoples will be separated from your body. One will be stronger than the other, and the elder will serve the younger." (Bereishit 25:22–23)

Rivka knew. She knew things her husband did not know, and this knowledge influenced her attitudes and actions from the very start. She knew she was carrying twins; she knew they would not live in harmony, that they would not act like brothers. She knew they would sire two separate nations, and she knew that her younger son, Yaakov, would prevail.

Perhaps Yitzchak had imagined his two sons working side by side toward a common goal. Together they would be unstoppable: The studious, spiritual Yaakov protected by the strong and capable Esav. For this vision to become a reality, all Yitzchak needed to do was to instill in Esav an appreciation for spirituality.[9]

Rivka knew this was not the way things would play out, that this unity between the two very different strengths of her sons would not materialize as her husband envisioned it. She knew that she would have to step up, that she – and not Esav – would have to look out for Yaakov. She knew that rather than teaching Esav to be spiritual she would have to teach Yaakov to be more physical, more grounded in this world, and perhaps even a little more manipulative. She knew she would have to teach her younger son to be more like her own older brother, Lavan.

This explains the strange introductory verses with which we began: Rivka is identified not only as the daughter of Betuel, but as the sister of Lavan, for indeed she was both. Just before her children are born, the text reminds us that Rivka shares traits with Lavan – and those traits will soon become manifest, but not necessarily where we might have expected to see them. We might well wonder how Esav's

---

9. See my *Explorations Expanded*, pp. 122–143, and especially footnote 12 and citation from the Sefat Emet.

personality developed as it did;[10] there are those who try to blame his wild, bloodthirsty nature on the genetic imprint passed down from Rivka's family. Perhaps this is so; perhaps this is a convenient excuse. Lavan was sly, a slick-tongued trickster – traits never displayed by Esav,[11] but behavior which is manifest in Rivka and her son Yaakov.

Perhaps this is the character trait that Esav points to when he accuses Yaakov of deceiving him not once but twice:

בראשית פרשת תולדות פרק כז פסוק לו

וַיֹּאמֶר הֲכִי קָרָא שְׁמוֹ יַעֲקֹב וַיַּעְקְבֵנִי זֶה פַעֲמַיִם אֶת־בְּכֹרָתִי לָקָח וְהִנֵּה עַתָּה לָקַח בִּרְכָתִי וַיֹּאמַר הֲלֹא־אָצַלְתָּ לִּי בְּרָכָה:

He said, "Is he not rightly named Yaakov? For he has held me back these two times. He took away my birthright, and now he has taken away my blessing." He said, "Have you not reserved a blessing for me?" (Bereishit 27:36)

Yaakov took the blessing intended for Esav – not by force, nor as a result of the earlier trade they had made, but by shrewdness. Esav now began to wonder if the earlier "sale" he had made to his brother, which had seemed at the time like the deal of a lifetime, was not also somehow one more instance of his younger brother hoodwinking him.

Yitzchak, too, has his eyes opened – but in a very different sense – when he realizes what has happened, what Yaakov has done:

בראשית פרשת תולדות פרק כז

(לג) וַיֶּחֱרַד יִצְחָק חֲרָדָה גְּדֹלָה עַד־מְאֹד וַיֹּאמֶר מִי־אֵפוֹא הוּא הַצָּד־צַיִד וַיָּבֵא לִי וָאֹכַל מִכֹּל בְּטֶרֶם תָּבוֹא וָאֲבָרְכֵהוּ גַּם־בָּרוּךְ יִהְיֶה:... (לה) וַיֹּאמֶר בָּא אָחִיךָ בְּמִרְמָה וַיִּקַּח בִּרְכָתֶךָ:

---

10. See Seforno, Bereishit 25:20:

ספורנו בראשית פרשת תולדות פרק כה פסוק כ

אחות לבן הארמי - וממנה נולד עשו הדומה לאחי האם.

11. Esav in the Torah narrative does not act in a deceptive manner. However, in Midrashic literature he is accused of being deceptive in his relationship with his father. See Rashi, Bereishit 25:27.

> (33) Yitzchak trembled violently, and said, "Who, then, is he who has hunted the venison and brought it me, and I have eaten of it all before you came, and I blessed him? Yes, he will indeed be blessed." … (35) He said, "Your brother came with **deceit**, and has taken your blessing." (Bereishit 27:33–35)

The normative reading of the text is that Yitzchak trembled, and this would generally be interpreted as a response of fear. Strangely, Yitzchak describes Yaakov's behavior as deception – but still insists that the blessings will come true, that the perpetrator of the deception will be blessed. Why didn't Yitzchak withdraw the blessing he had mistakenly bestowed on his "righteous" son who has now proven himself a scoundrel?

The Targum's translation explains the very specific language of this verse, which reveals Yitzchak's new understanding of the situation:

> **תרגום אונקלוס בראשית פרשת תולדות פרק כז פסוק לג**
>
> וּתְוַהּ יִצְחָק תְּוְהָא **וּתְוַהּ** יִצְחָק תְּוְהָא רַבָּא עַד לַחְדָּא וַאֲמַר מַן הוּא דְּהֵיכִי דְּצָד צֵידָא וְאַעֵיל לִי וַאֲכַלִית מִכּוֹלָא עַד לָא תֵּיעוֹל וּבָרֵיכְתֵּיהּ אַף בְּרִיךְ יְהֵי.
>
> And Yitzchak was wonderstruck with great astonishment, and said, "Who, then is that person who hunted game, and brought it to me, and I partook of all when you had not yet come in, and I blessed him? Indeed, blessed shall he be." (Targum Onkelos, Bereishit 27:33)

Rashi highlights the subtlety of the Targum's translation:

> **רש"י בראשית פרשת תולדות פרק כז פסוק לג**
>
> וַיֶּחֱרַד - כְּתַרְגּוּמוֹ וּתְוַהּ, לְשׁוֹן תְּמִיהָ.
>
> "Trembled" – As the Targum renders it: *tivah*, which means he was astonished. (Rashi, Bereishit 27:33)

Rather than trembling in fear (as the Targum renders this word in other places), Yitzchak was not so much afraid as astonished: Could this really have been his son Yaakov? *This* Yaakov – the Yaakov he had never seen before – will indeed be blessed. One more word in the Targum helps explain the source of Yitzchak's astonishment:

תרגום אונקלוס בראשית פרשת תולדות פרק כז פסוק לה

וַאֲמַר עָאל אֲחוּךְ בְּחָכְמָא וְקַבֵּיל בִּרְכְתָךְ:

And he said, "Your brother came with wisdom, and has received your blessing." (Targum Onkelos, Bereishit 27:35)

רש"י בראשית פרשת תולדות פרק כז פסוק לה

בְּמִרְמָה - בְּחָכְמָה:

"With deceit" – with wisdom. (Rashi, Bereishit 27:35)

Yitzchak is astonished by Yaakov's display of wisdom and guile. The word he uses, *be-mirmah*, is suspiciously similar to a word we heard at the beginning of the *parashah* – a word used to describe Betuel and Lavan[12] – and, we now realize, by extension[13] – a word that also describes Rivka and Yaakov:[14] Betuel the *Arami* and Lavan

---

12. See Bechor Shor, Bereishit 25:20:

ר' יוסף בכור שור בראשית פרשת תולדות פרק כה פסוק כ

ותקח מרים הנביאה אחות אהרון (שמות ט"ו:כ'), וכן אלישבע בת עמינדב אחות נחשון (שמות ו':כ"ג). וגם הזכיר כאן לבן, על שיש לדבר עליו לפנים גבי יעקב.

13. Rashi (25:20) insists that Rivka did not learn anything from her father or brother, a contention not easily supported by the text:

רש"י בראשית פרשת תולדות פרק כה פסוק כ

בת בתואל מפדן ארם אחות לבן - וְכִי עֲדַיִן לֹא נִכְתַּב שֶׁהִיא בַּת בְּתוּאֵל וַאֲחוֹת לָבָן וּמִפַּדַּן אֲרָם? אֶלָּא לְהַגִּיד שִׁבְחָהּ, שֶׁהָיְתָה בַּת רָשָׁע וַאֲחוֹת רָשָׁע וּמְקוֹמָהּ אַנְשֵׁי רֶשַׁע וְלֹא לָמְדָה מִמַּעֲשֵׂיהֶם:

"The daughter of Betuel of Paddan Aram, sister to Lavan" – Has it not already been written that she was the daughter of Betuel and sister of Lavan of Paddan Aram? But we are told these facts once more to proclaim her praise – she was the daughter of a wicked man, sister of a wicked man, and her native place was one of wicked people, and yet she did not learn from their behavior (Bereishit Rabbah 63:4). (Rashi, Bereishit 25:2)

14. At least according to Rashi, guile was something Yaakov lacked when he was first introduced as an *ish tam*:

רש"י בראשית פרשת תולדות פרק כה פסוק כז

תם - אֵינוֹ בָקִי בְּכָל אֵלֶּה, כְּלִבּוֹ כֵּן פִּיו, מִי שֶׁאֵינוֹ חָרִיף לְרַמּוֹת קָרוּי תָּם:

the *Arami* – they hail from Aram, and they act, as do Rivka and Yaakov after them, *be-mirmah*, with guile.[15]

At first, Yitzchak thought that Esav could be "fixed" with a dose of spirituality, but he learns that it is Yaakov who is "improved" with a dose of guile. Yitzchak finally comes to understand what Rivka had known all along:[16] Esav would not serve as the protector of Yaakov.

"A plain man" – not expert in all these things: His heart was as his mouth (his thoughts and his words tallied). One who is not ingenious in deceiving people is called plain, simple. (Rashi, Bereishit 25:27)

15. See Baal HaTurim short commentary, Bereishit 25:20:

טור הפירוש הקצר בראשית פרשת תולדות פרק כה פסוק כ
לבן הארמי - אותיות הרמאי.

16. Part of the prophecy of Rivka as understood by the Talmud is the two brothers/nations would not only be separate they would have an inverse relationship, when one rose the other would fall. See *Megillah* 6a.
Yitzchak too understands this point, see the Targum to 27:40:

תלמוד בבלי מסכת מגילה דף ו עמוד א
קֵסָרִי וִירוּשָׁלַיִם אִם יֹאמַר לְךָ אָדָם חָרְבוּ שְׁתֵּיהֶן אַל תַּאֲמֵן יָשְׁבוּ שְׁתֵּיהֶן אַל תַּאֲמֵן חָרְבָה קֵסָרִי וְיָשְׁבָה יְרוּשָׁלַיִם חָרְבָה יְרוּשָׁלַיִם וְיָשְׁבָה קֵסָרִי תַּאֲמֵן שֶׁנֶּאֱמַר אִמָּלְאָה הָחֳרָבָה אִם מְלֵיאָה זוֹ חֲרֵבָה זוֹ אִם מְלֵיאָה זוֹ חֲרֵבָה זוֹ. רַב נַחְמָן בַּר יִצְחָק אָמַר מֵהָכָא וּלְאוֹם מִלְאוֹם יֶאֱמָץ

Caesarea, which represents Rome, and Jerusalem are diametric opposites. If, therefore, someone says to you that both cities are destroyed, do not believe him. Similarly, if he says to you that they are both settled in tranquility, do not believe him. If, however, he says to you that Caesarea is destroyed and Jerusalem is settled, or that Jerusalem is destroyed and Caesarea is settled, believe him. As it is stated: "Because Tyre has said against Jerusalem: Aha, the gates of the people have been broken; she is turned to me; I shall be filled with her that is laid waste" (Yechezkel 26:2), and Tyre, like Caesarea, represents Rome. Consequently, the verse indicates that if this city is filled, that one is laid waste, and if that city is filled, this one is laid waste. The two cities cannot coexist. Rav Nachman bar Yitzchak said: The same idea may be derived from here, a verse dealing with Yaakov and Esav: "And the one people shall be stronger than the other people" (Bereishit 25:23), teaching that when one nation rises, the other necessarily falls. (*Megillah* 6a)

תרגום אונקלוס בראשית פרשת תולדות פרק כז פסוק מ
וְעַל חַרְבָּךְ תֵּיחֵי וְיָת אֲחוּךְ תִּפְלַח וִיהֵי כַּד יִעְבְּרוּן בְּנוֹהִי עַל פִּתְגָּמֵי אוֹרָיְתָא וְתַעְדֵּי נִירֵיהּ מֵעַל צַוְּרָךְ.

The partnership imagined by Yitzchak would never come to fruition. Yaakov would have to manage on his own, but Yitzchak saw that Yaakov, who had mastered the necessary tools of a glib tongue and sly bargaining skills, had the guile to survive and even thrive in the real world. Yitzchak understood that Yaakov was ready for the next stage, and he sends him off to face Lavan and find a wife for himself,[17] – for (Targum Onkelos, Bereishit 27:40) as Lavan will soon learn, Yaakov will not be the perpetual victim. Although Lavan will get the best of him in the first round, Yaakov will emerge victorious, in his battle with Lavan and in life, because Yaakov had a bit of Lavan in his own bag of tricks. After all, he had been trained by his mother Rivka, daughter of Betuel and sister of Lavan the *Arami*.

By the sword you shall live but your brother shall serve. Yet it shall be when his descendants transgress the words of the Torah you will be able to remove his yoke from upon your neck. (Targum Onkelos, Bereishit 27:40)

17. Rivka is quite dramatic and manipulative when after telling Yaakov that he will need to run for his life to Lavan's home, under the guise of (only) finding a wife she has Yitzchak command Yaakov to go on the journey she had already planned for Yaakov.

PARASHAT VAYEITZEI

Healing and Repairing

On the run from a vengeful and possibly murderous brother, Yaakov runs out of daylight and is forced to stop for the night, with no shelter. Using rocks as a pillow, he is overcome by sleep. Like so much of Yaakov's life, even running away was complicated.

Yaakov had received two independent sets of instructions from his parents; in a sense, he was on a dual journey. He was following the directives of his mother to escape Esav's fury,[1] and the instructions of his father[2] to find a suitable wife from the home of Lavan, his

Dedicated in honor of HiLi and Rom Kahn

1. See Bereishit 27:42–45:

בראשית פרשת תולדות פרק כז

(מב) וַיֻּגַּד לְרִבְקָה אֶת־דִּבְרֵי עֵשָׂו בְּנָהּ הַגָּדֹל וַתִּשְׁלַח וַתִּקְרָא לְיַעֲקֹב בְּנָהּ הַקָּטָן וַתֹּאמֶר אֵלָיו הִנֵּה עֵשָׂו אָחִיךָ מִתְנַחֵם לְךָ לְהָרְגֶךָ: (מג) וְעַתָּה בְנִי שְׁמַע בְּקֹלִי וְקוּם בְּרַח־לְךָ אֶל־לָבָן אָחִי חָרָנָה: (מד) וְיָשַׁבְתָּ עִמּוֹ יָמִים אֲחָדִים עַד אֲשֶׁר־תָּשׁוּב חֲמַת אָחִיךָ: (מה) עַד־שׁוּב אַף־אָחִיךָ מִמְּךָ וְשָׁכַח אֵת אֲשֶׁר־עָשִׂיתָ לּוֹ וְשָׁלַחְתִּי וּלְקַחְתִּיךָ מִשָּׁם לָמָה אֶשְׁכַּל גַּם־שְׁנֵיכֶם יוֹם אֶחָד:

2. See Bereishit 28:1–5:

בראשית פרשת תולדות פרק כח

(א) וַיִּקְרָא יִצְחָק אֶל־יַעֲקֹב וַיְבָרֶךְ אֹתוֹ וַיְצַוֵּהוּ וַיֹּאמֶר לוֹ לֹא־תִקַּח אִשָּׁה מִבְּנוֹת כְּנָעַן: (ב) קוּם לֵךְ פַּדֶּנָה אֲרָם בֵּיתָה בְתוּאֵל אֲבִי אִמֶּךָ וְקַח־לְךָ מִשָּׁם אִשָּׁה מִבְּנוֹת לָבָן אֲחִי אִמֶּךָ: (ג) וְאֵל שַׁדַּי יְבָרֵךְ אֹתְךָ וְיַפְרְךָ וְיַרְבֶּךָ וְהָיִיתָ לִקְהַל עַמִּים: (ד) וְיִתֶּן־לְךָ אֶת־בִּרְכַּת אַבְרָהָם לְךָ וּלְזַרְעֲךָ אִתָּךְ לְרִשְׁתְּךָ אֶת־אֶרֶץ מְגֻרֶיךָ אֲשֶׁר־נָתַן אֱלֹהִים לְאַבְרָהָם: (ה) וַיִּשְׁלַח יִצְחָק אֶת־יַעֲקֹב וַיֵּלֶךְ פַּדֶּנָה אֲרָם אֶל־לָבָן בֶּן־בְּתוּאֵל הָאֲרַמִּי אֲחִי רִבְקָה אֵם יַעֲקֹב וְעֵשָׂו:

maternal uncle.[3] Perhaps he allowed himself a moment to savor the irony: Finally, both parents had instructed him to do the same thing, even if their motivations were different:[4]

בראשית פרשת ויצא פרק כט

(י) וַיֵּצֵא יַעֲקֹב מִבְּאֵר שָׁבַע וַיֵּלֶךְ חָרָנָה: (יא) וַיִּפְגַּע בַּמָּקוֹם וַיָּלֶן שָׁם כִּי־בָא הַשֶּׁמֶשׁ וַיִּקַּח מֵאַבְנֵי הַמָּקוֹם וַיָּשֶׂם מְרַאֲשֹׁתָיו וַיִּשְׁכַּב בַּמָּקוֹם הַהוּא:

(10) Yaakov went out from Beersheba and went toward Charan. (11) He came to a certain place, and stayed there all night because the sun had set. He took one of the stones of the place, and put it under his head, and lay down in that place to sleep. (Bereishit 28:10–11)

Years earlier, his grandfather's servant – probably Eliezer[5] – was sent on this same trip, but that earlier journey was described quite differently. While the servant was accompanied by an entourage, carrying precious gifts and jewels – a showy caravan designed to impress upon the prospective bride's family that the marriage was advantageous, Yaakov has nothing.[6] Perhaps the speed of his departure pre-

---

3. Rivka planted this idea is Yitzchak's mind; see Bereishit 27:46:

בראשית פרשת תולדות פרק כז פסוק מו

וַתֹּאמֶר רִבְקָה אֶל־יִצְחָק קַצְתִּי בְחַיַּי מִפְּנֵי בְּנוֹת חֵת אִם־לֹקֵחַ יַעֲקֹב אִשָּׁה מִבְּנוֹת־חֵת כָּאֵלֶּה מִבְּנוֹת הָאָרֶץ לָמָּה לִּי חַיִּים:

4. The text of the Torah notes Yaakov leaving twice, once at the behest of his father 28:5, and the second time in 28:10.

5. The name of the servant is not mentioned throughout that mission (the entire chapter 24) – though God certainly helps him – so the name *"Eli-ezer"* seems quite apt.

6. Ibn Ezra (Bereishit 25:34) claims that Yitzchak had lost all of the wealth of his father; the Ramban (Bereishit 25:34) forcibly rejects this contention:

אבן עזרא בראשית פרשת תולדות פרק כה פסוק לד

ויבז עשו גם זאת הבכורה, בעבור שראה שאין לאביו עשר. ורבים יתמהו כי עזב לו אברהם ממון רב, וכאילו לא ראו בימיהם עשיר גדול בנעוריו ובא לידי עוני בזקוניו. והעד שהיה יצחק אביו אוהב את עשו בעבור צורכו. ואילו היה הלחם רב בבית אביו, והוא נכבד בעיניו לא מכר בכורתו בעבור נזיד. ואם היה אביו אוכל בכל יום מטעמים, מה טעם אמר הביאה לי ציד. ולמה לא היה ליעקב בגדים חמודות? ולמה לא נתנה לו אמו כסף וזהב בדרך, שהוא אומר ונתן לי לחם לאכול ובגד ללבוש, ולמה לא

vented him from taking appropriate provisions; for whatever reason, he is forced to lie on the ground, like a vagabond, heading out of the land that would one day be known as Israel, a land that would one day be his.

On the other hand, although Yaakov leaves with nothing in hand, he holds something intangible. He has the blessings, and a promise that the future will look very different than the present. His father had given him two blessings: The first, intended for Esav, was a blessing of wealth, of financial security and material bounty; the second, always

---

שלחה אליו הון והיא אוהבת אותו, כי הוצרך לשמור הצאן. והפסוק שאמר ויגדל האיש (ברא׳ כו, יג) קודם זקנתו. ועורי לב יחשבו כי העושר מעלה גדולה לצדיקים, והנה אליהו יוכיח. ועוד ישאלו, למה חסר השם ממון ליצחק. אולי יודיעונו, למה חסר מאור עיניו. ואל ידחונו בקנה של דרש כי יש לו סוד, ואין לנו לחפש, כי עמקו מחשבות השם, ואין כח בדעת האדם להבינם. וכן אחרים אמרו, הנה צאן יש לו, כי רבקה אמרה לו לך נא אל הצאן (ברא׳ כז, ט), ויתכן שנשאר לו מקנה מעט, גם נכון הוא להיות פי׳ לך נא אל הצאן, אל מקום הצאן שהן נמכרות:

רמב״ן בראשית פרשת תולדות פרק כה פסוק לד

...ורבי אברהם משתבש בכאן מאד, שאמר כי בזה הבכורה בעבור שראה שאין ממון לאביו. ורבים יתמהו כי עזב לו אברהם ממון רב, וכאלו לא ראו בימיהם עשיר גדול בנעוריו, בא לידי עוני בזקוניו. והעד, שהיה יצחק אוהב את עשו בעבור צידו, ואלו היה לחם רב בבית אביו, והוא נכבד בעיניו, לא מכר את בכורתו בעבור נזיד. ואם היה אביו בכל יום אוכל מטעמים מה טעם יאמר אליו הביאה לי ציד. ולמה לא היו ליעקב בגדים חמודות, ולא נתנה לו אמו כסף וזהב לדרך, שאמר (להלן כח כ) ונתן לי לחם לאכול ובגד ללבוש. למה לא שלחה לו הון, והיא אוהבת אותו, כי הוצרך לשמור הצאן. והפסוק שאמר (להלן כו יג) ויגדל האיש, קודם זקנתו. ועורי לב יחשבו כי העושר מעלה גדולה לצדיקים, והנה אליהו יוכיח. ועוד ישאלו, למה חסר השם ממון ליצחק. אולי יודיעונו למה חסר מאור עיניו, ואל ידחונו בקנה של דרש, כי יש לו סוד, ואין לנו לחפש כי עמקו מחשבות השם ואין כח באדם להבינם. כל אלו דבריו:

ואני תמה מי עור עיני שכלו בזה, כי הנה אברהם הניח לו הון רב, ואבד העושר ההוא מיד קודם הענין הזה, ומפני זה בזה את הבכורה, כי הדבר הזה היה בנעוריהם קודם היות לעשו נשים כאשר יספר הכתוב, ואחרי כן חזר והעשיר בארץ פלשתים עד כי גדל מאד ויקנאו בו שרי פלשתים, ואחרי כן חזר לעניו והתאוה לציד בנו והמטעמים, ואין אלו רק דברי שחוק. ועוד, כי הכתוב אמר (לעיל כה יא) ויהי אחרי מות אברהם ויברך אלקים את יצחק בנו, והברכה תוספת בעושר ובנכסים וכבוד, ואיה ברכתו שאבד הון אביו והעני, ואחרי כן (להלן כו ג) ואהיה עמך ואברכך, העשיר והעני אחרי כן. ואם יש צדיקים שמגיע אליהם כמעשה הרשעים בענין העושר אין זה באותם שנתברכו מפי הקדוש ברוך הוא, כי ברכת ה׳ היא תעשיר ולא יוסיף עצב עמה (משלי י כב):...

and exclusively intended for Yaakov, was the blessing of Avraham, which included the inheritance of the Land of Israel. But for now, he was leaving the "promised land," and despite these blessings, he was empty-handed.

Sleep overcomes him and he has an epiphany. He sees a vision of a ladder, he sees angels dancing up and down the ladder,[7] and he sees a vision of God:

בראשית פרשת ויצא פרק כח

(יב) וַיַּחֲלֹם וְהִנֵּה סֻלָּם מֻצָּב אַרְצָה וְרֹאשׁוֹ מַגִּיעַ הַשָּׁמָיְמָה וְהִנֵּה מַלְאֲכֵי אֱלֹהִים עֹלִים וְיֹרְדִים בּוֹ: (יג) וְהִנֵּה ה' נִצָּב עָלָיו וַיֹּאמַר אֲנִי ה' אֱלֹקֵי אַבְרָהָם אָבִיךָ וֵאלֹקֵי יִצְחָק הָאָרֶץ אֲשֶׁר אַתָּה שֹׁכֵב עָלֶיהָ לְךָ אֶתְּנֶנָּה וּלְזַרְעֶךָ: (יד) וְהָיָה זַרְעֲךָ כַּעֲפַר הָאָרֶץ וּפָרַצְתָּ יָמָּה וָקֵדְמָה וְצָפֹנָה וָנֶגְבָּה וְנִבְרֲכוּ בְךָ כָּל־מִשְׁפְּחֹת הָאֲדָמָה וּבְזַרְעֶךָ: (טו) וְהִנֵּה אָנֹכִי עִמָּךְ וּשְׁמַרְתִּיךָ בְּכֹל אֲשֶׁר־תֵּלֵךְ וַהֲשִׁבֹתִיךָ אֶל־הָאֲדָמָה הַזֹּאת כִּי לֹא אֶעֱזָבְךָ עַד אֲשֶׁר אִם־עָשִׂיתִי אֵת אֲשֶׁר־דִּבַּרְתִּי לָךְ:

(12) He dreamed. Behold, a stairway set upon the earth, and its top reached to heaven. Behold, the angels of God ascending and descending on it. (13) Behold, Hashem stood above it, and said, "I am Hashem, the God of Avraham your father, and the God of Yitzchak. The land whereon you lie, to you, will I give it, and to your seed. (14) Your seed will be as the dust of the earth, and you will spread abroad to the west, and to the east, and to the north, and to the south. In you and in your seed will all the families of the earth be blessed. (15) Behold, I am with you and will keep you, wherever you go and will bring you again into this land. For I will not leave you until I have done that which I have spoken of to you." (Bereishit 28:12–15)

---

7. For a description of the kinetic movement of the angels as dancing, see *Sichot Moharan* section 86. This idea is expanded in my *Echoes of Eden* (*Bereishit*), pp. 208–209:

ספר שיחות מוהר"ן – אות פו

החתונה הוא בחינת סיני כמו שכתוב (קעב): "ביום חתונתו" זה מעמד הר סיני (תענית כו:) וסיני גימטריא סולם. וכתוב: "והנה מלאכי אלקים עולים ויורדים בו" (קעג) הינו רקודין שבשעת רקודין עולה ויורד כי כן דרך רקודין שעולה את גופו ויורד את גופו:

We know little of Yaakov's inner spiritual world up to this point. His entire reputation is based on one phrase, half of one verse:

בראשית פרשת תולדות פרק כה פסוק כז

וַיִּגְדְּלוּ הַנְּעָרִים וַיְהִי עֵשָׂו אִישׁ יֹדֵעַ צַיִד אִישׁ שָׂדֶה וְיַעֲקֹב אִישׁ תָּם יֹשֵׁב אֹהָלִים:

When the boys grew up, Esav became a skillful hunter, a man of the outdoors; but Yaakov was a mild (innocent) (unblemished) man (*tam*) – a dweller of the tents. (Bereishit 25:27)

Yaakov is described as *tam*, but this description is unclear: Does it mean that he is innocent, lacking guile or even lacking depth of perception? Does it perhaps imply that he is a complete or unblemished personality? Should this description be seen as a contrast to the description of Esav?[8] Aside from being *tam*, Yaakov is described as a man who "dwells in tents." Rashi cites the rabbinic tradition that delineates a vast distance between the two brothers: Esav is a murderous hunter, while in the rabbinic reading, Yaakov is a yeshiva student:

רש"י בראשית פרשת תולדות פרק כה פסוק כז

ויגדלו הנערים ויהי עשו - כָּל זְמַן שֶׁהָיוּ קְטַנִּים, לֹא הָיוּ נִכָּרִים בְּמַעֲשֵׂיהֶם, וְאֵין אָדָם מְדַקְדֵּק בָּהֶם מַה טִּיבָם; כֵּיוָן שֶׁנַּעֲשׂוּ בְּנֵי שְׁלֹשׁ עֶשְׂרֵה שָׁנָה, זֶה פֵּרֵשׁ לְבָתֵּי מִדְרָשׁוֹת וְזֶה פֵּרֵשׁ לעבודה זרה:

יודע ציד - לָצוּד וּלְרַמּוֹת אֶת אָבִיו בְּפִיו וְשׁוֹאֲלוֹ אַבָּא, הַאֵיךְ מְעַשְּׂרִין אֶת הַמֶּלַח וְאֶת הַתֶּבֶן? כַּסָּבוּר אָבִיו שֶׁהוּא מְדַקְדֵּק בְּמִצְוֹת:

איש שדה - כְּמַשְׁמָעוֹ, אָדָם בָּטֵל וְצוֹדֶה בְּקַשְׁתּוֹ חַיּוֹת וְעוֹפוֹת:

תם - אֵינוֹ בָקִי בְּכָל אֵלֶּה, כְּלִבּוֹ כֵּן פִּיו, מִי שֶׁאֵינוֹ חָרִיף לְרַמּוֹת קָרוּי תָּם:

ישב אהלים - אָהֳלוֹ שֶׁל שֵׁם וְאָהֳלוֹ שֶׁל עֵבֶר:

---

8. See Toldot Yitzchak, Bereishit 25:27:

תולדות יצחק בראשית פרשת תולדות פרק כה פסוק כז

ויגדלו הנערים ויהי עשו איש ידע ציד איש שדה ויעקב איש תם ישב אהלים ויהי עשו איש יודע ציד איש שדה, ידוע שהציד אינו בעיר, **אלא לומר שכל מדותיו של יעקב הפך עשו, שיעקב איש תם, ועשו יודע ציד ולא תם**, ואיש שדה, ויעקב יושב אהלים.

"And they grew… Esav was" – So long as they were young they could not be distinguished by what they did and no one paid much attention to their characters, but when they reached the age of thirteen, one went his way to the houses of learning and the other went his way to the idolatrous temples.

"A cunning hunter" – literally, understanding hunting – understanding how to entrap and deceive his father with his mouth. He would ask him, "Father how should salt and straw be tithed"? Consequently, his father believed him to be very punctilious in observing the divine ordinances.

"A man of the field"– Explain it literally: A man without regular occupation, hunting beasts and birds with his bow.

"A plain man (*tam*)"– not expert in all these things: As his heart was his mouth (his thoughts and his words tallied). One who is not ingenious in deceiving people is called *tam* plain, simple. "Dwelling in tents"– the tent of Shem and the tent of Ever.[9] (Rashi, Bereishit 25:27)

Citing the Midrash, Rashi makes this determination before the boys are even born:

רש"י בראשית פרשת תולדות פרק כה פסוק כב

ויתרוצצו - על כרחך הַמִּקְרָא הַזֶּה אוֹמֵר דָּרְשֵׁנִי, שֶׁסָּתַם מַה הִיא רְצִיצָה זוֹ וְכָתַב אִם כֵּן לָמָּה זֶּה אָנֹכִי? רַבּוֹתֵינוּ דְּרָשׁוּהוּ לְשׁוֹן רִיצָה; כְּשֶׁהָיְתָה עוֹבֶרֶת עַל פִּתְחֵי תוֹרָה שֶׁל שֵׁם וָעֵבֶר יַעֲקֹב רָץ וּמְפַרְכֵּס לָצֵאת, עוֹבֶרֶת עַל פֶּתַח עֲבוֹדַת אֱלִילִים, עֵשָׂו מְפַרְכֵּס לָצֵאת. דָּבָר אַחֵר מִתְרוֹצְצִים זֶה עִם זֶה וּמְרִיבִים בְּנַחֲלַת שְׁנֵי עוֹלָמוֹת.

---

9. See the translation of Onkelos, Bereishit 25:27:

תרגום אונקלוס בראשית פרשת תולדות פרק כה פסוק כז

וּרְבִיאוּ עוּלֵימַיָּא וַהֲוָה עֵשָׂו גְּבַר נְחַשׁ יִרְכָן גְּבַר נָפֵיק חֲקַל וְיַעֲקֹב גְּבַר שְׁלִים מְשַׁמֵּישׁ בֵּית אוּלְפָנָא:

And the youths grew; and Esav was a man of idleness, a man going out into the field; and Yaakov was a man of peace, a minister of the house of instruction. (Targum Onkelos, Bereishit 25:27)

"And [the children] struggled" – You must admit that this verse calls for a Midrashic interpretation since it leaves unexplained what this struggling was about and it states that she exclaimed, "If it be so, wherefore did I desire this?" (i.e., she asked whether this was the normal course of child-bearing, feeling that something extraordinary was happening). Our Rabbis explain that the word *va-yitrotzetzu* has the meaning of running, moving quickly: Whenever she passed by the doors of Torah (i.e., the Schools of Shem and Ever), Yaakov moved convulsively in his efforts to come to birth, but whenever she passed by the gate of a pagan temple Esav moved convulsively in his efforts to come to birth (Bereishit Rabbah 63:6). Another explanation is: They struggled with one another and quarreled as to how they should divide the two worlds as their inheritance. (Rashi, Bereishit 25:22)

Aside from being somewhat anachronistic, the association of "man of the tents" with yeshiva study is not the straightforward reading (*peshat*), according to many commentaries. This phrase is often understood as a reference to Yaakov's vocation: He was, according to this understanding of the text, a shepherd; he lived in tents and moved from place to place in search of grazing lands for his flock.[10]

In rabbinic tradition, shepherds did not always have a reputation for honesty; this description of Yaakov, then, may have been a far cry

---

10. See Rashbam, Ibn Ezra, Bechor Shor, Chizkuni, Ibn Caspi, and Seforno, Bereishit 25:27. See also Bereishit 4:20, and the comments of Rashi.

רשב״ם בראשית פרשת תולדות פרק כה פסוק כז

ודע ציד - לצוד ציד להביא (בראשית כ״ז:ה׳).

יושב אהלים - **רועה צאן אביו,** (לפי פשוטו, כי דרך רועים לנטות אהליהם ממרעה למרעה,) כמו שפירשתי אצל יושב אהל ומקנה (רשב״ם המשוחזר בראשית ד׳:כ׳).

אבן עזרא פירוש ראשון בראשית פרשת תולדות פרק כה פסוק כז

ודע ציד - לעולם מלא מרמות, כי רובי החיות בדרך מרמה [וחכמה עלומה] יתפשו. ויעקב הפך עשו, כי הוא איש תם. גם עשו איש שדה, ויעקב ישב אהלים - ויתכן להיותו פירושו כמו: יושב אהל ומקנה (בראשית ד׳:כ׳).

ר׳ יוסף בכור שור בראשית פרשת תולדות פרק כה פסוק כז

יושב אוהלים - ומקנה, לפי שהרועים עושים אוהלים מפני הצינה ומפני החמה.

from indicating spiritual excellence. In fact, it may invite a precisely opposite interpretation: A "man of the tents" is a problematic individual,[11] a vagrant who does not resect boundaries and who is often stigmatized as a thief.[12]

חזקוני בראשית פרשת תולדות פרק כה פסוק כז
ישב אהלים - לפי פשוטו: אהלים של צאן כמו אבי יושב אוהל ומקנה (בראשית ד׳:כ׳). ולפי שעתיד לומר שהיה רועה את צאן לבן קדם ולמדך שאמנתו לרעות צאן.

ר׳ יוסף אבן כספי בראשית פרשת תולדות פרק כה פסוק כז
ושב אוהלים - כטעם "יושב אהל" (בראשית ד׳:כ׳), "באהלים תשבו" (ירמיהו ל"ה:ז׳).

בראשית פרשת בראשית פרק ד פסוק כ
וַתֵּלֶד עָדָה אֶת־יָבָל הוּא הָיָה אֲבִי יֹשֵׁב אֹהֶל וּמִקְנֶה׃

רש"י בראשית פרשת בראשית פרק ד פסוק כ
אבי ישב אהל - הוא היה ראשון לרועה בהמות במדברות, ויושב באהלים חדש כאן וחדש כאן. כשכלה המרעה לצאנו במקום זה, הולך ותוקע אהלו במקום אחר.

11. Seforno, Bereishit 25:27, sees the relaxed life of the shepherd as a perfect life for spiritual contemplation, R. Dovid Tzvi Hoffman Bereishit 25:27 makes a similar point:

ספורנו בראשית פרשת תולדות פרק כה פסוק כז
איש שדה - יודע בעבודת האדמה.
ישב אהלים - שני מיני אהלים: האחד אהל רועי, והשני אהל בל יצען, שבו התבונן להכיר בוראו ונקדש בכבודו.

ר׳ דוד צבי הופמן בראשית פרשת תולדות פרק כה פסוק כז
איש תם - לפי פילון ἥμερος, כלומר שקט, רגוע, והרי זה חסיד. בניגוד לחייו הפראיים של עשו חי לו יעקב את חייו השקטים של רועה.
יושב אהלים - השווה לעיל ד׳:כ׳.

12. See Talmud *Sanhedrin* 57a, and Rashi's comments; *Avodah Zarah* 26a; *Shulchan Aruch, Choshen Mishpat* 34:13:

תלמוד בבלי מסכת סנהדרין דף נז עמוד א
והתניא: נכרי ורועי בהמה דקה לא מעלין ולא מורידין.

רש"י מסכת סנהדרין דף נז עמוד א
הכי גרסינן: הנכרי **וכן רועי בהמה דקה ישראל - שסתמן גזלנים**, שמרעים בהמתן בשדות אחרים.
לא מעלין ולא מורידין - לא מעלין אותם מן הבור להצילם מן המיתה, ולא מורידין אותם לבור להמיתם בידים.

תלמוד בבלי מסכת עבודה זרה דף כו עמוד א
תני רבי אבהו קמיה דר׳ יוחנן: העובדי כוכבים **ורועי בהמה דקה** - לא מעלין **דף כו עמוד ב** ולא מורידין, אבל המינין והמסורות והמומרים - היו מורידין ולא מעלין. א"ל, אני שונה: לכל אבידת אחיך - לרבות את המומר, ואת אמרת היו מורידין! סמי

The text itself has offered very little information about Yaakov at this point, and his physical and spiritual circumstances are far less understood than we might have expected. Had God spoken to him before? What had he done to merit this epiphany? Shall we assume, on the basis of one (extremely challenging) reference to God that Yaakov was a spiritual person? The only reference to God made by Yaakov thus far was when he was impersonating his brother Esav, and trying to impress and mislead his father.

Yitzchak made no mention of God when he called in Esav:

בראשית פרשת תולדות פרק כז

(א) וַיְהִי כִּי־זָקֵן יִצְחָק וַתִּכְהֶיןָ עֵינָיו מֵרְאֹת וַיִּקְרָא אֶת־עֵשָׂו בְּנוֹ הַגָּדֹל וַיֹּאמֶר אֵלָיו בְּנִי וַיֹּאמֶר אֵלָיו הִנֵּנִי: (ב) וַיֹּאמֶר הִנֵּה־נָא זָקַנְתִּי לֹא יָדַעְתִּי יוֹם מוֹתִי: (ג) וְעַתָּה שָׂא־נָא כֵלֶיךָ תֶּלְיְךָ וְקַשְׁתֶּךָ וְצֵא הַשָּׂדֶה וְצוּדָה לִּי צָיִד: (ד) וַעֲשֵׂה־לִי מַטְעַמִּים כַּאֲשֶׁר אָהַבְתִּי וְהָבִיאָה לִּי וְאֹכֵלָה **בַּעֲבוּר תְּבָרֶכְךָ נַפְשִׁי בְּטֶרֶם אָמוּת:**

(1) It happened, that when Yitzchak was old, and his eyes were so dim that he could not see, he called Esav his elder son, and said to him, "My son?" He said to him, "Here I am." (2) He said, "See now, I am old. I do not know the day of my death. (3) Now therefore, please take your weapons, your quiver and your bow, and go out to the field, and take me venison. (4) Make me savory food, such as I love, and bring it to me, that I may eat, and that my soul may bless you before I die." (Bereishit 27:1–4)

מכאן מומר. ולישני ליה: כאן במומר אוכל נבילות לתיאבון, כאן במומר אוכל נבילות להכעיס! קסבר: אוכל נבילות להכעיס מין הוא. איתמר: מומר - פליגי רב אחא ורבינא, חד אמר: לתיאבון - מומר, להכעיס - מין הוי; וחד אמר: אפילו להכעיס נמי מומר, אלא איזהו מין? זה העובד אלילי כוכבים.

שולחן ערוך חושן משפט הלכות עדות סימן לד סעיף יג

הָעוֹבֵר עַל גָּזֵל שֶׁל דִּבְרֵיהֶם, פָּסוּל מִדִּבְרֵיהֶם. כֵּיצַד, (כְּגוֹן שֶׁגָּזַל מְצִיאַת חֵרֵשׁ שׁוֹטֶה וְקָטָן, אוֹ (טוּר)) הַחַמְסָנִים, וְהֵם הַלּוֹקְחִים קַרְקַע אוֹ מִטַּלְטְלִים שֶׁלֹּא בִּרְצוֹן הַבְּעָלִים, אַף עַל פִּי שֶׁנּוֹתְנִים הַדָּמִים. **וְכֵן הָרוֹעִים, אֶחָד רוֹעֵי בְּהֵמָה דַקָּה וְאֶחָד רוֹעֵי בְּהֵמָה גַסָּה שֶׁל עַצְמָם, הֲרֵי הֵם פְּסוּלִים, שֶׁחֶזְקָתָן פּוֹשְׁטִים יְדֵיהֶם בְּגָזֵל וּמַנִּיחִים בְּהֶמְתָּן לִרְעוֹת בְּשָׂדוֹת וּבְפַרְדֵּסִים שֶׁל אֲחֵרִים.**

Yitzchak's instructions, if fulfilled, would result in Esav receiving his father's blessing – not God's blessing. Yet when Rivka recounted what she heard, she editorialized and brought God, the source of all blessings, into the picture:

בראשית פרשת תולדות פרק כז

(ה) וְרִבְקָה שֹׁמַעַת בְּדַבֵּר יִצְחָק אֶל־עֵשָׂו בְּנוֹ וַיֵּלֶךְ עֵשָׂו הַשָּׂדֶה לָצוּד צַיִד לְהָבִיא: (ו) וְרִבְקָה אָמְרָה אֶל־יַעֲקֹב בְּנָהּ לֵאמֹר הִנֵּה שָׁמַעְתִּי אֶת־אָבִיךָ מְדַבֵּר אֶל־עֵשָׂו אָחִיךָ לֵאמֹר: (ז) הָבִיאָה לִּי צַיִד וַעֲשֵׂה־לִי מַטְעַמִּים וְאֹכֵלָה **וַאֲבָרֶכְכָה לִפְנֵי ה׳** לִפְנֵי מוֹתִי:

(5) Rivka heard when Yitzchak spoke to Esav his son. Esav went to the field to hunt for venison, and to bring it. (6) Rivka spoke to Yaakov her son, saying, "Behold, I heard your father speak to Esav your brother, saying, (7) 'Bring me venison, and make me savory food, that I may eat, and bless you before God before my death.'" (Bereishit 27:5–7)

Yaakov's exchange with Yitzchak accurately reflects what his father had said – without any mention of God.

בראשית פרשת תולדות פרק כז

(יח) וַיָּבֹא אֶל־אָבִיו וַיֹּאמֶר אָבִי וַיֹּאמֶר הִנֶּנִּי מִי אַתָּה בְּנִי: (יט) וַיֹּאמֶר יַעֲקֹב אֶל־אָבִיו אָנֹכִי עֵשָׂו בְּכֹרֶךָ עָשִׂיתִי כַּאֲשֶׁר דִּבַּרְתָּ אֵלָי קוּם־נָא שְׁבָה וְאָכְלָה מִצֵּידִי בַּעֲבוּר **תְּבָרֲכַנִּי נַפְשֶׁךָ**:

(18) He came to his father, and said, "My father?" He said, "Here I am. Who are you, my son?" (19) Yaakov said to his father, "I am Esav your firstborn. I have done what you asked me to do. Please arise, sit and eat of my venison, that your soul may bless me." (Bereishit 27:18–19)

Only when Yaakov is questioned by his father does he introduce God into the equation:

בראשית פרשת תולדות פרק כז פסוק כ

וַיֹּאמֶר יִצְחָק אֶל־בְּנוֹ מַה־זֶּה מִהַרְתָּ לִמְצֹא בְּנִי וַיֹּאמֶר כִּי **הִקְרָה ה׳ אֱלֹקֶיךָ לְפָנָי**:

Yitzchak said to his son, "How is it that you have found it so quickly, my son?" He said, "Because the Almighty your God gave me success." (Bereishit 27:20)

Yaakov does not display a finely tuned God consciousness in his words, and the events of his life – the proverbial "body of work" of his actions up to this moment of revelation under the stars – have been complex at least, and perhaps even disturbing. Until this point he has taken advantage of his brother twice. The description of Yaakov as an *ish tam* does not solve this problem; it is a moniker we do not understand. While we may be able to qualify, rationalize, explain or even justify his actions, Yaakov's behavior hardly speaks for itself as spiritually inspired or inspiring.

As Yaakov lies under the stars and God speaks to him, is he surprised, or has he been waiting for and anticipating this communication?

The verses offer us two separate issues to ponder: First, there is the vision that Yaakov sees, of a ladder upon which angels are ascending and descending. Second, there is content, a specific message that God communicates:

בראשית פרשת ויצא פרק כח

(יג) וְהִנֵּה ה' נִצָּב עָלָיו וַיֹּאמַר אֲנִי ה' אֱלֹקֵי אַבְרָהָם אָבִיךָ וֵאלֹקֵי יִצְחָק הָאָרֶץ אֲשֶׁר אַתָּה שֹׁכֵב עָלֶיהָ לְךָ אֶתְּנֶנָּה וּלְזַרְעֶךָ: (יד) וְהָיָה זַרְעֲךָ כַּעֲפַר הָאָרֶץ וּפָרַצְתָּ יָמָּה וָקֵדְמָה וְצָפֹנָה וָנֶגְבָּה וְנִבְרְכוּ בְךָ כָּל־מִשְׁפְּחֹת הָאֲדָמָה וּבְזַרְעֶךָ: (טו) וְהִנֵּה אָנֹכִי עִמָּךְ וּשְׁמַרְתִּיךָ בְּכֹל אֲשֶׁר־תֵּלֵךְ וַהֲשִׁבֹתִיךָ אֶל־הָאֲדָמָה הַזֹּאת כִּי לֹא אֶעֱזָבְךָ עַד אֲשֶׁר אִם־עָשִׂיתִי אֵת אֲשֶׁר־דִּבַּרְתִּי לָךְ:

(13) Behold, Hashem stood above it, and said, "I am Hashem, the God of Abraham your father, and the God of Isaac. The land whereon you lie, to you will I give it, and to your seed. (14) Your seed will be as the dust of the earth, and you will spread abroad to the west, and to the east, and to the north, and to the south. In you and in your seed will all the families of the earth be blessed. (15) Behold, I am with you, and will keep you, wherever you go, and will bring you again into this land. For I

will not leave you, until I have done that which I have spoken
of to you." (Bereishit 28:13–15)

The heart of the communication is a reiteration of the blessings
Yitzchak had previously bestowed upon Yaakov: The Land of Israel
would be his, his children would be numerous, and God would protect
him. But there was also much that was left unsaid: The blessings which
Yitzchak intended to give to Esav, which were surreptitiously taken
by Yaakov, were not reiterated; those ill-gotten blessings are not men-
tioned. For that matter, we remain unsure of the significance of Yaakov
buying the birthright; that, too, is never addressed. Undoubtedly,
Yaakov hears the thundering silence. There are things which he has
done, things that lie in the grey areas of morality, which are not "rubber
stamped" or approved after the fact. The blessings for physical bounty
and power which he has taken are not necessarily his at all.

This may be a part of the message of the vision, as well: The angels
ascend and then descend the ladder, indicating that the heavenly
blessings of bounty must first be earned down on earth. This may be
a visual representation of the rabbinic teaching that every good deed
creates an angel[13] who then ascends to heaven and reports before
the Divine Throne, and then brings the reward for that deed down to
earth. Whether or not this philosophical construct of the mechanics
of reward and punishment lie in the subtext of these verses, we cannot
help but wonder what the vision of the angels – who unexpectedly
begin their circuit on the earth below and then ascend to the heavens –
meant to Yaakov, who hears God's resounding silence regarding the
stolen blessing.

Yaakov awakes and expresses his amazement, but the source of his
excitement is unclear. Is it the very fact that God has communicated

---

13. Mishnah, *Avot* 5:11, instead of "angel" the text reads "advocate":

משנה מסכת אבות פרק ד משנה יא
רבי אליעזר בן יעקב אומר העושה מצוה אחת קונה לו פרקליט אחד.
Rabbi Eliezer ben Yaakov said: He who performs one commandment
acquires for himself one advocate.

with him, or is it the particular location where he had this vision which elicits his response?

Yaakov makes a vow and continues on his journey:

בראשית פרשת ויצא פרק כט

(א) וַיִּשָּׂא יַעֲקֹב רַגְלָיו וַיֵּלֶךְ אַרְצָה בְנֵי־קֶדֶם: (ב) וַיַּרְא וְהִנֵּה בְאֵר בַּשָּׂדֶה
וְהִנֵּה־שָׁם שְׁלֹשָׁה עֶדְרֵי־צֹאן רֹבְצִים עָלֶיהָ כִּי מִן־הַבְּאֵר הַהִוא יַשְׁקוּ
הָעֲדָרִים וְהָאֶבֶן גְּדֹלָה עַל־פִּי הַבְּאֵר: (ג) וְנֶאֶסְפוּ־שָׁמָּה כָל־הָעֲדָרִים
וְגָלְלוּ אֶת־הָאֶבֶן מֵעַל פִּי הַבְּאֵר וְהִשְׁקוּ אֶת־הַצֹּאן וְהֵשִׁיבוּ אֶת־הָאֶבֶן
עַל־פִּי הַבְּאֵר לִמְקֹמָהּ: (ד) וַיֹּאמֶר לָהֶם יַעֲקֹב אַחַי מֵאַיִן אַתֶּם וַיֹּאמְרוּ
מֵחָרָן אֲנָחְנוּ: (ה) וַיֹּאמֶר לָהֶם הַיְדַעְתֶּם אֶת־לָבָן בֶּן־נָחוֹר וַיֹּאמְרוּ יָדָעְנוּ:
(ו) וַיֹּאמֶר לָהֶם הֲשָׁלוֹם לוֹ וַיֹּאמְרוּ שָׁלוֹם וְהִנֵּה **רָחֵל בִּתּוֹ בָּאָה עִם־הַצֹּאן:**
(ז) **וַיֹּאמֶר הֵן עוֹד הַיּוֹם גָּדוֹל לֹא־עֵת הֵאָסֵף הַמִּקְנֶה הַשְׁקוּ הַצֹּאן וּלְכוּ**
רְעוּ: (ח) וַיֹּאמְרוּ לֹא נוּכַל עַד אֲשֶׁר יֵאָסְפוּ כָּל־הָעֲדָרִים וְגָלְלוּ אֶת־הָאֶבֶן
מֵעַל פִּי הַבְּאֵר וְהִשְׁקִינוּ הַצֹּאן: (ט) עוֹדֶנּוּ מְדַבֵּר **עִמָּם וְרָחֵל בָּאָה עִם־**
הַצֹּאן אֲשֶׁר לְאָבִיהָ כִּי רֹעָה הִוא: (י) וַיְהִי כַּאֲשֶׁר רָאָה יַעֲקֹב אֶת־רָחֵל
בַּת־לָבָן אֲחִי אִמּוֹ וְאֶת־צֹאן לָבָן אֲחִי אִמּוֹ **וַיִּגַּשׁ יַעֲקֹב וַיָּגֶל אֶת־הָאֶבֶן**
מֵעַל פִּי הַבְּאֵר וַיַּשְׁקְ אֶת־צֹאן לָבָן אֲחִי אִמּוֹ:

(1) Then Yaakov went on his journey, and came to the land of the children of the east. (2) He looked, and behold, a well in the field, and, behold, three flocks of sheep lying there by it. For out of that well they watered the flocks. The stone on the well's mouth was large. (3) There all the flocks were gathered. They rolled the stone from the well's mouth, and watered the sheep, and put the stone again on the well's mouth in its place. (4) Yaakov said to them, "My relatives, where are you from?" They said, "We are from Haran." (5) He said to them, "Do you know Lavan, the son of Nachor?" They said, "We know him." (6) He said to them, "Is it well with him?" They said, "It is well. See, Rachel, his daughter, is coming with the sheep." (7) He said, "Behold, it is still the middle of the day, not time to gather the livestock together. Water the sheep, and go and feed them." (8) They said, "We cannot, until all the flocks are gathered together, and they roll the stone from the well's mouth. Then we water the sheep." (9) While he was yet speaking with them,

Rachel came with her father's sheep, for she kept them. (10) It
happened, when Yaakov saw Rachel the daughter of Lavan, his
mother's brother, and the sheep of Lavan, his mother's brother,
that Yaakov went near, and rolled the stone from the well's
mouth, and watered the flock of Lavan his mother's brother.
(Bereishit 29:1–10)

When he arrives in Lavan's town Yaakov displays great strength;
once again, we are forced to wonder just how different Esav and Yaakov
truly are. Yaakov behaves in a manner that conjures up memories of
his mother's behavior as he waters the parched flock. Without a word,
Yaakov shows that he is worthy, that he is the son of Rivka. For the
first time, Yaakov displays a character trait we have not yet seen in him.
Now, Yaakov performs an act of *chesed*.

The text of the verses that follow paint a striking picture, a complex
personality profile: Yaakov is destitute; he is both humble and willing
to work, and most importantly, his love for Rachel is absolute. Again,
the scene must be contrasted with the servant of Avraham. This time
there is no jewelry, only seven years of labor to earn the hand of his
beloved Rachel in marriage:

בראשית פרשת ויצא פרק כט

(יא) וַיִּשַּׁק יַעֲקֹב לְרָחֵל וַיִּשָּׂא אֶת־קֹלוֹ וַיֵּבְךְּ: (יב) וַיַּגֵּד יַעֲקֹב לְרָחֵל כִּי אֲחִי
אָבִיהָ הוּא וְכִי בֶן־רִבְקָה הוּא וַתָּרָץ וַתַּגֵּד לְאָבִיהָ: (יג) וַיְהִי כִשְׁמֹעַ לָבָן
אֶת־שֵׁמַע יַעֲקֹב בֶּן־אֲחֹתוֹ וַיָּרָץ לִקְרָאתוֹ וַיְחַבֶּק־לוֹ וַיְנַשֶּׁק־לוֹ וַיְבִיאֵהוּ
אֶל־בֵּיתוֹ וַיְסַפֵּר לְלָבָן אֵת כָּל־הַדְּבָרִים הָאֵלֶּה: (יד) וַיֹּאמֶר לוֹ לָבָן אַךְ
עַצְמִי וּבְשָׂרִי אָתָּה וַיֵּשֶׁב עִמּוֹ חֹדֶשׁ יָמִים: (טו) וַיֹּאמֶר לָבָן לְיַעֲקֹב הֲכִי־
אָחִי אַתָּה וַעֲבַדְתַּנִי חִנָּם הַגִּידָה לִּי מַה־מַּשְׂכֻּרְתֶּךָ: (טז) וּלְלָבָן שְׁתֵּי בָנוֹת
שֵׁם הַגְּדֹלָה לֵאָה וְשֵׁם הַקְּטַנָּה רָחֵל: (יז) וְעֵינֵי לֵאָה רַכּוֹת וְרָחֵל הָיְתָה
יְפַת־תֹּאַר וִיפַת מַרְאֶה: (יח) וַיֶּאֱהַב יַעֲקֹב אֶת־רָחֵל וַיֹּאמֶר אֶעֱבָדְךָ שֶׁבַע
שָׁנִים בְּרָחֵל בִּתְּךָ הַקְּטַנָּה: (יט) וַיֹּאמֶר לָבָן טוֹב תִּתִּי אֹתָהּ לָךְ מִתִּתִּי אֹתָהּ
לְאִישׁ אַחֵר שְׁבָה עִמָּדִי: (כ) וַיַּעֲבֹד יַעֲקֹב בְּרָחֵל שֶׁבַע שָׁנִים וַיִּהְיוּ בְעֵינָיו
כְּיָמִים אֲחָדִים בְּאַהֲבָתוֹ אֹתָהּ:

(11) Yaakov kissed Rachel, and lifted up his voice, and wept.
(12) Yaakov told Rachel that he was her father's brother, and
that he was Rivka's son. She ran and told her father. (13) It

happened, when Lavan heard the news of Yaakov, his sister's son, that he ran to meet Yaakov, and embraced him, and kissed him, and brought him to his house. Yaakov told Lavan all these things. (14) Lavan said to him, "Surely you are my bone and my flesh." He lived with him for a month. (15) Lavan said to Yaakov, "Because you are my brother, should you, therefore, serve me for nothing? Tell me, what will your wages be?" (16) Lavan had two daughters. The name of the elder was Leah, and the name of the younger was Rachel. (17) Leah's eyes were weak, but Rachel was beautiful in form and attractive. (18) Yaakov loved Rachel. He said, "I will serve you seven years for Rachel, your younger daughter." (19) Lavan said, "It is better that I give her to you, than that I should give her to another man. Stay with me." (20) Yaakov served seven years for Rachel. They seemed to him but a few days, for the love he had for her. (Bereishit 29:11–20)

The days and years fly by; at last, Yaakov the earnest, honest, hard worker, reminds his boss that the time for his marriage has arrived:

בראשית פרשת ויצא פרק כט

(כא) וַיֹּאמֶר יַעֲקֹב אֶל־לָבָן הָבָה אֶת־אִשְׁתִּי כִּי מָלְאוּ יָמָי וְאָבוֹאָה אֵלֶיהָ: (כב) וַיֶּאֱסֹף לָבָן אֶת־כָּל־אַנְשֵׁי הַמָּקוֹם וַיַּעַשׂ מִשְׁתֶּה: (כג) וַיְהִי בָעֶרֶב וַיִּקַּח אֶת־לֵאָה בִתּוֹ וַיָּבֵא אֹתָהּ אֵלָיו וַיָּבֹא אֵלֶיהָ: (כד) וַיִּתֵּן לָבָן לָהּ אֶת־זִלְפָּה שִׁפְחָתוֹ לְלֵאָה בִתּוֹ שִׁפְחָה: (כה) וַיְהִי בַבֹּקֶר וְהִנֵּה־הִוא לֵאָה וַיֹּאמֶר אֶל־לָבָן מַה־זֹּאת עָשִׂיתָ לִּי הֲלֹא בְרָחֵל עָבַדְתִּי עִמָּךְ וְלָמָּה רִמִּיתָנִי: (כו) וַיֹּאמֶר לָבָן לֹא־יֵעָשֶׂה כֵן בִּמְקוֹמֵנוּ לָתֵת הַצְּעִירָה לִפְנֵי הַבְּכִירָה: (כז) מַלֵּא שְׁבֻעַ זֹאת וְנִתְּנָה לְךָ גַּם־אֶת־זֹאת בַּעֲבֹדָה אֲשֶׁר תַּעֲבֹד עִמָּדִי עוֹד שֶׁבַע־שָׁנִים אֲחֵרוֹת:

(21) Yaakov said to Lavan, "Give me my wife, for my days are fulfilled, that I may go in to her." (22) Lavan gathered together all the men of the place, and made a feast. (23) It happened in the evening, that he took Leah his daughter, and brought her to him. He went in to her. (24) Lavan gave Zilpah his handmaid to his daughter Leah for a handmaid. (25) It happened in the morning that, behold, it was Leah. He said to Lavan, "What is

this you have done to me? Did I not serve with you for Rachel? Why then have you deceived me?" (26) Lavan said, "It is not done so in our place, to give the younger before the firstborn. (27) Fulfill the week of this one, and we will give you the other also for the service which you will serve with me yet seven other years." (Bereishit 29:21–27)

In the morning Yaakov is shocked to discover that he has been played for a fool. Lavan had deceived him; the woman he found in his bed was Leah, the elder sister of his beloved Rachel. Yaakov is outraged; he confronts his father-in-law, and demands that Lavan explain his audacity and duplicity. Lavan's response is a slap in the face:

בראשית פרשת ויצא פרק כט

(כו) וַיֹּאמֶר לָבָן לֹא־יֵעָשֶׂה כֵן בִּמְקוֹמֵנוּ לָתֵת הַצְּעִירָה לִפְנֵי הַבְּכִירָה:
(כז) מַלֵּא שְׁבֻעַ זֹאת וְנִתְּנָה לְךָ גַּם־אֶת־זֹאת בַּעֲבֹדָה אֲשֶׁר תַּעֲבֹד עִמָּדִי
עוֹד שֶׁבַע־שָׁנִים אֲחֵרוֹת:

(26) Lavan said, "It is not done so in our place, to give the younger before the firstborn. (27) Fulfill the week of this one, and we will give you the other also for the service which you will serve with me yet seven other years." (Bereishit 29:26–27)

Lavan snaps back at Yaakov: Here, we maintain the proper order between siblings, we protect the natural rights of the elder before the younger.

Although Yaakov knows that he shouldn't be shocked by deceit when dealing with a person like Lavan,[14] it is not Lavan who is on his mind. Yaakov intuits that this is a punishment from God for his **own** act of deception.[15] In the darkness of the night, he was blind to the

---

14. Lest one think this statement contains an unfair assessment of Lavan, a careful reading of Lavan's role which includes "mirroring," manipulation and deceit, can all be discerned in chapter 24.

15. See Rabbi Chaim Joseph David Azulai (Chida) in his *Nachal Kedumim, Parashat Vayeitzei:*

true identity of his companion. He had been unable to distinguish between the two sisters, just as his father had been blind to Yaakov's true identity when he impersonated his brother Esav.

The unlikely marriage of Yaakov and Leah began with a strange point of commonality: Each of them had impersonated a sibling to fool an unsuspecting victim. Perhaps he and Leah could somehow make their marriage work, for Yaakov could not judge her without judging himself.

Yaakov invested seven more years of work to earn the hand of Rachel in marriage. Yaakov, who perhaps more than anything desired an uncomplicated life, suddenly found himself entangled in incessant complexity and intrigue. Being married to two sisters would be quite a challenge. Especially when we realize that each sister wanted what the other had:

בראשית פרשת ויצא פרק כט

(כח) **וַיַּעַשׂ יַעֲקֹב כֵּן וַיְמַלֵּא שְׁבֻעַ זֹאת וַיִּתֶּן־לוֹ אֶת־רָחֵל בִּתּוֹ לוֹ לְאִשָּׁה:**
(כט) וַיִּתֵּן לָבָן לְרָחֵל בִּתּוֹ אֶת־בִּלְהָה שִׁפְחָתוֹ לָהּ לְשִׁפְחָה: (ל) וַיָּבֹא גַּם
אֶל־רָחֵל **וַיֶּאֱהַב גַּם־אֶת־רָחֵל מִלֵּאָה** וַיַּעֲבֹד עִמּוֹ עוֹד שֶׁבַע־שָׁנִים אֲחֵרוֹת:
(לא) **וַיַּרְא ה׳ כִּי־שְׂנוּאָה לֵאָה** וַיִּפְתַּח אֶת־רַחְמָהּ וְרָחֵל עֲקָרָה:

(28) Yaakov did so and fulfilled her week. He gave him Rachel his daughter as a wife. (29) Lavan gave Bilhah his handmaid, to his daughter Rachel, to be her handmaid. (30) He went in also to Rachel, and he loved also Rachel more than Leah and served with him yet seven other years. (31) Hashem saw that

---

נחל קדומים בראשית פרשת ויצא

(י) ויאמר לבן לא יעשה כן במקומינו לתת הצעירה לפני הבכירה. רמז לו ענין הבכורה והברכות שנטלם מעשו שהוא הגדול ונטלם ממנו לז״א לא יעשה כן במקומינו כלומר לא יעשה כמעשיך שאתה הצעיר ודחית הבכור לא יעשה כן במקומינו דייקא כי במקומך עשית כן אבל במקומינו לא יעשה לתת הצעירה לפני הבכירה. (צידה לדרך). ואפשר לומר דזה כיון יעקב ע״ה באומרו מה זאת עשית לי הלא ברחל עבדתי עמך ולמה רימיתני ויש לדקדק מ״ש מה זאת עשית לי נראה יתר ואפשר שכונתו מה זאת למה עשית לי שאני קטן וזו לעשו שהוא הגדול. וכי תימא שאני לקחתי הבכורה והברכה ואני גדול הלא ברחל עבדתי עמך זה היית יכול בסתם אבל אני פירשתי הלא ברחל למה רימיתני שגנבת דעתי שאתה מרוצה.

Leah was hated, and he opened her womb, but Rachel was barren. (Bereishit 29:28–31)

Rachel desperately wanted a child,[16] and Leah, who had many children, pined for her husband's love and affection.[17]

The tension reaches a crescendo on what appears to be a completely ordinary day, which differs in only one small detail: On this day, Leah's eldest son Reuven finds a particular plant, and brings them to his forlorn mother:[18]

בראשית פרשת ויצא פרק ל

(יד) וַיֵּלֶךְ רְאוּבֵן בִּימֵי קְצִיר־חִטִּים וַיִּמְצָא דוּדָאִים בַּשָּׂדֶה וַיָּבֵא אֹתָם אֶל־לֵאָה אִמּוֹ וַתֹּאמֶר רָחֵל אֶל־לֵאָה תְּנִי־נָא לִי מִדּוּדָאֵי בְּנֵךְ: (טו) וַתֹּאמֶר לָהּ הַמְעַט קַחְתֵּךְ אֶת־אִישִׁי וְלָקַחַת גַּם אֶת־דּוּדָאֵי בְּנִי וַתֹּאמֶר רָחֵל לָכֵן יִשְׁכַּב עִמָּךְ הַלַּיְלָה תַּחַת דּוּדָאֵי בְנֵךְ: (טז) **וַיָּבֹא יַעֲקֹב מִן־הַשָּׂדֶה בָּעֶרֶב וַתֵּצֵא לֵאָה לִקְרָאתוֹ וַתֹּאמֶר אֵלַי תָּבוֹא כִּי שָׂכֹר שְׂכַרְתִּיךָ בְּדוּדָאֵי בְּנִי** וַיִּשְׁכַּב עִמָּהּ בַּלַּיְלָה הוּא:

(14) Reuven went, in the days of the wheat harvest, and found *duda'im* in the field, and brought them to his mother, Leah. Then Rachel said to Leah, "Please give me some of your son's *duda'im*." (15) She said to her, "Is it a small matter that you have taken away my husband? Would you also take away my son's *duda'im*?" Rachel said, "Therefore he will lie with you

---

16. See Bereishit 30:1–2:

בראשית פרשת ויצא פרק ל

(א) וַתֵּרֶא רָחֵל כִּי לֹא יָלְדָה לְיַעֲקֹב וַתְּקַנֵּא רָחֵל בַּאֲחֹתָהּ וַתֹּאמֶר אֶל־יַעֲקֹב הָבָה־לִּי בָנִים וְאִם־אַיִן מֵתָה אָנֹכִי: (ב) וַיִּחַר־אַף יַעֲקֹב בְּרָחֵל וַיֹּאמֶר הֲתַחַת אֱלֹקִים אָנֹכִי אֲשֶׁר־מָנַע מִמֵּךְ פְּרִי־בָטֶן:

Rachel saw that she had not born children to Yaakov, and Rachel became envious of her sister. She said to Yaakov, "Give me children! If not, I am dead! Yaakov grew angry at Rachel and he said, "Am I in place of God who has kept from you fruit of the womb? (Bereishit 30:1–2)

17. The pain of Leah is particularly felt when she names her children.

18. Tzror Hamor, Bereishit 30:14:

צרור המור על בראשית פרשת ויצא פרק ל פסוק יד

אחר כך אמר וילך ראובן בימי קציר חטים וימצא דודאים בשדה, להשלים תאות אמו

tonight in exchange for your son's *duda'im*." (16) Yaakov came from the field in the evening, and Leah went out to meet him, and said, "You must come in to me; for I have hired you with my son's *duda'im;*" and he lay with her that night. (Bereishit 30:14–16)

These *dudaim*,[19] which have been associated with mandrakes, have been reputed to possess several qualities:[20] They are an aphrodisiac[21]

---

19. Aryeh Kaplan in *The Living Torah* notes on this verse:

Duda'im: (*Targum*; Ibn Ezra; Radak, *Sherashim*; Josephus) *Dudaim* in Hebrew, from the word *dodim* denoting passion or carnal love (Radak, *Sherashim*; cf. Ezekiel 16:8, 23:17, Proverbs 7:16). It was called this because of its use as an aphrodisiac and fertility potion (*Midrash Ne'elam, Zohar* 1:134b). The mandrake (*mandragora officinarum*) is a herb of the beladonna or potato family. It has a thick perenial root, often split down the middle, like the lower limbs of the human body. Stalkless, it has large leaves that straddle the ground and violet flowers (cf. Rashi). In the spring, its yellow fruit, the size of a tomato, ripens. This fruit can have an intoxicating fragrance (*Song of Songs* 7:14).

The variety found by Reuben was a rare, extinct species that gives off deadly fumes when pulled from the ground (*Midrash Aggadah* on Genesis 49:14, quoted in *Tzeror HaMor* as *Midrash HaGaluy; Toledoth Yitzchak* on Genesis 49:14. Cf *Niddah* 31a; Josephus, *Wars* 7:6:3). In the Talmud, there appears to be a dispute as to whether Reuben brought home the violet flowers, the fruits or the roots (*Sanhedrin* 99b). Other sources indicate that he brought home two fruits (*Tzava'ath Yissachar* 1:3,5,7; Josephus, *Antiquities* 1:19:8).

Obviously, the Patriarchs and Matriarchs knew how to use these plants in mystical ways (Genesis 30:37). Still, Rachel did not bear children because of the mandrakes, but because of her prayers (Genesis 30:2, 30:22; cf. *Zohar* 1:157b). According to one ancient source, Rachel did not eat the mandrakes, but offered them to God (*Tzava'ath Yissachar* 2:6).

20. See Seforno, Bereishit 30:15; Alshich, Bereishit 30:14–15:

ספורנו בראשית פרשת ויצא פרק ל פסוק טו

המעט קחתך את אישי. שלא היה לך להסכים שתהיי את צרתי כאמרו ואשה אל אחותה לא תקח לצרור (ויקרא יח, יח):

ולקחת גם את דודאי בני. להוסיף אהבתך ושנאתו אותי:

לכן ישכב עמך הלילה. שתקדם פעולת הדודאים וסגולתם בך לפעולתם בי

ולא יגיעך נזק במה שתתני לי מהם עתה כי לא יחדל מי שימצא מהם בעדי אחרי כן כל שכן בהיותם הפקר כמו שאז"ל:

אלשיך על בראשית פרשת ויצא פרק ל

(יד) ראוי לשום לב, א. באומרו המעט קחתך את אישי, כי הלא אדרבה היא לקחה את איש רחל. וגם איך הודה לה ותאמר לכן ישכב כו׳. ב. האם בשכירות היה מזדווג עם לאה. ואם הוא שהיה הזמן מתחלק בין ארבעת נשיו והיה אז זמן רחל ועל כן שכרה לאה ממנה הלילה, למה לא המתינה עד בא זמנה. ג. שאם ליל עונת רחל היתה, איך אמרה המעט קחתך את אישי, הלא לא לקחה כי זמן רחל היה. ד. כי הלא כמו זר נחשב צאת לאה לקראתו לאמר אלי תבא כי שכור שכרתיך. ה. כי מלת שכר מיותרת והיה לו לומר כי שכרתיך וכו׳. . . י. למה הודיענו התורה שהליכת ראובן היתה בימי קציר חטים:

ונבא אל הענין והוא כי כפי הנראה בראות יעקב כי ללאה ארבעה בנים ולכל אחת מהאמהות שנים שנים ורחל עקרה, היה מתמיד יותר באהל רחל מאצל לאה והלחנות, אולי תפקד בזכות מתייחסת לאיזו לילה מהיתרים אצלה, ועל כן אפשר היה קנאת ראובן כשבלבל יצועי אביו שהיתה במקום רחל, ואמר לא די בחיי רחל כי אם גם אחרי מותה כו׳, כי היה עושה עיקר דירתו באהל בלהה כאשר באמנה אתו רחל ובאהל המיוחד לרחל. ובזה יצדקו הכתובים והוא כי כאשר מצא ראובן דודאים בשדה אשר בטבע מכינים את האשה להתעבר, וראה כי אמו עמדה מלדת, על כן ויבא לאמו להכין אותה ולסעדה להתעבר. וכראות רחל כך מרוב תשוקתה מנהמת לבה ללדת אמרה תני נא לי מדודאי בנך לומר כי היא צריכה יותר:

(טו) אז אמרה לה המעט קחתך את אישי שהוא אצלך יותר ולא בקצבה. על כן השיבה רחל לכן ישכב עמך הלילה כו׳. אז אמרה לאה בלבה, הנה לפני שלשה דברים לזכות בהם, אחד כי הנה נתתי שפחתי לאישי. ועוד שנית כי מה לי טוב מבלתי השען על הכנות טבעיות לאכול מדודאים, כי היא שאלה מדודאי בנך שהוא מקצתם ואני אתנם לה כולם כאומרה תחת דודאי בנך, וכן אמרה היא בדודאי בני, שהוא כולם, להורות כי שתה כל בטחונה בה׳, כי היא זכות שתעמוד לה, כי על כן אפשר ששהתה רחל מלפקד עד אחר שילדה לאה שני בנים ובת אחר ענין הדודאים, ואחר כך ויזכור אלקים את רחל כלומר אלקים ולא מהדודאים, כי אדרבה על הדודאים שהתה, בל תחשוב שהם שעמדו לה, אך בהיות אחר זמן יוכר כי זכר אותה אלקים, ועל כן שהתה על שהראית כי שמה בטחון מה בדודאים. עוד שלישית כי עשתה בחכמה כמעשה דרבן שמעון בן יוחאי שעל שיתה שומה האשה ההיא דבקות וחשק אישה בלבה פקד אותה ה׳, כן עשתה לאה בהראותה החשק הנמרץ הזה בצאתה למען תעזר מזה גם כן ליבנות יותר מהצדיק ההוא:

ועל אשר הערנו מענין התורה שיצאו מההריון ההוא, והיות שם שכינה כמו שאמרו ז"ל, ועל השתדלותה שישכב עמה בלילה הוא ולא עצרה כח עד בא ליל עונתה להמתין, עם חסרון ה"א ממלת ההוא, יהיה בשום לב אל הודעת התורה שהיה לכת ראובן בימי קציר חטים, לא על חנם הודיעה לנו התורה דבר בלתי צריך כזה, כי מה לדודאים אצל החטים או אל היות בימי קציר החטים, אך אין ספק כי בתחלת הענין רמזה תורתינו התנצלות אל לאה בל תראה כרודפת לשכב את אישה, גם טעם אל צאת הריון קדוש ובייחוד היותו נושא דגל התורה, ואחשוב – גם

שלא מצאתי גילוי זולתי הנזכר - כי אפשר שהיה הלילה ההוא ליל שבועות הוא מתן תורה, וה׳ יצילנו מלומר בתורתו דבר אשר לא הוא חלילה, והוא כי כאשר נתייחס חג הפסח אל קציר השעורים כן חג השבועות אל קציר החטים, כי על כן בפסח היה קרב עומר השעורים ובחג השבועות שתי הלחם מהחטים, ובפירוש יחסה תורתינו חג השבועות אל קציר החטים, באומרה על חג השבועות בפרשת כי תשא **בכורי קציר חטים**, וזכר לדבר אמרו בבראשית רבה (עב) וילך ראובן בימי קציר חטים ביכור כל מיני כו׳ ופרשת משפטים וחג הקציר כו׳:

ובזה יתכן כי זה מאמר הכתוב וילך ראובן בימי קציר חטים הוא ערב שבועות שאנו מצווים לקצור חטים באופן שהלילה הוא ליל שבועות הוא ליל מתן תורה, כי אין ספק שלא תדבר התורה ותאמר סימן זה על קציר חטים משולל מצוה, רק על ימי קציר חטים המצווים מאתו יתברך, וכן קציר חטים עולה במספר קטן כמספר ליל שבועות, ולפי זה, הלילה שאמרה רחל היא ליל שבועות. ובזה מצאתי ראיתי טוב טעם אל מאמר רחל באומרה לכן ישכב עמך מה ההטבה הגדולה הזאת האם יחסר ללאה לילה אחרת, אך דבר גדול דברה לה לכן ישכב עמך הלילה כי בכל מקום אומר הלילה הזה כד״א הוא הלילה הזה לה׳ וכאן אין אומר הזה, לרמוז ישכב עמך הלילה עצמו, הוא זכות הלילה, שהוא ליל רצון של מתן תורה, **ועל כן יצא יששכר שכל תורת ישראל היה בשבטו**, וזהו אומרו בן חמישי לרמוז אל חמשה חומשי תורה, ועל כן לא תאשם חלילה בצאתה לקראתו כאחת הריקות לומר אלי תבא וששכרה אותו שנראה ח״ו כדאי בזיון. נמצאו כי ארבעה דברים כוונה לאה לעשות במעשה הזה השלשה שהזכרנו והרביעי הזה:

21. See Zohar Bereishit 140b, 165b:

זהר חלק א דף קמ/ב

אָמַר רִבִּי יִצְחָק, אַל תִּקְרֵי הַדּוּדָאִים אֶלָּא הַדּוֹדִים, זְהוּ הַגּוּף וְהַנְּשָׁמָה שֶׁהֵם דּוֹדִים וְרֵעִים זֶה עִם זֶה. רַב נַחְמָן אָמַר, דּוּדָאִים מַמָּשׁ. מַה הַדּוּדָאִים מוֹלִידִים אַהֲבָה בָּעוֹלָם, **אַף הֵם מוֹלִידִים אַהֲבָה בָּעוֹלָם**. וּמַאי נָתְנוּ רֵיחַ, **כִּשְׁרוֹן מַעֲשֵׂיהֶם לָדַעַת וּלְהַכִּיר לְבוֹרְאָם**.

זהר חלק א דף קסה/ב

[וַיֵּלֶךְ רְאוּבֵן בִּימֵי קְצִיר חִטִּים וַיִּמְצָא דוּדָאִים בַּשָּׂדֶה וְגוֹ׳. שָׁנִינוּ, כּוֹס שֶׁל בְּרָכָה אֵין מִתְבָּרֶכֶת אֶלָּא בְּצַד יָמִין, וּמִשּׁוּם כָּךְ, בְּעוֹד שֶׁמִּתְעוֹרֵר הַיָּמִין לְכוֹס שֶׁל בְּרָכָה, הַשְּׂמֹאל לֹא תְסַיֵּעַ לְשָׁם, שֶׁהֲרֵי הַיָּמִין מוֹצֵא עִלָּה בַּכּוֹס הַהִיא לְעוֹרֵר כְּלַפֵּי הָעוֹלָם הָעֶלְיוֹן. וְהַסֵּתֶר הַזֶּה, וַיֵּלֶךְ רְאוּבֵן, זֶה צַד הַדָּרוֹם, מִשּׁוּם כָּךְ דִּגְלוֹ בַּדָּרוֹם, שֶׁהוּא רֹאשׁ לִשְׁנֵים עָשָׂר הַתְּחוּמִים, וּתְשׁוּקָתוֹ שֶׁל צַד הַדָּרוֹם לִמְצֹא עִלָּה וְתִקְרֹבֶת לַגְּבִירָה לְבָרֵךְ אוֹתָהּ.]

[מַה כָּתוּב? וַיִּמְצָא דוּדָאִים בַּשָּׂדֶה. הָלַךְ לְחַפֵּשׂ בְּכָל אוֹתָם הַגְּנָזִים שֶׁלָּהּ, וּמָצָא בַּשָּׂדֶה הַזּוֹ אוֹתָם הַדּוּדָאִים, וַעֲלֵיהֶם נֶאֱמַר הַדּוּדָאִים נָתְנוּ רֵיחַ, **וְאוֹתָם שְׁנֵי כְרוּבִים שֶׁהֵם הַתִּקּוּנִים שֶׁלָּהּ, לְהָעִיר הִתְעוֹרְרוּת לְמַעְלָה, שֶׁהֲרֵי בְּכָל אוֹתָם הַתִּקּוּנִים שֶׁל הַשָּׂדֶה הַזּוֹ אֵין תִּקּוּן שֶׁיְּעוֹרֵר כְּלַפֵּי מַעְלָה, רַק הַכְּרוּבִים**.]

[מָתַי צַד הַדָּרוֹם מִתְעוֹרֵר אֵלֶיהָ לִמְצֹא עִלָּה לְבָרֵךְ אוֹתָהּ? בִּימֵי קְצִיר חִטִּים, בִּזְמַן שֶׁמְּחַלֶּקֶת חֵלֶק שָׁלָל לְאוּכְלוּסֶיהָ, וְכָל קוֹצְרֵי הַשָּׂדֶה. מִיָּד - וַיָּבֵא אֹתָם אֶל לֵאָה אִמּוֹ. מַעֲלֶה רֵיחַ וְהִתְעוֹרְרוּתָם לָעוֹלָם הָעֶלְיוֹן, הָעוֹלָם הַנִּכְסֶה, **מִשּׁוּם שֶׁמֵּעִיר (שיעורר) בְּרָכוֹת לָעוֹלָם הַתַּחְתּוֹן**.]

and enhance fertility,[22] but they are also reportedly a hallucinogenic substance.[23]

[מַה כָּתוּב? וַיִּמְצָא דוּדָאִים בַּשָּׂדֶה. הָלַךְ לְחַפֵּשׂ בְּכָל אוֹתָם הַגְּנָזִים שֶׁלָּהּ, **וּמָצָא בַּשָּׂדֶה הַזּוֹ אוֹתָם הַדּוּדָאִים, וַעֲלֵיהֶם נֶאֱמַר הַדּוּדָאִים נָתְנוּ רֵיחַ, וְאוֹתָם שְׁנֵי כְרוּבִים שֶׁהֵם הַתִּקּוּנִים שֶׁלָּהּ, לְהָעִיר הִתְעוֹרְרוּת לְמַעְלָה, שֶׁהֲרֵי בְּכָל אוֹתָם הַתִּקּוּנִים שֶׁל הַשָּׂדֶה הַזּוֹ אֵין תִּקּוּן שֶׁיְּעוֹרֵר כְּלַפֵּי מַעְלָה, רַק הַכְּרוּבִים.**]

[הָעוֹלָם הַתַּחְתּוֹן לֹא מִתְעוֹרֵר לָעוֹלָם הָעֶלְיוֹן, אֶלָּא כְּשֶׁאוֹתָם דּוּדָאִים נוֹתְנִים רֵיחַ לַיָּמִין. כֵּיוָן שֶׁהֵם נוֹתְנִים רֵיחַ לַיָּמִין, וְהַיָּמִין מִתְעוֹרֵר לָעוֹלָם הָעֶלְיוֹן, מִיָּד הָעוֹלָם הַתַּחְתּוֹן מִתְעוֹרֵר לִשְׁאֹל מַה שֶּׁצָּרִיךְ. מַה כָּתוּב? וַתֹּאמֶר רָחֵל אֶל לֵאָה תְּנִי נָא לִי מִדּוּדָאֵי בְּנֵךְ. תֵּן לִי בְּרָכוֹת מֵאוֹתָהּ הַהִתְעוֹרְרוּת שֶׁל אוֹתָם דּוּדָאִים שֶׁמִּתְעוֹרֵר לְצַד הַיָּמִין.]

22. See R. Dovid Tzvi Hoffman:

רד"צ הופמן פרשת ויצא

וילך ראובן וגו׳. מאורע זה התרחש סמוך למסירת זלפה כאשה ליעקב על ידי לאה, וכפי שיוצא מפסוק יח, כך שהולדת יששכר באה זמן קצר אחר הולדתו של גד, שהרי כל ששת בניה של לאה נולדו תוך כדי שבע שנים לכל היותר. - דודאים, מלשון דודי. בראשית רבה, אונקלוס ויונתן וכן התרגום הסורי מתרגמים - יברוחין, והרי זה מה שמתורגם אצל השבעים μῆλα μανδραγορῶν mandragora vernalis, אותו צמח אשר באביב נותן ריח נעים. פירותיו של צמח זה (מעין תפוחים קטנים) ושרשיו נחשבו בימי קדם תרופה לעקרות, אך לדעת הרמב"ן השורש בלבד "הוא שאומרים עליו האנשים שיועיל להריון", וגם בכך אין הוא בטוח, שכן מוסיף - "ולאראיתי כן באחד מספרי הרפואות המדברים בהם". מכל מקום, גם השם דודאים, גם תיאורי נוסעים על השימוש בהם אצל הערבים וגם הערות בכתבים עתיקים, כל אלה מעידים שבדודאים נעשה שימוש לצורך זה. ועל ידי כך מובן המסופר כאן - רחל מבקשת לקבל מן הדודאים האלה, כדי להשתמש בהם להשגת הריון. תחילה לאה דוחה אותה. - המעט קחתך, כלומר, האם לא די שאת מועדפת על ידי בעלי? לפי ספורנו כוונתה של לאה לומר "שלא היה לך להסכים שתהי את צרתי, כאמרו ואשה אל אחתה לא תקח לצרור" וגו׳, פירוש לא ייתכן שכך תעשה אחות לאחותה. - ולקחת, מקור (בלשון עבר היתה התי"ו צריכה להיות דגושה), כלומר ולקחת את מבקשת וכו׳. אך דומה שלאה אמרה זאת בצחוק, שכן מן המסופר יוצא, שנתנה את הדודאים לאחותה מיד, וכי על כן אומרת לה רחל לכן ישכב וגו׳, כלומר מכיוון שכל כך טובה היית. - שכר שכרתיך. אמנם יש בזה משום רמז לשם יששכר, אך אין בכך משום סתירה לביאורנו שם. - בלילה הוא. במקום ההוא, כמו לעיל יט, לג.

23. See "The History and Uses of the Magical Mandrake, According to Modern Witches" by Angelica Calabrese (January 12, 2016): https://www.atlasobscura.com/articles/the-history-and-uses-of-the-magical-mandrake-according-to-modern-witches

"In the Bible's Book of Genesis, mandrake root helps Rachel conceive Jacob, and in Greek mythology, Circe and Aphrodite are thought to use it as an aphrodisiac. But its powers are not only mythical: a member of the nightshade plant

Apparently, Leah wants the aphrodisiac to attract her husband who loves another more than he loves her. Her sister, the "competition," wants the *duda'im* to resolve her infertility.[24] One wonders, what Reuven was doing with them himself – other than helping his mother? Could the other properties of the *duda'im*[25] shed light on the episode between Reuven and Bilhah, explaining Reuven's clouded judgment and enflamed passions?[26]

The two sisters barter between them, and a deal is struck; Yaakov

---

family, mandrake contains hallucinogenic and narcotic alkaloids. Dioscurides, a first-century Greek physician, tells us that a "winecupful" of mandrake root (that is, mandrake root boiled in wine) was used as an anesthetic in ancient Rome. But be careful, he warns – take too much, and one might end up dead."

24. According to the Radak, Bereishit 30:15, Yaakov spent more time with Rachel because she was upset due to her not having children:

רד"ק בראשית פרשת ויצא פרק ל פסוק טו

המעט קחתך את אישי - כי בעבור שלא היו בנים לרחל היה יעקב שוכב עם רחל כדי להפיס דעתה:

25. The Ibn Ezra, Bamidbar 2:2, and the Shelah, *Parashat Bamidbar,* cite a tradition that the flag of Reuven represented the mandrakes:

אבן עזרא על במדבר פרק ב פסוק ב

באתת - סימנים היו בכל דגל ודגל וקדמונינו אמרו שהיה בדגל ראובן צורת אדם מכח דרש דודאים

ספר השל"ה הקדוש - פרשת במדבר

עוֹד אַעְתִּיק לְשׁוֹן הַצִּיּוֹנִי, וְיִתְבָּאֵר כָּל מַה שֶּׁכָּתַבְתִּי. זֶה לְשׁוֹנוֹ (פרשת במדבר ד"ה ואף): הַדָּבָר מְקֻבָּל אִישׁ מִפִּי אִישׁ עַד מֹשֶׁה רַבֵּנוּ ע"ה, **כִּי בְּדֶגֶל רְאוּבֵן הָיָה בּוֹ צוּרַת אָדָם** [עַל יְסוֹד הַמִּדְרָשׁ (ראה אבן עזרא, רמב"ן, רא"ש, במדבר ב, ב) 'וַיִּמְצָא דוּדָאִים בַּשָּׂדֶה'], וְהָיָה חָקוּק בּוֹ שָׁלֹשׁ אוֹתִיּוֹת מֵאֲבוֹת הָעוֹלָם, 'ב' מֵ'אַבְרָהָם' 'צ' מִ'יִצְחָק' 'ע' מִ'יַּעֲקֹב', וְהָיוּ [אַרְבַּע] (ה)אוֹתִיּוֹת מִזִּיו הַשְּׁכִינָה.

26. Reuven likely was staking his claim as heir of his father and considered Bilhah "merely" a concubine. It is worthwhile to compare Reuven to Adoniyahu. Also see R. Shimon Sofer in his *Shir Maon,* Bereishit 35:22:

מלכים א פרק ב

(יב) וּשְׁלֹמֹה יָשַׁב עַל־כִּסֵּא דָּוִד אָבִיו וַתִּכֹּן מַלְכֻתוֹ מְאֹד: (יג) וַיָּבֹא אֲדֹנִיָּהוּ בֶן־חַגִּית אֶל־בַּת־שֶׁבַע אֵם־שְׁלֹמֹה וַתֹּאמֶר הֲשָׁלוֹם בֹּאֶךָ וַיֹּאמֶר שָׁלוֹם: (יד) וַיֹּאמֶר דָּבָר לִי אֵלָיִךְ וַתֹּאמֶר דַּבֵּר: (טו) וַיֹּאמֶר אַתְּ יָדַעַתְּ כִּי־לִי הָיְתָה הַמְּלוּכָה וְעָלַי שָׂמוּ כָל־יִשְׂרָאֵל פְּנֵיהֶם לִמְלֹךְ וַתִּסֹּב הַמְּלוּכָה וַתְּהִי לְאָחִי כִּי מֵה' הָיְתָה לּוֹ: (טז) וְעַתָּה שְׁאֵלָה אַחַת אָנֹכִי שֹׁאֵל מֵאִתָּךְ אַל־תָּשִׁבִי אֶת־פָּנָי וַתֹּאמֶר אֵלָיו דַּבֵּר: (יז) וַיֹּאמֶר אִמְרִי־נָא לִשְׁלֹמֹה הַמֶּלֶךְ כִּי לֹא־יָשִׁיב אֶת־פָּנָיִךְ **וְיִתֶּן־לִי אֶת־אֲבִישַׁג הַשּׁוּנַמִּית לְאִשָּׁה:**...(כב) וַיַּעַן הַמֶּלֶךְ שְׁלֹמֹה

is moved like chattel (or worse) and perhaps not for the first time, the sisters decide among themselves with whom Yaakov will sleep.[27] As a

---

וַיֹּאמֶר לְאִמּוֹ וְלָמָה אַתְּ שֹׁאֶלֶת אֶת־אֲבִישַׁג הַשֻּׁנַמִּית לַאֲדֹנִיָּהוּ וְשַׁאֲלִי־לוֹ אֶת־הַמְּלוּכָה כִּי הוּא אָחִי הַגָּדוֹל מִמֶּנִּי וְלוֹ וּלְאֶבְיָתָר הַכֹּהֵן וּלְיוֹאָב בֶּן־צְרוּיָה: פ

שיר מעון בראשית פרשת וישלח פרק לה פסוק כב

ויהי בשכון ישראל בארץ ההיא וילך ראובן וישכב את בלהה פלגש אביו וישמע ישראל. אחכז״ל (שבת נ״ה ע״ב) כל האומר ראובן חטא אינו אלא טועה. וי״ל כי כאשר נתנה רחל את בלהה שפחתה ליעקב כתיב ותתן לו את בלהה שפחתה לאשה וכן בזלפה כתיב ותתן אתה ליעקב לאשה, ועתה קרי לה בלהה פלגש אביו ולא אשת אביו. וי״ל כי דווקא לגבי ישראל יש חילוק בין אשה לפלגש כי אשה היא בכתובה וקידושין ופלגש המיועדת לו בלא כתובה וקידושין, אבל גבי בני נח שאיננה נעשית א״א בקידושין רק בביאה והיא בעולת בעל כתיב (לעיל כ׳ ג׳), ומשישלחה לעצמה ויוציאנה מביתו הרי היא גרושה ממנו כדאיתא ברמב״ם פ״ט מהלכות מלכים (ה״ח), לא שייך חילוק בין אשה לפלגש דגם פלגש המיועדת לו היא אשת איש, והנה ברמב״ן (בראשית כ״ו ה׳, ויקרא י״ח כ״ה) איתא שרק בארץ ישראל קיימו האבות תורת ישראל משפט אלקי הארץ, ובפרשת דרכים (דרוש א׳) רוצה לומר שאפילו לקולא הי׳ להם דין ישראל, לכן כל עוד הי׳ יעקב בחו״ל ולא קיים תורת ישראל רק כבן נח לא הי׳ חילוק בין רחל ולאה לזלפה ובלהה כי כולם אשת איש המה, רק כאשר בא וישב בארץ ישראל ונכנס לתורת ישראל ואז הי׳ רק רחל ולאה עקרת הבית לו לנשים בכתובה וקדושין ונמנו בין האמהות, וזלפה ובלהה לפלגשים, וידוע דאנוסת אביו ומפותת אביו מותר (יבמות צ״ז ע״א), ובלהה מותרת היתה לראובן (כי אחר שנתגיירו לא נאסרה עוד בלהה משום שהיתה אשת אביו אשר בן נח חייב עליה כי גר שנתגייר כקטן שנולד דמי ופקע איסור עריות מדאורייתא (עיין יבמות כ״ב ע״א), ולא היתה בלהה אח״כ רק פלגש), וזה ויהי בשכון ישראל בארץ ההיא, כאשר נתיישב בארץ ההיא היא ארץ ישראל ונכנסו יעקב ובניו להתגייר לקבל ולקיים תורת ישראל ואז פקע איסורא עריות אשר הי׳ עליהם כאשר עוד הי׳ להם דין בני נח כי גר שנתגייר כקטן שנולד, אז וילך ראובן וישכב את בלהה ״פלגש אביו״ וישמע ישראל שהוא שמע והבין סברת ראובן ויהיו בני יעקב אשר הי׳ זה שמו עליו בחוצה לארץ שלא ברכו השי״ת בשם זה רק כאשר בא לא״י היו שנים עשר כולם שוים כפרש״י במדרגה אחת כי אז היו כולם נשיו ולא פלגשיו ואינם בני שפחות רק כולם בני נשיו האמתיים, וזה כל האומר ראובן חטא אינו אלא טועה בדינים החלוקים המוזכרים לעיל אלא בלבל בדעתו מצעו של אביו מא״א לפלגש וק״ל.

27. See Rashi, Bereishit 29:25:

רש״י בראשית פרשת ויצא פרק כט פסוק כה

ויהי בבקר והנה היא לאה - אֲבָל בַּלַּיְלָה לֹא הָיְתָה לֵאָה, לְפִי שֶׁמָּסַר יַעֲקֹב סִימָנִים לְרָחֵל, וּכְשֶׁרָאֲתָה רָחֵל שֶׁמַּכְנִיסִין לוֹ לֵאָה אָמְרָה: עַכְשָׁו תִּכָּלֵם אֲחוֹתִי, עָמְדָה וּמָסְרָה לָהּ אוֹתָן סִימָנִים (מגילה י״ג):

"And it came ot pass, that in the morning, behold it was Leah" – But at night it was not Leah (i.e., he failed to recognise that it was Leah) because Yaakov had given Rachel certain secret signs by which they

result of the deal they strike, each gets what she was seeking: Leah is given quality time with Yaakov,[28] while Rachel gets the cure that she believes will help her achieve her goal of motherhood.[29]

We wonder if the act of being bartered reminded Yaakov of his own bartering, when he exchanged some beans for his brother's birthright? There is at least one linguistic clue that points us in this direction:

בראשית פרשת ויצא פרק ל פסוק טז

וַיָּבֹא יַעֲקֹב מִן־הַשָּׂדֶה בָּעֶרֶב וַתֵּצֵא לֵאָה לִקְרָאתוֹ וַתֹּאמֶר אֵלַי תָּבוֹא כִּי שָׂכֹר שְׂכַרְתִּיךָ בְּדוּדָאֵי בְּנִי וַיִּשְׁכַּב עִמָּהּ בַּלַּיְלָה הוּא:

---

could at all times recognize one another, and when Rachel saw that they were about to bring Leah to him for the marriage ceremony, she thought, "My sister may now be put to shame", and she therefore readily transmitted these signs to her (*Megillah* 13b)." (Rashi, Bereishit 29:25)

28. See Rav Yaakov Kamenetsky, *Emet le-Yaakov*, Bereishit 30:15:

אמת ליעקב בראשית פרשת ויצא פרק ל פסוק טו

"הַמְעַט קַחְתֵּךְ אֶת־אִישִׁי וְלָקַחַת גַּם אֶת־דּוּדָאֵי בְּנִי" לכאורה אם נעיין בדברי לאה אמנו איך שאמרה לרחל, שהיא עקרת הבית [וכדלקמן מ"ו פי"ט ברש"י], שהיא לקחה את אישה, הלוא אדרבה יעקב עבד ברחל, וגם רחל מסרה לה הסימנין שבינה ובין יעקב, ונמצא שלרחל יש לפחות הזכות כמו ללאה, ואף על פי כן לא מצינו שרחל תענה ותשיב הלוא את לקחת ממני את אישי. ועל כרחך צריך לומר דכיון שיעקב נשא את לאה כדין, הרי רחל השניה באה כצרה עליה. ורואין אנו מזה חידוש, שאע"פ שבדיני אדם [לאה] היא האשה ההלכתית, בכל זאת בדיני שמים נשארה [רחל] עקרת הבית, ודו"ק כי זהו ענין גדול בכל השקפות התורה.

29. See Bereishit Rabbah 72:3, Shir Hashirim Rabbah 7:12:

בראשית רבה (וילנא) פרשת ויצא פרשה עב סימן ג

וַתֹּאמֶר רָחֵל אֶל לֵאָה תְּנִי נָא לִי מִדּוּדָאֵי בְּנֵךְ. הַמְעַט קַחְתֵּךְ אֶת אִישִׁי (בראשית ל, יד טו),...תָּאנֵי רַבִּי שִׁמְעוֹן לְפִי שֶׁזִּלְזְלָה בַּצַּדִּיק לְפִיכָךְ אֵינָהּ נִכְנֶסֶת עִמּוֹ בִּקְבוּרָה, הוּא דְהִיא אָמְרָה לָהּ (בראשית ל, טו): לָכֵן יִשְׁכַּב עִמָּךְ הַלַּיְלָה,...אָמַר רַבִּי אֶלְעָזָר זוֹ הִפְסִידָה וְזוֹ הִפְסִידָה, זוֹ נִשְׂתַּכְּרָה וְזוֹ נִשְׂתַּכְּרָה, **לֵאָה הִפְסִידָה דוּדָאִים וְנִשְׂתַּכְּרָה ב' שְׁבָטִים וּבְכוֹרָה,** וְרָחֵל נִשְׂתַּכְּרָה דוּדָאִים וְהִפְסִידָה שְׁבָטִים וּבְכוֹרָה. רַבִּי שְׁמוּאֵל בַּר נַחְמָן אָמַר זוֹ הִפְסִידָה דוּדָאִים וְנִשְׂתַּכְּרָה שְׁבָטִים וּקְבוּרָה עִמּוֹ, **רָחֵל נִשְׂתַּכְּרָה דוּדָאִים וְהִפְסִידָה שְׁבָטִים וּקְבוּרָה עִמּוֹ.**

שיר השירים רבה (וילנא) פרשה ז סימן יד

רַבִּי אֶלְעָזָר וְרַבִּי שְׁמוּאֵל בַּר נַחְמָן, רַבִּי אֶלְעָזָר אוֹמֵר זוֹ הִפְסִידָה וְזוֹ הִפְסִידָה, זוֹ נִשְׂתַּכְּרָה וְזוֹ נִשְׂתַּכְּרָה, לֵאָה הִפְסִידָה דוּדָאִים וְנִשְׂתַּכְּרָה שְׁבָטִים וּקְבוּרָה, **רָחֵל נִשְׂתַּכְּרָה דוּדָאִים וְהִפְסִידָה שְׁבָטִים וּקְבוּרָה.** רַבִּי שְׁמוּאֵל אָמַר זוֹ הִפְסִידָה וְזוֹ הִפְסִידָה, זוֹ נִשְׂתַּכְּרָה וְזוֹ נִשְׂתַּכְּרָה. **לֵאָה הִפְסִידָה דוּדָאִים וְנִשְׂתַּכְּרָה שְׁבָטִים וְהִפְסִידָה הַבְּכוֹרָה, רָחֵל נִשְׂתַּכְּרָה דוּדָאִים וְנִשְׂתַּכְּרָה בְּכוֹרָה וְהִפְסִידָה שְׁבָטִים.**

Yaakov **came from the field** in the evening, and Leah went out
to meet him, and said, "You must come in to me; for I have
surely hired you with my son's mandrakes." He lay with her
that night. (Bereishit 30:16)

בראשית פרשת תולדות פרק כה פסוק כט

וַיָּזֶד יַעֲקֹב נָזִיד וַיָּבֹא עֵשָׂו מִן־הַשָּׂדֶה וְהוּא עָיֵף:

Yaakov cooked a stew and Esav **came from the field**, and he
was exhausted. (Bereishit 25:29)

In both of these instances it seems that the object that was "sold" in
exchange for produce was not the sort of thing that can be bought.

בראשית פרשת תולדות פרק כה

(ל) וַיֹּאמֶר עֵשָׂו אֶל־יַעֲקֹב הַלְעִיטֵנִי נָא מִן־הָאָדֹם הָאָדֹם הַזֶּה כִּי עָיֵף
אָנֹכִי עַל־כֵּן קָרָא־שְׁמוֹ אֱדוֹם: (לא) וַיֹּאמֶר יַעֲקֹב מִכְרָה כַיּוֹם אֶת־
בְּכֹרָתְךָ לִי: (לב) וַיֹּאמֶר עֵשָׂו הִנֵּה אָנֹכִי הוֹלֵךְ לָמוּת וְלָמָּה־זֶּה לִי בְּכֹרָה:
(לג) וַיֹּאמֶר יַעֲקֹב הִשָּׁבְעָה לִּי כַּיּוֹם וַיִּשָּׁבַע לוֹ וַיִּמְכֹּר אֶת־בְּכֹרָתוֹ לְיַעֲקֹב:
(לד) וְיַעֲקֹב נָתַן לְעֵשָׂו לֶחֶם וּנְזִיד עֲדָשִׁים וַיֹּאכַל וַיֵּשְׁתְּ וַיָּקָם וַיֵּלַךְ וַיִּבֶז
עֵשָׂו אֶת־הַבְּכֹרָה:

(30) Esav said to Yaakov, "Please feed me with that very red
stew, for I am exhausted." Therefore, his name was called Edom.
(31) Yaakov said, "First, sell me your birthright." (32) Esav said,
"Behold, I am about to die. What good is the birthright to me?"
(33) Yaakov said, "Swear to me today," and he swore to him and
sold his birthright to Yaakov. (34) Yaakov gave Esav bread and
lentil stew. He ate and drank, rose up, and went his way, and
Esav despised the birthright. (Bereishit 30:34)

Does Yaakov sense the irony of two siblings, the younger and older,
once again trading for something sacred? Does Yaakov experience
catharsis, sensing that he deserves this treatment?[30] Is his lack of

---

30. Ohr HaChaim, Bereishit 30:15, seems to sense that these two episodes
are related:

אור החיים בראשית פרשת ויצא פרק ל פסוק טו
לכן ישכב וגו'... או ירצה לשון שבועה משום שהם דברים שאין נקנים אלא בשבועה

resistance an indication that he knows that he must accept it, just as he accepted his marriage to Leah? Although his statement to his father, "I am Esav your firstborn," may have been technically true after he purchased the birthright, Yaakov understands that as a result he must live the life of that firstborn as well – and that includes being married to Leah.

Though Yaakov could perhaps defend his actions, he most certainly lived with the consequences. The wealth that he accrues, perhaps by virtue of having received the blessing for physical plenty, comes only as a result of twenty years of hard labor, and even then, only when he manages to outsmart Lavan. We sense that all the trials and tribulations endured by Yaakov were designed to repair – to create what rabbinic literature describes as a *tikkun* – his questionable, though perhaps defensible, behavior of his youth.

Now that he has been somehow cleansed, uplifted, "repaired" through these "*tikkunim*" Yaakov is ready to return home. Esav is waiting for him, but this is not the same Yaakov. One more *tikkun* will still be needed before the confrontation with Esav – a powerful *tikkun* which will reveal that a new identity, a force to be reckoned with, called Yisrael, is about to emerge. That *tikkun* lies just ahead.[31] That final *tikkun* can only be accomplished by a spiritually enlightened, powerful Yaakov who has faced his past and elevated it, and is now ready to return to the promised land and set God's promise in motion.

כי לא הקנית לה דבר שיש בו ממש, ועיין מה שכתבתי בפסוק (כ״ה ל״ג) השבעה לי
במכר בכורת עשו:

31. See *Explorations Expanded: Sefer Bereishit, Parashat Vayishlach.*

PARASHAT VAYISHLACH

A Multifaceted Injury

As Yaakov heads home he is filled with dread as the inevitable meeting with his estranged brother looms. It seems more likely that this will be a showdown – or even a massacre – than a happy family reunion or a celebratory homecoming. And so, Yaakov prepares, in a fatalistic frame of mind; concerned, if not convinced, that blood will be spilled, he divides his family and possessions into two camps:

בראשית פרשת וישלח פרק לב

(ח) וַיִּירָא יַעֲקֹב מְאֹד וַיֵּצֶר לוֹ וַיַּחַץ אֶת־הָעָם אֲשֶׁר־אִתּוֹ וְאֶת־הַצֹּאן וְאֶת־הַבָּקָר וְהַגְּמַלִּים לִשְׁנֵי מַחֲנוֹת: (ט) וַיֹּאמֶר אִם־יָבוֹא עֵשָׂו אֶל־הַמַּחֲנֶה הָאַחַת וְהִכָּהוּ וְהָיָה הַמַּחֲנֶה הַנִּשְׁאָר לִפְלֵיטָה:

And Yaakov was terrified and pained, he divided the people who accompanied him, and the flock, cattle and camels into two camps. He said, "Should Esav come and annihilate one camp the other one would escape." (Bereishit 32:8–9)

Interestingly, the rabbis describe this as preparation for battle,[1] even though the verses do not indicate any proactive offensive military tactics on Yaakov's part. It would therefore be more accurate

Dedicated in honor of Solal Yossi

1. See Rashi, Bereishit 32:9:

רש"י בראשית פרשת וישלח פרק לב פסוק ט

והיה המחנה הנשאר לפליטה - עַל כָּרְחוֹ, כִּי אֶלָּחֵם עִמּוֹ. הִתְקִין עַצְמוֹ לִשְׁלֹשָׁה דְּבָרִים,

to describe Yaakov's preparations as a desperate attempt at damage control – to minimize the anticipated toll of death and destruction. It was a strategy for partial survival. The news that Esav was on the way accompanied by four hundred men, presumably a formidable fighting force, had sent Yaakov into despair.

Lest we belittle the size of Esav's entourage, we should recall that the first "world war" – the war of the four kings against the five kings – was won when Avraham entered the fray with three hundred and eighteen men.[2] With an even larger fighting force than that now bearing down on him and his family, Yaakov's fear is based on a realistic analysis of the situation. Esav's hatred, which Yaakov has every reason to believe has metastasized into a deadly obsession, is now backed up by a small – or perhaps not so small – army.

In an act of desperation, Yaakov prays:

בראשית פרשת וישלח פרק לב

(י) וַיֹּאמֶר יַעֲקֹב אֱלֹקֵי אָבִי אַבְרָהָם וֵאלֹקֵי אָבִי יִצְחָק ה' הָאֹמֵר אֵלַי שׁוּב לְאַרְצְךָ וּלְמוֹלַדְתְּךָ וְאֵיטִיבָה עִמָּךְ: (יא) קָטֹנְתִּי מִכֹּל הַחֲסָדִים וּמִכָּל־הָאֱמֶת אֲשֶׁר עָשִׂיתָ אֶת־עַבְדֶּךָ כִּי בְמַקְלִי עָבַרְתִּי אֶת־הַיַּרְדֵּן הַזֶּה וְעַתָּה הָיִיתִי לִשְׁנֵי מַחֲנוֹת: (יב) הַצִּילֵנִי נָא מִיַּד אָחִי מִיַּד עֵשָׂו כִּי־יָרֵא אָנֹכִי אֹתוֹ פֶּן־יָבוֹא וְהִכַּנִי אֵם עַל־בָּנִים: (יג) וְאַתָּה אָמַרְתָּ הֵיטֵב אֵיטִיב עִמָּךְ וְשַׂמְתִּי אֶת־זַרְעֲךָ כְּחוֹל הַיָּם אֲשֶׁר לֹא־יִסָּפֵר מֵרֹב:

לְדוֹרוֹן, לִתְפִלָּה וּלְמִלְחָמָה. לְדוֹרוֹן, וַתַּעֲבֹר הַמִּנְחָה עַל פָּנָיו; לִתְפִלָּה, אֱלֹהֵי אָבִי אַבְרָהָם; לְמִלְחָמָה, וְהָיָה הַמַּחֲנֶה הַנִּשְׁאָר לִפְלֵיטָה:

"Then the remaining camp may escape" in spite of him, for I will fight against him. He prepared himself for three things: To give him a present – as it states (Bereishit 32:22) "So, the present passed before him"; for prayer – as it states (Bereishit 32:10), "And he said, 'O God of my father Avraham'"; for war – as it states in this verse, "then the remaining camp may escape", for I will fight against him (Tanchuma Yashan 1:8:6). (Rashi, Bereishit 32:9)

2. See Bereishit 14:15:

בראשית פרשת לך לך פרק יד פסוק יד

וַיִּשְׁמַע אַבְרָם כִּי נִשְׁבָּה אָחִיו וַיָּרֶק אֶת־חֲנִיכָיו יְלִידֵי בֵיתוֹ שְׁמֹנָה עָשָׂר וּשְׁלֹשׁ מֵאוֹת וַיִּרְדֹּף עַד־דָּן:

> Then Yaakov said, "O God of my father Avraham and God of my father Yitzchak, O God, who said to me, 'Return to your native land and I will do good things for you!' I am unworthy of all the kindness that You have done for Your servant, for with my staff alone I crossed this Jordan, and now I have become two camps. Deliver me, I pray, from the hand of my brother, from the hand of Esav; for I fear, he may come and strike me down, mothers and children alike. Yet You have said, 'I will most certainly cause good things for you and make your offspring as the sands of the sea, which are too numerous to count.'" (Bereishit 32:10–13)

Yaakov's prayer is full of pathos. He articulates his fear of a bloodbath; he is afraid that neither he nor his family, and especially his children, will survive the confrontation with Esav, and he challenges God on this point: God had promised that everything would work out, that his offspring would be as numerous as the grains of sand on the shore, that Yaakov would have Divine protection. Nonetheless, the reality of his situation is bleak, and Yaakov's plea is met with silence.

As observers, we are unsure what to do with this prayer. On the one hand, a man of faith who senses his impending mortality has no choice but to pray. In a very real sense, this is a prayer we wish Avraham had allowed himself to utter: "God, how can You command me to bring my child as an offering? You are a God of kindness and mercy; aside from the moral grotesqueness of the act, you made a very explicit promise to me that Yitzchak would inherit my mission and my blessings, and through him the Divine promise will come to fruition." Yet Avraham's faith did not allow him to utter this prayer. Is Yaakov's faith less perfect? Does the content of his prayer or the fact that he is so fearful indicate that Yaakov's faith is lacking in some way?

On more than one occasion, God had assured Yaakov that He would be with him as a protector:

בראשית פרשת ויצא פרק כח

(יב) וַיַּחֲלֹם וְהִנֵּה **סֻלָּם** מֻצָּב אַרְצָה וְרֹאשׁוֹ מַגִּיעַ הַשָּׁמָיְמָה וְהִנֵּה מַלְאֲכֵי אֱלֹקִים **עֹלִים וְיֹרְדִים בּוֹ:** (יג) וְהִנֵּה ה׳ נִצָּב עָלָיו וַיֹּאמַר אֲנִי ה׳ אֱלֹקֵי אַבְרָהָם אָבִיךָ וֵאלֹקֵי יִצְחָק הָאָרֶץ אֲשֶׁר אַתָּה שֹׁכֵב עָלֶיהָ לְךָ אֶתְּנֶנָּה

וּלְזַרְעֶךָ: (יד) וְהָיָה זַרְעֲךָ כַּעֲפַר הָאָרֶץ וּפָרַצְתָּ יָמָּה וָקֵדְמָה וְצָפֹנָה וָנֶגְבָּה וְנִבְרְכוּ בְךָ כָּל־מִשְׁפְּחֹת הָאֲדָמָה וּבְזַרְעֶךָ: (טו) וְהִנֵּה אָנֹכִי עִמָּךְ וּשְׁמַרְתִּיךָ בְּכֹל אֲשֶׁר־תֵּלֵךְ וַהֲשִׁבֹתִיךָ אֶל־הָאֲדָמָה הַזֹּאת כִּי לֹא אֶעֱזָבְךָ עַד אֲשֶׁר אִם־ עָשִׂיתִי אֵת אֲשֶׁר־דִּבַּרְתִּי לָךְ:

He had a dream; a stairway (variously translated as "ramp" or "ladder") was set on the ground and its top reached to the sky, and angels of God were going up and down on it. And God was standing above him, and He said, "I am the Eternal, the God of your father Avraham and the God of Yitzchak. The ground on which you are lying I will give to you and to your offspring. Your descendants shall be as (numerous as) the dust of the earth; you shall spread out to the west and to the east, to the north and to the south. All the families of the earth will be blessed through you and your descendants. Behold, I am with you: I will protect you wherever you go and will bring you back to this land. I will not leave you until I have done what I have promised you." (Bereishit 28:12–15)

בראשית פרשת ויצא פרק לא

(א) וַיִּשְׁמַע אֶת־דִּבְרֵי בְנֵי־לָבָן לֵאמֹר לָקַח יַעֲקֹב אֵת כָּל־אֲשֶׁר לְאָבִינוּ וּמֵאֲשֶׁר לְאָבִינוּ עָשָׂה אֵת כָּל־הַכָּבֹד הַזֶּה: (ב) וַיַּרְא יַעֲקֹב אֶת־פְּנֵי לָבָן וְהִנֵּה אֵינֶנּוּ עִמּוֹ כִּתְמוֹל שִׁלְשׁוֹם: (ג) וַיֹּאמֶר ה' אֶל־יַעֲקֹב שׁוּב אֶל־אֶרֶץ אֲבוֹתֶיךָ וּלְמוֹלַדְתֶּךָ וְאֶהְיֶה עִמָּךְ:.. (יא) וַיֹּאמֶר אֵלַי מַלְאַךְ הָאֱלֹהִים בַּחֲלוֹם יַעֲקֹב וָאֹמַר הִנֵּנִי: (יב) וַיֹּאמֶר שָׂא־נָא עֵינֶיךָ וּרְאֵה כָּל־הָעַתֻּדִים הָעֹלִים עַל־הַצֹּאן עֲקֻדִּים נְקֻדִּים וּבְרֻדִּים כִּי רָאִיתִי אֵת כָּל־אֲשֶׁר לָבָן עֹשֶׂה לָּךְ: (יג) אָנֹכִי הָאֵל בֵּית־אֵל אֲשֶׁר מָשַׁחְתָּ שָּׁם מַצֵּבָה אֲשֶׁר נָדַרְתָּ לִּי שָׁם נֶדֶר עַתָּה קוּם צֵא מִן־הָאָרֶץ הַזֹּאת וְשׁוּב אֶל־אֶרֶץ מוֹלַדְתֶּךָ:

Now he heard the things that Lavan's sons were saying: "Yaakov has taken all that was our father's, and from that which was our father's he has built up all this wealth." Yaakov also saw that Lavan's manner toward him was not as it had been in the past. Then God said to Yaakov, "Return to the land of your fathers where you were born, and I will be with you." . . . And in the dream an angel of God said to me, 'Yaakov!' and I answered, 'I am here.' And he said, 'Note well that all the he-goats which are mating with the flock are streaked, speckled, and mottled; for I have noted all that Lavan has been doing to you. I am the God of Beit El, where you anointed a pillar and where you made a vow to Me. Now arise and leave this land and return to your native land.'" (Bereishit 31:1–3, 11–13)

The verses, or what is not recorded in them, should lead us to consider that God had been at work behind the scenes, and had micro-managed the dramatic change of heart that unfolds. This would certainly conform to the earlier instances in which adversaries were given a "gentle reminder" from God that He is watching, and that it would be ill-advised to harm His favorite protagonist: Avimelech and Lavan[3] received nocturnal visitations from God in which they were warned to "be nice" to Avraham and Yaakov respectively:

בראשית פרשת וירא פרק כ

(ג) וַיָּבֹא אֱלֹקִים אֶל־אֲבִימֶלֶךְ בַּחֲלוֹם הַלָּיְלָה וַיֹּאמֶר לוֹ הִנְּךָ מֵת עַל־הָאִשָּׁה אֲשֶׁר־לָקַחְתָּ וְהִוא בְּעֻלַת בָּעַל: (ד) וַאֲבִימֶלֶךְ לֹא קָרַב אֵלֶיהָ וַיֹּאמַר אֲדֹנָי הֲגוֹי גַּם־צַדִּיק תַּהֲרֹג: (ה) הֲלֹא הוּא אָמַר־לִי אֲחֹתִי הִוא וְהִיא־גַם־הִוא אָמְרָה אָחִי הוּא בְּתָם־לְבָבִי וּבְנִקְיֹן כַּפַּי עָשִׂיתִי זֹאת: (ו) וַיֹּאמֶר אֵלָיו הָאֱלֹקִים בַּחֲלֹם גַּם אָנֹכִי יָדַעְתִּי כִּי בְתָם־לְבָבְךָ עָשִׂיתָ זֹּאת וָאֶחְשֹׂךְ גַּם־אָנֹכִי אוֹתְךָ מֵחֲטוֹ־לִי עַל־כֵּן לֹא־נְתַתִּיךָ לִנְגֹּעַ אֵלֶיהָ: (ז) וְעַתָּה הָשֵׁב אֵשֶׁת־הָאִישׁ כִּי־נָבִיא הוּא וְיִתְפַּלֵּל בַּעַדְךָ וֶחְיֵה וְאִם־אֵינְךָ מֵשִׁיב דַּע כִּי־מוֹת תָּמוּת אַתָּה וְכָל־אֲשֶׁר־לָךְ: (ח) וַיַּשְׁכֵּם אֲבִימֶלֶךְ בַּבֹּקֶר וַיִּקְרָא לְכָל־עֲבָדָיו וַיְדַבֵּר אֶת־כָּל־הַדְּבָרִים הָאֵלֶּה בְּאָזְנֵיהֶם וַיִּירְאוּ הָאֲנָשִׁים מְאֹד:

But God came to Avimelech in a dream by night and said to him, "You will die because of the woman that you have taken, for she is a married woman." Now Avimelech had not approached her. He said, "O Lord, will You slay people even though innocent? He himself said to me, 'She is my sister'! And she also said, 'He is my brother.' When I did this, my heart was blameless, and my hands were clean." And God said to him in the dream, "I knew that you did this with a blameless heart, and so I kept you from

---

3. Lavan seems to have more attitude than Avimelech, though the warning he had received was tamer as well. Lavan tells Yaakov: God said I can't....

sinning against Me. That was why I did not let you touch her. Therefore, return the man's wife – since he is a prophet, he will intercede for you to save your life. If you fail to return her, know that you will die, you and all that is yours." Early next morning, Avimelech called his servants and told them all these things; and the men were greatly frightened. (Bereishit 20:3–8)

בראשית פרשת ויצא פרק לא

(כד) וַיָּבֹא אֱלֹקִים אֶל־לָבָן הָאֲרַמִּי בַּחֲלֹם הַלָּיְלָה וַיֹּאמֶר לוֹ הִשָּׁמֶר לְךָ פֶּן־תְּדַבֵּר עִם־יַעֲקֹב מִטּוֹב עַד־רָע:... (כו) וַיֹּאמֶר לָבָן לְיַעֲקֹב מֶה עָשִׂיתָ וַתִּגְנֹב אֶת־לְבָבִי וַתְּנַהֵג אֶת־בְּנֹתַי כִּשְׁבֻיוֹת חָרֶב: (כז) לָמָּה נַחְבֵּאתָ לִבְרֹחַ וַתִּגְנֹב אֹתִי וְלֹא־הִגַּדְתָּ לִּי וָאֲשַׁלֵּחֲךָ בְּשִׂמְחָה וּבְשִׁרִים בְּתֹף וּבְכִנּוֹר: (כח) וְלֹא נְטַשְׁתַּנִי לְנַשֵּׁק לְבָנַי וְלִבְנֹתָי עַתָּה הִסְכַּלְתָּ עֲשׂוֹ: (כט) יֶשׁ־לְאֵל יָדִי לַעֲשׂוֹת עִמָּכֶם רָע וֵאלֹקֵי אֲבִיכֶם אֶמֶשׁ אָמַר אֵלַי לֵאמֹר הִשָּׁמֶר לְךָ מִדַּבֵּר עִם־יַעֲקֹב מִטּוֹב עַד־רָע:

But God appeared to Lavan the Aramean in a dream by night and said to him, "Beware of saying anything to Yaakov, good or bad."... And Lavan said to Yaakov, "What have you done, betraying me (literally: stealing my heart) and carrying my daughters off like prisoners of war? Why did you flee in secrecy and mislead me and not tell me? I would have sent you off with festive music, with timbrel and lyre. You did not even let me kiss my sons and daughters good-bye! It was a foolish thing for you to do. I have it in my power to do you harm; but the God of your father said to me last night, 'Beware of saying anything to Yaakov, good or bad.'" (Bereishit 31:24–29)

One wonders if despite assembling his fighting force, Esav had received a similar warning.[4] When the moment for battle presents itself,

---

4. My wife Naomi shared a similar idea that she heard from Rav Mordechai Breuer. See *Yalkut Reuveni*, Shemot, section 17:

ילקוט ראובני על התורה – פרשת שמות אות יז
ויחי כל נפש יוצאי ירך יעקב שבעים נפש. דע כי במרכבה יש שרים ל"ה מימין ונאחזים במרכבה ע"י אברהם וכולם נטו לדת ישמעאל וכן בשמאל המרכבה יש ל"ה שרים ונאחזים במרכבה ע"י יצחק אבינו וכולם נטו לדת עשו אבי אדום, והשר

the macho Esav quite remarkably and unexpectedly crumbles into an emotional mess, and comes running to hug his brother as he weeps. Perhaps in this case as well, God had pulled the strings, turning Esav into a passive marionette and orchestrating a peaceful homecoming. We may imagine a "split screen:" As Yaakov prays for God to remember His promise and keep His word, God is already "on it" – and Esav is in the process of being neutralized. As Yaakov spends the night alone and faces the "angel" of Esav, his twin is experiencing a parallel struggle, and spends the night facing Yaakov's angel, who convinces Esav that he can go no further, and that Yaakov, who deserves his respect and his love, will remain unscathed?

Yaakov sends gifts to Esav, and hopes for a reprieve:

בראשית פרשת וישלח פרק לב

(יד) וַיָּלֶן שָׁם **בַּלַּיְלָה הַהוּא** וַיִּקַּח מִן־הַבָּא בְיָדוֹ **מִנְחָה לְעֵשָׂו אָחִיו:**
(טו) עִזִּים מָאתַיִם וּתְיָשִׁים עֶשְׂרִים רְחֵלִים מָאתַיִם וְאֵילִים עֶשְׂרִים:
(טז) גְּמַלִּים מֵינִיקוֹת וּבְנֵיהֶם שְׁלֹשִׁים פָּרוֹת אַרְבָּעִים וּפָרִים עֲשָׂרָה אֲתֹנֹת
עֶשְׂרִים וַעְיָרִם עֲשָׂרָה: (יז) וַיִּתֵּן בְּיַד־עֲבָדָיו עֵדֶר עֵדֶר לְבַדּוֹ וַיֹּאמֶר אֶל־
עֲבָדָיו עִבְרוּ לְפָנַי וְרֶוַח תָּשִׂימוּ בֵּין עֵדֶר וּבֵין עֵדֶר: (יח) וַיְצַו אֶת־הָרִאשׁוֹן
לֵאמֹר כִּי יִפְגָּשְׁךָ עֵשָׂו אָחִי וּשְׁאֵלְךָ לֵאמֹר לְמִי־אַתָּה וְאָנָה תֵלֵךְ וּלְמִי אֵלֶּה
לְפָנֶיךָ: (יט) וְאָמַרְתָּ לְעַבְדְּךָ לְיַעֲקֹב מִנְחָה הִוא שְׁלוּחָה לַאדֹנִי לְעֵשָׂו
וְהִנֵּה גַם־הוּא אַחֲרֵינוּ: (כ) וַיְצַו גַּם אֶת־הַשֵּׁנִי גַּם אֶת־הַשְּׁלִישִׁי גַּם אֶת־
כָּל־הַהֹלְכִים אַחֲרֵי הָעֲדָרִים לֵאמֹר כַּדָּבָר הַזֶּה תְּדַבְּרוּן אֶל־עֵשָׂו בְּמֹצַאֲכֶם
אֹתוֹ: (כא) וַאֲמַרְתֶּם גַּם הִנֵּה עַבְדְּךָ יַעֲקֹב אַחֲרֵינוּ כִּי־אָמַר אֲכַפְּרָה פָנָיו
בַּמִּנְחָה הַהֹלֶכֶת לְפָנָי וְאַחֲרֵי־כֵן אֶרְאֶה פָנָיו אוּלַי יִשָּׂא פָנָי: (כב) וַתַּעֲבֹר
הַמִּנְחָה עַל־פָּנָיו **וְהוּא לָן בַּלַּיְלָה־הַהוּא בַּמַּחֲנֶה:**

After spending the night there, he selected from what was at hand a gift offering for his brother Esav: 200 she-goats and 20

הגדול שבבני עשו הוא שרו של עמלק בן פלגש של אליפז בן עשו ולכן אמר ראשית גוים עמלק וכולם נטו לדת עשו וכו׳ ובמקום אלה שהם ע׳ שרים היו ישראל ע׳ נפש יוצאי ירך יעקב וכאשר גברו עונות הפנימים נגרשו החיצונים נכנסו ומשלו במרכבה ונסתלק הנבואה והשכינה לשמי מרום תחת עבד כי ימלוך ושפחה כי תירש גבירתה תחת עבד כי ימלך זה סמא״ל שרו של עשו שהוא עבד למטטרו״ן שרו של יעקב, שנא׳ ורב יעבוד צעיר ושפחה תירש גבירתה הגר שפחה לשרה גבירתה והגר היא מצרית ושרה היא מצרית פנימי:

he-goats; 200 ewes and 20 rams; 30 milch camels with their colts; 40 cows and 10 bulls; 20 she-asses and 10 he-asses. These he put in the hands of his servants, flock by flock, and he told his servants, "Go on ahead of me, and keep a distance between the flocks." He instructed the one in front as follows, "When my brother Esav meets you and asks you, 'Whose man are you? Where are you going? And whose [animals] are these ahead of you?' you shall answer, 'Your servant Yaakov's; they are a gift sent to my lord Esav; and [Yaakov] himself is right behind us.'" He gave similar instructions to the second one, and the third, and all the others who followed the flocks, namely, "Thus shall you say to Esav when you reach him. And you shall add, 'And your servant Yaakov himself is right behind us.'" For he reasoned, "If I propitiate him with presents in advance, and then face him, perhaps he will show me favor." And so, the gift went on ahead, while he remained in camp that night. (Bereishit 32:14–32)

At the last minute, there is movement, and a change of strategy:

בראשית פרשת וישלח פרק לב

(כג) וַיָּקָם בַּלַּיְלָה הוּא וַיִּקַּח אֶת־שְׁתֵּי נָשָׁיו וְאֶת־שְׁתֵּי שִׁפְחֹתָיו וְאֶת־אַחַד עָשָׂר יְלָדָיו וַיַּעֲבֹר אֵת מַעֲבַר יַבֹּק: (כד) וַיִּקָּחֵם וַיַּעֲבִרֵם אֶת־הַנָּחַל וַיַּעֲבֵר אֶת־אֲשֶׁר־לוֹ:

That same night he arose, and taking his two wives, his two maidservants, and his eleven children, he crossed the ford of the Yabbok. After taking them across the stream, he brought across all his possessions. (Bereishit 32:23–24)

Perhaps Yaakov fears that Esav has extracted information regarding Yaakov's whereabouts and tactics, so Yaakov moves his camp (camps?). He also seems to reach the conclusion that he himself is a liability: Anyone found with him will be in mortal danger. Yaakov spends the night away from his family, alone – or not alone; somehow, he is attacked by an assailant:

בראשית פרשת וישלח פרק לב

(כה) וַיִּוָּתֵר יַעֲקֹב לְבַדּוֹ וַיֵּאָבֵק אִישׁ עִמּוֹ עַד עֲלוֹת הַשָּׁחַר: (כו) וַיַּרְא כִּי לֹא
יָכֹל לוֹ **וַיִּגַּע בְּכַף־יְרֵכוֹ** וַתֵּקַע **כַּף־יֶרֶךְ יַעֲקֹב** בְּהֵאָבְקוֹ עִמּוֹ: (כז) וַיֹּאמֶר
שַׁלְּחֵנִי כִּי עָלָה הַשָּׁחַר וַיֹּאמֶר לֹא אֲשַׁלֵּחֲךָ כִּי אִם־בֵּרַכְתָּנִי: (כח) וַיֹּאמֶר
אֵלָיו מַה־שְּׁמֶךָ וַיֹּאמֶר יַעֲקֹב: (כט) וַיֹּאמֶר לֹא יַעֲקֹב יֵאָמֵר עוֹד שִׁמְךָ כִּי
אִם־יִשְׂרָאֵל כִּי־שָׂרִיתָ עִם־אֱלֹהִים וְעִם־אֲנָשִׁים וַתּוּכָל: (ל) וַיִּשְׁאַל יַעֲקֹב
וַיֹּאמֶר הַגִּידָה־נָּא שְׁמֶךָ וַיֹּאמֶר לָמָּה זֶּה תִּשְׁאַל לִשְׁמִי **וַיְבָרֶךְ אֹתוֹ שָׁם:**
(לא) וַיִּקְרָא יַעֲקֹב שֵׁם הַמָּקוֹם פְּנִיאֵל כִּי־רָאִיתִי אלקים פָּנִים אֶל־פָּנִים
וַתִּנָּצֵל נַפְשִׁי: (לב) וַיִּזְרַח־לוֹ הַשֶּׁמֶשׁ כַּאֲשֶׁר עָבַר אֶת־פְּנוּאֵל וְהוּא צֹלֵעַ
עַל־יְרֵכוֹ: (לג) **עַל־כֵּן לֹא־יֹאכְלוּ בְנֵי־יִשְׂרָאֵל אֶת־גִּיד הַנָּשֶׁה אֲשֶׁר**
עַל־כַּף הַיָּרֵךְ עַד הַיּוֹם הַזֶּה כִּי **נָגַע בְּכַף־יֶרֶךְ יַעֲקֹב** בְּגִיד הַנָּשֶׁה:

Yaakov was left alone. And a man wrestled with him until the break of dawn. When he saw that he could not prevail against him, he wrenched Yaakov's hip at its socket, so that the socket of his hip was strained as he wrestled with him. Then he said, "Let me go, for dawn is breaking." But he answered, "I will not let you go, unless you bless me." He said to him, "What is your name?" He replied, "Yaakov." Said he, "Your name shall no longer be Yaakov, but Yisrael, for you have striven with beings both Divine and human, and have prevailed." And Yaakov questioned, and said, "Pray speak your name." But he said, "Why would you ask my name," and he blessed him there. And Yaakov named the place Peniel, "for I have seen the Divine face to face, yet my life has been spared." The sun rose upon him as he passed Penuel, limping on his hip. That is why the children of Israel to this day do not eat the thigh muscle that is on the socket of the hip, since Yaakov's hip socket was wrenched at the thigh muscle. (Bereishit 32:25–32)

This section raises many questions, including the strange and confusing way it is written, with each verse revealing only limited and obscure information that requires much clarification and explanation. The texture of the narrative suggests a dream-like quality: Yaakov is alone in the dark night, struggling to stay awake and alert but in desperate need of sleep. He has spent the greater part of his life as a shepherd, and proven himself both dedicated and highly skilled at it. In his parting words to Lavan, he took pride in the fact that he had never slept on the job; he had kept faithful watch over the flocks through the long nights in Lavan's employ.[5] But now, when he must protect his own flock and his family, an assailant takes him by surprise. We are reminded that when he left the land of Israel (Canaan) years earlier, he had slept under the stars and dreamed of angels ascending and descending a ladder to heaven. Now, years later, one of those angels comes down to have a word with – and "have a go at" – Yaakov, and then begs to be released so that he can once again ascend.

The battle ends, but we are not sure who was victorious.[6] Of course, for Yaakov, survival is victory; nonetheless, Yaakov is wounded, his thigh is hurt, his sciatic nerve damaged.

What is the meaning of this strange episode – the message, the significance of this struggle? The long-term effects are as baffling as the incident itself: There is a change of name, from Yaakov to Yisrael, but that change is actually made later in the narrative by God Himself;[7] why the seeming redundance? The prohibition against eating the

---

5. See Bereishit 31:40:

בראשית פרשת ויצא פרק לא פסוק מ
הָיִיתִי בַיּוֹם אֲכָלַנִי חֹרֶב וְקֶרַח בַּלָּיְלָה וַתִּדַּד שְׁנָתִי מֵעֵינָי:

"Often, scorching heat ravaged me by day and frost by night; and my eyes were derived of sleep."

6. See Bereishit Rabbah 77:3:

בראשית רבה (וילנא) פרשת וישלח פרשה עז סימן ג
רַבִּי חָמָא בְּרַבִּי חֲנִינָא אָמַר **שָׂרוֹ שֶׁל עֵשָׂו הָיָה**, הוּא דַהֲוָה אָמַר לֵיהּ (בראשית לג, י): כִּי עַל כֵּן רָאִיתִי פָנֶיךָ כִּרְאֹת פְּנֵי אלקים וַתִּרְצֵנִי,... אָמַר רַבִּי בֶּרֶכְיָה **אֵין אָנוּ יוֹדְעִים מִי נָצַח אִם מַלְאָךְ אִם יַעֲקֹב**, וּמִן מַה דִּכְתִיב (בראשית לב, כה): וַיֵּאָבֵק אִישׁ עִמּוֹ, הֱוֵי מִי נִתְמַלֵּא אָבָק הָאִישׁ שֶׁעִמּוֹ. אָמַר רַבִּי חֲנִינָא בַּר יִצְחָק אָמַר לוֹ הַקָּדוֹשׁ בָּרוּךְ הוּא, הוּא בָּא אֵלֶיךָ וַחֲמִשָּׁה קְמֵיעִין בְּיָדוֹ, זְכוּתוֹ, וּזְכוּת אָבִיו, זְכוּת אִמּוֹ, וּזְכוּת זְקֵנוֹ, וּזְכוּת זְקֶנְתּוֹ. מְדֹד עַצְמְךָ אִם אַתָּה יָכוֹל לַעֲמֹד אֲפִלּוּ בִזְכוּתוֹ, מִיָּד, וַיַּרְא כִּי לֹא יָכֹל לוֹ. מָשָׁל לְמֶלֶךְ שֶׁהָיָה לוֹ כֶּלֶב אַגְרִיוֹן וַאֲרִי נֵמִירוֹן, וְהָיָה הַמֶּלֶךְ נוֹטֵל אֶת בְּנוֹ וּמְלַבְּבוֹ בָּאֲרִי, שֶׁאִם יָבוֹא הַכֶּלֶב לְהִזְדַּוֵּג לוֹ יֹאמַר לוֹ הַמֶּלֶךְ אֲרִי לֹא הָיָה יָכוֹל לַעֲמֹד בּוֹ וְאַתָּה מְבַקֵּשׁ לְהִזְדַּוֵּג לוֹ. **כָּךְ שֶׁאִם יָבוֹאוּ אֻמּוֹת הָעוֹלָם לְהִזְדַּוֵּג לְיִשְׂרָאֵל, יֹאמַר לָהֶם הַקָּדוֹשׁ בָּרוּךְ הוּא שַׂרְכֶם לֹא הָיָה יָכוֹל לַעֲמֹד בּוֹ וְאַתֶּם מְבַקְּשִׁים לְהִזְדַּוֵּג לְבָנָיו.** (בראשית לב, כו):

7. Bereishit 35:10.

part of the animal parallel to Yaakov's injured *gid ha-nashe*, as a testimony to this struggle, could just as easily have been communicated at Mount Sinai in the context of the codex of laws pertaining to kosher versus forbidden foods.[8] Moreover, the verses offer no insight as to why this particular part of Yaakov's body was hurt.

On a functional level, the sciatic injury should have prevented Yaakov from doing something which he nonetheless does: Yaakov bows down to his brother. In fact, when they meet, Yaakov and his entire family bow before Esav. Coupled with the gifts, the message is very clear: Yaakov hopes to "undo" the cause of their falling out, to reverse the blessings which he took surreptitiously, the source of Esav's rage:

בראשית פרשת תולדות פרק כז

(כח) וְיִתֶּן־לְךָ הָאֱלֹקִים מִטַּל הַשָּׁמַיִם וּמִשְׁמַנֵּי הָאָרֶץ וְרֹב דָּגָן וְתִירֹשׁ׃
(כט) יַעַבְדוּךָ עַמִּים וְיִשְׁתַּחֲוּוּ לְךָ לְאֻמִּים הֱוֵה גְבִיר לְאַחֶיךָ **וְיִשְׁתַּחֲווּ לְךָ**
בְּנֵי אִמֶּךָ אֹרְרֶיךָ אָרוּר וּמְבָרְכֶיךָ בָּרוּךְ׃

"May God give you of the dew of heaven and the fat of the earth,
Abundance of new grain and wine. Let peoples serve you,
And nations bow to you; Be master over your brothers,
And let your mother's sons bow to you. Cursed be they who curse you,
Blessed they who bless you." (Bereishit 27:28–29)

בראשית פרשת וישלח פרק לג

(א) וַיִּשָּׂא יַעֲקֹב עֵינָיו וַיַּרְא וְהִנֵּה עֵשָׂו בָּא וְעִמּוֹ אַרְבַּע מֵאוֹת אִישׁ
וַיַּחַץ אֶת־הַיְלָדִים עַל־לֵאָה וְעַל־רָחֵל וְעַל שְׁתֵּי הַשְּׁפָחוֹת׃ (ב) וַיָּשֶׂם
אֶת־הַשְּׁפָחוֹת וְאֶת־יַלְדֵיהֶן רִאשֹׁנָה וְאֶת־לֵאָה וִילָדֶיהָ אַחֲרֹנִים וְאֶת־רָחֵל

8. See Commentary of the Rambam to the Mishnah, *Chullin* 7:6:

פירוש המשנה לרמב"ם מסכת חולין פרק ז משנה ו

...ושים לבך לכלל הגדול הזה המובא במשנה זו והוא אמרם מסיני נאסר, והוא, שאתה צריך לדעת שכל מה שאנו נזהרים ממנו או עושים אותו היום אין אנו עושים זאת אלא מפני צווי ה' על ידי משה, לא מפני שה' צוה בכך לנביאים שקדמוהו...בראשית פרשת.

וְאֶת־יוֹסֵף אַחֲרֹנִים: (ג) וְהוּא עָבַר לִפְנֵיהֶם **וַיִּשְׁתַּחוּ** אַרְצָה שֶׁבַע פְּעָמִים
עַד־גִּשְׁתּוֹ עַד־אָחִיו: (ד) וַיָּרָץ עֵשָׂו לִקְרָאתוֹ וַיְחַבְּקֵהוּ וַיִּפֹּל עַל־צַוָּארָו
וַיִּשָּׁקֵהוּ וַיִּבְכּוּ: (ה) וַיִּשָּׂא אֶת־עֵינָיו וַיַּרְא אֶת־הַנָּשִׁים וְאֶת־הַיְלָדִים וַיֹּאמֶר
מִי־אֵלֶּה לָּךְ וַיֹּאמַר הַיְלָדִים אֲשֶׁר־חָנַן אֱלֹהִים אֶת־ עַבְדֶּךָ: (ו) וַתִּגַּשְׁןָ
הַשְּׁפָחוֹת הֵנָּה וְיַלְדֵיהֶן **וַתִּשְׁתַּחֲוֶיןָ**: (ז) וַתִּגַּשׁ גַּם־לֵאָה וִילָדֶיהָ **וַיִּשְׁתַּחֲווּ**
וְאַחַר נִגַּשׁ יוֹסֵף וְרָחֵל **וַיִּשְׁתַּחֲווּ**:

Looking up, Yaakov saw Esav coming, accompanied by four
hundred men. He divided the children among Leah, Rachel,
and the two maids, putting the maids and their children first,
Leah and her children next, and Rachel and Yosef last. He
himself went on ahead and **bowed** low to the ground seven
times until he was near his brother. Esav ran to greet him. He
embraced him and, falling on his neck, he kissed him; and they
wept. He raised his eyes and saw the women and the children,
and he said, "Who are these with you?" He answered, "The
children with whom God has favored your servant." Then the
maids, with their children, came forward and bowed; next Leah,
with her children, came forward and bowed; and last, Yosef
and Rachel came forward and bowed. (Bereishit 33:1–7)

The bowing was certainly a conciliatory gesture, and we might
ask whether the injury sustained the night before was God's way of
preventing Yaakov from bowing to his brother, or at least making it
more difficult for Yaakov to prostrate himself before Esav? Rabbinic
commentaries were unhappy to see Yaakov/Yisrael grovel before Esav,
and some even go so far as to opine that the injury to his hip was not
a proactive protection tactic but as a sign – from the parallel confron-
tation between Yaakov and the angel of Esav – that a punishment was
due for bending his knee in front of Esav.

This approach has implications for the events that would take
place in the future, recorded in Megillat Esther: Haman, a protagonist
whom tradition describes as a descendant of Esav, insists that all
bow to him. Mordechai alone refuses to bow – and our sages draw
a direct connection to his ancestry: Mordechai was from the family
of Binyamin, the only son of Yaakov who did not bow before Esav,

primarily because he had not yet been born when Yaakov returned to Canaan and faced Esav.[9]

---

9. See *Shelah* on Tractate *Megillah, Torah Ohr,* and on *Parashat Bereishit*:

ספר השל"ה הקדוש – מסכת מגילה תורה אור

(מו) וְהָעִנְיָן, כִּי הָרִאשׁוֹן שֶׁבָּרִאשׁוֹן הָיָה לְבִנְיָמִין הַצַּדִּיק אָבִינוּ הָרִאשׁוֹן יִתְרוֹן וּמַעֲלָה נִפְלָאָה, שֶׁלֹּא הִשְׁתַּחֲוָה לְעֵשָׂו כְּמוֹ שֶׁהִשְׁתַּחֲווּ כָּל אֶחָיו כִּי עֲדַיִן לֹא נוֹלַד. **וְיָדוּעַ, כִּי סוֹד הִשְׁתַּחֲוָיָה, הַמְשָׁכַת הַשֶּׁפַע מִלְמַעְלָה לְמַטָּה,** וְאַחַר שֶׁאַחַד עָשָׂר כּוֹכָבִים הִשְׁתַּחֲווּ לְעֵשָׂו סִטְרָא אַחֲרָא, סִטְרָא דַּעֲבוֹדָה זָרָה, הֶחֱזִיקוּ בְּיָדוֹ שֶׁל עֵשָׂו וְהִמְשִׁיכוּ אוֹתוֹ עֲלֵיהֶם לְשַׂר וּלְפַטְרוֹן, אִתְרַע מַזָּלַיְהוּ תַּחְתָּיו, וְהֶחֱזִיקוּ וְהֶעֱמִידוּ הַפְּגָם שֶׁפָּגַם שָׂרוֹ שֶׁל עֵשָׂו בְּיֶרֶךְ יַעֲקֹב בָּעֶרֶב בִּמְקוֹמוֹ, וְגָבַר עֲלֵיהֶם סִטְרָא אַחֲרָא (ע"י) [דַּעֲבוֹדָה זָרָה], וּכְמוֹ שֶׁהִקְשׁוּ בַּזֹּהַר (ח"א דף קע"א ע"ב) עַל יַעֲקֹב, 'וְהוּא עָבַר לִפְנֵיהֶם וַיִּשְׁתַּחוּ אַרְצָה שֶׁבַע פְּעָמִים' (בראשית לג, ג), וְכִי יַעֲקֹב שְׁלִימָא הָיָה מִשְׁתַּחֲוֶה לְעֵשָׂו הָרָשָׁע דְּאִיהוּ בְּסִטְרָא דְּאֵל אַחֵר וּמַאן דְּסָגֵיד לֵיהּ סָגִיד לְאֵל אַחֵר. וְתֵרְצוּ שָׁם, 'וְהוּא' שֶׁהוּא הַשְּׁכִינָה, עָבַר לִפְנֵיהֶם, וַיִּשְׁתַּחוּ אַרְצָה שֶׁבַע פְּעָמִים לַשְּׁכִינָה הַהוֹלֶכֶת לְפָנָיו. הֲרֵי שֶׁלֹּא מָצְאוּ רַבּוֹתֵינוּ זַ"ל הִתְנַצְּלוּת כִּי אִם לְיַעֲקֹב לְבַדּוֹ. אָמְנָם, הַשְּׁבָטִים כָּרְעוּ וְנָפְלוּ, וּבִנְיָמִין הַצַּדִּיק שֶׁעֲדַיִן לֹא נוֹלַד, לֹא בָּא לְעֵשָׂו מִיָּדוֹ שׁוּם חִזּוּק וְשׁוּם הַשְׁפָּעָה, וּלְכָךְ הָיָה לְאֵל יָדוֹ שֶׁל שָׁאוּל בֶּן בְּנוֹ לְהַכְנִיעוֹ, וְעַל יָדוֹ יַחֲזֹר הַיָּרֵךְ בִּמְקוֹמוֹ אֶל הַיָּמִין, וִיתַקֵּן הַפְּגָם שֶׁפָּגַם סמא"ל בְּיֶרֶךְ יַעֲקֹב, נֶצַח, בְּכֹחַ קִטְרוּגוֹ, שֶׁהִמְשִׁיךְ הַגְּבוּרוֹת מִפְּנוֹת עֶרֶב אֵלֶיהָ כָּאָמוּר. וְהִנֵּה כְּשֶׁמָּשַׁח שְׁמוּאֵל אֶת שָׁאוּל בְּרוּחַ הַקֹּדֶשׁ, יָדַע שְׁמוּאֵל שֶׁהַתִּקּוּן יֵעָשֶׂה עַל יְדֵי שָׁאוּל עַל יְדֵי מָשְׁחוֹ אוֹתוֹ בַּשֶּׁמֶן, כְּמוֹ שֶׁיִּתְבָּאֵר בְּסִיַּעְתָּא דִּשְׁמַיָּא (להלן אות מז-מח):

ספר השל"ה הקדוש – ספר בראשית – פרשת וישב מקץ ויגש תורה אור (ו)

וְעַתָּה אֲבָאֵר מַעֲלַת קְדֻשַּׁת בִּנְיָמִין. דַּע כִּי הָיָה לְבִנְיָמִין קְדֻשָּׁה בְּיֶתֶר שְׂאֵת מִלִּשְׁאָר אֶחָיו, כִּי כָּל שְׁאָר אֶחָיו הִשְׁתַּחֲווּ לְעֵשָׂו שֶׁהוּא סִטְרָא דִּשְׂמָאלָא מֵאֵל אַחֵר, וּבִנְיָמִין עֲדַיִן לֹא נוֹלַד לֹא יִכְרַע וְלֹא יִשְׁתַּחֲוֶה. וּמַה שֶּׁהִשְׁתַּחֲוָה יַעֲקֹב אֵין לְהַקְשׁוֹת, כִּי פֵּרֵשׁ הַזֹּהַר (ח"א דף קע"א ע"ב) בַּפָּסוּק (בראשית לג, ג) 'וְהוּא עָבַר לִפְנֵיהֶם וַיִּשְׁתַּחוּ אַרְצָה שֶׁבַע פְּעָמִים', וְזֶה לְשׁוֹנוֹ: וְכִי יַעֲקֹב [דְּאִיהוּ] שְׁלֵימָא יְהֵא מִשְׁתַּחֲוֶה לְעֵשָׂו הָרָשָׁע דְּאִיהוּ בְּסִטְרָא דְּאֵל אַחֵר, וּמַאן דְּסָגִיד לֵיהּ סָגִיד לְאֵל אַחֵר. וְתֵרְצוּ שָׁם, 'וְהוּא' שֶׁהוּא הַשְּׁכִינָה 'עָבַר לִפְנֵיהֶם', 'וַיִּשְׁתַּחוּ אַרְצָה שֶׁבַע פְּעָמִים' לַשְּׁכִינָה הַהוֹלֶכֶת לְפָנָיו (עכ"ד בשינוי לשון). וְזֶה הַהִתְנַצְּלוּת הוּא דַּוְקָא לְיַעֲקֹב, אֲבָל אַחַד עָשָׂר כּוֹכָבִים, דְּהַיְנוּ שְׁאָר הַשְּׁבָטִים, **הִשְׁתַּחֲווּ לְעֵשָׂו. וּבִרְכַּיִם אֲשֶׁר כָּרְעוּ, גָּרְמוּ 'וַיִּגַּע בְּכַף יֶרֶךְ יַעֲקֹב', סַמָּאֵל הָרָשָׁע נָגַע שָׁם מִדָּה כְּנֶגֶד מִדָּה, יָרֵךְ מוּל יָרֵךְ. כִּי בְּיֶרֶךְ עֵשָׂו הָיָה חוֹתַם הַנָּחָשׁ, כִּדְמְתַרְגְּמִינַן** (שם כה, כז) **נַחְשִׁירְכָן, וּפֵרֵשׁ הַצִּיּוֹנִי** (פרשת תולדות, ד"ה ויצא הראשון) **נָחָשׁ יְרֵכָן, שֶׁהָיָה חָקוּק בְּיָרֵךְ עֵשָׂו צוּרַת נָחָשׁ, וְהֶאֱרַכְתִּי בַּדְּרוּשׁ הַזֶּה פָּרָשַׁת תּוֹלְדוֹת יִצְחָק** (אות כב) עַיֵּן שָׁם. **עַל כֵּן מְלָכִים מֵחֲלָצוֹ שֶׁל בִּנְיָמִין יָצְאוּ, אֲשֶׁר לָהֶם תִּכְרַע כָּל בֶּרֶךְ.** כִּי כְּבָר הִקְדַּמְתִּי (אות יט) מַלְכֵי יִשְׂרָאֵל הַקְּדוֹשִׁים הַצַּדִּיקִים הֵם מַלְכוּת שָׁמַיִם, וּבִנְיָמִין לֹא כָּרַע לְאֵל אַחֵר זָכָה לִמְלוּכָה. וְזֶה הַסּוֹד רָמַז שְׁמוּאֵל כַּאֲשֶׁר צִוָּה לַטַּבָּח וְהָרֵם אֶת הַשּׁוֹק וַיָּשֶׂם לִפְנֵי שָׁאוּל (שמואל א ט, כד). וְהָרַב גַּלַּאנְטִי בְּסֵפֶר קוֹל בּוֹכִים הֶאֱרִיךְ בָּזֶה בַּפָּסוּק (איכה ד, יח) 'צָדוּ צְעָדֵינוּ', וְגַם אֲנִי הֶאֱרַכְתִּי בָּזֶה בְּמָקוֹם אַחֵר (ח"ב מסכת מגילה אות מג-נג). וְזֶהוּ הָרֶמֶז 'הֲלוֹא אִם קָטֹן אַתָּה [בְּעֵינֶיךָ] רֹאשׁ שִׁבְטֵי יִשְׂרָאֵל' וְגוֹ' (שמואל א טו, יז), כְּלוֹמַר, מִסִּבַּת שֶׁהוּא הָיָה הַקָּטָן שֶׁבְּיִשְׂרָאֵל נַעֲשָׂה רֹאשׁ וּמֶלֶךְ, **כִּי אִילוּ לֹא הָיָה הַקָּטָן**

ספרי דאגדתא על אסתר – מדרש פנים אחרים (בובר) נוסח ב פרשה ג סימן ב

ומרדכי לא יכרע ולא ישתחוה. אמר לו הוי יודע שאתה מפילנו בחרב,
מה ראית שאתה מבטל (קילוותו) [קלווסין] של מלך, א"ל שאני יהודי,
א"ל והלא מצינו שאבותיך השתחוו לאבותינו, שנאמר וישתחוו ארצה
שבע פעמים (בראשית לג ג), א"ל בנימין אבי במעי אמו היה ולא
השתחווה, ואני בן בנו, שנאמר איש מיני /ימיני/, וכשם שלא כרע אבי,
כך לא אכרע לך, לכך נאמר ומרדכי לא יכרע ולא ישתחווה.

And Mordechai would not bow or prostrate. [Haman] said,
"You surely know that you will be subject to the sword (death).
What did you see (think) that you ignore the orders of the king?
He [Mordechai] replied, "Because I am a Jew," [Haman] said,
"But we find that your ancestors bowed to my ancestors, as it
says, 'seven times he bowed to the ground.'" [Mordechai] said,
"My forefather Binyamin was in his mother's womb and did not
bow, and his descendant will not bow, as it says, *"ish Yemini"* (a
man of Binyamin). Just as my ancestor did not bow, neither
will I bow to you. Therefore it states, "And Mordechai would
not bow or prostrate." (Sifrei D'Agadata on Esther 3:2)

To unravel the significance of the injury specifically to Yaakov's
thigh, we might consider other appearances of the word *yerech* (thigh).

When Avraham sends his servant on a quest to find a wife for
Yitzchak – much like the trip Yaakov would embark upon years later –
Avraham instructs the servant to place his hand under his *yerech*:

בראשית פרשת חיי שרה פרק כד

(א) וְאַבְרָהָם זָקֵן בָּא בַּיָּמִים וַה' בֵּרַךְ אֶת־אַבְרָהָם בַּכֹּל: (ב) וַיֹּאמֶר אַבְרָהָם
אֶל־עַבְדּוֹ זְקַן בֵּיתוֹ הַמֹּשֵׁל בְּכָל־אֲשֶׁר־לוֹ שִׂים־נָא יָדְךָ **תַּחַת יְרֵכִי:**
(ג) **וְאַשְׁבִּיעֲךָ** בַּה' אֱלֹקֵי הַשָּׁמַיִם וֵאלֹקֵי הָאָרֶץ אֲשֶׁר לֹא־תִקַּח אִשָּׁה לִבְנִי
מִבְּנוֹת הַכְּנַעֲנִי אֲשֶׁר אָנֹכִי יוֹשֵׁב בְּקִרְבּוֹ: (ד) כִּי אֶל־אַרְצִי וְאֶל־מוֹלַדְתִּי
תֵּלֵךְ וְלָקַחְתָּ אִשָּׁה לִבְנִי לְיִצְחָק:

גַּם כֵּן הִשְׁתַּחֲוָה לְעֵשָׂו, אֲבָל מֵאַחַר שֶׁהָיָה הַקָּטָן שֶׁבַּשְּׁבָטִים וּבְאוֹתוֹ פַּעַם לֹא הָיָה
נוֹלָד, עַל כֵּן הָיָה נִצּוֹל מֵהִשְׁתַּחֲוָאָה וְזֶה גָּרַם לוֹ הַמְּלוּכָה:

Avraham was now old, advanced in years, and God blessed
Avraham in all things. And Avraham said to the senior servant
of his household, who had charge of all that he owned, "Put
your hand under my thigh and I will make you swear by the
Eternal, the God of heaven and the God of the earth, that
you will not take a wife for my son from the daughters of the
Canaanites among whom I dwell, but will go to the land of my
birth and get a wife for my son Yitzchak." (Bereishit 24:1–4)

Later, Yaakov insists on this same gesture:

בראשית פרשת ויחי פרק מז

(כט) וַיִּקְרְבוּ יְמֵי־יִשְׂרָאֵל לָמוּת וַיִּקְרָא לִבְנוֹ לְיוֹסֵף וַיֹּאמֶר לוֹ אִם־נָא
מָצָאתִי חֵן בְּעֵינֶיךָ שִׂים־נָא יָדְךָ תַּחַת יְרֵכִי וְעָשִׂיתָ עִמָּדִי חֶסֶד וֶאֱמֶת
אַל־נָא תִקְבְּרֵנִי בְּמִצְרָיִם: (ל) וְשָׁכַבְתִּי עִם־אֲבֹתַי וּנְשָׂאתַנִי מִמִּצְרַיִם
וּקְבַרְתַּנִי בִּקְבֻרָתָם וַיֹּאמַר אָנֹכִי אֶעֱשֶׂה כִדְבָרֶךָ: (לא) וַיֹּאמֶר הִשָּׁבְעָה לִי
וַיִּשָּׁבַע לוֹ וַיִּשְׁתַּחוּ יִשְׂרָאֵל עַל־רֹאשׁ הַמִּטָּה:

And when the time approached for Yisrael to die, he summoned
his son Yosef and said to him, "If I have found favor in your eyes,
place your hand under my thigh and treat me with compassion
and truth: Please do not bury me in Egypt. When I lie down
with my fathers, carry me up from Egypt and bury me in their
burial-place." He replied, "I will do as you have spoken." And he
said, "Swear to me." And he swore to him. Then Yisrael bowed
at the head of the bed. (Bereishit 47:29–31)

In both of these instances the placing of a hand was a symbol or
gesture signifying the making of a vow. Both of these vows shared a
common denominator: The Land of Israel. The servant is instructed
not to take Yitzchak abroad, and Yaakov makes Yosef promise to bury
him in Israel.

Perhaps the message of Yaakov's thigh injury is also intertwined
with the Land of Israel: Yaakov has not returned to the Land of Israel
soon enough, and his injury was a physical expression of this failure.
Another possible angle throws us back to the night Yaakov left the
Land of Israel (Canaan) and had his dream under the stars. When he

awoke, he, too, had made a vow. Perhaps the wound to his thigh is an indication that too much time has elapsed and the vow had not been fulfilled. God reminds Yaakov repeatedly to keep this vow, and there may even be reason to believe that the death of Rachel was related to the delay in doing so:

בראשית פרשת ויצא פרק כח

(כ) וַיִּדַּר יַעֲקֹב נֶדֶר לֵאמֹר אִם־יִהְיֶה אֱלֹהִים עִמָּדִי וּשְׁמָרַנִי בַּדֶּרֶךְ הַזֶּה
אֲשֶׁר אָנֹכִי הוֹלֵךְ וְנָתַן־לִי לֶחֶם לֶאֱכֹל וּבֶגֶד לִלְבֹּשׁ: (כא) וְשַׁבְתִּי בְשָׁלוֹם
אֶל־בֵּית אָבִי וְהָיָה ה׳ לִי לֵאלקים: (כב) וְהָאֶבֶן הַזֹּאת אֲשֶׁר־שַׂמְתִּי מַצֵּבָה
יִהְיֶה בֵּית אֱלקִים וְכֹל אֲשֶׁר תִּתֶּן־לִי עַשֵּׂר אֲעַשְּׂרֶנּוּ לָךְ:

Yaakov then made a vow, saying, "If God remains with me, if He protects me on this journey that I am making, and gives me bread to eat and clothing to wear, and if I return safely to my father's house – the Eternal shall be my God. And this stone, which I have set up as a pillar, shall be God's abode; and of all that You give me, I will set aside a tithe for You." (Bereishit 28:20–22)

Yaakov promised that the monument (*matzevah*) he erected at the site of his epiphany would become a "house of God"; God reminds him to keep his vow and build an altar. However, even after reading the entire narrative of Yaakov/Yisrael's life, we are unsure if this vow was fulfilled. We know nothing about the construction of a "house of God," but when Rachel dies before the family reaches its destination, Yaakov builds another *matzevah*:

בראשית פרשת וישלח פרק לה

(א) וַיֹּאמֶר אלקים אֶל־יַעֲקֹב קוּם עֲלֵה בֵית־אֵל וְשֶׁב־שָׁם וַעֲשֵׂה־שָׁם
מִזְבֵּחַ לָאֵל הַנִּרְאֶה אֵלֶיךָ בְּבָרְחֲךָ מִפְּנֵי עֵשָׂו אָחִיךָ: (ב) וַיֹּאמֶר יַעֲקֹב
אֶל־בֵּיתוֹ וְאֶל כָּל־אֲשֶׁר עִמּוֹ הָסִרוּ אֶת־אֱלֹהֵי הַנֵּכָר אֲשֶׁר בְּתֹכְכֶם וְהִטַּהֲרוּ
וְהַחֲלִיפוּ שִׂמְלֹתֵיכֶם: (ג) וְנָקוּמָה וְנַעֲלֶה בֵּית־אֵל וְאֶעֱשֶׂה־שָּׁם מִזְבֵּחַ לָאֵל
הָעֹנֶה אֹתִי בְּיוֹם צָרָתִי וַיְהִי עִמָּדִי בַּדֶּרֶךְ אֲשֶׁר הָלָכְתִּי: (ד) וַיִּתְּנוּ אֶל־
יַעֲקֹב אֵת כָּל־אֱלֹהֵי הַנֵּכָר אֲשֶׁר בְּיָדָם וְאֶת־הַנְּזָמִים אֲשֶׁר בְּאָזְנֵיהֶם וַיִּטְמֹן
אֹתָם יַעֲקֹב תַּחַת הָאֵלָה אֲשֶׁר עִם־שְׁכֶם: (ה) וַיִּסָּעוּ וַיְהִי חִתַּת אֱלֹהִים
עַל־הֶעָרִים אֲשֶׁר סְבִיבוֹתֵיהֶם וְלֹא רָדְפוּ אַחֲרֵי בְּנֵי יַעֲקֹב: (ו) וַיָּבֹא יַעֲקֹב

לוּזָה אֲשֶׁר בְּאֶרֶץ כְּנַעַן הִוא בֵּית־אֵל הוּא וְכָל־הָעָם אֲשֶׁר־עִמּוֹ: (ז) וַיִּבֶן שָׁם מִזְבֵּחַ וַיִּקְרָא לַמָּקוֹם אֵל בֵּית־אֵל כִּי שָׁם נִגְלוּ אֵלָיו הָאֱלֹקִים בְּבָרְחוֹ מִפְּנֵי אָחִיו: (ח) וַתָּמָת דְּבֹרָה מֵינֶקֶת רִבְקָה וַתִּקָּבֵר מִתַּחַת לְבֵית־אֵל תַּחַת הָאַלּוֹן וַיִּקְרָא שְׁמוֹ אַלּוֹן בָּכוּת: פ (ט) וַיֵּרָא אֱלֹקִים אֶל־יַעֲקֹב עוֹד בְּבֹאוֹ מִפַּדַּן אֲרָם וַיְבָרֶךְ אֹתוֹ: (י) וַיֹּאמֶר־לוֹ אֱלֹהִים שִׁמְךָ יַעֲקֹב לֹא־יִקָּרֵא שִׁמְךָ עוֹד יַעֲקֹב כִּי אִם־יִשְׂרָאֵל יִהְיֶה שְׁמֶךָ וַיִּקְרָא אֶת־שְׁמוֹ יִשְׂרָאֵל: (יא) וַיֹּאמֶר לוֹ אֱלֹקִים אֲנִי אֵל שַׁדַּי פְּרֵה וּרְבֵה גּוֹי וּקְהַל גּוֹיִם יִהְיֶה מִמֶּךָּ וּמְלָכִים מֵחֲלָצֶיךָ יֵצֵאוּ: (יב) וְאֶת־הָאָרֶץ אֲשֶׁר נָתַתִּי לְאַבְרָהָם וּלְיִצְחָק לְךָ אֶתְּנֶנָּה וּלְזַרְעֲךָ אַחֲרֶיךָ אֶתֵּן אֶת־הָאָרֶץ: (יג) וַיַּעַל מֵעָלָיו אֱלֹקִים בַּמָּקוֹם אֲשֶׁר־דִּבֶּר אִתּוֹ: (יד) וַיַּצֵּב יַעֲקֹב מַצֵּבָה בַּמָּקוֹם אֲשֶׁר־דִּבֶּר אִתּוֹ מַצֶּבֶת אָבֶן וַיַּסֵּךְ עָלֶיהָ נֶסֶךְ וַיִּצֹק עָלֶיהָ שָׁמֶן: (טו) וַיִּקְרָא יַעֲקֹב אֶת־שֵׁם הַמָּקוֹם אֲשֶׁר דִּבֶּר אִתּוֹ שָׁם אֱלֹקִים בֵּית־אֵל: (טז) וַיִּסְעוּ מִבֵּית אֵל וַיְהִי־עוֹד כִּבְרַת־הָאָרֶץ לָבוֹא אֶפְרָתָה וַתֵּלֶד רָחֵל וַתְּקַשׁ בְּלִדְתָּהּ: (יז) וַיְהִי בְהַקְשֹׁתָהּ בְּלִדְתָּהּ וַתֹּאמֶר לָהּ הַמְיַלֶּדֶת אַל־תִּירְאִי כִּי־גַם־זֶה לָךְ בֵּן: (יח) וַיְהִי בְּצֵאת נַפְשָׁהּ כִּי מֵתָה וַתִּקְרָא שְׁמוֹ בֶּן־אוֹנִי וְאָבִיו קָרָא־לוֹ בִנְיָמִין: (יט) וַתָּמָת רָחֵל וַתִּקָּבֵר בְּדֶרֶךְ אֶפְרָתָה הִוא בֵּית לָחֶם: (כ) וַיַּצֵּב יַעֲקֹב מַצֵּבָה עַל־קְבֻרָתָהּ הִוא מַצֶּבֶת קְבֻרַת־רָחֵל עַד־הַיּוֹם:

God said to Yaakov, "Arise, go up to Beit El and remain there; and build an altar there to the God who appeared to you when you were fleeing from your brother Esav." So Yaakov said to his household and to all who were with him, "Rid yourselves of the alien gods in your midst, purify yourselves, and change your clothes. Come, let us go up to Beit El, and I will build an altar there to the God who answered me when I was in distress and who has been with me wherever I have gone." They gave to Yaakov all the alien gods that they had, and the rings that were in their ears, and Yaakov buried them under the terebinth that was near Shechem. As they set out, a terror from God fell on the cities round about, so that they did not pursue the sons of Yaakov. Thus Yaakov came to Luz – that is, Beit El – in the land of Canaan, he and all the people who were with him. There he built an altar and named the site El-Beit El, for it was there that God had revealed Himself to him when he was fleeing from his brother. Devorah, Rivka's nurse, died, and was buried under the oak below Beit El; so it was named *Alon-bachut*. God

> appeared again to Yaakov on his arrival from Paddan Aram, and He blessed him. God said to him, "You whose name is Yaakov, you shall be called Yaakov no more, but Yisrael shall be your name." Thus He named him Yisrael. And God said to him, "I am El Shaddai. Be fertile and increase; A nation, yea an assembly of nations, shall descend from you. Kings shall issue from your loins. The land that I assigned to Avraham and Yitzchak I assign to you; And to your offspring to come I assign the land." God parted from him at the spot where He had spoken to him; and Yaakov set up a pillar at the site where He had spoken to him, a pillar of stone, and he offered a libation on it and poured oil upon it. Yaakov gave the site, where God had spoken to him, the name of Beit El. They set out from Beit El; but when they were still some distance short of Ephrat, Rachel was in childbirth, and she had hard labor. When her labor was at its hardest, the midwife said to her, "Have no fear, for it is another boy for you." But as she breathed her last breath – for she was dying – she named him *Ben-oni*; but his father called him Binyamin. Thus Rachel died. She was buried on the road to Ephrat – now Beit Lechem.

A further possible connection with Yaakov's vow to build a "house of God" is that the same term *yerech*, is used to describe elements in the construction of the Mishkan:[10]

שמות פרשת פקודי פרק מ

(כב) וַיִּתֵּן אֶת־הַשֻּׁלְחָן בְּאֹהֶל מוֹעֵד **עַל יֶרֶךְ הַמִּשְׁכָּן צָפֹנָה** מִחוּץ לַפָּרֹכֶת:
(כג) וַיַּעֲרֹךְ עָלָיו עֵרֶךְ לֶחֶם לִפְנֵי ה׳ כַּאֲשֶׁר צִוָּה ה׳ אֶת־מֹשֶׁה: ס (כד) וַיָּשֶׂם
אֶת־הַמְּנֹרָה בְּאֹהֶל מוֹעֵד נֹכַח הַשֻּׁלְחָן **עַל יֶרֶךְ הַמִּשְׁכָּן נֶגְבָּה:** (כה) וַיַּעַל
הַנֵּרֹת לִפְנֵי ה׳ כַּאֲשֶׁר צִוָּה ה׳ אֶת־מֹשֶׁה:

10. See Rashi, Shemot 40:22, where he says this meaning of *yerech* is the same as in the body:

רש״י שמות פרשת פקודי פרק מ פסוק כב

על ירך המשכן צפונה - בחצי הצפוני של רוחב הבית:
ירך - כתרגומו צדא, כירך הזה שהוא בצדו של אדם:

He placed the table in the Tent of Meeting, outside the curtain, on the north side of the Tabernacle. Upon it he laid out the setting of bread before the Lord – as the Lord had commanded Moshe. He placed the lampstand in the Tent of Meeting opposite the table, on the south side of the Tabernacle. And he lit the lamps before the Lord – as the Lord had commanded Moshe. (Shemot 40:22–25)

Yaakov's vow to build a house for God may be the reason for the Midrash to note that the central beam for the Mishkan was brought down to Egypt by Yaakov himself, indicating that the vow would eventually be kept:

שמות פרשת תרומה פרק כו

(כו) וְעָשִׂיתָ בְרִיחִם עֲצֵי שִׁטִּים חֲמִשָּׁה לְקַרְשֵׁי צֶלַע־הַמִּשְׁכָּן הָאֶחָד: (כז) וַחֲמִשָּׁה בְרִיחִם לְקַרְשֵׁי צֶלַע־הַמִּשְׁכָּן הַשֵּׁנִית וַחֲמִשָּׁה בְרִיחִם לְקַרְשֵׁי צֶלַע הַמִּשְׁכָּן **לַיַּרְכָתַיִם** יָמָּה: (כח) **וְהַבְּרִיחַ הַתִּיכֹן** בְּתוֹךְ הַקְּרָשִׁים מַבְרִחַ מִן־הַקָּצֶה אֶל־הַקָּצֶה:

You shall make bars of acacia wood: Five for the planks of the one side wall of the Tabernacle, five bars for the planks of the other side wall of the Tabernacle, and five bars for the planks of the wall of the Tabernacle at the rear to the west. The center bar halfway up the planks shall run from end to end. (Shemot 26:26–28)

בראשית רבה (וילנא) פרשת ויגש פרשה צד סימן ד

וַיִּסַּע יִשְׂרָאֵל וְכָל אֲשֶׁר לוֹ וַיָּבֹא בְּאֵרָה שָׁבַע (בראשית מו, א), לְהֵיכָן הָלַךְ, אָמַר רַב נַחְמָן שֶׁהָלַךְ לָקֹץ אֲרָזִים שֶׁנָּטַע אַבְרָהָם זְקֵנוֹ בִּבְאֵר שָׁבַע, הֵיךְ מָה דְאַתְּ אָמַר (בראשית כא, לג): וַיִּטַּע וגו'. כְּתִיב (שמות כו, כח): וְהַבְּרִיחַ הַתִּיכֹן בְּתוֹךְ הַקְּרָשִׁים, אָמַר רַבִּי לֵוִי וְהַבְּרִיחַ הַתִּיכֹן שְׁנַיִם וּשְׁלשִׁים אַמָּה הָיוּ בּוֹ, מֵהֵיכָן מָצְאוּ אוֹתוֹ לַשָּׁעָה, אֶלָּא מְלַמֵּד שֶׁהָיוּ מְצֻנָּעִין עִמָּהֶם מִימוֹת יַעֲקֹב אָבִינוּ, הֲדָא הוּא דִכְתִיב (שמות לה, כד): וְכֹל אֲשֶׁר נִמְצָא אִתּוֹ עֲצֵי שִׁטִּים, אֲשֶׁר יִמָּצֵא אִתּוֹ אֵין כְּתִיב כָּאן אֶלָּא אֲשֶׁר נִמְצָא אִתּוֹ. אָמַר רַבִּי לֵוִי מִמִּגְדַּל צְבָעַיָּא קְצָצוּם וֶהֱבִיאוּם עִמָּהֶם לְמִצְרַיִם וְלֹא נִמְצָא בָהֶם לֹא קֶשֶׁר וְלֹא פֶּקַע. אָעִין דְשִׁטִּים הֲוָה בְּמִגְדְלָא וְהָיוּ נוֹהֲגִים בָּהֶם

אִסּוּר מִשּׁוּם קְדֻשַּׁת הָאָרוֹן, אֲתוֹן וְשָׁאֲלוּן לְרַבִּי חֲנִינָא חַבְרֵיהוֹן וְרַבָּנָן, אָמַר לָהֶם אַל תְּשַׁנּוּ מִמִּנְהַג אֲבוֹתֵיכֶם.

Rav Avraham Shur in his *Torat Chaim*, surmises, that when Yaakov purchased the birthright in exchange for some food, Esav had put his hand on Yaakov's thigh to make a vow and formalize the deal. Therefore, Esav's patron was attempting to cancel the deal and made the move toward the thigh of Yaakov.[11]

---

11. See Rabbi Avraham Shor, *Torat Chaim, Chullin* 92a:

תורת חיים על חולין דף צב עמוד א ר׳ אברהם חיים בן נפתלי צבי הירש שור
והיינו הא דאיתא במדרש לא אשלחך כי אם ברכתני הודה לי על הברכות שברכני אבי לפי שבא עליו לערער עליהן כדפירשתי. וענין קניית הבכורה כתב הרמב״ן ז״ל שהיתה לנחול מעלת האב ושררתו עליו שיהיה לו כבוד ומעלה על צעירו ולכן היה אומר ליצחק אני בנך בכורך לומר כי הוא הבכור הראוי להתברך וכן כי זה הבכור שים ימינך על ראשו וכו׳ וכיון שעל כרחו של מלאך הוצרך להודות לו ליעקב על הברכה והבכורה נמצא שנעשה שר לעשו גם למלאך דהא בהא תליא. והיינו דקאמר הכא דיעקב נעשה שר למלאך.

ולפי מה שפירשתי אתי שפיר הא דאיתא בתרגום מגילת אסתר גבי וכראות המן את מרדכי בשער המלך ולא קם ולא זע ממנו וז״ל ומרדכי כי לא קם וכו׳ אלהין פשט ית רגליה ימיניה ואחוי ליה שטר זבינתא דאזדבן ליה בטולמא דלחם דמכתבא באסטרקליליה כל קבל ארכובתיה וכו׳ ותימא למה זה קשר מרדכי שטר המכירה על רגלו לכאורה נראה שקשרו קבל ארכובתו למעלה על ירכו לפי שכך היה מנהגן כדאשכחן בפרק מי שמת ונמצא דייתיקי קשורה על ירכו ולפי מה שפירש נראה משום דהמן נתקנא במרדכי על דבר הבכורה והברכה שלקח יעקב מעשו כדאיתא בתרגום מגילת אסתר גבי ויבז בעיניו לשלוח יד במרדכי לבדו וז״ל ארום מויאו ליה דמרדכי אתי מיעקב דשקל מן עשו אבא דאבוי דהמן ית בכורתא וית ברכתא וכן יסד הפייט המן הודיע איבת אבותיו וכו׳ ואולי מרדכי ניצוץ ובן גילו דיעקב הוה ולהכי איתא במדרש רבה פרשת תולדות ובמגילת אסתר כשמוע עשו את דברי אביו ויצעק צעקה גדולה ומרה אמר רבי חנינא כל האומר רחמנא ותרן הוא יוותרו בני מעיו אלא מאריך אפיה וגבי דיליה זעקה אחת הזעיק יעקב לעשו דכתיב ויצעק צעקה גדולה ומרה והיכן נפרע לו בשושן הבירה דכתיב ויזעק זעקה גדולה ומרה הענין תמוה דמה ענין צעקת מרדכי לצעקת עשיו.

לכך נראה דהכי קאמר דכיון דגרם יעקב לעשו לצעוק צעקה גדולה ומרה בשביל הבכורה והברכה אף על גב דלבסוף הסכים הקב״ה על ידו מ״מ מעיקרא **אבק מרמה** מיהא הוי לכך נענש מרדכי שהיה מבני בניו ובן גילו שהוצרך ג״כ לצעוק צעקה גדולה ומרה על דבר הבכורה והברכה מדה במדה דשנאת המן על מרדכי בשביל הבכורה וברכה הוה כדפירשתי והיינו דנקט במדרש וגבי דיליה דיליה ממש אותו הדבר עצמו גבה והמן נמי נראה דבן גילו דעשו הרשע הוה והיינו דאיתא במדרש רבה ויבז בעיניו לשלוח יד במרדכי לבדו בזוי בן בזוי להלן

The *yerech* may also have an indication of sexuality, later when the Torah speaks of Yaakov's children it uses the word *yerech*:

שמות פרשת שמות פרק א פסוק ה

וַיְהִי כָּל־נֶפֶשׁ יֹצְאֵי יֶרֶךְ־יַעֲקֹב שִׁבְעִים נָפֶשׁ וְיוֹסֵף הָיָה בְמִצְרָיִם:

The total number of persons that were of Yaakov's issue (literally from his thigh) came to seventy, Yosef being already in Egypt. (Shemot 1:5)

This may indicate that specifically those who come from Yaakov's *yerech* are susceptible once he was injured; this observation is made by the Midrash:

בראשית רבה (וילנא) פרשת וישלח פרשה עז סימן ג

וַיִּגַּע בְּכַף יְרֵכוֹ, נָגַע בַּצַּדִּיקִים וּבַצַּדִּיקוֹת בַּנְּבִיאִים וּבַנְּבִיאוֹת שֶׁהֵן עֲתִידִין לַעֲמֹד מִמֶּנּוּ, וְאֵיזֶה זֶה, זֶה דוֹרוֹ שֶׁל שְׁמַד.

Soon enough Yaakov will experience a great deal of pain and sorrow due to events which happened to and by his children, Reuven's[12] indiscretion, the abuse of Dina, the subsequent behavior of Shimon and Levi, the sale of Yosef and the behavior of Yehuda. Perhaps all of these events can be related to the injured thigh of Yaakov.

This is another use of the word *yerech* which is also related to sexuality, however this time it is to a sexual miscue. When the Torah speaks of the *sotah* (the woman who was guilty of the indiscretion of being secluded with a man other than her husband, and perhaps of

---

כתיב ויבז עשו את הבכורה וכאן כתיב ויבז בעיניו. כי היכי דיעקב קנה מעשו את הבכורה דהיינו השררה בלחם ונזיד ככה מרדכי נמי שקנה את המן לעבדא בטולמא דלחם **ולהכי קשר מרדכי את שטר המכירה על יריכו מקום השבועה אשר נשבע לו עשו ליעקב על מכירת הבכורה** וכאשר זחה דעתו של המן על מרדכי פשט את יריכו בשטר מכירתו אשר עליו להראות לו שגם הוא גם אבותיו **וכל אומתו כולם המה עבדיו מימים קדמונים ע"י הבכורה שקנה יעקב מעשו נשבע לו בשימת יד תחת יריכו ולהכי קשרו על ירך ימינו דנראה לומר כי גם עשו שם ידו תחת ירך ימינו של יעקב בשבועתו שהרי המלאך לא נגע בכף יריכו של יעקב אלא כדי לבטל השבועה כדפירשתי והמלאך בכף ירך ימינו נגע כדאמר לעיל הירך המיומן שבירך:**

12. See *Shelah, Parsahat Vayishlach* cited below.

additional guilt during that ill-advised seclusion), the word *yerech* is again used:

במדבר פרשת נשא פרק ה

(יא) וַיְדַבֵּר ה' אֶל־מֹשֶׁה לֵּאמֹר: (יב) דַּבֵּר אֶל־בְּנֵי יִשְׂרָאֵל וְאָמַרְתָּ אֲלֵהֶם אִישׁ אִישׁ כִּי־תִשְׂטֶה אִשְׁתּוֹ וּמָעֲלָה בוֹ מָעַל: (יג) וְשָׁכַב אִישׁ אֹתָהּ שִׁכְבַת־זֶרַע וְנֶעְלַם מֵעֵינֵי אִישָׁהּ וְנִסְתְּרָה וְהִיא נִטְמָאָה וְעֵד אֵין בָּהּ וְהִוא לֹא נִתְפָּשָׂה: (יד) וְעָבַר עָלָיו רוּחַ־קִנְאָה וְקִנֵּא אֶת־אִשְׁתּוֹ וְהִוא נִטְמָאָה אוֹ־עָבַר עָלָיו רוּחַ־קִנְאָה וְקִנֵּא אֶת־אִשְׁתּוֹ וְהִיא לֹא נִטְמָאָה: (טו) וְהֵבִיא הָאִישׁ אֶת־אִשְׁתּוֹ אֶל־הַכֹּהֵן וְהֵבִיא אֶת־קָרְבָּנָהּ עָלֶיהָ עֲשִׂירִת הָאֵיפָה קֶמַח שְׂעֹרִים לֹא־יִצֹק עָלָיו שֶׁמֶן וְלֹא־יִתֵּן עָלָיו לְבֹנָה כִּי־מִנְחַת קְנָאֹת הוּא מִנְחַת זִכָּרוֹן מַזְכֶּרֶת עָוֹן: (טז) וְהִקְרִיב אֹתָהּ הַכֹּהֵן וְהֶעֱמִדָהּ לִפְנֵי ה': (יז) וְלָקַח הַכֹּהֵן מַיִם קְדֹשִׁים בִּכְלִי־חָרֶשׂ וּמִן־הֶעָפָר אֲשֶׁר יִהְיֶה בְּקַרְקַע הַמִּשְׁכָּן יִקַּח הַכֹּהֵן וְנָתַן אֶל־הַמָּיִם: (יח) וְהֶעֱמִיד הַכֹּהֵן אֶת־הָאִשָּׁה לִפְנֵי ה' וּפָרַע אֶת־רֹאשׁ הָאִשָּׁה וְנָתַן עַל־כַּפֶּיהָ אֵת מִנְחַת הַזִּכָּרוֹן מִנְחַת קְנָאֹת הִוא וּבְיַד הַכֹּהֵן יִהְיוּ מֵי הַמָּרִים הַמְאָרְרִים: (יט) **וְהִשְׁבִּיעַ אֹתָהּ הַכֹּהֵן וְאָמַר אֶל־הָאִשָּׁה אִם־לֹא שָׁכַב אִישׁ אֹתָךְ וְאִם־לֹא שָׂטִית טֻמְאָה תַּחַת אִישֵׁךְ** הִנָּקִי מִמֵּי הַמָּרִים הַמְאָרְרִים הָאֵלֶּה: (כ) וְאַתְּ כִּי שָׂטִית תַּחַת אִישֵׁךְ וְכִי נִטְמֵאת וַיִּתֵּן אִישׁ בָּךְ אֶת־שְׁכָבְתּוֹ מִבַּלְעֲדֵי אִישֵׁךְ: (כא) **וְהִשְׁבִּיעַ הַכֹּהֵן אֶת־הָאִשָּׁה בִּשְׁבֻעַת הָאָלָה** וְאָמַר הַכֹּהֵן לָאִשָּׁה יִתֵּן ה' אוֹתָךְ **לְאָלָה וְלִשְׁבֻעָה** בְּתוֹךְ עַמֵּךְ בְּתֵת ה' **אֶת־יְרֵכֵךְ נֹפֶלֶת** וְאֶת־בִּטְנֵךְ צָבָה: (כב) וּבָאוּ הַמַּיִם הַמְאָרְרִים הָאֵלֶּה בְּמֵעַיִךְ לַצְבּוֹת בֶּטֶן **וְלַנְפִּל יָרֵךְ** וְאָמְרָה הָאִשָּׁה אָמֵן אָמֵן: (כג) וְכָתַב אֶת־הָאָלֹת הָאֵלֶּה הַכֹּהֵן בַּסֵּפֶר וּמָחָה אֶל־מֵי הַמָּרִים: (כד) וְהִשְׁקָה אֶת־הָאִשָּׁה אֶת־מֵי הַמָּרִים הַמְאָרְרִים וּבָאוּ בָהּ הַמַּיִם הַמְאָרְרִים לְמָרִים: (כה) וְלָקַח הַכֹּהֵן מִיַּד הָאִשָּׁה אֵת מִנְחַת הַקְּנָאֹת וְהֵנִיף אֶת־הַמִּנְחָה לִפְנֵי ה' וְהִקְרִיב אֹתָהּ אֶל־הַמִּזְבֵּחַ: (כו) וְקָמַץ הַכֹּהֵן מִן־הַמִּנְחָה אֶת־אַזְכָּרָתָהּ וְהִקְטִיר הַמִּזְבֵּחָה וְאַחַר יַשְׁקֶה אֶת־הָאִשָּׁה אֶת־הַמָּיִם: (כז) וְהִשְׁקָהּ אֶת־הַמַּיִם וְהָיְתָה אִם־נִטְמְאָה וַתִּמְעֹל מַעַל בְּאִישָׁהּ וּבָאוּ בָהּ הַמַּיִם הַמְאָרְרִים לְמָרִים וְצָבְתָה בִטְנָהּ **וְנָפְלָה יְרֵכָהּ** וְהָיְתָה הָאִשָּׁה לְאָלָה בְּקֶרֶב עַמָּהּ: (כח) וְאִם־לֹא נִטְמְאָה הָאִשָּׁה וּטְהֹרָה הִוא וְנִקְּתָה וְנִזְרְעָה זָרַע: (כט) זֹאת תּוֹרַת הַקְּנָאֹת אֲשֶׁר תִּשְׂטֶה אִשָּׁה תַּחַת אִישָׁהּ וְנִטְמָאָה: (ל) אוֹ אִישׁ אֲשֶׁר תַּעֲבֹר עָלָיו רוּחַ קִנְאָה וְקִנֵּא אֶת־אִשְׁתּוֹ וְהֶעֱמִיד אֶת־הָאִשָּׁה לִפְנֵי ה' וְעָשָׂה לָהּ הַכֹּהֵן אֵת כָּל־הַתּוֹרָה הַזֹּאת: (לא) וְנִקָּה הָאִישׁ מֵעָוֹן וְהָאִשָּׁה הַהִוא תִּשָּׂא אֶת־עֲוֹנָהּ:

God spoke to Moshe, saying, "Speak to the children of Israel, and tell them: 'If any man's wife goes astray, and is unfaithful to him, and a man lies with her carnally, and it is hidden from the eyes of her husband, and is kept close, and she is defiled, and there is no witness against her, and she isn't taken in the act; and the spirit of jealousy comes on him, and he is jealous of his wife, and she is defiled: or if the spirit of jealousy comes on him, and he is jealous of his wife, and she isn't defiled: then the man shall bring his wife to the priest, and shall bring her offering for her: the tenth part of an ephah of barley meal. He shall pour no oil on it, nor put frankincense on it, for it is a meal offering of jealousy, a meal offering of memorial, bringing iniquity to memory. The priest shall bring her near, and set her before God; and the priest shall take holy water in an earthen vessel; and of the dust that is on the floor of the tabernacle the priest shall take, and put it into the water. The priest shall set the woman before God, and let the hair of the woman's head go loose, and put the meal offering of memorial in her hands, which is the meal offering of jealousy. The priest shall have in his hand the water of bitterness that brings a curse. The priest shall cause her to swear, and shall tell the woman, "If no man has lain with you, and if you haven't gone aside to uncleanness, being under your husband, be free from this water of bitterness that brings a curse. But if you have gone astray, being under your husband, and if you are defiled, and some man has lain with you besides your husband:" then the priest shall cause the woman to swear with the oath of cursing, and the priest shall tell the woman, "Hashem make you a curse and an oath among your people, when Hashem allows your **thigh** to fall away, and your body to swell; and this water that brings a curse will go into your bowels, and make your body swell, and your **thigh** fall away." The woman shall say, "Amen, Amen." " 'The priest shall write these curses in a book, and he shall blot them out into the water of bitterness. He shall make the woman drink the water of bitterness that causes the curse; and the water that causes the curse shall enter into her and become bitter. The priest shall take the meal offering of jealousy out of the woman's hand, and shall wave the meal offering before God, and bring it to the altar. The priest shall take a handful of the meal offering, as its memorial, and burn it on the altar, and afterward shall make the woman drink the water. When he has made her drink the water, then it shall happen, if she is defiled, and has committed a trespass against her husband, that the water that causes the curse will enter into her and become bitter, and her body will swell, and her thigh will fall away: and the woman will be a curse among her people. If the woman isn't defiled, but is clean; then she shall be free, and shall conceive seed. "'This is the law of jealousy, when a wife, being under her husband, goes astray, and is defiled; or when the spirit of jealousy comes on a man, and he is jealous of his wife; then he shall set the woman before God, and the priest shall execute on her all this law. The man shall be free from iniquity, and that woman shall bear her iniquity.'"

Which sexual sin could Yaakov have been guilty of? From the perspective of the laws later given in the Torah, Yaakov was indeed guilty of marrying two sisters. This is clearly not what he had planned or wanted; this was one of the instances where Yaakov was victimized by Lavan. Nonetheless Yaakov was married to two sisters. And now at this moment before he will need to stand – or bow before Esav – his own conscience must be clear and his behavior immaculate. Therefore, the angel of Esav had found the proverbial Achilles heel of Yaakov,[13] and exploits this weakness, hence the injury to Yaakov's thigh.

---

13. The more common assumption of the religious superiority of Esav was in his performance of filial responsibility – honoring his father. All the years of Yaakov's absence Yaakov was unable to serve his parents, even though, one could wage a counter argument, that his time spent with Lavan was a fulfilment of his parents' wishes (other than perhaps returning sooner, a delay which his mother would have understood, for she said that she would send for him when it was safe, and she never did send for him. So as long as Esav's anger seethed, Yaakov was obeying his mother, though Yitzchak would surely have been in the dark regarding the hatred and threats. See R. Yehonatan Eybeschutz in *Ahavat Yehonatan*, commentary on Eichah called *Alon Bachut*. (However, based on

Rabbi Chaim ben Bezalel[14] in his *Chelek Chaim* makes this connection between the *sotah* and the wounded thigh of Yaakov:

ספר החיים - חלק חיים

ולפי שאין האדם מקדש עצמו כראוי עם בת זוגו, על כן כחו של עשו נוגע תמיד בכף ירכו של יעקב. כי הירך הוא רמז לכלי **המשגל**, כענין "יוצאי ירך יעקב". ואף בירך יעקב רצה לנגוע, **על שהיה נשוי שתי אחיות**, ולא היה יכול לו, לפי שאף נשואי שתי אחיות שלו היה בקדושה כמו שכתב הציוני. **וניתן לכחו של עשו ירך הסוטה**, שהיא וודאי ראויה לו. משל לכלב, שחטף עוף טהור ושיבר את רגלו, שאף על גב שמצילו מידו, מניח לו האדם את הרגל ששיבר וליכלך, כך כתוב בספר הזוהר:

Rabbi Yeshayahu Horowitz in his work *Shnei Luchot HaBrit* (the *Shlah*) says that technically marrying two sisters was at that point, being a pre-Sinai episode, not a sin. Nonetheless, it was inappropriate,[15] and the collateral damage included the episodes which later unfold with Dina and Reuven respectively.[16]

---

a comparison between Bereishit 26:35 and 28:8, one could argue that Esav only honored *one* parent – his father – and didn't care much for his mother.)

אהבת יהונתן - אלון בכות

או אמר נתנני דאיתא בפסוק וידו אוחזת בעקב עשו דיעקב יש לו אחיזה בעקב עשו. ועשו יש לו ג"כ אחיזה בעקב יעקב ולכך נאמר בפגעו בו שר של עשו ויגע בכף ירך יעקב והוא צולע כי הוא הלך מא"י לח"ל וביטל כמה שנים כיבוד אב ואם ועשו רץ לשדה לקיים כיבוד או"א ולכך יש לו אחיזה ברגל יעקב ויעקב צולע ולכך ברומי מרכיבין חיגר וכו' כדאי' בגמר' וז"ש נתנני ה' בידי לא אוכל קום היינו בידי עשו שאוחז ברגלינו ואנו צולעים וק"ל:

14. Rabbi Chaim ben Bezalel was the elder brother of the Maharal, and a great scholar in his own right.

15. The *Shelah* uses language which is far more clever than my translation, a non-sin, which is still an approximation of a sin and is called "dust" (*avak*) of a sin. The episode of Yaakov and the angel has been described as wrestling, which is called *le-hitavek*, because as the protagonists wrestle they cause the dust to fly all over.

16. See Tzror Hamor, Bereishit 35:1 (see the last footnote of this essay for another section of this piece):

צרור המור על בראשית פרשת וישלח פרק לה פסוק א

וכשראה יעקב קושט דבריהם, שמח ושתק ולא ענה להם. ולפי שבאולי אפשר שהיה

לו ספק בזה, באתהו מיד הדבור. וא"ל קום עלה בית אל ושב שם. לא תירא ולא תחת, כי אני הסכמתי עמהם ושמתי שמי עליהם ואני אברכם. וזהו ויאמר אלקים אל יעקב קום לך עלה בית אל, ולא תירא ולא תחת, כי אתה עשית את כל אלה לקנות חלקת השדה לישב בתוך עם טמא שפתים, ולכן קום עלה מזה לבית אל, שהוא מקום קדוש ושב שם, ולא תשב בכאן:

ועשה שם מזבח לאל הנראה אליך בברחך מפני עשו אחיך. רמזו לו בכאן שאיחר נדריו שנדר בשעת הצרה, ועתה רצה לישב ברווחה. ובראשונה בנה לו בית וסכות ושהה בה שנה וחצי כמאמרם ז"ל (בר"ר פא, ב), ואחר כך הלך לעיר שכם וקנה לו חלקת שדה לישב, **ובסבת זה בא לו צרת דינה, והוא מעצמו היה לו להרגיש זה ולשלם נדריו. ולמה המתין שיאמר לו השם קום לך מזה ועשה מזבח בבית אל, כי בכאן אינו מקום ראוי לבנות מזבח.** כי החכם עיניו בראשו, ולו ראוי החריצות וההשתדלות אחר שהוא בחיריי. ואין ראוי להתעצל בדברים הקדושים, אחר שהוא עצמו נדר ואמר, והאבן הזאת אשר שמתי מצבה יהיה בית אלקים (לעיל כח, כב):

וזהו שאמרו בזוהר בראשונה נשכו נחש, ועכשיו נשכו חמור ולא הרגיש]. וביארו ואמרו כי לפי שהיה מתאחר בדרך נשכו נחש הקדמוני, הוא שטן הוא יצר הרע, הצד ציד הוא סמאל שר של עשו. דכתיב ביה (לעיל לב, כו) ויגע בכף ירכו, **לפי שנשכו כנחש. ולפי שלא יכול לו נגע בכף ירכו, הם צאצאיו ונביאיו וחכמיו ודורו של גזירות שנוגע בהם ומכלה אותן. [ולפי שנגע בכף הירך, לא היתה נבואתו לישראל ממשה עד שמואל. כביכול שנחלש מקום הנבואה, שהוא סוד הירכים, הם יכין ובועז.** ולפי שנגע **בכף הירך** והיא שלו ונטלו השם ממנו, וזהו כי לא יכול לו (שם), נתן לו השם בטן **וירך של סוטה,** כדכתיב (במדבר ה, כא) בתת השם את ירכך נופלת ואת בטנך צבה. **וזהו סוד שעיר עזאזל, בענין שיעסוק בו ולא יקטרג את ישראל.** וכן מים אחרונים הם חלקו וגורלו מהסעודה. ואם לא עשו כן הוא נוטר איבה, וירדפם עד חובה. **וכן ירך הסוטה תחת ירך יעקב.** וכשבא שמואל והיה נביא נאמן, כמו שנאמר במשה, חטף ממנו הירך כאשר בירך הזבח בבית שאול. ולכן כתב שם (שמו"א ט, כד) וירם הטבח את השוק ואת האליה וישם לפני שאול וגו'. וזה לרמוז שהירך שנחלש מימות משה עליו השלום, עכשיו נתחזק בנבואה וידעו כל העם כי נאמן שמואל לנביא. ולכן תמצא שאומנתו של סמאל וסיעתו הוא להחליש הירך והאליה, הם החכמים שהם ירך ויסוד הבית, כמו שהירך יסוד האדם. ומכאן תבין מה שאמרו בברכות הני ברכי דרבנן דחלשי וכו'. לפי שכתות של מלאכי חבלה נתהוו בעולם ולא ניתן רשות לעין לראותן. ולפי שהם דבקים בחסידים ובחכמים להרע להם, ותורתם משמרתם, ואין לו רשות בהן. אבל תמצאם כולם חלושים ויגעים וברכיהם כושלות ובגדיהם בלות ומטולאות, מדבוקם שנדבקים בהם בצערם ולשבר ירכותיהם. ולכן אמרו הני ברכי דרבנן, ולא אמרו ידי דרבנן וכיוצא בזה. והטעם בזה כי נגע בכף ירך יעקב. וזהו והוא צולע על יריכו (לעיל לב, כז), רוצה לומר מצטער על יוצאי יריכו שעתידין לפול בידו. ולכן כתיב יוצאי ירך יעקב שבעים (שמות א, ה), הם ע' סנהדרין והחכמים שבאו מצד הירך. וזה הצר הצורר הלוך אחריהם, עד יתקיים מאמר הכתוב (ישעיה לה, ג) וברכים כושלות אמצו. **וזהו שאמרו שנשכו הנחש, הוא סמאל הוא נחש הקדמוני. ובאחרונה נשכו חמור, הוא חמור אבי שכם במעשה דינה, שנשכו**

ספר השל"ה הקדוש – ספר בראשית – פרשת וישלח תורה אור

(ג) 'וַיֵּאָבֵק אִישׁ עִמּוֹ' (בראשית לב, כה), וְאָמְרוּ רַבּוֹתֵינוּ זַ"ל (חולין צא א) הֶעֱלָה אָבָק עַד כִּסֵּא הַכָּבוֹד, כִּי אֵין הַכִּסֵּא שָׁלֵם. וְיֵשׁ עוֹד סוֹד בָּזֶה, **כִּי נָגַע סַמָּאֵל שָׂרוֹ שֶׁל עֵשָׂו בְּכַף יֶרֶךְ יַעֲקֹב, כְּלוֹמַר, שֶׁהָיָה לוֹ אֵיזֶה קִטְרוּג שֶׁהָיָה מְקַטְרֵג עַל יַעֲקֹב בַּיָּרֵךְ שֶׁלּוֹ, וְזֶה כִּי נָשָׂא שְׁתֵּי אֲחָיוֹת, וְהָאָבוֹת קִבְּלוּ עַל עַצְמָן לְקַיֵּם כָּל הַתּוֹרָה כֻּלָּהּ.** וְהָרַמְבַּ"ן הֶאֱרִיךְ בָּזֶה בְּפָרָשַׁת תּוֹלְדוֹת בַּפָּסוּק (בראשית כו, ה) 'עֵקֶב אֲשֶׁר שָׁמַע אַבְרָהָם בְּקֹלִי וַיִּשְׁמֹר מִשְׁמַרְתִּי מִצְוֹתַי חֻקּוֹתַי וְתוֹרֹתָי', וְהֶעֱלָה כִּי הָאָבוֹת שָׁמְרוּ הַתּוֹרָה כֻּלָּהּ אַף עַל פִּי שֶׁלֹּא הָיוּ מְצֻוִּים, וּשְׁמִירָתוֹ אוֹתָהּ הָיָה בָּאָרֶץ לְבַד, כִּי הַמִּצְוֹת מִשְׁפַּט אֱלֹהֵי הָאָרֶץ, וְיַעֲקֹב בְּחוּץ לָאָרֶץ נָשָׂא שְׁתֵּי אֲחָיוֹת כו'. עַיֵּן שָׁם. **מִכָּל מָקוֹם קִטְרֵג סַמָּאֵל עַל יַעֲקֹב, אִישׁ כָּמוֹהוּ אֲשֶׁר צוּרָתוֹ חֲקוּקָה בְּכִסֵּא הַכָּבוֹד, אָדָם חָשׁוּב כָּמוֹהוּ שֶׁאֲנִי, לֹא הָיָה לוֹ לִפְגֹּם אֲפִלּוּ בְּחוּץ לָאָרֶץ. כִּי יַעֲקֹב בְּכָל מָקוֹם שֶׁהוּא שָׁם הוּא אֲוִירָא דְּאֶרֶץ יִשְׂרָאֵל, כִּי קָשׁוּר בְּכִסֵּא כָּבוֹד. וְאַף שֶׁלֹּא עָשָׂה עֲבֵרָה, מִכָּל מָקוֹם הוּא אֲבַק עֲבֵרָה**, וְעַל דֶּרֶךְ שֶׁמָּצִינוּ בִּלְשׁוֹן רַבּוֹתֵינוּ זַ"ל (בבא מציעא סא ב) אֲבַק רִבִּית, אֲבַק גֵּזֶל, אֲבַק לָשׁוֹן הָרָע (בבא בתרא קסה א). זֶהוּ שֶׁהֶעֱלוּ אָבָק עַד כִּסֵּא הַכָּבוֹד, כְּלוֹמַר, הַקִּטְרוּג מֵאֲבַק הָעֲבֵרָה מֵאִישׁ כָּמוֹהוּ הֶחָקוּק בַּכִּסֵּא. וְקוֹל הַקִּטְרוּג הַזֶּה לֹא שָׁב רֵיקָם, **כִּי נֶעֱנַשׁ בְּדִינָה שֶׁנִּלְקְחָה לְאֵשֶׁת זְנוּנִים**, כְּמוֹ שֶׁנֶּאֱמַר (בראשית לד, לא) 'הַכְזוֹנָה יַעֲשֶׂה [אֶת] אֲחוֹתֵנוּ', וּכְבָר רָמַזְתִּי (אות ב) כִּי מִשָּׁם אֵשֶׁת זְנוּנִים. **גַּם הַפְּגָם שֶׁל רְאוּבֵן 'וַיִּשְׁכַּב**

וטמא דינה בתו]. סמאל שנגע בכף הירך וטמאו, כדכתיב כי נגע בכף ירך יעקב. עכ"ז לא הרגיש יעקב והחריש עד בואם, כי לבניו ניתן הנקמה של חמור, ונזדווגו עמו שור וחמור, הם שמעון שנקרא שור, ולוי נקרא חמור, שהיה עוסק בתורת יששכר שנקרא חמור. ואנו מקווים שיבא מורה צדק עני ורוכב על חמור, וינקום נקמת השם כנחש וחמור שנשכו ליעקב ולזרעו, וכן יהי רצון:

אחר כך אמר ויאמר יעקב אל ביתו ואל כל אשר עמו הסירו את אלהי הנכר וגו'. לפי שהשם אמר לו עלה בית אל. והעולה לבית אל צריך להכין עצמו ובגדיו כדכתיב הכון לקראת אלהיך. וכתיב שמור רגלך כאשר תלך אל בית האלקים. ורמז בזה שיהיה תוכו כברו. וזהו הסירו את אלהי הנכר אשר בתוככם והטהרו כנגד החיצוני. ורמז אלהי הנכר אשר בתוככם כאומרו לא יהיה בך אל זר. ונקומה ונעלה ואעשה שם כמאמר השם ועשה שם מזבח. ואמר ויתנו אל יעקב. להורות כי הוא לא אמר אלא והסירו. והם נתנו לו הכל לשמוע בקולו. ואמר ואת הנזמים אשר באזניהם. רוצה לומר הנזמים שלקחו מהצלמים כדכתיב לא תחמוד כסף וזהב עליהם ולקחת לך. ולפי שלא יהנו מע"ז אמר שטמן אותם הוא לבדו תחת האלה. בענין שאיש אל ידע בדברים האלה.

[אֶת בִּלְהָה] פִּילֶגֶשׁ אָבִיו' (בראשית לה, כב), אַף שֶׁלְּפִי הָאֱמֶת לֹא חָטָא
כְּמוֹ שֶׁאָמְרוּ רַבּוֹתֵינוּ זַ"ל. (שבת נה, ב):

Another use of the word *yerech* is in relation to fear, specifically
fear of battle. In this instance though the concept seems thematically
related, it seems harder to make the association. For the word *thigh*
seems quite different from *fear*.

דברים פרשת שופטים פרק כ

(א) כִּי־תֵצֵא לַמִּלְחָמָה עַל־אֹיְבֶךָ וְרָאִיתָ סוּס וָרֶכֶב עַם רַב מִמְּךָ לֹא תִירָא
מֵהֶם כִּי־ה' אֱלֹהֶיךָ עִמָּךְ הַמַּעַלְךָ מֵאֶרֶץ מִצְרָיִם: (ב) וְהָיָה כְּקָרָבְכֶם
אֶל־הַמִּלְחָמָה וְנִגַּשׁ הַכֹּהֵן וְדִבֶּר אֶל־הָעָם: (ג) וְאָמַר אֲלֵהֶם שְׁמַע יִשְׂרָאֵל
אַתֶּם קְרֵבִים הַיּוֹם לַמִּלְחָמָה עַל־אֹיְבֵיכֶם אַל־יֵרַךְ לְבַבְכֶם אַל־תִּירְאוּ
וְאַל־תַּחְפְּזוּ וְאַל־תַּעַרְצוּ מִפְּנֵיהֶם: (ד) כִּי ה' אֱלֹקֵיכֶם הַהֹלֵךְ עִמָּכֶם
לְהִלָּחֵם לָכֶם עִם־אֹיְבֵיכֶם לְהוֹשִׁיעַ אֶתְכֶם: (ה) וְדִבְּרוּ הַשֹּׁטְרִים אֶל־הָעָם
לֵאמֹר מִי־הָאִישׁ אֲשֶׁר בָּנָה בַיִת־חָדָשׁ וְלֹא חֲנָכוֹ יֵלֵךְ וְיָשֹׁב לְבֵיתוֹ פֶּן־יָמוּת
בַּמִּלְחָמָה וְאִישׁ אַחֵר יַחְנְכֶנּוּ: (ו) וּמִי־הָאִישׁ אֲשֶׁר־נָטַע כֶּרֶם וְלֹא חִלְּלוֹ
יֵלֵךְ וְיָשֹׁב לְבֵיתוֹ פֶּן־יָמוּת בַּמִּלְחָמָה וְאִישׁ אַחֵר יְחַלְּלֶנּוּ: (ז) וּמִי־הָאִישׁ
אֲשֶׁר־אֵרַשׂ אִשָּׁה וְלֹא לְקָחָהּ יֵלֵךְ וְיָשֹׁב לְבֵיתוֹ פֶּן־יָמוּת בַּמִּלְחָמָה וְאִישׁ
אַחֵר יִקָּחֶנָּה: (ח) וְיָסְפוּ הַשֹּׁטְרִים לְדַבֵּר אֶל־הָעָם וְאָמְרוּ מִי־הָאִישׁ הַיָּרֵא
וְרַךְ הַלֵּבָב יֵלֵךְ וְיָשֹׁב לְבֵיתוֹ וְלֹא יִמַּס אֶת־לְבַב אֶחָיו כִּלְבָבוֹ: (ט) וְהָיָה
כְּכַלֹּת הַשֹּׁטְרִים לְדַבֵּר אֶל־הָעָם וּפָקְדוּ שָׂרֵי צְבָאוֹת בְּרֹאשׁ הָעָם:

When you go forth to battle against your enemies, and see
horses, chariots, and a people more than you, you shall not be
afraid of them; for God your Lord is with you, who brought you
up out of the land of Egypt. It shall be, when you draw near to
the battle, that the priest shall approach and speak to the people,
and shall tell them, "Hear, Israel, you draw near this day to battle
against your enemies: Don't let your heart faint; don't be afraid,
nor tremble, neither be scared of them; for God your Lord is He
who goes with you, to fight for you against your enemies, to save
you." The officers shall speak to the people, saying, "What man
is there who has built a new house, and has not dedicated it?
Let him go and return to his house, lest he die in the battle, and
another man dedicate it. What man is there who has planted a
vineyard, and has not used its fruit? Let him go and return to

> his house, lest he die in the battle, and another man use its fruit. What man is there who has pledged to be married a wife, and has not taken her? Let him go and return to his house, lest he die in the battle, and another man take her." The officers shall speak further to the people, and they shall say, "What man is there who is fearful and fainthearted? Let him go and return to his house, lest his brother's heart melt as his heart." It shall be, when the officers have made an end of speaking to the people, that they shall appoint captains of armies at the head of the people. (Devarim 20:1–9)

Additionally, a verse in Iyov describes the thigh as *pachdav* which means "fear" which would be a poetic way of pointing out the commonality of the two types of *yerech*.[17]

איוב פרק מ פסוק יז

יַחְפֹּץ זְנָבוֹ כְמוֹ־אָרֶז גִּידֵי **פַחֲדָיו** יְשֹׂרָגוּ׃

> He makes his tail stand up like a cedar; The sinews of his **thighs** are knit together. (Iyov 40:17)

There is another use of the word *yerech* which may be an embellishment of an imaginary word.

Esav is described as a man of the field:

---

17. This may be in the back of the mind of the Chizkuni, see his comments in Bereishit 32:26 and Shemot 4:21:

חזקוני בראשית פרשת וישלח פרק לב פסוק כו

כף ירך יעקב **אעפ"י שהבטיחו הקדוש ברוך הוא** ושמרתיך בכל אשר **תלך** הזיקו
המלאך **לפי שנתיירא מעשו** כדכתיב ויירא יעקב מאד. וכן מצינו במשה **אעפ"י שאמר**
לו הקדוש ברוך הוא אהיה עמך הזיקו המלאך בדרך במלון לפי שהיה מתיירא
מפרעה כדכתיב שלח נא ביד תשלח.

חזקוני שמות פרשת שמות פרק ד פסוק כא

ואני אחזק את לבו אין לומר שהקב"ה מחזיק ומקשה הלבבות לבלתי שוב אליו אם
ירצו לשוב אלא הכי קאמר אני אחזק את לבו שלא ימות מתוך מורא **ולא ירך לבבו**
מתוך פחד עד שישתלמו כל המכות וכן תפרש ואני אקשה את לב פרעה וראיה לדבר
כי עתה שלחתי את ידי ואך אותך וגו'.

בראשית פרשת תולדות פרק כה פסוק כז

וַיִּגְדְּלוּ הַנְּעָרִים וַיְהִי עֵשָׂו אִישׁ יֹדֵעַ צַיִד אִישׁ **שָׂדֶה** וְיַעֲקֹב אִישׁ תָּם יֹשֵׁב אֹהָלִים:

The boys grew up. Esav was a man skilled in hunting, a man of the field, while Yaakov was a man of integrity, a dweller in tents. (Bereishit 25:27)

תרגום אונקלוס בראשית פרשת תולדות פרק כה פסוק כז

וּרְבִיאוּ עוּלֵימַיָּא וַהֲוָה עֵשָׂו גְּבַר נְחַשׁ יִרְכָן (נחשידכון) גְּבַר נָפֵיק חֲקַל וְיַעֲקֹב גְּבַר שְׁלִים מְשַׁמֵּישׁ בֵּית אוּלְפָנָא.

Targum Onkelos translates אִישׁ שָׂדֶה – *ish sadeh* "a man of the field" as *nechash yirchan* (or *nechashyirchan*) as *nechashyadchon* (a term which based on the biblical text should mean "man of the field."[18] There were those who were unfamiliar with this term who saw other words before their eyes. In the school of Tosafot we find some who associated the term with a serene "chilled" or lazy person.[19] Other traditions in Tosafot relate the term to a purveyor of magic.[20]

---

18. See the discussions by Rabbis Adler and Kasher in *Netinah La-Ger* and *Torah Sheleimah* respectively, in their comments to Bereishit 25:27:

נתינה לגר על בראשית פרשת תולדות פרק כה פסוק כז

איש ציד, גבר נחשירכן, ע׳ במס׳ ב״ב (דף קל״ט ע״א) בתוס׳ ד״ה מתני׳ בשרכא שכתב שהוא אדם בטל. וע׳ בב״ק דף צ״ב ע״ב שכ׳ ר״ת על גברא נחשירכן, שהוא שם תואר מורכבב מן ״נח״ ומן ״שרך״ ר״ל יאיש בטל מנוחה ואוהב בטלה. ומת״י משמע שהוא נחשירכן למיצד עופות וחיות. וע׳ כרמב״ן ובפי׳ על הת״י שהן ב׳ מלות ״נחש ירכון״ שהיה לו נחש על ירכו לסימן . . .

19. See Tosafot, *Bava Batra* 139a:

תוספות מסכת בבא בתרא דף קלט עמוד א

מתני׳ בשרכא - בכל הספרים כתוב שרכא בריש ובערוך גרס שדכא בדלית והוא לשון שקט כמו ותשקוט הארץ ומתרגמינן ושדיכת ארעא (שופטים ה) כלומר אדם בטל ושקט אינו עוסק בכלום וכן יודע ציד איש שדה ומתרגמינן נחשדכן (בראשית כה) שהיה נח ושקט ובהחובל (ב״ק דף צב: ושם) מטייל ואזל דיקלא בישא לגבי קיני דשדכא.

20. Moshav Zekeinim; for a fuller discussion see *Patshegen* by Rabbi Raphael Binyamin Posen page 486 f.

מושב זקנים על בראשית פרק כה פסוק כז

איש יודע ציד. תרגם גבר נח שירכן. שמעתי שהוא לשון אדם בטל כמו גברא שירכן.

The *Tzioni* (Rabbi Menachem Tzioni 1340–1410) tells of a kabbalistic tradition which reports that Esav (and his "angel"), who is associated with all forms of evil, ranging from Amalek, and having it's antecedent in the serpent of old, was proud of the association with the serpent, and had a tattoo of a serpent on his thigh – and this is the meaning of "*nechash yirchan*" a "serpent on the thigh."

ספר הציוני על התורה - פרשת תולדות

'וַיֵּצֵא הָרִאשׁוֹן אַדְמוֹנִי' (שם שם, כה) סוֹדוֹ מוּבָן, כִּי הָיָה סִיגוֹ דְּיִצְחָק, וְזֶהוּ סוֹד 'רֵאשִׁית גּוֹיִם עֲמָלֵק' (במדבר כד, כ), וַעֲמָלֵק שֹׁרֶשׁ הַנָּחָשׁ הַקַּדְמוֹנִי. רֶמֶז לָזֶה כָּתְבוּ הַמְקֻבָּלִים כִּי הָיָה לוֹ דְּמוּת נָחָשׁ עַל יְרֵכוֹ. וְאֻנְקְלוֹס הַגֵּר כִּוֵּן הַסּוֹד 'יֹדֵעַ צַיִד' (בראשית כה, כז) - 'נַחְשִׁירְכָן'. וּבְיַעֲקֹב כְּתִיב (שם לב, כה) **'וַיִּגַּע בְּכַף יְרֵכוֹ'**, רָצָה הַנָּחָשׁ לִכָּנֵס לִפְנִים כְּשֶׁרָאָה פַּרְצוּף אָדָם הָרִאשׁוֹן, 'וַיַּרְא כִּי לֹא יָכֹל לוֹ' (שם), וְעָלָ[ה] נָחָשׁ הָעַמּוֹנִי בִּתְחִלַּת מַלְכוּת שָׁאוּל, וְהִנֵּה הַנָּחָשׁ שׁוֹכֵן בַּיָּרֵךְ, כִּי מִשָּׁם תּוֹלְדוֹת הַמְּלָכִים, וְעַל יָדוֹ חָטָא שָׁאוּל [וְ] נִטְרַד. עכ"ל:

That serpent on the thigh of Esav tried to hurt Yaakov, and hence the injury in the thigh. While the *Tzioni* introduces the serpent, and Amalek, this association took others back to the Purim story.

The Talmud[21] refers to Haman as a servant who was sold for

ותימה א"כ מה ר"ל נח הוה ליה למימר שירכן ומצאתי דיש לגרוס גבר נחש ירכן, ופי' לפי שהיה מכשף והיה נושא הכשוף בתוך ירכו לידע לצוד אחר עופות. לכך ניחש ירכו.

21. See *Megillah* 15a–b:

תלמוד בבלי מסכת מגילה דף טו עמוד א

וְאָמַר רַבִּי אֶלְעָזָר, אָמַר רַבִּי חֲנִינָא, מַאי דִּכְתִיב, (שם ה) "וְכָל זֶה אֵינֶנּוּ שֹׁוֶה לִי". מְלַמֵּד שֶׁכָּל גִּנְזָיו שֶׁל אוֹתוֹ רָשָׁע הָיוּ חֲקוּקִים לוֹ עַל לִבּוֹ, וּכְשֶׁרָאָה אֶת מָרְדֳּכַי יוֹשֵׁב בְּשַׁעַר הַמֶּלֶךְ, הָיָה אוֹמֵר, "וְכָל זֶה אֵינֶנּוּ שֹׁוֶה לִי". וְכִי מִשּׁוּם דְּרוֹאֶה מָרְדֳּכַי יוֹשֵׁב בְּשַׁעַר הַמֶּלֶךְ, אוֹמֵר, "וְכָל זֶה אֵינֶנּוּ שֹׁוֶה לִי"? אִין, כִּדְאָמַר רַב חִסְדָּא, זֶה בָּא בִּפְרוֹזְבּוּלֵי, וְזֶה בָּא [שם ע"ב] בִּפְרוֹזְבּוּטֵי. אָמַר רַב פַּפָּא, וְקָארוּ לֵיהּ, עַבְדָּא דְּאִזְדַּבַּן בְּטוּלְמֵי דְּנַהֲמָא:

Again said R. Elazar in the name of R. Chanina: "What is the meaning of the passage (Esther 5:13) 'Yet all this avails me nothing'? Infer from this that all treasures of that wicked (Haman) were engraved upon his heart, and as soon as he saw Mordecai sitting in the king's tower, Haman said: **"Yet all this avails me nothing"** (Esther 5:13). Rabbi Elazar said that Rabbi Chanina said: When Haman saw Mordechai sitting at the king's gate he said: Yet all this avails me nothing. This bread. The Targum Yonatan on the Megillah elaborates and tells of a scene where Mordechai shows the bill of sale when Haman had sold himself for some bread. This is understood as an echo of the sale of the birthright for a bowl of beans (Yaakov threw in the bread in that earlier sale[22]). Furthermore, Mordechai wore the bill of sale on his leg, suspiciously near the thigh:

תרגום יונתן על אסתר פרק ה פסוק ט

(ט) וּנְפַק הָמָן מִלְוַת מַלְכָּא בְּיוֹמָא הַהוּא חֲדֵי וּבְדַח לִבָּא **וְכַד חֲזָא הָמָן יַת מָרְדְּכַי וְיַת טַפְלַיָּא דַעֲסִיקִין בְּפִתְגָּמֵי אוֹרַיְתָא** בְּסַנְהֶדְרִין דַעֲבַדַת לְהוֹן אֶסְתֵּר בִּתְרַע מַלְכָּא וּמָרְדְּכַי לָא קָם מִן קֳדָם **אַנְדְּרָטֵיהּ** וְלָא רְתַת מִנֵּיהּ אֱלָהֵן **פְּשַׁט יַת רִגְלֵיהּ יְמִינֵיהּ וַאֲחַוֵי לֵיהּ שְׁטַר זַבִּינְתָּא דְאִזְדַּבֵּן לֵיהּ בְּטוּלְמָא דִלְחֵם דְמִכַּתְבָּא בְּאִסְטַרְקְלִילֵיהּ כָּל קֳבֵל אַרְכּוּבְתֵּיהּ** מִן יַד תְּקִיף רוּגְזֵיהּ וְאִתְמְלֵי הָמָן עֲלֵוֵי מָרְדְּכַי רוּתְחָא:

Targum Onkelos relates this sale to the previous sale of the birthright:[23]

---

may be understood as was suggested by Rav Chisda, for Rav Chisda said: This one, Mordechai, came as one with the heritage of a rich man [*perozebuli*], whereas that one, Haman, came as one with the heritage of a poor man [*perozeboti*], as Mordecai had been Haman's slave master and was aware of Haman's lowly lineage. Rav Pappa said: And he was called: The slave who was sold for a loaf of bread.

22. Bereishit 25:34: And Yaakov gave bread and lentil stew to Esav. He ate, drank, rose, and went, and Esav scorned the birthright.

23. See the *Shelah, Megillah – Torah Ohr* 43:

של"ה מסכת מגילה פרק תורה אור – מג

סוד פורים – נצח והוד תרין פלגא דגופא, והם פורים וחנוכה.

חֲנֻכָּה בְּ'הוֹד', וּפוּרִים בְּ'נֶצַח'. וְנִצָּחוֹן שֶׁל יִשְׂרָאֵל שֶׁהָיָה בִּימֵי פּוּרִים מִי יוּכַל לְשַׁעֵר. וּכְתִיב בְּמַלְכוּת שָׁאוּל, שֶׁאָמַר שְׁמוּאֵל הַנָּבִיא (שמואל א טו, כט) 'וְגַם נֵצַח יִשְׂרָאֵל לֹא יְשַׁקֵּר', וְ'בַבֹּקֶר יֹאכַל עַד' (בראשית מט, כז) זֶה שָׁאוּל, 'וְלָעֶרֶב יְחַלֵּק שָׁלָל' (שם) זֶה מָרְדְּכַי וְאֶסְתֵּר (אסתר רבה פרשה י' סי"ג). וְיֵשׁ עִנְיָן גָּדוֹל בְּפָסוּק זֶה 'וְגַם נֵצַח יִשְׂרָאֵל לֹא יְשַׁקֵּר'. וְנוֹדָע, כִּי נֶצַח וְהוֹד הֵם הַיְּרֵכַיִם, נֶצַח יֶרֶךְ יָמִין, וְהוֹד יֶרֶךְ שְׂמֹאל. 'וּמָרְדֳּכַי לֹא יִכְרַע' (אסתר ג, ב) בַּיְּרֵכַיִם שֶׁלּוֹ, **וְקָשַׁר בַּיָּרֵךְ שֶׁלּוֹ שְׁטַר מְכִירָה בְּטוּלְמָא דְלֶחֶם שֶׁנִּמְכַּר לוֹ הָמָן (מגילה טו א, ב), כִּי כֵן עֵשָׂו מָכַר אֶת הַבְּכוֹרָה בַּאֲכִילָה לְיַעֲקֹב, וּכְתִיב שָׁם (בראשית כה, ל) 'הַלְעִיטֵנִי נָא מִן הָאָדֹם הָאָדֹם הַזֶּה'**: וְזֶה לְשׁוֹן הַצִּיּוֹנִי פָּרָשַׁת תּוֹלְדוֹת:...

תרגום אסתר ג׳:

ב׳ - וְכָל עַבְדֵי מַלְכָּא דִי בִּתְרַע בֵּית מַלְכָּא גַחֲנִין לְאַנְדְּרָטָא דִי הֵקִים בַּהֲדֵיהּ וְסַגְדִין לֵיהּ לְהָמָן אֲרוּם כֵּן פַּקֵיד עֲלוֹהִי מַלְכָּא וּמָרְדְּכַי לָא הֲוָה גָחִין לְאַנְדְּרָטָא וְלָא הֲוָה סְגִיד לְהָמָן עַל דִי **הֲוָה לֵיהּ עֲבַד פְּלַח וְאִזְדַבַּן לֵיהּ בְּטוּלְמָא דִלְחֵם:**

ד׳ - וַהֲוָה בְּמַלָלוּתְהוֹן לְוָתֵיהּ יוֹמָא וְיוֹמָא וְלָא קַבֵּל מִנְהוֹן וְחַוִיאוּ לְהָמָן לְמֶחֱזֵי הֲיִתְקַיְמוּן פִּתְגָמֵי מָרְדְּכַי כָּל קֳבֵיל פִּתְגָמֵי דְהָמָן אֲרוּם חֲוֵי לְהוֹן דִי לְהָמָן לָא הֲוָה סְגִיד **עַל דַהֲוָה עַבְדֵיהּ דְאִזְדַבֵּן לֵיהּ בְּטוּלְמַת לְחֵם וּלְאַנְדְּרָטָא דִי הֵקִים בַּהֲדֵיהּ לָא הֲוָה גָחִין עַל דַהֲוָה יְהוּדִי וִיהוּדָאֵי לָא פַלְחִין וְלָא גָחַנִין לֵיהּ:**

ו׳ - וַהֲוָה חוּךְ קֳדָמוֹי לְאוֹשָׁטָא יְדוֹי לְמִקְטוֹל יַת מָרְדְּכַי בִּלְחוֹדוֹהִי אֲרוּם חַוִיאוּ לֵיהּ **דְמָרְדְּכַי אָתֵי מִן יַעֲקֹב דְשָׁקַל מִן עֵשָׂו אַבָּא דְאָבוּי דְהָמָן יַת בְּכוּרְתָא וְיַת בִּרְכָתָא וִיהוּדָאֵי אִינוּן עַמָא דְמָרְדְּכַי וּבְעָא הָמָן לְשֵׁיצָאָה יַת כָּל יְהוּדָאֵי דִי בְּכָל מַלְכוּת אֲחַשְׁוֵרוֹשׁ עַמָא דְמָרְדְּכָי:**

Hence the revealed motivation of the archvillain Haman to eradicate all of the Jews is the sale of the birthright by Esav taken by Yaakov.

What is fascinating is that all through these various reiterations of the Esav Yaakov battle we find reference to the leg.

When we first meet Esav and Yaakov, Yaakov is grabbing at the leg – or heel of Esav. An act which needs to be noted, for the current injury may somehow be seen as retribution for that struggle in utero.[24]

---

24. See R. Yehonatan Eybeschutz in *Ahavat Yehonatan*, commentary on Eichah called *Alon Bachut*:

אהבת יהונתן - אלון בכות

או אמר נתנני דאיתא בפסוק וידו אוחזת בעקב עשו דיעקב יש לו אחיזה בעקב עשו. ועשו יש לו ג״כ אחיזה בעקב יעקב ולכך נאמר בפגעו בו שר של עשו ויגע בכף ירך יעקב והוא צולע כי הוא הלך מא״י לח״ל וביטל כמה שנים כיבוד אב ואם ועשו רץ לשדה לקיים כיבוד או״א ולכך יש לו אחיזה ברגל יעקב ויעקב צולע ולכך ברומי מרכיבין חיגר וכו׳ כדאי׳ בגמר׳ וז״ש נתנני ה׳ בידי לא אוכל קום היינו בידי עשו שאוחז ברגלינו ואנו צולעים וק״ל:

In Jewish theology the angel of Esav – called *Sama'el* – is identified with other manifestations of evil, most notably the serpent of old.[25]

It is the serpent whom we find first connected to the heel of man:

---

25. See Zohar 3:254; see also *Bava Batra* 16a:

זוהר מנוקד חלק ג דף רנד עמוד ב

דְּיוֹמִין דְּאִית בְּהוֹן מְלֶאכֶת חוֹל, אִינוּן מִסִּטְרָא דְּעֵץ הַדַּעַת טוֹב וָרָע. דְּאִתְהַפָּךְ מִמַּטֶּה לְנָחָשׁ, וּמִנָּחָשׁ לְמַטֶּה. לְכָל חַד כְּפוּם עוֹבָדוֹי, וְדָא מְטַטְרוֹן מַטֶּה, נָחָשׁ, סָמָאֵל. אֲבָל בְּהַאי יוֹמָא דְּאִיהוּ יוֹם הַכִּפּוּרִים דְּאִתְקְרֵי קֹדֶשׁ, שַׁלְטָא אִילָנָא דְּחַיֵּי, דְּלָא אִשְׁתְּתַּף עִמֵּיהּ שָׂטָן וּפֶגַע רָע. וּמִסִּטְרֵיהּ (תהלים ה) לֹא יְגוּרְךָ רָע. וּבְגִין דָּא, בֵּיהּ נַיְיחִין עַבְדִּין בְּאִילָנָא דְּחַיֵּי, (נ״א ואשתתפן גביה) וּבֵיהּ נַפְקָן לְחֵירוּת, בֵּיהּ נַפְקֵי מִשַּׁלְשְׁלֵיהוֹן:

ספר השל״ה הקדוש – פרשת תולדות יג

אֶלָּא הָרֶמֶז הִיא, כִּי נוֹדַע כִּי יִצְחָק מִדַּת הַדִּין, אֲבָל הַדִּין בְּעַצְמוֹ יִגְרֹם שֶׁיִּתְהַפֵּךְ לְרַחֲמִים, עַל כֵּן נִתְהַפֵּךְ הַסֵּדֶר מקצח״י לְ'יִצְחָק', הַמּוֹרֶה עַל שִׂמְחָה וְחֶדְוָה, כִּי מִדַּת הַדִּין יִתְהַפֵּךְ לְמִדַּת הָרַחֲמִים, כִּי בַּשֵּׁם קצח״י מְרֻמָּז עִנְיַן שֹׁרֶשׁ הַדִּין (זהר ח״א דף רנ״ב ע״ב), **שֶׁעַל כֵּן יָצָא מִמֶּנּוּ עֵשָׂו כְּמוֹ שֶׁכָּתְבוּ הַמְקֻבָּלִים, מֵאַחַר שֶׁיִּצְחָק הוּא מִדַּת הַדִּין, וְשָׂרוֹ שֶׁל עֵשָׂו שֶׁהוּא סַמָּאֵל הַמְקַטְרֵג וּמַמְשִׁיךְ הַדִּין לַפֹּעַל הוּא הַיֵּצֶר הָרָע הוּא שָׂטָן הוּא הַמַּלְאַךְ הַמָּוֶת** (בבא בתרא טז א). וְהִנֵּה מִדַּת הַדִּין אֵין פֵּרוּשׁוֹ לִהְיוֹת עָקָא דַּוְקָא, רַק שֶׁיְּהֵא הַדִּין מְדֻקְדָּק לָתֵת לְאִישׁ כִּדְרָכָיו וְכִפְרִי מַעֲלָלָיו הֵן טוֹב הֵן רַע, רַק שֶׁאִי אֶפְשָׁר לָנוּ לַעֲמֹד אָדוֹן דִּין אִם יְדֻקְדַּק. אֲבָל מִדַּת הַדִּין עַל כָּל פָּנִים פֵּרוּשׁוֹ כְּמוֹ שֶׁכָּתַבְתִּי, עַל גְּמוּל וְעֹנֶשׁ הַמְדֻקְדָּק, וְלָזֶה יָצְאוּ מִיִּצְחָק יַעֲקֹב וְעֵשָׂו, זֶהוּ לְדֵרָאוֹן וְזֶהוּ לְחַיֵּי עוֹלָם. וְהֵם נִרְמָזִים בְּשֵׁם קצח״י שֶׁהוּא 'קֵץ חַי', כִּי 'קֵץ' הוּא סִטְרָא דִּשְׂמָאלָא כְּמוֹ שֶׁכָּתַב הַזֹּהַר (ח״א דף ס״ב ע״ב) בַּפָּסוּק (בראשית ו, יג) 'קֵץ כָּל בָּשָׂר בָּא לְפָנַי', כִּי סַמָּאֵל נִקְרָא קֵ״ץ הַיָּמִים, נוֹתֵן קֵץ לַיָּמִים, וּכְתִיב (איוב כח, ג) 'קֵץ שָׂם לַחֹשֶׁךְ וּלְכָל תַּכְלִית הוּא חוֹקֵר'. וְיַעֲקֹב הוּא אִישׁ חַ״י רַב פְּעָלִים, יַעֲקֹב אָבִינוּ לֹא מֵת (תענית ה ב). זֶה מוֹרֶה שֵׁם קצח״י, וּמִדַּת הַדִּין מְגֻלָּה כְּמוֹ שֶׁכָּתַבְתִּי, כִּי אִי אֶפְשָׁר לְהִתְקַיֵּם בְּמִדַּת הַדִּין הַמְדֻקְדָּק, אֶלָּא לִהְיוֹת מַטֶּה כְּלַפֵּי חֶסֶד וּלְהַכְנִיעַ כֹּחַ הַדִּין. וְזֶהוּ הָרֶמֶז (בראשית כז, מו) 'קַצְתִּי בְחַיַּי', כִּי מַה תּוֹעֶלֶת בְּחַיַּי שֶׁזֶּהוּ מִבְּנֵי עֲלִיָּה, וְרָאִיתִי בְּנֵי עֲלִיָּה וְהֵם מֻעָטִים (סוכה מה ב), וְאֵין תַּקָּנָה לְרֹב הָעוֹלָם כְּשֶׁזֶּה הַקֵּץ מְגֻלֶּה. וְזֶהוּ 'קַצְתִּי בְחַיַּי מִפְּנֵי בְּנוֹת חֵת', **שֶׁהֵם הַכְּנַעֲנִים אָרוּר כְּנַעַן הַבָּאִים מִצַּד הַנָּחָשׁ הָאָרוּר, אֲשֶׁר זֶה גַּם כֵּן חֶלְקוֹ שֶׁל עֵשָׂו** כְּמוֹ שֶׁיִּתְבָּאֵר (אות כא־ כה). עַל כֵּן [נִתְהַפֵּךְ] הַשֵּׁם לְיִצְחָק הַמּוֹרֶה עַל חֶדְוָה, כִּי יִתְהַפֵּךְ מִדַּת הַדִּין לְמִדַּת הָרַחֲמִים:

ספר אהבת שלום – פרשת בא

והנה ידוע שעשו הרשע הוא בחינת הסטרא אחרא, ועל כן תרגם אונקלוס על הפסוק (בראשית כה כז) איש יודע ציד, גבר נחשירכן, פירוש נחש ירכן, שהיה נחש חקוק על ירכו, כמו דאיתא במדרש (עי' ציוני פ' תולדות ד״ה ויצא הראשון). וזהו שאמר יצחק אבינו ע״ה לעשו הרשע, שהוא בחינת נחש, בחינת הסטרא אחרא, ואוכל מכל בטרם תבוא (בראשית כז לג), פירוש שאמר לו שטעמתי בהמטעמים של יעקב טעם מתוק ורוחני, טעם מן, בחינת כל, כמו שהיה קודם החטא, וזהו בטרם תבוא, פירוש קודם שהיית אתה בחינת הרע בעולם וד״ל:

בראשית פרשת בראשית פרק ג

(יג) וַיֹּאמֶר ה' אֱלֹקִים לָאִשָּׁה מַה־זֹּאת עָשִׂית וַתֹּאמֶר הָאִשָּׁה **הַנָּחָשׁ הִשִּׁיאַנִי וָאֹכֵל:** (יד) וַיֹּאמֶר ה' אֱלֹקִים אֶל־**הַנָּחָשׁ** כִּי עָשִׂיתָ זֹּאת אָרוּר אַתָּה מִכָּל־הַבְּהֵמָה וּמִכֹּל חַיַּת הַשָּׂדֶה עַל־גְּחֹנְךָ תֵלֵךְ וְעָפָר תֹּאכַל כָּל־יְמֵי חַיֶּיךָ: (טו) וְאֵיבָה אָשִׁית בֵּינְךָ וּבֵין הָאִשָּׁה וּבֵין זַרְעֲךָ וּבֵין זַרְעָהּ הוּא יְשׁוּפְךָ רֹאשׁ **וְאַתָּה תְּשׁוּפֶנּוּ עָקֵב:**

(13) Hashem, God, said to the woman, "What is this you have done?" The woman said, "The **serpent beguiled** me, and I ate." (14) Hashem, God, said to the serpent, "Because you have done this, you are most cursed of all livestock and of every beast of the field. On your belly you shall go, and dust you shall eat all the days of your life. (15) I will put enmity between you and the woman, and between your offspring and her offspring. He will bruise your head, and **you will bruise his heel**." (Bereishit 3:13–15)

Later on in history Yaakov will grab at the heel of Esav, and hence receive his name Yaakov:

בראשית פרשת תולדות פרק כה פסוק כו

וְאַחֲרֵי־כֵן יָצָא אָחִיו וְיָדוֹ אֹחֶזֶת בַּעֲקֵב עֵשָׂו וַיִּקְרָא שְׁמוֹ יַעֲקֹב וְיִצְחָק בֶּן־שִׁשִּׁים שָׁנָה בְּלֶדֶת אֹתָם:

Afterwards, his brother emerged, his hand holding on to the heel of Esav, so he called him Yaakov. And Yitzchak was sixty years old when they were born. (Bereishit 25:26)

In retrospect we understand that the struggle between Yaakov and the mysterious adversary – the "angel" of Esav– is just one chapter in an ongoing battle which began at the dawn of history, when the adversary was called the serpent. The continuation was when Yaakov battles Esav in utero. Esav Identifies with the serpent and perhaps even tattoos the image of the serpent on his thigh. Yaakov in turn battles with the angel of Esav, and is wounded – we now realize, most appropriately on the thigh.

When Yaakov fails to live up to his obligations, he becomes susceptible to the attack by Esav/*Samel*/the Serpent/Haman. When

Yaakov is victorious, he is called Yisrael. In the end, just as it is told in the beginning, the serpent will be stepped on and crushed by the foot or heel of Yaakov. Esav or his proxies will try to grab the leg of Yaakov or try to make him bend his leg in homage. But the building of the House of God will be in the place of the tribe – Binyamin – who did not bend his knee. There the children of Yaakov – *Bnei Yisrael* – will bend their knees, but only to the one true God.[26]

---

26. See *Shelah*, Bereishit section 47, Tzror Hamor, Bereishit 35:1:

ספר השל"ה הקדוש - ספר בראשית - פרשת וישב מקץ ויגש תורה אור

(מז) וְהִנֵּה נִמְשַׁךְ קִלְקוּל זֻהֲמַת הַנָּחָשׁ מִדּוֹר לְדוֹר עַד לֵדַת הָאַחִים יַעֲקֹב וְעֵשָׂו, **וְנִכְנְסָה הַזֻּהֲמָא בְּעֵשָׂו וְהָיָה חָקוּק בַּיָּרֵךְ שֶׁלּוֹ נָחָשׁ, וְ'לֹא נַחַשׁ בְּיַעֲקֹב'** (במדבר כג, כג). **וְסַמָּאֵל שָׂרוֹ שֶׁל עֵשָׂו נָגַע בְּכַף יֶרֶךְ יַעֲקֹב, וְהוּא מְטַמֵּא בְּמַגָּע, וְהַטֻּמְאָה נָגְעָה בְּיֶרֶךְ הַשְּׁבָטִים אֲשֶׁר כָּרְעוּ לִפְנֵי עֵשָׂו שֶׁהוּא אֵל אַחֵר וּצְרִיכִין לְזִכּוּךְ.** וּבִנְיָמִין נִתְעַלָּה בָּזֶה שֶׁלֹּא כָּרַע לְעֵשָׂו, עַל כֵּן לוֹ הָיְתָה הַמְּלוּכָה וּלְפָנָיו יִכְרַע כָּל בֶּרֶךְ. אַךְ לֹא נִמְשַׁח בְּקֶרֶן, כִּי קֶרֶן הוּא דַּוְקָא לְדָוִד, כִּי דָּוִד וּמָשִׁיחַ תִּקּוּן אָדָם, בְּסוֹד 'אָדָם' אָדָם דָּוִד מָשִׁיחַ, וְאָז יַחְזֹר קֶרֶן אוֹר פָּנָיו. וּמַלְכוּת שָׁאוּל הָיָה בִּשְׁאֵלָה כְּמוֹ שֶׁכָּתַבְתִּי לְעֵיל (אות כב; כח), וְנִמְשַׁח בְּפַךְ כִּי עֲדַיִן לֹא נִתְקַן אָדָם לִהְיוֹת קֶרֶן, רַק הוּא פַּךְ כְּלִי חֶרֶס. וְהַמְּלוּכָה זוֹ בָּאָה לוֹ, כִּי יֶרֶךְ בִּנְיָמִין לֹא כָּרַע לְעֵשָׂו, וְזֶהוּ סוֹד פַּכִּים קְטַנִּים. כְּתִיב (שמואל א טו, יז) 'הֲלוֹא אִם קָטֹן אַתָּה בְּעֵינֶיךָ רֹאשׁ שִׁבְטֵי יִשְׂרָאֵל אָתָּה', רָצָה לוֹמַר, מֵאַחַר שֶׁאַתָּה הַקָּטָן בֵּין הַשְּׁבָטִים, עַל זֶה זָכִיתָ לִמְלוּכָה לִהְיוֹת רֹאשׁ שִׁבְטֵי יִשְׂרָאֵל, כִּי לֹא נוֹלַדְתָּ עֲדַיִן בְּעֵת שֶׁכָּרְעוּ לְעֵשָׂו. וְזֶהוּ סוֹד נִשְׁאַר עַל פַּכִּים קְטַנִּים, כִּי עֲדַיִן לֹא נוֹלַד בִּנְיָמִין שֶׁהוּא הַקָּטָן, וְעָלָיו אָמַר הַקָּדוֹשׁ בָּרוּךְ הוּא (בראשית לה, יא) 'וּמְלָכִים מֵחֲלָצֶיךָ יֵצֵאוּ', זֶהוּ שָׁאוּל וְאִישׁ בֹּשֶׁת וְנִמְשַׁח בְּפַךְ. וְדָוִד וּשְׁלֹמֹה נִמְשְׁחוּ בְּקֶרֶן, וּבַעֲוֹנוֹתֵינוּ הָרַבִּים 'גָּדַע בָּחֳרִי אַף כֹּל קֶרֶן יִשְׂרָאֵל' (איכה ב, ג), עַד לֶעָתִיד 'וְיָרֵם קֶרֶן מְשִׁיחוֹ' (שמואל א ב, י)

צרור המור בראשית פרשת וישלח

...ואין ראוי להתעצל בדברים הקדושים. אחר שהוא עצמו נדר ואמר והאבן הזאת אשר שמתי מצבה יהיה בית אלקים. וזהו שאמרו בזוהר בראשונה נשכו נחש ועכשיו נשכו חמור ולא הרגיש. וביארו ואמרו כי לפי שהיה מתאחר בדרך נשכו נחש הקדמוני הוא שטן הוא יצר הרע הצד ציד הוא סמאל שר של עשו. דכתיב ביה ויגע בכף ירכו לפי שנשכו כנחש. ולפי שלא יכול לו נגע בכף ירכו הם צאצאיו ונביאיו וחכמיו ודורו של גזירות שנוגע בהם ומכלה אותן. ולפי שנגע בכף הירך לא היתה נבואתו לישראל ממשה עד שמואל. כביכול שנחלש מקום הנבואה שהוא סוד הירכים הם יכין ובועז. ולפי שנגע בכף הירך והיא שלו ונטלו השם ממנו. וזהו כי לא יכול לו. נתן לו השם בטן וירך של סוטה כדכתיב בתת השם את ירכך נופלת ואת בטנך צבה. וזהו סוד שעיר עזאזל בענין שיעסוק בו ולא יקטרג את ישראל. וכן מים אחרונים הם חלקו וגורלו מהסעודה. ואם לא עשו כן הוא נוטר איבה וירדפם עד חובה. וכן ירך הסוטה תחת ירך יעקב. וכשבא שמואל והיה נביא נאמן כמו שנאמר במשה. חטף ממנו הירך כאשר בירך הזבח בבית שאול. ולכן כתב שם וירם הטבח את השוק ואת האליה וישם לפני שאול וגו׳. וזה לרמוז שהירך שנחלש מימות משה עליו השלום

עכשיו נתחזק בנבואה וידעו כל העם כי נאמן שמואל לנביא. ולכן תמצא שאומנתו
של סמאל וסיעתו הוא להחליש הירך והאליה. הם החכמים שהם ירך ויסוד הבית כמו
שהירך יסוד האדם. ומכאן תבין מה שאמרו בברכות הני ברכי דרבנן דחלשי וכו'.
לפי שכתות של מלאכי חבלה נתהוו בעולם ולא ניתן רשות לעין לראותן. ולפי שהם
דבקים בחסידים ובחכמים להרע להם. ותורתם משמרתם ואין לו רשות בהן. אבל
תמצאם כולם חלושים ויגעים וברכיהם כושלות ובגדיהם בלות ומטולאות מדבוקם
שנדבקים בהם בצערם ולשבר ירכותיהם. ולכן אמרו הני ברכי דרבנן ולא אמרו ידי
דרבנן וכיוצא בזה. והטעם בזה כי נגע בכף ירך יעקב. וזהו והוא צולע על יריכו.
רוצה לומר מצטער על יוצאי יריכו שעתידין לפול בידו. ולכן כתיב יוצאי ירך יעקב
שבעים הם ע' סנהדרין והחכמים שבאו מצד הירך. וזה הצר הצורר הלוך אחריהם עד
יתקיים מאמר הכתוב וברכים כושלות אמצו. וזהו שאמרו שנשכו הנחש הוא סמאל
הוא נחש הקדמוני. ובאחרונה נשכו חמור הוא חמור אבי שכם במעשה דינה שנשכו
וטמא דינה בתו. סמאל שנגע בכף הירך וטמאו כדכתיב כי נגע בכף ירך יעקב. עכ"ז
לא הרגיש יעקב והחריש עד בואם. כי לבניו ניתן הנקמה של חמור ונזדווגו עמו שור
וחמור. הם שמעון שנקרא שור. ולוי נקרא חמור. שהיה עוסק בתורת יששכר שנקרא
חמור. ואנו מקווים שיבא מורה צדק עני ורוכב על חמור. וינקום נקמת השם כנחש
וחמור שנשכו ליעקב ולזרעו וכן יהיה רצון:

PARASHAT VAYESHEV

The Imagined Trials and Real Tribulations of Yosef

The story of Yosef and his brothers is well known: Jealousy es-
calates to hatred, and almost metastasizes into murder. To this
very day, the brothers' sale of Yosef is seen as a stain on the collec-
tive Jewish people. On the holiest day of the year, Yom Kippur, and
on the saddest day of the year, Tisha B'Av, the consequences of this
episode are included in the liturgy and are *midrashically* connected
to the ten martyrs.

Nonetheless, there are those who read the story differently, defend-
ing the actions of the brothers. Understandably, some would prefer
to take a more forgiving approach, exonerating Yosef's brothers. But
is this a fair reading of the text? Are those who defend the brothers'
behavior guilty of literary contortionism?

The text leaves very little room to wriggle them out of their guilt:
While they were dissuaded from carrying out their plan to murder
Yosef in cold blood, they were certainly guilty of another crime:
Yosef was kidnapped, a crime included in the prohibitions of the Ten
Commandments.[1]

One of the great teachers in the *Mussar* movement, Rabbi Nosson

---

Dedicated in honor of Joshua

1. See Rashi, Shemot 20:13.

Tzvi Finkel, better known as the Alter (elder) of Slobodka, insisted that the brothers were not only highly principled but acted in good faith. He attacks those who read the story in a straightforward fashion as being superficial:

אור הצפון חלק א דין מכירת יוסף הרב נתן צבי פינקל סלבודקה תרפ"ח

כשאנו לומדים פרשת מכירת יוסף, קשה לנו להשתחרר מהתפישה המקובלת בין ההמונים כאילו היה כאן מעשה אכזריות מצד האחים כלפי יוסף עצמם ובשרם על לא דבר בכפו, וכאילו מתוך קנאתם בו בגלל כתונת הפסים, כמשמעות הכתוב, התנכלו להמיתו, השליכוהו לבור ומכרוהו לישמעאלים וגרמו צער כזה לאביהם הזקן שנפשו היתה קשורה בנפשו של יוסף.

כדי להוציא טעות זו מהלב, כדאי לציין את דברי המפרש הקדמון רבינו עובדיה ספורנו שכל האחים היו צדיקים גמורים, כי אחרת לא יתכן ששמותיהם יהיו חרותים על חושן המשפט לפני ה' לזכרון, אלא שהם הוציאו על יוסף משפט מות על יסוד ההלכה "הבא להרגך השכם להרגו". האחים שבטי י - ה ישבו על כס המשפט וירדו לעומק הדין, ולפי מיטב השגתם העליונה הכירו בו כרודף ומצאוהו חייב (ראה ספורנו בראשית ל"ז, י"ח). אמנם הם שגו במשפטם,...ואי אפשר, איפוא, לבוא עליהם בתביעה על כך.

When we learn the section of the sale of Yosef, it is hard for us to free ourselves from the understanding accepted by the masses, as if this was an act of cruelty perpetrated by the brothers upon Yosef, who was for his part completely innocent, and as if they (the brothers) were motivated by (Yosef having received) the coat of many colors, as indeed it seems from a cursory reading of the text – they conspired to kill him, threw him in a pit, and then sold him to the Yishmaelites, and caused unspeakable pain for their elderly father whose soul was bound with the soul of Yosef.

In order to remove this mistaken notion from one's heart, it is worthwhile citing the clear position expounded by one of the early commentaries, Rabbi Ovadiah Seforno, who explained that all of the brothers were completely righteous; had this not

> been the case, how could their names eventually have been etched on the *Choshen Mishpat* before God as a memorial? Rather, they tried Yosef (in a court of law) and convicted him of a capital offense, according to the *halachah* which states that if someone seeks your death, be proactive and kill them first. The brothers –the tribes of God – sat in judgment and plumbed the depths of the law, and according to their superior understanding found him guilty, for they believed that he was "pursuing them to kill them," so they found him guilty. However, they were mistaken in their judgment...and one cannot fault them for this. (*Ohr HaTzafun*, Part One: "The Trial of Selling Yosef")

The Alter insists that the *peshat*, the plain meaning of the text, is not what a superficial reading of the verses would seem to indicate. The brothers were righteous – completely righteous, in fact – and it is therefore impossible that they could have done what the text seems to say they did.

This approach follows a well-trodden path of rabbinic exegesis which often exonerates otherwise positive characters of actions that would potentially sully their reputations. On occasion, the Talmud will teach that certain larger-than-life biblical characters who seem to be guilty of one transgression or another, are nonetheless innocent. For example, the Talmud teaches that King David did not sin; Reuven did not sin, nor did other biblical heroes whose behavior, recorded in the Torah, has raised eyebrows throughout the millennia. It should be noted that even in these instances, this interpretation of their behavior is far from unanimously accepted, although it certainly makes the biblical narrative a more convenient educational tool; biblical heroes who are blameless and who have an unblemished moral record are far more comfortable role models.

תלמוד בבלי מסכת שבת דף נה עמוד ב

אָמַר רַבִּי שְׁמוּאֵל בַּר נַחְמָנִי, אָמַר רַבִּי יוֹנָתָן, כָּל הָאוֹמֵר, רְאוּבֵן חָטָא, אֵינוֹ אֶלָּא טוֹעֶה, שֶׁנֶּאֱמַר, (בראשית לה) "וַיִּהְיוּ בְנֵי יַעֲקֹב שְׁנֵים עָשָׂר". מְלַמֵּד שֶׁשְּׁקוּלִים כְּאֶחָד. אֶלָּא מָה אֲנִי מְקַיֵּים, (שם) "וַיִּשְׁכַּב אֶת בִּלְהָה פִּילֶגֶשׁ אָבִיו"? מְלַמֵּד שֶׁבִּלְבֵּל מַצָּעוֹ שֶׁל אָבִיו, וּמַעֲלֶה עָלָיו הַכָּתוּב כְּאִילוּ שָׁכַב

עִם בִּלְהָה. תָּנֵי רַב שִׁמְעוֹן בֶּן אֶלְעָזָר אוֹמֵר, מוּצָּל אוֹתוֹ צַדִּיק מֵאוֹתוֹ עָוֹן, וְלֹא בָא מַעֲשֶׂה זֶה לְיָדוֹ, אֶפְשָׁר - עָתִיד זַרְעוֹ לַעֲמוֹד עַל הַר עֵיבָל, וְלוֹמַר, (דברים כז) "אָרוּר שׁוֹכֵב עִם אֵשֶׁת אָבִיו", וְיָבֹא חֵטְא זֶה לְיָדוֹ? אֶלָּא מָה אֲנִי מְקַיֵּים, "וַיִּשְׁכַּב אֶת בִּלְהָה פִּלֶגֶשׁ אָבִיו"? עֶלְבּוֹן אִמּוֹ תָּבַע - אָמַר, אִם אֲחוֹת אִמִּי הָיְתָה צָרָה לְאִמִּי, שִׁפְחַת אֲחוֹת אִמִּי תְּהֵא צָרָה לְאִמִּי? עָמַד וּבִלְבֵּל אֶת מַצָּעָהּ. אֲחֵרִים אוֹמְרִים, שְׁתֵּי מַצָּעוֹת בִּלְבֵּל - אַחַת שֶׁל שְׁכִינָה, וְאַחַת שֶׁל אָבִיו. וְהָיְינוּ דִּכְתִיב, (בראשית מט) "אָז חִלַּלְתָּ יְצוּעִי עָלָה". (אל תקרי "יצועי", אלא "יצועיי"). כְּתַנָּאֵי, (שם) "פַּחַז כַּמַּיִם אַל תּוֹתַר". רַבִּי אֱלִיעֶזֶר אוֹמֵר, פַּזְתָּ, חַבְתָּ, זַלְתָּ. רַבִּי יְהוֹשֻׁעַ אוֹמֵר, פָּסַעְתָּ עַל דָּת, חָטָאתָ, זָנִיתָ. רַבָּן גַּמְלִיאֵל אוֹמֵר, פִּלַּלְתָּ, חַלְתָּ, זָרְחָה תְּפִלָּתְךָ. אָמַר רַבִּי גַּמְלִיאֵל, עֲדַיִין צְרִיכִין אָנוּ לַמּוֹדָעִי, רַבִּי אֶלְעָזָר הַמּוֹדָעִי אוֹמֵר, הֲפוֹךְ אֶת הַתֵּיבָה וְדוֹרְשָׁהּ, זִעְזַעְתָּה, הִרְתַּעְתָּ, פָּרְחָה חֵטְא מִמְּךָ. רָבָא אָמַר, וְאָמְרִי לָהּ רַבִּי יִרְמְיָה בַּר אַבָּא, זָכַרְתָּ עוֹנְשׁוֹ שֶׁל דָּבָר, חָלִיתָ עַצְמְךָ חוֹלִי גָּדוֹל, פֵּירַשְׁתָּ מִלַּחֲטוֹא:

Rabbi Shmuel bar Nachmani taught in the name of Rabbi Yonatan: Anyone who says that Reuven sinned (with Bilhah) is mistaken, as it is stated: "And it came to pass, when Yisrael dwelt in that land, Reuven went and lay with Bilhah, his father's concubine; and Yisrael heard of it. And the sons of Yaakov were twelve" (Bereishit 35:22). This teaches us that all (of the brothers) were equal. How, then, am I to explain the verse: "And he lay with Bilhah, his father's concubine"? This teaches that (Reuven) rearranged his father's bed. And the verse ascribes to him liability as if he had actually lain with Bilhah.

It was taught: Rabbi Shimon ben Elazar says, This righteous person was saved from that sin (of adultery), and that action did not come to him? Is it possible that his descendants are destined to stand on Mount Eival and say: "Cursed be he that lies with his father's wife, because he uncovers his father's skirt. And all the people shall say, amen" (Devarim 27:20), and this sin will come to be performed by him? How then, am I to explain the verse: "And he lay with Bilhah his father's concubine"? He protested the affront to his mother. He said: If my mother's sister was a rival to my mother, will my mother's sister's concubine be a rival to my mother? He stood and rearranged her bed.

Others say: He rearranged two beds, one of the Divine Presence and one of his father. And that is the meaning of that which is written: "(Unstable as water, you shall not excel; because you went up to your father's bed;) then you did defile it; he went up to my bed [*yetzu'i*]" (Bereishit 49:4). Do not read it as *yetzu'i*; rather, read it as *yetzu'ai*, my beds.

This is parallel to a dispute between *tanna'im*. The verse states: "Unstable [*pachaz*] as water, you shall not excel." The Sages understood *pachaz* as an acronym. Rabbi Eliezer says: You were impulsive [*pazta*], you were liable [*chavta*], and you acted contemptuously [*zalta*]. Rabbi Yehoshua says: You trampled the law [*pasata al dat*], you sinned [*chatata*], and you were promiscuous [*zanita*]. Rabban Gamliel says: You prayed [*pilalta*], you trembled in fear [*chalta*], and your prayer shone forth [*zarcha*].

Rabban Gamliel said: We still need the explanation of the Moda'i, as Rabbi Elazar HaModa'i said: Reverse the order of the letters in the word *pachaz* and then interpret it homiletically: You shook [*zizata*], you recoiled [*chirtata*]; the sin flew [*parcha*] from you. Rava said, and some say that Rabbi Yirmiya bar Abba said: Reverse the letters in *pachaz* and interpret: You remembered [*zakharta*] the punishment for that offense, you made yourself gravely ill [*chalita*], and you successfully withdrew [*peirashta*] from sinning. (Talmud, *Shabbat* 55b)

Clearly, the Talmudic tradition contains conflicting voices regarding a number of great figures, Reuven among them. While some exonerate him, offering creative interpretations of the verses, others insist that the text should be understood at face value: Reuven was guilty. The rabbinic commentators were not afraid to take the text at face value and find Reuven guilty of transgressing one of the Ten Commandments.[2]

---

2. To avoid the charge that Reuven broke one of the Ten Commandments, one could offer a defense that Yaakov was not married to Bilhah, or that this incident occurred prior to the giving of the Torah.

The matter is actually more complicated in the case of Yosef and his brothers, for if we exonerate the brothers of one sin, we must then, almost by definition, find Yosef guilty of another.

In the case of Yosef and his brothers, though, there is a larger issue to consider: The Alter claims that a trial took place and Yosef was found guilty according to "the depth of the law." However, if we were to be technical and fastidious in following Jewish law, in a court of law Yosef's aggrieved brothers could not even serve as witnesses – certainly not as his judge, jury and executioners. They are invalidated as witnesses by the very fact that they are brothers, but even had they been unrelated, they would have been invalidated because they hated him.

The Alter based his interpretation on the Seforno, who in turn based his comments almost word for word on earlier sources,[3] none of which mention or even allude to Yosef having been put on trial by his brothers:

ספורנו בראשית פרשת וישב פרק לז פסוק יח

ויתנכלו אותו להמיתו. הנה לשון נכל יורה על המצאה להרע כמו אשר נכלו לכם (במדבר כה, יח). אמר שחשבו את יוסף בלבם נוכל להמית ושבא אליהם לא לדרוש שלומם אלא למצוא עליהם עלילה או להחטיאם כדי שיקללם אביהם או יענישם האל יתברך וישאר הוא לבדו ברוך מבנים ולשון התפעל יורה על ציור הדבר בנפש כמו אתה מתנקש בנפשי (ש"א כח, ט) מצייר בלבבך מוקש על נפשי ולשון להמיתו שימית הוא את אחיו כמו לעשותכם אותם (דברים ד, יד) לעברך בברית (שם כט, יא).

ובזה הודיע מה היה למו בהיות כלם צדיקים גמורים עד שהיו שמותם לפני ה' לזכרון איך נועדו לב יחדו להרוג את אחיהם או למכרו ולא נחמו על הרעה כי גם כשאמרו אבל אשמים אנחנו על אחינו לא אמרו שתהיה אשמתם על מכירתו או מיתתו אלא על אכזריותם

---

3. See commentary of Rav Chaim Paltiel, Bereishit 37:18:

ר' חיים פלטיאל בראשית פרשת וישב פרק לז פסוק יח
ויראו אותו מרחוק. וא"ת מאחר שהיו כ"כ צדיקים מה עלה בדעתם להרוג אותו, וי"ל שכך הייתה סברתם כיון שמגיד שאנו מגלים עריות ואוכלי אבר מן החי א"כ הוא מגיד עלינו דברים שאנו חייבים עליהם מיתה א"כ הוא רודף אותנו א"כ אנו אומרים הבא להורגך השכם להורגו.

בהתחננו. והנה הגיד הכתוב כי ציירו בלבם וחשבו את יוסף לנוכל ומתנקש בנפשם להמיתם בעולם הזה או בעולם הבא או בשניהם והתורה אמרה הבא להרגך כו׳ (סנהדרין עב א):

They plotted to kill him; the root *n-kh-l* always means "to plan to do something evil," as we find in, "who plotted against you" (Bamidbar 25:18). The brothers thought in their hearts that Yosef was plotting against them to kill them. They didn't think that he had come to see how they were doing. Rather, he had come to fabricate a case against them, or cause them to sin, so their father would curse them, or they would be punished by God. And then he (Yosef) alone would be blessed among the sons (of Yaakov).

The expression *va-yitnaklu* in the reflexive conjugation described what a person fantasizes about in his mind, what imaginary scenarios he entertains in his head. You find the expression in [the witch of Endor speaking to King Shaul who had disguised himself] "you are trying to trap me [*mitkakkesh*] into forfeiting my life, trying to get me killed!" The word *le-hamito* in our verse refers to Yosef causing the death of his brothers. We find the expression used in a similar sense in, "so that you will fulfill them" (Devarim 4:14).

If we understand the thoughts described in our verse in this vein, we can understand how the brothers were so completely righteous, that the stones on the breastplate of the High Priest could have been inscribed with their names, in front of God as a memorial. How then is it conceivable that they would kill or sell Yosef, and subsequently not even regret their action. For when they said they were guilty, they did not regret the thought to kill or sell him, only the cruelty of ignoring his pleading (for his life and freedom). Scripture is telling us that they imagined in their hearts and minds that Yosef was plotting their deaths in this world or the next – or both. And the Torah teaches, if someone comes to take your life, you are permitted to take primitive action and take his (in self-defense). (Seforno, Bereishit 37:18)

While there is no mention of a trial, Seforno nonetheless defends the brothers for acting in what they perceived to be self-defense. While one could debate the evidence which they had, and if they were in fact reading the situation accurately, this approach attempts to bring the behavior of the brothers in line with Jewish law.[4]

---

4. Also see the comments of the Seforno on 37:25, where he describes their sitting to eat as an act done with a clear conscience:

ספורנו בראשית פרשת וישב פרק לז פסוק כה

וישבו לאכל לחם. שלא היה כל זה בעיניהם תקלה או מכשול שימנעם מלקבוע סעודתם כמו שהיה ראוי לצדיקים כמותם כשאירעה תקלה על ידם כמו שעשו ישראל אחר שהרגו את שבט בנימין כאמרו וישבו עד הערב לפני האלקים וישאו קולם ויבכו בכי גדול ויאמרו למה ה' אלהי ישראל היתה זאת בישראל כו' (שופטים כא, ב - ג). וכן דריוש כשהשליך את דניאל בגוב אריות דכתיב ובת טות ודחון לא הנעל קדמוהי (דניאל ו, יט). וזה קרה להם מפני שחשבו את יוסף לרודף שכל הקודם להרגו זכה כשאין דרך להציל הנרדף בזולת זה:

They sat to eat bread: To demonstrate that what they had done was no crime in their eyes, or that the incident was not something that should interfere with their regular meal. When righteous people become aware of having inadvertently committed a sin, they not only do not celebrate it by eating, but they impose a fast day or more upon themselves. A prominent example of people imposing a fast day upon themselves, although they did not feel guilty for having done something wrong, was the Jewish tribes after having practically wiped out the tribe of Binyamin. We read about this in Shoftim 21:2–3 as well as about the fact that they imposed a fast upon themselves in spite of being convinced that they had done the right thing in going to war against that tribe. We also find something parallel when King Darius threw Daniel into a pit full of starving lions (Daniel 6:19). If the brothers sat down to eat immediately after throwing Yosef into the pit, this is clear evidence that in their minds they had certainly not committed any wrong. We, who were not part of Yaakov's household, and who know that these brothers were unanimously elevated to become the founding fathers of the Jewish nation, must therefore accept the premise underlying their actions as being that they had truly felt themselves personally threatened by Yosef, someone who was considered so mature that his own father had appointed him as manager over his senior brothers. The brothers had made strenuous efforts to put physical distance between themselves and Yosef in order to avoid any altercation. When he had sought them out in spite of their having signaled clearly that

While the idea of a trial is not found in the earlier sources it is mentioned in a later source by Rabbi Yeshayahu Horowitz in his *Shelah*:[5]

---

they wanted to avoid him, they felt understandably very threatened. (Seforno, Bereishit 37:25)

5. This idea is found in many later sources, creating for some an illusion that the commentary is Midrashic. For a hint which the *Shelah* saw in the Midrash, see below. Rav Mordechai Carlebach in his *Chavazelet Sharon* claims that while the brothers found Yosef guilty, there was a lack of a consensus regarding the particular crime he was guilty of. Chatam Sofer, Bereishit 50:17, says the crime Yosef was judged for was *moser* and *malshin*. Rav Heschel of Cracow (1596–1663) in his *Chanukas HaTorah* claims they wished to kill Yosef because of descendants which would eventually emerge from his family, namely Yerovam. This idea is also found in the writings of Rav Yehonatan Eybeschutz, Tiferet Yehonatan, Bereishit 42:8:

חתם סופר על בראשית פרק נ פסוק יז 1839–1762

שא נא פשע אחיך וחטאתם כי רעה גמלוך ועתה שא נא לפשע עבדי אלקי אביך, יל"ד מתחיל בתרתי ומסיים בחדא בפשע, ועוד מיותר ועתה שא נא, ועוד מה לשון גמלוך משמע גמול בגמול כאשר עשה כן יעשה לו. וי"ל אחז"ל [ספ"ב דב"מ] הגד לעמי פשעם אלו ת"ח ששגגת תלמוד עולה פשע, והנה השבטים דנו את יוסף בדין ומשפט ועפ"י דין תורה חייבוהו כמסור ומלשין, אך עתה איגלי למפרע שהוא משיח ה' והם טעו בדינו, נמצא הם שוגגים שחשבו שמשלמים לו גמול בגמול וטעו והוה שוגג בהוראה ואינם ראוים לעונש אלא מפאת שתחשבם לגדולי עולם ות"ח שחטאתם לפשע יחשב, א"כ לעומת זה כשמגיע לענוש אותם הקלו חז"ל בעונשם של ת"ח ואמרו [מו"ק י"ז.] כסהו כלילה ומעולם לא אימנו במערבא על נגידא דת"ח משום ח"ה ותורתו, ע"כ אמרו שא נא פשע אחיך וחטאתם דייקא כי רעה גמלוך, זה היא חטאתם שוגג שחשבו שרעה גמלוך גמול בגמול בדין ומשפט וזהו שגגתם ואתה תחשוב אותו לפשע, ועתה אחר שתחשבוהו לפשע מצד גדולתם א"כ מאותו הטעם בעצמו שא נא לפשע עבדי אלקי אביך שהם ת"ח ואיכא ח"ה אם אתה מענישם וכנ"ל. [תקפ"ו]:

חנוכת התורה – בראשית פרק לז פסוק יז

במדרש רבה על הפסוק נסעו מזה כי שמעתי אומרים נלכה דותינה וגו' נסעו מזה ממדותיו של הקב"ה. וצריך להבין מה זה ועל מה זה. ויש לפרש על פי מה דאיתא בגמרא ובמדרש על הפסוק ויתנכלו אותו להמיתו שראו שיצא ממנו ירבעם שעתיד להחטיא את ישראל וכו' עיין שם. **אם כן חזינן שהאחים דנו את יוסף על שם סופו. והנה ידוע דמדת הקב"ה אינו כן דאינו דן אלא באשר הוא שם כמו שמצינו גבי ישמעאל כידוע.** וזה הוא שאמר המדרש נסעו מזה ממדותיו של הקב"ה שאינו דן אלא באשר הוא עכשיו והם רוצים לדון אותך על שם סופך: (דרוש שמואל. תורה מציון שנ"ד ח"ד):

ספר השל״ה הקדוש – פרשת וישב מקץ ויגש

(לב) נַחֲזוֹר לָעִנְיָן. **מְלוּכַת יוֹסֵף אֵינוֹ אֶלָּא כְּדֵי לִהְיוֹת יִשְׂרָאֵל לְעַם, לְהַעֲמִיד מַלְכוּת יְהוּדָה. וְהַשְּׁבָטִים לֹא הֵבִינוּ דָּבָר זֶה, רַק הָיוּ סְבוּרִים אַךְ לוֹ הַמְּלוּכָה, שֶׁהוּא מְבַקֵּשׁ הַמְּלוּכָה בְּעֶצֶם לוֹ וּלְזַרְעוֹ.** עַל כֵּן הָלְכוּ

תפארת יהונתן על בראשית פרק מב פסוק ח

ועוד י״ל ויכר יוסף את אחיו וגו׳ דהשבטים דנו ליוסף למיתה כי ראו בחכמה שנשמתו של יוסף מגולגל בירבעם שיעשה עגלים. אבל זאת לא ראו כי קודם שהשתחוה ירבעם לעגלים נסתלק נשמתו של יוסף ממנו וידו לא הי׳ במעל הזה אבל יוסף ראה כי יוד השבטים היו נשמתם מגולגלים בעשרה מרגלים כמ״ש האר״י ז״ל אבל טרם שהרעו להוציא דבה על ארץ ישראל נסתלקו נשמתם מהם ולא היו עמם במעל וזהו ויכר יוסף את אחיו ולא דן אותם בשפטים כי הכיר בהם שלא יהי׳ במעל מרגלים והם לא הכירהו רק חשבו שנשמתו תהי׳ בירבעם מתחלה ועד סוף ע״כ רצו לדונו במיתה כשהיה אצלם כאיש שעושה רע בעיני ה׳

חבצלת השרון על בראשית פרק מב פסוק כב

בביאור המקראות ובמה שהשבטים גמרו דינו של יוסף למיתה:

ויען ראובן אותם לאמר הלא אמרתי אליכם לאמר אל תחטאו בילד ולא שמעתם וגם דמו הנה נדרש:

בביאור דברי ראובן נראה, שהיה לו לראובן שתי טענות חלוקות כלפי אחיו, חדא אל תחטאו בילד, שנית וגם דמו הנה נדרש, והוא מכוון כנגד הנך שני ענינים שאמר ראובן לאחיו בפרשת וישב [פל״ז פכ״א], וכך כתוב שם, וישמע ראובן ויצלהו מידם ויאמר לא נכנו נפש, ויאמר אליהם ראובן אל תשפכו דם וגו׳, הרי דשני ענינים טען להם ראובן, חדא שלא להכותו, ושנית לבל ישפכו דמו, וצ״ב בזה:

והנראה בזה, דהנה כבר נתבאר בפרשת וישב שהאחים כולם דנו את יוסף וגמרו דינו למיתה, אלא שהיו חלוקים בעיקר חיוב מיתתו של יוסף, **דשמעון ולוי דנו את יוסף כדין מורד במלכות** בחשבו למלוך ולשלוט על אחיו, [כי אחר הלב הולכים החלומות], והמלכות ניתנה כבר לראובן או ליהודה, [וכן מובא בשם השל״ה בטעם מה שהשבטים דנו אותו למיתה], ואליהם בא ראובן ואמר לא נכנו נפש, לבל יכוהו על היותו מורד במלכות: אולם שאר האחים פסקו שיוסף מחוייב מיתה על היותו רודף את אחיו בזה שהביא את דיבתם רעה אל אביהם, [או כדברי **האוה״ח שיש לו דין עד זומם**], **נמצא שלדעת האחים היה לו ליוסף דין רודף ואין לו דמים**, כלשון הכתוב ברודף שאין לו דמים, ואליהם אמר ראובן אל תשפכו דם, השליכו אותו אל הבור הזה, והיינו שבאמת יש לו דם ואין להרגו, [ולשיטתכם השליכוהו הבורה ולא תשפכו דמו בידים, ויעוין בנימוקי הרמב״ן]:

מעתה פשוט שזהו מה שאמר ראובן הלא אמרתי אליכם אל תחטאו בילד וגם דמו הנה נדרש, דבאמת שתי טענות היה בזה לראובן, חדא אל תחטאו בילד היינו שטען לשמעון ולוי לבל יכוהו מכת נפש על היותו מורד במלכות, ושנית טען לשאר האחים וגם דמו הנה נדרש, שזהו מוסב על מה שדנו אותו בתורת רודף שעליו אמרה תורה ׳אין לו דם׳ ואמר להם ראובן שבאמת היה זה שפיכות דמים, וע״כ גם דמו הנה נדרש:

> דֹּתָיְנָה לְבַקֵּשׁ נִכְלֵי דָּתוֹת, **כְּלוֹמַר, לָדוּן אוֹתוֹ בְּדַת תּוֹרָה. וְהִסְכִּימוּ כֻּלָּם שֶׁהוּא בֶּן מָוֶת, אֲפִלּוּ בְּנֵי בִלְהָה וְזִלְפָּה אוֹהֲבָיו הִסְכִּימוּ כֵּן מִצַּד דִּין וָדָת, מֵאַחַר שֶׁחוֹלֵק עַל מַלְכוּת בֵּית דָּוִד**, וְכָל הַחוֹלֵק עַל מַלְכוּת בֵּית דָּוִד כְּחוֹלֵק עַל הַשְּׁכִינָה (ראה סנהדרין קי א). וְזֶהוּ עִנְיַן מַה שֶּׁאָמְרוּ רַבּוֹתֵינוּ זַ״ל (תנחומא, וישב ב) **שִׁתְּפוּ הַשְּׁכִינָה עִמָּהֶם**, כְּלוֹמַר, כִּי חוֹלֵק הוּא עַל הַשְּׁכִינָה מֵאַחַר שֶׁחוֹלֵק עַל מַלְכוּת בֵּית דָּוִד. עַל כֵּן בְּהִתְוַדַּע יוֹסֵף אֶל אֶחָיו וְרָאוּ שֶׁהוּא מוֹלֵךְ, רָצוּ לְהָרְגוֹ (שם, ויגש ה), כִּי מִכָּל שֶׁכֵּן שֶׁהָיָה הַדָּת אֶצְלָם לַהֲרֹג אוֹתוֹ, מֵאַחַר שֶׁרָאוּ מַחֲשַׁבְתּוֹ יוֹצֵא מִכֹּחַ אֶל הַפֹּעַל. וְשָׁלַח הַקָּדוֹשׁ בָּרוּךְ הוּא מַלְאָךְ וּפִזְּרָן. אָז 'וַיֹּאמֶר יוֹסֵף אֶל אֶחָיו גְּשׁוּ נָא אֵלַי' (בראשית מה, ד), רָצָה לְגַלּוֹת לָהֶם הָעִנְיָן שֶׁאֵינוֹ כֵּן כְּפִי מַחֲשַׁבְתָּם שֶׁהוּא בְּכֶתֶר מְלוּכָה, אַדְּרַבָּא הַשֵּׁם יִתְבָּרַךְ שְׁלָחוֹ לִפְנֵיהֶם, כְּלוֹמַר, לְהָכִין דֶּרֶךְ לִגְרֹם שֶׁיִּהְיוּ יִשְׂרָאֵל לְעַם וִיהוּדָה לִמְלוּכָה:
>
> Let us return to the matter at hand; the kingdom of Yosef was established only in order to facilitate the nationhood of Israel and to create the Kingship of Yehudah. The tribes didn't understand this. They (mistakenly) thought that he (Yosef) too wanted a monarchy to be passed on to his descendants. Therefore, they went to Dotan…to judge him by Torah law. And they all agreed that he should be put to death. Even the children of Bilhah and Zilpah who loved him agreed that by law, because he did not accept the kingship of the House of David, he was guilty. For whoever doubts the House of David doubts the *Shechinah*.… (Shelah HaKadosh, *Parashat Vayeshev* and *Parashat Miketz*)

According to the *Shelah* the sin of Yosef was his delusions of grandeur which were articulated in his dreams: He saw himself as king. This was considered a high crime; by extension, it was deemed a form of usurping the crown from the tribe of Yehuda.

This approach, which places the blame on Yosef and his inflated sense of importance, is not an easy one to justify – for a number of reasons. First, if Yosef was guilty of an oversized ego, then presumably Yaakov was equally guilty. Yaakov had given Yosef special status, clothing him in a princely striped coat of many colors.[6] It is certainly

6. See Ramban, Shemot 28:2:

worth noting that at the time Yosef was sold into slavery, Yehuda had not yet been appointed by Yaakov to kingship; only many years later, when Yaakov was on his deathbed, was Yehuda singled out, making the *Shelah*'s entire thesis seem anachronistic. Presumably, Yehuda's ascension was due to his behavior in the intervening years.

As evidence to support his reading of the text, the *Shelah* cites a Midrash in which he sees evidence that God not only agreed with the sale but participated with the brothers in a conspiracy of silence. The Midrash describes how the brothers took an oath of silence, and then subsequently "forced" God to take the oath as well, which explains why God never revealed Yosef's fate to Yaakov. The *Shelah* argues that if God agreed to uphold the oath of silence, He must have agreed to the sale, which to the *Shelah* means a trial *must* have taken place.

מדרש תנחומא (ורשא) פרשת וישב סימן ב

עָבְרוּ עֲלֵיהֶם יִשְׁמְעֵאלִים. אָמְרוּ, לְכוּ וְנִמְכְּרֶנּוּ לַיִּשְׁמְעֵאלִים, הֵן מוֹלִיכִין אוֹתוֹ לִקְצוֹת הַמִּדְבָּר. עָמְדוּ מְכָרוּהוּ בְּעֶשְׂרִים כֶּסֶף, לְכָל אֶחָד מֵהֶם שְׁנֵי כֶסֶף לִקְנוֹת מִנְעָלִים לְרַגְלֵיהֶם. וְכִי תַעֲלֶה עַל דַּעְתְּךָ שֶׁנַּעַר יָפֶה כְּמוֹתוֹ נִמְכָּר בְּעֶשְׂרִים כָּסֶף. אֶלָּא כֵּיוָן שֶׁהֻשְׁלַךְ לַבּוֹר, מִתּוֹךְ פַּחַד נְחָשִׁים וְעַקְרַבִּים שֶׁבּוֹ, נִשְׁתַּנָּה זִיו פָּנָיו וּבָרַח מִמֶּנּוּ דָמוֹ וְנַעֲשׂוּ פָנָיו יְרֻקּוֹת. לְפִיכָךְ מְכָרוּהוּ בְּעֶשְׂרִים כֶּסֶף בַּעֲבוּר נַעֲלָיִם.

אָמְרוּ, נַחֲרִים בֵּינֵינוּ שֶׁלֹּא יַגִּיד אֶחָד מִמֶּנּוּ לְיַעֲקֹב אָבִינוּ. אָמַר לָהֶם יְהוּדָה, רְאוּבֵן אֵינוֹ כָאן וְאֵין הַחֵרֶם מִתְקַיֵּם אֶלָּא בַעֲשָׂרָה. מֶה עָשׂוּ, שִׁתְּפוּ לְהַקָּדוֹשׁ בָּרוּךְ הוּא בְּאוֹתוֹ הַחֵרֶם, שֶׁלֹּא יַגִּיד לַאֲבִיהֶם.

כֵּיוָן שֶׁיָּרַד רְאוּבֵן בַּלַּיְלָה לְאוֹתוֹ הַבּוֹר לְהַעֲלוֹתוֹ וְלֹא מְצָאוֹ, קָרַע אֶת בְּגָדָיו וּבָכָה. חָזַר לְאֶחָיו אָמַר לָהֶם: הַיֶּלֶד אֵינֶנּוּ וַאֲנִי אָנָה אֲנִי בָא.

רמב"ן שמות פרשת תצוה פרק כח פסוק ב

לכבוד ולתפארת - שיהיה נכבד ומפואר במלבושים נכבדים ומפוארים, כמו שאמר הכתוב כחתן יכהן פאר (ישעיה סא י), כי אלה הבגדים לבושי מלכות הן, כדמותן ילבשו המלכים בזמן התורה, כמו שמצינו בכתנת ועשה לו כתנת פסים (בראשית לז ג), שפירושו מרוקמת כדמות פסים, והיא כתונת תשבץ כמו שפירשתי, והלבישו כבן מלכי קדם. וכן הדרך במעיל וכתנת, וכתוב ועליה כתנת פסים כי כן תלבשנה בנות המלך הבתולות מעילים (ש"ב יג יח), ופירושו כי עליה כתנת פסים נראית ונגלית, כי המנהג ללבוש בנות המלך הבתולות מעילים שתתעלפנה בהן, ונמצא שכתנת הפסים עליה מלבוש עליון, ולכן אמר וכתנת הפסים אשר עליה קרעה:

הִגִּידוּ לוֹ אֶת הַמַּעֲשֶׂה וְאֶת הַחֵרֶם וְשָׁתַק. וְאַף הַקָּדוֹשׁ בָּרוּךְ הוּא אַף עַל פִּי שֶׁכָּתוּב בּוֹ מַגִּיד דְּבָרָיו לְיַעֲקֹב (תהלים קמז, יט), דָּבָר זֶה לֹא הִגִּיד, מִפְּנֵי הַחֵרֶם. לְפִיכָךְ אָמַר יַעֲקֹב, טָרֹף טֹרַף יוֹסֵף.

When a group of Yishmaelites passed by, they said to each other: "Come, and let us sell him to the Yishmaelites" (verse 27). They took him to the edge of the desert, where they sold him for twenty pieces of silver. Each one obtained, thereby, two pieces of silver with which to purchase a pair of shoes. If you are surprised that a youth as handsome as he was sold for merely twenty pieces of silver, remember that when he was hurled into the pit, he was so fearful of the snakes and scorpions within it that his features were altered. The blood rushed from him, and his countenance turned pale. Therefore, they were forced to sell him for twenty pieces of silver, the value of a pair of shoes for each of them.

Then they decided: "Let us make a vow of excommunication among ourselves, lest one of us be tempted to tell our father, Yaakov." Whereupon Yehuda said: "Reuven is not here, and a vow of excommunication cannot be executed unless ten witnesses are present." What did they do? They included the Holy One, blessed be He, in their pact of excommunication (by which they agreed) not to tell their father what had transpired.

When Reuven descended to the pit during the night to rescue his brother, and found that Yosef was no longer there, he tore his clothing and wept. He returned to his brothers and told them: The child is not; and as for me, whither shall I go? (verse 30). They related to him what had transpired and told him about the pact they had entered into. And he remained silent. Though it is written about the Holy One, blessed be He: "He declares His word to Yaakov" (Tehillim 147:19), He did not disclose this matter to him because of the pact of excommunication. That is why Yaakov said: Yosef is undoubtedly torn in pieces (Bereishit 37:33). (Midrash Tanchuma, Vayeshev, *siman* 2)

Mainstream rabbinic interpretation not only neglects to mention a trial, it states categorically that the brothers bore the guilt of this action until the day they died.

מדרש תנחומא (ורשא) פרשת וישב סימן ב

רַבִּי מָנָא אוֹמֵר, בִּמְכִירַת יוֹסֵף לָקוּ הַשְּׁבָטִים וְלֹא הִתְכַּפֵּר לָהֶם עֲוֹנָם עַד שֶׁמֵּתוּ. וַעֲלֵיהֶם הַכָּתוּב אוֹמֵר, אִם יְכֻפַּר הֶעָוֹן הַזֶּה לָכֶם עַד תְּמֻתוּן (ישעיה כב, יד).

וּלְפִיכָךְ בָּא רָעָב בְּאֶרֶץ כְּנַעַן שֶׁבַע שָׁנִים, וְיָרְדוּ אֲחֵי יוֹסֵף עֲשָׂרָה לִשְׁבֹּר בָּר מִמִּצְרָיִם וּמָצְאוּ יוֹסֵף חַי **וְהִתִּירוּ אֶת הַחֵרֶם, וְשָׁמַע יַעֲקֹב שֶׁהוּא חַי,** וּכְתִיב בּוֹ וַתְּחִי רוּחַ יַעֲקֹב אֲבִיהֶם. וְכִי מֵתָה הָיְתָה, אֶלָּא שֶׁחָיְתָה מִן הַחֵרֶם וְשָׁרְתָה בוֹ רוּחַ הַקֹּדֶשׁ שֶׁנִּסְתַּלְּקָה הֵימֶנּוּ.

R. Mana maintained: **The tribes were punished because they sold Yosef, and their sin was not forgiven until they died.** Hence Scripture says of them: "Surely, this iniquity shall not be expiated by you until you die" (Yeshayahu 22:17).

It was because of this episode that a famine befell Canaan, compelling Yosef's ten brothers to descend to Egypt to buy grain, where they discovered that Yosef was still alive. (Only then) did they abrogate the pact of excommunication and Yaakov learned that Yosef was alive. It is written about him: The spirit of Yaakov their father revived (Bereishit 45:27). Had his spirit actually died? No! His spirit was revived from the despair that resulted from the vow of excommunication they had entered into, and the holy spirit had departed from him because of it, but now it hovered over him once again. (Midrash Tanchuma, Vayeshev, *siman* 2)

A note on the text of the commentary attributed to the *Shelah* (although it was likely penned by his son) adds that the brothers were surely mistaken, and their hatred caused their terrible error.

ספר השל"ה הקדוש – פרשת וישב מקץ ויגש

[הגה"ה]: **וְאֵין לְהַקְשׁוֹת, לָמָּה נֶעֶנְשׁוּ הַשְּׁבָטִים מֵאַחַר שֶׁדָּנוּהוּ בְּדִין תּוֹרָה.** יֵשׁ לוֹמַר דְּעַל כַּיּוֹצֵא בָּזֶה תְּנַן (אבות פ"ד מי"ג; בבא מציעא לג ב) שִׁגְגַת תַּלְמוּד עוֹלָה זָדוֹן, דְּהָיָה לָהֶם לֵידַע לְהַשִּׂיג הָעִנְיָן. **אֶלָּא**

שֶׁהַשִּׂנְאָה מְקַלְקֶלֶת הַשּׁוּרָה (בראשית רבה פנ"ה ס"ח) מִכֹּחַ שֶׁשָּׂנְאוּ אוֹתוֹ, וְלֹא כִּוְּנוּ הַהֲלָכָה:

And one should not ask: Why were the tribes (brothers) punished, if they judged him (Yosef) by Torah law? One can answer, regarding matters like this it states (in the Mishnah, *Avot* 4:13) "for an error in study counts as deliberate sin." For they should have known how to comprehend the matter. Rather, it was the hatred which corrupted the matter, for they indeed hated him, and therefore misunderstood the law. (Shelah HaKadosh, *Parashat Vayeshev* and *Parashat Miketz*)

As we have noted, hatred is a factor that would have disqualified the brothers from judging Yosef, making the very idea of a trial seem farfetched.

Later, the *Shelah* expands on the idea of the trial and claims that it is hinted at elsewhere – in another Midrash about the eventual confrontation between Yosef and Yehuda. The Midrash treats this confrontation as a showdown between two kings.[7] At this point in

7. See *Shelah HaKadosh, Parashat Vayeshev* and *Parashat Miketz*:

ספר השל"ה הקדוש – פרשת וישב מקץ ויגש

(לח) נַחֲזֹר לְעִנְיַן הַשְּׁבָטִים, **שֶׁהָיוּ מִתְּחִלָּה חוֹשְׁדִין אֶת יוֹסֵף שֶׁהוּא מְבַקֵּשׁ כֶּתֶר מְלוּכָה.** וְדָבָר זֶה **רָמוּז** [בִּבְרֵאשִׁית רַבָּה] פָּרָשַׁת וַיִּגַּשׁ (פצ"ג ס"ב) זֶה לְשׁוֹנוֹ: 'כִּי הִנֵּה הַמְּלָכִים נוֹעֲדוּ [עָבְרוּ] יַחְדָּו' (תהלים מח, ה). 'כִּי הִנֵּה הַמְּלָכִים' **זֶה יְהוּדָה וְיוֹסֵף. 'עָבְרוּ יַחְדָּו', זֶה נִתְמַלֵּא עֶבְרָה עַל זֶה,** וְזֶה נִתְמַלֵּא עֶבְרָה עַל זֶה. 'הֵמָּה רָאוּ כֵּן תָּמָהוּ' (שם שם, ו), 'וַיִּתְמְהוּ הָאֲנָשִׁים אִישׁ אֶל רֵעֵהוּ' (בראשית מג, לג). 'נִבְהֲלוּ נֶחְפָּזוּ' (תהלים שם), 'וְלֹא יָכְלוּ אֶחָיו לַעֲנוֹת' וְגוֹ' (בראשית מה, ג). 'רְעָדָה אֲחָזָתַם שָׁם' (תהלים מח, ז), אֵלּוּ הַשְּׁבָטִים, אָמְרוּ מְלָכִים מִדַּיְּנִים אֵלּוּ עִם אֵלּוּ [אָנוּ] מָה אִכְפַּת לָנוּ, יָאֵי לְמֶלֶךְ מִדַּיֵּן עִם מֶלֶךְ, עכ"ל. מְבֹאָר בַּמַּאֲמָר הַזֶּה, **שֶׁהַוִּכּוּחַ שֶׁהָיָה בֵּין יְהוּדָה וְיוֹסֵף הָיְתָה מֵחֲמַת הַמְּלוּכָה, שֶׁחָשַׁד אֶת יוֹסֵף שֶׁהוּא מְבַקֵּשׁ הַמְּלוּכָה,** עַל כֵּן נִתְמַלֵּא עָלָיו עֶבְרָה. וְיוֹסֵף נִתְמַלֵּא עָלָיו עֶבְרָה מֵחֲמַת כִּי לֹא כֵן הָיָה עִמָּדוֹ, רַק כַּוָּנָתוֹ לְהַעֲמִיד מַלְכוּת יְהוּדָה. וְאַף עַל גַּב דַּעֲדַיִן לֹא הִכִּירוּ אֶת יוֹסֵף, **מִכָּל מָקוֹם נִצְנְצָה בָּהֶם רוּחַ הַקֹּדֶשׁ.** וַאֲנִי אוֹמֵר, שֶׁאֲפִלּוּ בְּגַשְׁמִיּוּת שֶׁלָּהֶם אֶפְשָׁר הָיוּ מְסֻפָּקִים בּוֹ אִם הוּא יוֹסֵף אוֹ לֹא, וְהָיוּ יְרֵאִים לְהוֹצִיא מִפִּיהֶם, עַל כֵּן דִּבְּרוּ לִישָּׁנָא דְּמִשְׁתַּמַּע לִתְרֵי אַפֵּי. וְהִנֵּה בְּעִנְיַן 'וַיִּגַּשׁ אֵלָיו יְהוּדָה' כו' (בראשית מד, יח), הָיָה מֵחֲמַת בִּנְיָמִין, כִּי מַעֲלַת מַלְכוּת יִשְׂרָאֵל הוּא אֶרֶץ יִשְׂרָאֵל שֶׁעִקָּרוֹ בֵּית הַמִּקְדָּשׁ. וּבִנְיָמִין זָכָה לִהְיוֹת בְּחֶלְקוֹ בֵּית הַמִּקְדָּשׁ אַף שֶׁנִּטַּל מִמֶּנּוּ הַמַּלְכוּת, אַךְ זָכָה מִתְּחִלָּה לְהַמַּלְכוּת שֶׁיִּשְׁתַּחֲווּ לוֹ כָּל בֶּרֶךְ, מֵחֲמַת כִּי הַיָּרֵךְ שֶׁלּוֹ לֹא הִשְׁתַּחֲוָה לְעֵשָׂו שֶׁבּוֹ אֵל אַחֵר, כְּמוֹ שֶׁכָּתַבְתִּי לְעֵיל (אות כג-כד), וְנִשְׁאַר בּוֹ עוֹלָמִית בֵּית עוֹלָמִים יר"ך הַמִּזְבֵּחַ.

the narrative, Yosef controlled the kingdom of Egypt, and Yehuda had stepped up and taken a leadership role. In fact, Yaakov's sons were described as "Yehuda and his brothers."[8] We might well argue that it is precisely because of this behavior at this juncture that Yehuda is designated for the job of king. This makes it much harder to accept the suggestion that he was already a leader and the brothers felt Yosef should be killed for insurrection.

The central theme of the last third of the book of Bereishit is the question of who will lead. The candidates emerge rather quickly: The contest is between Yosef and Yehuda. When Yehuda eventually receives the nod, it seems unanticipated, a "surprise ending" to the story.[9]

We now realize that even though the Alter based his "trial" interpretation on the comments of the Seforno, there is actually no mention of a trial in Seforno's commentary. The trial of Yosef was invented later by the *Shelah*, who read it into earlier sources, as did the Alter of Slobodka.

It is interesting to note that this is not the only instance of an imagined trial in this week's *parashah*; there are two other instances.

After the sale of Yosef, we are taken on a detour that details the family of Yehuda, including his marriage, the death of his two oldest sons, and Tamar's long, lonely wait.

Tamar engineers a tryst with Yehuda, who was unaware of her identity, and she becomes pregnant. Yehuda responds with what may be perceived as a vindictive sentence: "Take her out to be burned."[10] Rashi reports a tradition that Tamar was to be executed by fire, because

---

וְרֹאשׁ הַהַנְהָגָה בְּבֵית הַמִּקְדָּשׁ הוּא הַכֹּהֵן הַגָּדוֹל וְהוּא מִשֵּׁבֶט לֵוִי, עַל כֵּן יוֹסֵף לֹא שָׁלַח בְּלֵוִי יָד לֶאֱסֹר אוֹתוֹ רַק בְּשִׁמְעוֹן, אַף עַל פִּי שֶׁשִּׁמְעוֹן וְלֵוִי הָיוּ אַחִים בְּעֵצָה אַחַת עָלָיו:

8. See Bereishit 44:14:

בראשית פרשת מקץ פרק מד פסוק יד

וַיָּבֹא יְהוּדָה וְאֶחָיו בֵּיתָה יוֹסֵף וְהוּא עוֹדֶנּוּ שָׁם וַיִּפְּלוּ לְפָנָיו אָרְצָה:

9. This idea will be covered in an essay on *Parashat Vaychi*.

10. See Bereishit 38:24:

בראשית פרשת וישב פרק לח פסוק כד

וַיְהִי כְּמִשְׁלֹשׁ חֳדָשִׁים וַיֻּגַּד לִיהוּדָה לֵאמֹר זָנְתָה תָּמָר כַּלָּתֶךָ וְגַם הִנֵּה הָרָה לִזְנוּנִים וַיֹּאמֶר יְהוּדָה הוֹצִיאוּהָ וְתִשָּׂרֵף:

she was the daughter of a *kohen*, and therefore she was "judged" as a *bat kohen* (daughter of a priest):

רש״י בראשית פרשת וישב פרק לח פסוק כד

וְתִשָּׂרֵף – אָמַר אֶפְרַיִם מִקְשָׁאָה מִשּׁוּם רַבִּי מֵאִיר, בִּתּוֹ שֶׁל שֵׁם הָיְתָה, שֶׁהוּא כֹהֵן, לְפִיכָךְ דָּנוּהָ בִשְׂרֵפָה:

"And let her be burnt" – Efraim the Disputant said in the name of Rabbi Meir: She was the daughter of Shem who was a *kohen*[11] on this account they **sentenced** her to be burnt (cf. Vayikra 21:9) (Bereishit Rabbah 85:10). (Rashi, Bereishit 38:24)

Later, Yosef is accused of rape by the wife of Potifar, the mistress of the house. According to tradition, he is tried and fully exonerated, although in order to spare Mrs. Potifar the humiliation of being caught in her lie and her failed advances on a Hebrew slave, Yosef was removed from Potifar's household. The elaborate description of the trial, the verdict and the face-saving compromise is meant to explain why Yosef was not executed; we would otherwise have expected a lowly slave who accosted and sexually abused the matron of the house to be killed – especially if the cuckolded husband was Pharaoh's chief executioner:

חזקוני בראשית פרשת וישב פרק לט פסוק כ

וַיִּתְּנֵהוּ אל בית הסהר לא היה בן מות כי לא היו עדים בדבר רק להניחו **במשמר**. אסורי המלך כתיב אסירי קרי. ונמצא באגדה שהביאו יוסף לפני המלך בא **גבריאל** כדמות איש ויאמר אם על המלך טוב יצוה לבדוק בבגדיהם אם בגדי האשה נקרעים בידוע שהחזיק בה יוסף לאנסה ואם בגדי יוסף נקרעים החזיקה היא לאנסו ויבקש הדבר וימצא שהיו בגדי יוסף קרועים ובשביל כך לא דנוהו להריגה ומ״מ לא נפטר מיד כדי שלא לבייש אשת פוטיפר לאמר אכן נודע הדבר כי היא אנסה את יוסף. וכהני מצרים דנו דין זה ולכן לא קנה יוסף אדמתם בשני הרעבון.

There is an aggadah which says that Yosef was brought before the king (for judgment) and Gavriel came in the image of a man and said to the king, "It would be wise to inspect their clothing. If the woman's clothing is torn, then it is obvious

---

11. See Rashi, Bereishit 14:18.

that Yosef was the aggressor and he attempted to rape her. If, however, Yosef's clothing is ripped, then she was the aggressor and she tried to rape him." The matter was investigated, and it was revealed that Yosef's clothing was ripped. And therefore they did not sentence him to death. Nonetheless he was not summarily released in order to avoid the embarrassment of Mrs. Potifar – which would have revealed that she had tried to rape Yosef. The priests of Egypt were the judges, and therefore (in appreciation and "payback") Yosef did not purchase their land in the years of famine. (Chizkuni, Bereishit 39:20)

There is a recurring subtext of judgment and trials that runs through the *parashah*, alongside another recurring Midrashic element: The angel Gavriel.

In the trial of Yosef, Gavriel played a central role in the saving of Yosef's life. Similarly, in the earlier trial episode involving Tamar, a familiar angel lends a hand:

תלמוד בבלי מסכת סוטה דף י עמוד ב

"הִיא מוּצֵאת וְהִיא שָׁלְחָה אֶל חָמִיהָ". "הִיא מִתּוּצֵאת" מִבָּעֵי לֵיהּ?! אָמַר רַבִּי אֶלְעָזָר, לְאַחַר שֶׁנִּמְצְאוּ סִימָנֶיהָ, בָּא סַמָּאֵל וְרִחֲקָן, בָּא גַּבְרִיאֵל וְקֵרְבָן:

"As she was taken out [*mutzet*], she sent to her father-in-law, saying: (By the man whose these are, am I with child" (Bereishit 38:25).) It should have stated: When she was *mitutzet*. Rabbi Elazar says: After her signs, were brought out, the evil angel Sama'el came and moved them away, and Gavriel came and moved the signs closer again. (Talmud, *Sotah* 10b)

According to the Talmud, when Esav's angel tried to suppress the evidence that would save Tamar, Gavriel, the angel in charge of fire, saved her:

מהרש"א חידושי אגדות מסכת סוטה דף י עמוד ב

בא גבריאל וקרבן. כי הוא מלאך הממונה על השריפה ומלמד זכות לישראל...בשביל דוד שיצא ממנה:

Gavriel arrived and moved them close again: Because he is the angel in charge of fire. And he argues the merit of the

Jewish people.... For David was destined to descend from her (Tamar). (Maharsha, Commentary to Aggadah, *Sotah* 10b)

Gavriel appears at an earlier point in Yosef's life, but in what seems like a very different role. When Yaakov sends Yosef to Shechem to look in on his brothers, Yosef cannot find them. Unbeknownst to Yosef, the brothers had moved on from Shechem toward Dotan. Wandering and lost, Yosef happens upon a man in the field:

בראשית פרשת וישב פרק לז

(יב) וַיֵּלְכוּ אֶחָיו לִרְעוֹת אֶת־צֹאן אֲבִיהֶם בִּשְׁכֶם: (יג) וַיֹּאמֶר יִשְׂרָאֵל
אֶל־יוֹסֵף הֲלוֹא אַחֶיךָ רֹעִים בִּשְׁכֶם לְכָה וְאֶשְׁלָחֲךָ אֲלֵיהֶם וַיֹּאמֶר לוֹ הִנֵּנִי:
(יד) וַיֹּאמֶר לוֹ לֶךְ־נָא רְאֵה אֶת־שְׁלוֹם אַחֶיךָ וְאֶת־שְׁלוֹם הַצֹּאן וַהֲשִׁבֵנִי
דָּבָר וַיִּשְׁלָחֵהוּ מֵעֵמֶק חֶבְרוֹן וַיָּבֹא שְׁכֶמָה:(טו) וַיִּמְצָאֵהוּ אִישׁ וְהִנֵּה
תֹעֶה בַּשָּׂדֶה וַיִּשְׁאָלֵהוּ הָאִישׁ לֵאמֹר מַה־תְּבַקֵּשׁ: (טז) וַיֹּאמֶר אֶת־אַחַי
אָנֹכִי מְבַקֵּשׁ הַגִּידָה־נָּא לִי אֵיפֹה הֵם רֹעִים: (יז) וַיֹּאמֶר הָאִישׁ נָסְעוּ מִזֶּה
כִּי שָׁמַעְתִּי אֹמְרִים נֵלְכָה דֹּתָיְנָה וַיֵּלֶךְ יוֹסֵף אַחַר אֶחָיו וַיִּמְצָאֵם בְּדֹתָן:
(יח) וַיִּרְאוּ אֹתוֹ מֵרָחֹק וּבְטֶרֶם יִקְרַב אֲלֵיהֶם וַיִּתְנַכְּלוּ אֹתוֹ לַהֲמִיתוֹ:

(12) His brothers went to feed their father's flock in Shechem. (13) Yisrael said to Yosef, "Your brothers are grazing the flock in Shechem. Come, and I will send you to them." He said to him, "Here I am." (14) He said to him, "Go now, see whether it is well with your brothers, and well with the flock; and bring me word." So he sent him out of the valley of Chevron, and he came to Shechem. (15) A certain man found him, and behold, he was wandering in the field. The man asked him, "What are you looking for?" (16) He said, "I am looking for my brothers. Tell me, please, where they are grazing the flock." (17) The man said, "They have left this place, for I heard them say, 'Let us go to Dotan.'" Yosef went after his brothers, and found them in Dotan. (18) They saw him afar off, and before he came near to them, they conspired against him to kill him. (Bereishit 37:12–18)

The man had overheard the brothers speak of going to Dotan. With the help of this anonymous man, Yosef locates the brothers – but is nearly killed. Instead, he is sold and sent to Egypt.

Had Yosef not happened upon this person in the field, he would have given up on finding his brothers in the Shechem area, and would have turned around and headed home to his beloved father. In this alternative scenario, the perfidious act of selling Yosef never takes place and Yosef returns home to his father, unscathed.

Who was the unidentified man who pointed Yosef in the direction of his destiny? The rabbis identify him as the angel Gavriel.

מדרש תנחומא (ורשא) פרשת וישב סימן ב

‏...וַיִּמְצָאֵהוּ אִישׁ, אֵין אִישׁ הָאָמוּר כָּאן אֶלָּא גַּבְרִיאֵל, שֶׁנֶּאֱמַר: וְהָאִישׁ גַּבְרִיאֵל (דניאל ט, כא).

The man referred to is none other than [the angel] Gavriel, as it is said, "and the man [ve-ha-ish] Gavriel" (Daniel 9:21). (Midrash Tanchuma, Vayeshev 37:2)

רש״י, בראשית פרשת וישב פרק לז פסוק טו

‏וַיִּמְצָאֵהוּ אִישׁ – זֶה גַּבְרִיאֵל, שֶׁנֶּאֱמַר וְהָאִישׁ גַּבְרִיאֵל (דניאל ב'):

"and a man found him" – This was the angel Gavriel (Bereishit Rabbah 84:14) as it is said, (Daniel 10:21) "and the man [ve-ha-ish] Gavriel." (Midrash Tanchuma, Vayera 22) (Rashi, Bereishit 37:15)

In order to understand this *parashah* and the perhaps imaginary trials and judgment, and the constant appearance of Gavriel, we need to understand the essence of this angel.

Gavriel is associated with *middat ha-din* – justice. The word *"gevurah,"* which is the operational core of the name of this angel, is connected to judgment. In this instance, Gavriel takes on a role that differs slightly from his usual job description: He doesn't save the innocent or protect Israel as a nation. Rather, Gavriel facilitates the sale of Yosef into slavery. He helps Yosef along the path that eventually takes him to Egypt. The brothers don't kill him; Yosef, who is innocent of the crime of which his brothers suspected him, is saved. Justice is served.

This entire section is permeated with *middat ha-din*. There is judgment in the air, crackling and sizzling behind the constant Midrashic or rabbinic refrain of trials and sentencing. These sections of the text give focus to their energy through a prism of judgment and strictness. The music which would accompany this section would be ominous, a warning of the inevitable: Yosef moves inexorably toward slavery in Egypt; he cannot escape it, and Gavriel is sent to make sure that the inevitable sentence of generations of hard labor and abuse in a foreign land promised by God as part of His covenant with Avraham comes to fruition.[12]

The inevitability, the inescapability of following the Divine script, is articulated by Rashi in the verses describing Yosef's instructions to find his brothers:

בראשית פרשת וישב פרק לז

(יג) וַיֹּאמֶר **יִשְׂרָאֵל** אֶל־יוֹסֵף הֲלוֹא אַחֶיךָ רֹעִים **בִּשְׁכֶם לְכָה** וְאֶשְׁלָחֲךָ אֲלֵיהֶם וַיֹּאמֶר לוֹ **הִנֵּנִי**: (יד) וַיֹּאמֶר לוֹ לֶךְ־נָא **רְאֵה** אֶת־שְׁלוֹם אַחֶיךָ וְאֶת־שְׁלוֹם הַצֹּאן **וַהֲשִׁבֵנִי דָּבָר** וַיִּשְׁלָחֵהוּ **מֵעֵמֶק חֶבְרוֹן** וַיָּבֹא שְׁכֶמָה:

(13) Yisrael said to Yosef, "Your brothers are grazing the flock in Shechem. Come, and I will send you to them." He said to him, "Here I am." (14) He said to him, "Go now, see whether it is well with your brothers, and well with the flock; and bring me word." So, he sent him from the **valley** of Chevron and he came to Shechem. (Bereishit 37:13–14)

Rashi notes a topographical oddity in this description: While Yosef begins his journey in what is described as a valley, Chevron is on a mountain, not in a valley:

רש"י בראשית פרשת וישב פרק לז פסוק יד

מעמק חברון - וַהֲלֹא חֶבְרוֹן בָּהָר, שֶׁנֶּאֱמַר וַיַּעֲלוּ בַנֶּגֶב וַיָּבֹא עַד חֶבְרוֹן (במדבר י"ג), אֶלָּא מֵעֵצָה עֲמֻקָּה שֶׁל אוֹתוֹ צַדִּיק הַקָּבוּר בְּחֶבְרוֹן, לְקַיֵּם מַה שֶּׁנֶּאֱמַר לְאַבְרָהָם בֵּין הַבְּתָרִים כִּי גֵר יִהְיֶה זַרְעֲךָ (בראשית ט"ו:י"ג):

12. See Bereishit 15:13–16:

בראשית פרשת לך לך פרק טו

(יג) וַיֹּאמֶר לְאַבְרָם יָדֹעַ תֵּדַע כִּי־גֵר יִהְיֶה זַרְעֲךָ בְּאֶרֶץ לֹא לָהֶם וַעֲבָדוּם וְעִנּוּ אֹתָם אַרְבַּע מֵאוֹת שָׁנָה: (יד) וְגַם אֶת־הַגּוֹי אֲשֶׁר יַעֲבֹדוּ דָּן אָנֹכִי וְאַחֲרֵי־כֵן יֵצְאוּ בִּרְכֻשׁ גָּדוֹל: (טו) וְאַתָּה תָּבוֹא אֶל־אֲבֹתֶיךָ בְּשָׁלוֹם תִּקָּבֵר בְּשֵׂיבָה טוֹבָה: (טז) וְדוֹר רְבִיעִי יָשׁוּבוּ הֵנָּה כִּי לֹא־שָׁלֵם עֲוֺן הָאֱמֹרִי עַד־הֵנָּה:

"From the valley of Chevron" – But is not Chevron situated on a hill, as it is said (Bamidbar 13:22) "And they went up through the Negev and they came to Chevron"? Why then does it state that Yaakov sent him from the *emek* (the vale, the depths) of Chevron? The meaning is that Yaakov sent him because of the necessity of bringing to fruition the profound (*amukah*) thought of that righteous man who is buried in Chevron, to fulfill what was said to Avraham in the Covenant of the Pieces, "your descendants shall be strangers." (Rashi, Bereishit 37:14)

Rashi explains that the profound concept that lay in the depths of Chevron was the covenant forged with Avraham, who was buried there; the time had come for history to be set in motion. The **judgment** in the air was not a series of **trials**, but rather the will of God which would be fulfilled. Yosef could travel north, to Shechem, to find his brothers, yet nonetheless end up being brought to the south, to Egypt, in chains – from prince of his father's home to slave in a home in Egypt. The will of God determined that this was the way destiny would unfold. The chapter had begun; the electricity of judgment in the air was the turning of the pages of history, the crackle of the Covenant beginning to come to life.

The microcosm of the slavery-turned-dramatic liberation of Yosef would eventually be played out on the larger stage, in the macrocosmic version, as the entire people would make their way to Egypt, experience slavery – and eventually experience a sudden, stunning redemption. The exercise of Divine Judgment, which may at first have seemed harsh or strict, facilitated a greater good. The children of Yisrael were forged into a nation, and that nation, by keeping up their side of the Covenant, was able to march to the Land of Israel that had been promised in that same covenant forged long ago with Avraham, the man who lies deep in the ground of Chevron.

There was more than one aspect of judgment at work, though: The fact that the slavery and suffering had been foretold does not exonerate the brothers who had sold Yosef. There were many other ways for Yosef to have ended up in Egypt; there was never anything preordained that required the brothers to sell their own flesh and blood and turn a profit on his suffering. God has angels in his employ who would have seen to it that His will is fulfilled, and that the inevitable slavery begins "right on time." The brothers were all too willing to mete out an unfathomably harsh sentence on their brother, just as Pharaoh delighted in his power to inflict unspeakable cruelty on the Jews. They would all be judged; those who refused to come to terms with their own outrageous behavior, like Pharaoh, would be punished for their cruelty and abuse. Those who repented, like the brothers, would be spared – even uplifted.

The rabbinic subtext that lies just below the surface of the verses is that an angel, an emissary of God named Gavriel, was extremely busy as the trials were being held and judgment passed. But when the time of redemption arrives, no angels are involved. God takes his people by the hand and leads them to freedom – freedom that was unavoidably, necessarily, inevitably born out of slavery.

PARASHAT MIKETZ

The Executioner's Protégé

While Yosef languishes in prison, Pharaoh has been having nightmares. For whatever reason, his advisors, soothsayers and sages have been unable to assuage his fears. Pharaoh knows something is awry.

And then the wine steward remembers something – or to be more specific, he remembers someone:

בראשית פרשת מקץ פרק מא

(ט) וַיְדַבֵּר שַׂר הַמַּשְׁקִים אֶת־פַּרְעֹה לֵאמֹר אֶת־חֲטָאַי אֲנִי מַזְכִּיר הַיּוֹם: (י) פַּרְעֹה קָצַף עַל־עֲבָדָיו וַיִּתֵּן אֹתִי בְּמִשְׁמַר בֵּית שַׂר הַטַּבָּחִים אֹתִי וְאֵת שַׂר הָאֹפִים: (יא) וַנַּחַלְמָה חֲלוֹם בְּלַיְלָה אֶחָד אֲנִי וָהוּא אִישׁ כְּפִתְרוֹן חֲלֹמוֹ חָלָמְנוּ: (יב) וְשָׁם אִתָּנוּ נַעַר עִבְרִי עֶבֶד לְשַׂר הַטַּבָּחִים וַנְּסַפֶּר־לוֹ וַיִּפְתָּר־לָנוּ אֶת־חֲלֹמֹתֵינוּ אִישׁ כַּחֲלֹמוֹ פָּתָר:

(9) Then the chief wine steward spoke to Pharaoh, saying, "Today, I recall my transgressions. (10) Pharaoh was angry with his servants and put me in custody in the house of the butcher, me and the chief baker. (11) We both dreamed on the same night, he and I, each of us to his own dream's interpretation. (12) There was with us there a young man, a Hebrew, servant to the chief butcher, and we told him, and he interpreted our dreams for us. He interpreted each man's dream according to its interpretation. (Bereishit 41:9–12)

Dedicated to Elijah

The wine steward recalls a chapter of his life he would have preferred to leave permanently suppressed; he had once committed an indiscretion, real or imagined, and was placed in a prison – and not just any prison but in what must have been a maximum security prison for people with political power. In his case, knowledge of the drinking habits of Pharaoh was significant information that made him considerably more dangerous than a common criminal. There, he met a mysterious person, a Hebrew slave to the butcher, and when the wine steward himself had a disturbing dream, this Hebrew lad had interpreted it accurately.

As the wine steward tells the story, he phrases it in a manner that has the potential to make Pharaoh, a ruthless dictator and self-perceived all powerful demi-god, become unhinged. Rather than attributing his own return to good graces to Pharaoh's largesse or all-knowing wisdom, the wine steward credits the interpreter of dreams, and not Pharaoh, for returning him to his previous position:[1]

בראשית פרשת מקץ פרק מא פסוק יג

וַיְהִי כַּאֲשֶׁר פָּתַר־לָנוּ כֵּן הָיָה אֹתִי הֵשִׁיב עַל־כַּנִּי וְאֹתוֹ תָלָה׃

It happened, as he interpreted to us, so it was: He restored me to my office, and he hanged him. (Bereishit 41:13)

---

1. Some commentaries read this verse as crediting Pharaoh for restoring the wine steward to his position. See Rashi, Rashbam and Ibn Ezra *ad loc.* This, however, would not seem to be the simple reading of the text; moreover, the Talmud credits the return to Yosef, as we shall see below:

רש"י בראשית פרשת מקץ פרק מא פסוק יג

השיב על כני - מי שבידו להשיב, והוא פרעה הנזכר למעלה, כמו שאמר (לעיל פסוק י) פרעה קצף על עבדיו, הרי מקרא קצר ולא פירש מי השיב, לפי שאין צריך לפרש מי השיב, וכן דרך כל מקראות קצרים על מי שעליו לעשות הם סותמים את הדבר:

רשב"ם בראשית פרשת מקץ פרק מא פסוק יג

אותי השיב - המלך על כני:

אבן עזרא בראשית פרשת מקץ פרק מא פסוק יג

אותי השיב - המשיב, והיה פרעה.

ויש אומרים: שהוא בדבור, השיב ותלה.

או: בפתרון, [והטעם שב אל יוסף. ואיננו אמת.]

תלמוד בבלי מסכת ברכות דף נה עמוד ב

אָמַר רַבִּי בִּיזְנָא בַּר זַבְדָּא אָמַר רַבִּי עֲקִיבָא אָמַר רַבִּי פַּנְדָּא אָמַר רַב נַחוּם אָמַר רַבִּי בִּירִים מִשּׁוּם זָקֵן אֶחָד, וּמַנּוּ - רַבִּי בְּנָאָה: עֶשְׂרִים וְאַרְבָּעָה פּוֹתְרֵי חֲלוֹמוֹת הָיוּ בִּירוּשָׁלַיִם, פַּעַם אַחַת חָלַמְתִּי חֲלוֹם וְהָלַכְתִּי אֵצֶל כּוּלָּם, וּמַה שֶּׁפָּתַר לִי זֶה לֹא פָּתַר לִי זֶה, וְכוּלָּם נִתְקַיְּימוּ בִּי. לְקַיֵּים מַה שֶּׁנֶּאֱמַר: "כָּל הַחֲלוֹמוֹת הוֹלְכִים אַחַר הַפֶּה". אַטּוּ "כָּל הַחֲלוֹמוֹת הוֹלְכִים אַחַר הַפֶּה" קְרָא הוּא? אִין - וְכִדְרַבִּי אֶלְעָזָר. דְּאָמַר רַבִּי אֶלְעָזָר: מִנַּיִן שֶׁכָּל הַחֲלוֹמוֹת הוֹלְכִין אַחַר הַפֶּה? - שֶׁנֶּאֱמַר: "וַיְהִי כַּאֲשֶׁר פָּתַר לָנוּ כֵּן הָיָה".

Rabbi Bizna bar Zavda taught in the name of Rabbi Akiva, who taught in the name of Rabbi Panda, who taught in the name of Rav Nachum, who taught what Rabbi Birayim said in the name of one elder – and who is he? Rabbi Bena'a: There were twenty-four interpreters of dreams in Jerusalem. One time, I dreamed a dream and went to each of them to interpret it. What one interpreted for me the other did not interpret for me, and all of the interpretations were fulfilled, in fulfillment of the saying, "All dreams follow the mouth of the interpreter." Is this adage, that all dreams follow the mouth, supported by biblical text? Yes, according to Rabbi Elazar, who taught: How do we know that all dreams follow the mouth of the interpreter? It is written (Bereishit 41:12), "As he interpreted for us, so it was." (Talmud Bavli, *Berachot* 55a)

Pharaoh, either intrigued or desperate, sends for Yosef:

בראשית פרשת מקץ פרק מא

(יד) וַיִּשְׁלַח פַּרְעֹה וַיִּקְרָא אֶת־יוֹסֵף וַיְרִיצֻהוּ מִן־הַבּוֹר וַיְגַלַּח וַיְחַלֵּף שִׂמְלֹתָיו וַיָּבֹא אֶל־פַּרְעֹה: (טו) וַיֹּאמֶר פַּרְעֹה אֶל־יוֹסֵף חֲלוֹם חָלַמְתִּי וּפֹתֵר אֵין אֹתוֹ וַאֲנִי שָׁמַעְתִּי עָלֶיךָ לֵאמֹר **תִּשְׁמַע חֲלוֹם לִפְתֹּר אֹתוֹ**: (טז) וַיַּעַן יוֹסֵף אֶת־פַּרְעֹה לֵאמֹר **בִּלְעָדָי אֱלֹהִים יַעֲנֶה אֶת־שְׁלוֹם פַּרְעֹה**:

(14) Then Pharaoh sent and called Yosef, and they brought him hastily out of the dungeon. He shaved himself, changed his clothing, and came to Pharaoh. (15) Pharaoh said to Yosef, "I have dreamed a dream, and there is no one who can interpret it. I have heard it said of you, that when you hear a dream you

> can interpret it." (16) Yosef answered Pharaoh, saying, "It is not in me. God will give Pharaoh an answer of peace." (Bereishit 41:14–16)

Instead of speaking of his own prowess, Yosef lets it be known that it is God who interprets dreams, and it is God who has revealed the future to Pharaoh. Yosef then explains the dreams, and with incredible self-assurance and panache suggests a fourteen-year plan to secure the Egyptian economy for years to come. Yosef then modestly suggests that Pharaoh find a capable manager to implement the plan:

> **בראשית פרשת מקץ פרק מא**
>
> (לג) **וְעַתָּה יֵרֶא פַרְעֹה אִישׁ נָבוֹן וְחָכָם וִישִׁיתֵהוּ עַל־אֶרֶץ מִצְרָיִם:**
> (לד) **יַעֲשֶׂה פַרְעֹה וְיַפְקֵד פְּקִדִים עַל־הָאָרֶץ** וְחִמֵּשׁ אֶת־אֶרֶץ מִצְרַיִם
> בְּשֶׁבַע שְׁנֵי הַשָּׂבָע: (לה) **וְיִקְבְּצוּ אֶת־כָּל־אֹכֶל הַשָּׁנִים הַטֹּבוֹת הַבָּאֹת**
> **הָאֵלֶּה וְיִצְבְּרוּ־בָר תַּחַת יַד־פַּרְעֹה אֹכֶל בֶּעָרִים וְשָׁמָרוּ:** (לו) וְהָיָה הָאֹכֶל
> לְפִקָּדוֹן לָאָרֶץ לְשֶׁבַע שְׁנֵי הָרָעָב אֲשֶׁר תִּהְיֶיןָ בְּאֶרֶץ מִצְרָיִם וְלֹא־תִכָּרֵת
> הָאָרֶץ בָּרָעָב:
>
> (33) "Now therefore let Pharaoh look for a discreet and wise man, and set him over the land of Egypt. (34) Let Pharaoh do this, and let him appoint overseers over the land, and take up the fifth part of the land of Egypt's produce in the seven plentiful years. (35) Let them gather all the food of these good years that are coming, and lay up grain under the hand of Pharaoh for food in the cities, and let them store it. (36) This will provide food security for the land for the seven years of famine that will strike the land of Egypt, and the land will not be eradicated by the famine." (Bereishit 41:33–36)

Remarkably, Pharaoh and his servants find the interpretation and the plan wonderful, and Yosef is appointed to lead and implement the plan:

> **בראשית פרשת מקץ פרק מא**
>
> (לח) **וַיֹּאמֶר פַּרְעֹה אֶל־עֲבָדָיו הֲנִמְצָא כָזֶה אִישׁ אֲשֶׁר רוּחַ אֱלֹקִים בּוֹ:**
> (לט) **וַיֹּאמֶר פַּרְעֹה אֶל־יוֹסֵף אַחֲרֵי הוֹדִיעַ אֱלֹקִים אוֹתְךָ אֶת־כָּל־זֹאת**

אֵין־נָבוֹן וְחָכָם כָּמוֹךָ: (מ) אַתָּה תִּהְיֶה עַל־בֵּיתִי וְעַל־פִּיךָ יִשַּׁק כָּל־עַמִּי
רַק הַכִּסֵּא אֶגְדַּל מִמֶּךָּ:

> Pharaoh said to his servants, "Can we find such a man as this, in whom is the spirit of God?" Pharaoh said to Yosef, "Since God has made all this known to you, there is none so wise and smart as you. You shall be in charge of my house, and by your command shall all my people be directed; only with respect to the throne shall I be superior to you." (Bereishit 41:38–40)

In his response to Yosef's soliloquy, Pharaoh says some surprising things – despite Yosef's modesty[2] and protestations that it is not his own skill, and that God is speaking to Pharaoh: Pharaoh recognizes that Yosef is the best man for the job, and appoints him to lead the newly conceived economic plan – but Pharaoh's words indicate much more than a practical conclusion regarding a personnel appointment for the economics portfolio. Pharaoh sees himself a deity; as such, the fact that he recognizes the God of whom Yosef speaks is no small thing. Additionally, Pharaoh says that it is Yosef, and not he himself, to whom God has communicated. This latter point is sharpened in the Targum, which attributes to Pharaoh an understanding that Yosef possesses prophetic insight.[3]

---

2. The Ramban, Bereishit 41:33, indicates that Yosef's modesty was feigned, a "setup" to secure his appointment as viceroy:

רמב"ן בראשית פרשת מקץ פרק מא פסוק לג

ירא פרעה איש נבון וחכם - אמר לו שיצטרך לאיש נבון וחכם שיהיה ממונה על כל הארץ, ויפקד עוד פקידים תחתיו שילכו בארץ ויקבצו את כל אוכל, כי לא יוכל השליט ללכת בכל הארץ. ואמר לו שיהיה נבון וחכם, נבון, שידע לנהל עם ארץ מצרים בלחם לפי הטף מידו, ולתת להם כדי חיותם, וימכור המותר לארצות האחרות לאסוף עושר וממון לפרעה. וחכם, שידע לקיים התבואה שלא תרקב, שיערב עם כל מין דבר המקיים אותו בטבעו, כגון חומטין שהזכירו רבותינו (שבת לא א), והכסף החי הממית הכנימה, וכיוצא בהן. ואמרו בבראשית רבה (צה) ערב בהן עפר וקיסומיות דברים שמקיימין את התבואה, **ואמר יוסף כל זה בעבור שיבחרו אותו, כי החכם עיניו בראשו:**

3. Based on a verse in Mishlei 21:1, Midrash Pesikta Zutrata understands that God has micromanaged the situation and planted the idea of selecting Yosef in Pharaoh's mind:

תרגום אונקלוס בראשית פרשת מקץ פרק מא פסוק לח

וַאֲמַר פַּרְעֹה לְעַבְדּוֹהִי הֲנַשְׁכַּח כְּדֵין גְּבַר דְּרוּחַ נְבוּאָה מִן קֳדָם יְיָ בֵּיהּ.

And Pharaoh said to his servants can we find here a man in whom the **prophetic spirit of God** rests? (Targum Onkelos, Bereishit 41:38)

In what looks like a miraculous turn of events, Yosef, who woke up that morning as a slave and a prisoner in a grimy prison cell, will lay his head that night on a regal bed in the palace. He has been catapulted to the most exalted position imaginable – viceroy of Egypt.

Yosef, for his part, may have seemed unexcited, even blasé. For Yosef, this dramatic change of fortune was no surprise; he had always known that he was destined for greatness. At this point, he certainly knows that in a little more than seven years the famine will hit the land of Canaan and his brothers will soon be on their way to Egypt to procure some food.

Before considering the chain of events that is about to unfold, we might pause to consider the point at which they are set in motion: The wine steward, only **now**, remembers Yosef, who was undoubtedly a particularly memorable character. How had the sommelier forgotten him up to this point, especially when Yosef had pleaded with him to remember him?

בראשית פרשת וישב פרק מ

(יב) וַיֹּאמֶר לוֹ יוֹסֵף זֶה פִּתְרֹנוֹ שְׁלֹשֶׁת הַשָּׂרִגִים שְׁלֹשֶׁת יָמִים הֵם: (יג) בְּעוֹד שְׁלֹשֶׁת יָמִים יִשָּׂא פַרְעֹה אֶת־רֹאשֶׁךָ וַהֲשִׁיבְךָ עַל־כַּנֶּךָ וְנָתַתָּ כוֹס־פַּרְעֹה בְּיָדוֹ כַּמִּשְׁפָּט הָרִאשׁוֹן אֲשֶׁר הָיִיתָ מַשְׁקֵהוּ: (יד) כִּי אִם־זְכַרְתַּנִי אִתְּךָ כַּאֲשֶׁר יִיטַב לָךְ וְעָשִׂיתָ־נָּא עִמָּדִי חָסֶד וְהִזְכַּרְתַּנִי אֶל־פַּרְעֹה וְהוֹצֵאתַנִי מִן־הַבַּיִת הַזֶּה: (טו) כִּי־גֻנֹּב גֻּנַּבְתִּי מֵאֶרֶץ הָעִבְרִים

פסיקתא זוטרתא (לקח טוב) בראשית פרשת מקץ פרק מא פסוק לט

ויאמר פרעה אל יוסף אחרי הודיע אלקים אותך את כל זאת אין נבון וחכם כמוך. זש"ה פלגי מים לב מלך (משלי כא א):

משלי פרק כא פסוק א

פַּלְגֵי־מַיִם לֶב־מֶלֶךְ בְּיַד־ה' עַל־כָּל־אֲשֶׁר יַחְפֹּץ יַטֶּנּוּ:

וְגַם־פֹּה לֹא־עָשִׂיתִי מְאוּמָה כִּי־שָׂמוּ אֹתִי בַּבּוֹר: ... (כג) וְלֹא־זָכַר שַׂר־
הַמַּשְׁקִים אֶת־יוֹסֵף וַיִּשְׁכָּחֵהוּ: פ

(12) Yosef said to him, "This is its interpretation: The three branches are three days. (13) Within three more days, Pharaoh will lift up your head, and restore you to your office. You will give Pharaoh's cup into his hand, the way you did when you were his cupbearer. (14) But remember me when it will be well with you, and please show kindness to me, and make mention of me to Pharaoh, and bring me out of this house. (15) For indeed, I was stolen away out of the land of the Hebrews, and here also I have done nothing that they should put me into the dungeon." ... (23) Yet the chief cupbearer did not remember Yosef, and he forgot him. (Bereishit 40:12–15, 23)

As we noted earlier, the wine steward knew that it was Yosef who had saved his life, but even this was not enough to keep Yosef at the front of the wine steward's mind. He did not remember Yosef. Later in the narrative, we learn that Pharaoh, either the very same man to whom Yosef speaks or a subsequent Pharaoh, no longer remembers or "knows" Yosef or his contributions to Egyptian society (Shemot 1:8).

Perhaps this recurring "forgetfulness" is deliberate.

Yosef was too powerful, too talented, and therefore too frightening. The sommelier knew that deep in Pharaoh's dungeons was a man whose path he never wanted to cross again. He purposefully repressed that part of his life – and any thought of Yosef.

We would do well to remind ourselves how it was that Yosef had come to be in this particular prison. He had been accused of assault, and perhaps even rape, by the wife of a very powerful man, Potifar. Under normal circumstances, a lowly slave suspected of attacking the matron of Potifar's household would have been the cause of early termination, and not just from his job: Yosef should have been executed. In ancient Egyptian society, an accusation by a member of the upper class would have been accepted without question, and extreme punishment implemented immediately, resulting in the death of the slave. Why did Yosef survive?

The question is only strengthened when we consider the identity of Potifar. Although we are lulled into a false sense of the "lullaby quality" of the protagonists – the butcher, the baker and wine steward – Potifar is actually the chief executioner, "the butcher of Egypt."

בראשית פרשת וישב פרק לט פסוק א

וְיוֹסֵף הוּרַד מִצְרָיְמָה וַיִּקְנֵהוּ פּוֹטִיפַר סְרִיס פַּרְעֹה שַׂר הַטַּבָּחִים אִישׁ מִצְרִי
מִיַּד הַיִּשְׁמְעֵאלִים אֲשֶׁר הוֹרִדֻהוּ שָׁמָּה:

When Yosef was taken down to Egypt, a certain Egyptian, Potifar, a courtier of Pharaoh and his chief executioner (butcher), bought him from the Ishmaelites who had brought him there. (Bereishit 39:1)

תרגום אונקלוס בראשית פרשת וישב פרק לט פסוק א

ויוסף אתחת למצרים וזבניה פוטיפר רבא דפרעה רב קטוליא גוברא
מצראה מיד ערבאי דאחתוהי לתמן:

But Yosef was brought down into Egypt, and Potiphar, a chief of Pharaoh, a chief of the executioners, an Egyptian man, bought him from the hand of the Arabs who had brought him down thither. (Targum Onkelos, Bereishit 39:1)

This explains why Potifar, "the butcher," had his own prison for political prisoners who posed a threat to national security. Yosef was such a prisoner.

בראשית פרשת וישב פרק מ

(א) וַיְהִי אַחַר הַדְּבָרִים הָאֵלֶּה חָטְאוּ מַשְׁקֵה מֶלֶךְ־מִצְרַיִם וְהָאֹפֶה לַאֲדֹנֵיהֶם
לְמֶלֶךְ מִצְרָיִם: (ב) וַיִּקְצֹף פַּרְעֹה עַל שְׁנֵי סָרִיסָיו עַל שַׂר הַמַּשְׁקִים וְעַל
שַׂר הָאוֹפִים: (ג) וַיִּתֵּן אֹתָם בְּמִשְׁמַר בֵּית שַׂר הַטַּבָּחִים אֶל־בֵּית הַסֹּהַר
מְקוֹם אֲשֶׁר יוֹסֵף אָסוּר שָׁם:

(1) It happened after these things, that the butler of the king of Egypt and his baker offended their lord, the king of Egypt. (2) Pharaoh was angry with his two officers, the chief cupbearer and the chief baker. (3) He put them in custody in the prison of the butcher, into the prison, the place where Yosef was held captive. (Bereishit 40:1–3)

תרגום אונקלוס בראשית פרשת וישב פרק מ פסוק ג

וִיהַב יָתְהוֹן בְּמַטְרַת בֵּית רַב קָטוֹלַיָּא בְּבֵית אֲסִירֵי אַתְרָא דְּיוֹסֵף אֲסִיר תַּמָּן.

And he gave them into ward in the house of the chief executioner in the house of the prison, the place where Yosef was confined. (Targum Onkelos, Bereishit 40:3)

Whether or not Potifar believed his wife, he was afraid to kill Yosef, either because he had long understood that his own prosperity depended on Yosef or because he had identified Yosef's very special connection to a powerful deity; instead, he buried him in his prison, never to be heard from again.

But like the mythical phoenix, Yosef rises to dizzying heights of power, aided by another man who was so terrified of Yosef that he, too, never wanted to see him again: Pharaoh's chief sommelier consciously and purposefully put Yosef out of his thoughts until he became worried that Pharaoh might hear about the gifted interpreter of dreams from someone else. The sommelier worried that this would put his own life in danger for a second time, as he would be accused of disloyalty and failure to assist his king in his time of distress. Caught between Scylla and Charybdis, between a proverbial rock and a hard place, the sommelier's memory is suddenly jarred, and he remembers what and whom he has been trying to forget – Yosef.

After he is chosen by Pharaoh to lead the nation, Yosef, too, suffers from selective amnesia:

בראשית פרשת מקץ פרק מא

(נ) וּלְיוֹסֵף יֻלַּד שְׁנֵי בָנִים בְּטֶרֶם תָּבוֹא שְׁנַת הָרָעָב אֲשֶׁר יָלְדָה־לּוֹ אָסְנַת בַּת־פּוֹטִי פֶרַע כֹּהֵן אוֹן: (נא) וַיִּקְרָא יוֹסֵף אֶת־שֵׁם הַבְּכוֹר מְנַשֶּׁה **כִּי־נַשַּׁנִי אלקים אֶת־כָּל־עֲמָלִי וְאֵת כָּל־בֵּית אָבִי**: (נב) וְאֵת שֵׁם הַשֵּׁנִי קָרָא אֶפְרָיִם כִּי־הִפְרַנִי אֱלֹהִים **בְּאֶרֶץ עָנְיִי**:

(50) To Yosef were born two sons before the year of famine came, whom Osnat, the daughter of Potiphera priest of On, bore to him. (51) Yosef called the name of the firstborn Menashe, "For God has made me **forget** all my toil, and all my father's house." (52) The name of the second, he called Efraim:

"For God has made me fruitful in the land of my affliction." (Bereishit 41:50–52)

The consensus regarding the meaning of the name of his firstborn, Menashe, is that it denotes forgetfulness; Yosef offers praise to God for helping him forget all of his toil and the home of his father,[4] although it is unclear in what sense Yosef has forgotten as he articulates this "modification of memory." Later, Yosef's memory is jarred when a very particular group of travelers arrive, people whose arrival Yosef should have anticipated:

בראשית פרשת מקץ פרק מב

(ה) וַיָּבֹאוּ בְּנֵי יִשְׂרָאֵל לִשְׁבֹּר בְּתוֹךְ הַבָּאִים כִּי־הָיָה הָרָעָב בְּאֶרֶץ כְּנָעַן:
(ו) וְיוֹסֵף הוּא הַשַּׁלִּיט עַל־הָאָרֶץ הוּא הַמַּשְׁבִּיר לְכָל־עַם הָאָרֶץ וַיָּבֹאוּ אֲחֵי
יוֹסֵף וַיִּשְׁתַּחֲווּ־לוֹ אַפַּיִם אָרְצָה: (ז) **וַיַּרְא יוֹסֵף אֶת־אֶחָיו וַיַּכִּרֵם וַיִּתְנַכֵּר**
אֲלֵיהֶם וַיְדַבֵּר אִתָּם קָשׁוֹת וַיֹּאמֶר אֲלֵהֶם מֵאַיִן בָּאתֶם וַיֹּאמְרוּ מֵאֶרֶץ
כְּנַעַן לִשְׁבָּר־אֹכֶל: (ח) וַיַּכֵּר יוֹסֵף אֶת־אֶחָיו וְהֵם לֹא הִכִּרֻהוּ: (ט) **וַיִּזְכֹּר**
יוֹסֵף אֵת הַחֲלֹמוֹת אֲשֶׁר חָלַם לָהֶם וַיֹּאמֶר אֲלֵהֶם מְרַגְּלִים אַתֶּם לִרְאוֹת
אֶת־עֶרְוַת הָאָרֶץ בָּאתֶם:

(5) The sons of Israel came to procure supplies among those who came, for the famine had come to the land of Canaan. (6) Yosef was the governor over the land. It was he who provided for all the people of the land. Yosef's brothers came and prostrated themselves before him with their faces to the earth. (7) Yosef saw his brothers, and he recognized them, but acted like a stranger to them, and spoke roughly with them. He said to them, "Where did you come from?" They said, "From the

4. See Targum Onkelos, Radak, Bechor Shor:

תרגום אונקלוס בראשית פרשת מקץ פרק מא פסוק נא

וּקְרָא יוֹסֵף יָת שׁוּם בּוּכְרָא מְנַשֶּׁה אֲרֵי אַנְשְׁיַנִי יְיָ יָת כָּל עַמְלִי וְיָת כָּל בֵּית אַבָּא:

רד"ק בראשית פרשת מקץ פרק מא פסוק נא

כי נשני - כל כך נתן לי ה' עושר וכבוד עד כי השכיחני כל עמלי שהיה לי משנמכרתי וגם כל בית אבי השכיחני:

בכור שור בראשית פרשת מקץ פרק מא פסוק נא

כי נשני: השכיחני.

land of Canaan to buy food." (8) Yosef recognized his brothers, but they did not recognize him. (9) **Yosef remembered the dreams which he dreamed about them**, and said to them, "You are spies! You have come to see the nakedness of the land." (Bereishit 42:5–9)

Yosef sees his brothers, and he remembers not only them, but his dreams as well. His brothers seem oblivious, and initially we are unsure of the place their long-lost brother holds in their collective memory.

The sequence of events is telling: The brothers arrive, and they bow and scrape at the feet of this powerful man who has the power to solve the problem of hunger for their entire family.

Unbeknownst to them, this Egyptian minister was the very same person who many years earlier had told them his dreams. Then, they were convinced that their younger brother was prone to delusions of grandeur, although Yosef himself offered no interpretation of the dream that told of their sheaves bowing to his:

בראשית פרשת וישב פרק לז

(ה) וַיַּחֲלֹם יוֹסֵף חֲלוֹם וַיַּגֵּד לְאֶחָיו וַיּוֹסִפוּ עוֹד שְׂנֹא אֹתוֹ: (ו) וַיֹּאמֶר אֲלֵיהֶם שִׁמְעוּ־נָא הַחֲלוֹם הַזֶּה אֲשֶׁר חָלָמְתִּי: (ז) וְהִנֵּה אֲנַחְנוּ מְאַלְּמִים אֲלֻמִּים בְּתוֹךְ הַשָּׂדֶה וְהִנֵּה קָמָה אֲלֻמָּתִי וְגַם־נִצָּבָה וְהִנֵּה תְסֻבֶּינָה אֲלֻמֹּתֵיכֶם וַתִּשְׁתַּחֲוֶיןָ לַאֲלֻמָּתִי: (ח) וַיֹּאמְרוּ לוֹ אֶחָיו הֲמָלֹךְ תִּמְלֹךְ עָלֵינוּ אִם־מָשׁוֹל תִּמְשֹׁל בָּנוּ וַיּוֹסִפוּ עוֹד שְׂנֹא אֹתוֹ עַל־חֲלֹמֹתָיו וְעַל־דְּבָרָיו:

(5) Yosef dreamed a dream, and he told it to his brothers, and they hated him all the more. (6) He said to them, "Please hear this dream which I have dreamed: (7) For behold, we are binding sheaves in the field, and behold, my sheaf arises and stands upright; and behold, your sheaves circle around, and bow down to my sheaf." (8) His brothers said to him, "Will you indeed reign over us? Or will you indeed have dominion over us?" They hated him all the more for his dreams and for his words. (Bereishit 37:5–8)

Though dripping with sarcasm and disdain, the brothers themselves interpret Yosef's dream, and in doing so, make it so: "Will you reign over us? Will you lord over us?" As with the sommelier's dream, so too with Yosef's dream: The interpretation determines the outcome. The brothers themselves set the chain of events in motion that would eventually lead precisely where they said it would. They would indeed bow to his sheaves; they would, indeed, come to him for food; he would, indeed, rule over them.[5]

When Yosef named his firstborn son, what was it that he wished to forget? Had he hoped to forget his brothers, or their cruelty to him? His dreams, or the brothers' response? Revenge, best served cold, can be sweet, and he surely must have at least suspected what was coming. His dreams had informed him in general terms, while Pharaoh's fat and skinny cows had provided him the more precise time frame.

Some commentaries[6] explain that Yosef's heart was pure and clear,

---

5. See the comments of the Kli Yakar, Bereishit 37:8 for a somewhat idiosyncratic interpretation of the Talmudic passage regarding the interpretation of dreams:

כלי יקר בראשית פרשת וישב פרק לז פסוק ח

ויוסיפו עוד שנוא אותו. נזכרו שלוש שנאות כאן, כי מתחילה שנאוהו על הבאת הדבה ומאז והלאה לא רצו לדבר עמו, כמו שנאמר **וְלֹא יָכְלוּ דַּבְּרוֹ לְשָׁלֹם**. ואחר כך ויחלום יוסף חלום ויגד לאחיו, לא הגיד להם עדיין נוסח החלום, שהרי לא נאמר ויגד אותו לאחיו אלא שהתחיל לדבר עמהם ואמר להם שמעו כי חלום חלמתי, **מיד ויוסיפו עוד שנוא אותו, כי התחיל לדבר עמהם במקום שהם לא רצו לדבר עמו**, ולפי ששנאה זו היתה בלב ולא הרגיש בה יוסף על כן אמר דרך בקשה שמעו נא החלום הזה וגו', **אז פתחו פיהם בעל כרחם ואמרו המלוך תמלוך עלינו, לפיכך ויוסיפו עוד שנוא אותו על חלומותיו ועל דבריו**, לא זו ששנאוהו על חלומותיו, אלא אפילו על דבריו שנאוהו כי רצה לדבר עמהם בעל כרחם:

ויש אומרים על דבריו. **כי כל החלומות הולכים אחר הפה** (ברכות נה ב) רצה לומר ממה שהאדם מדבר קודם שישן מזה המין בא לו החלום, כי בא החלום ברוב ענין וקול כסיל ברוב דברים (קהלת ה ב), כי ההבלים שהכסיל משמיע בהם קולו המה גורמים לו רוב חלומות של הבלים, **על כן חשבו שמסתמא קודם השינה היה יוסף מדבר או מהרהר בלבו כי הוא ראוי למלוכה על כן בא לו זה החלום לכך שנאוהו על דבריו שבפה או על דברים שבלב:**

6. See *Ha-Ktav va-ha-Kabbalah* 41:51, and *Nefesh ha-Ger* (Rabbi Mordechai Tzvi Levenstein), Bereishit 41:51:

הכתב והקבלה בראשית פרשת מקץ פרק מא פסוק נא

ואת כל בית אבי. **גנות גדולה היא לבן המרוחק מבית אבותיו הנכבדים אם ישכחם עת היותו משופע בכל טוב**. ויוסף שהיו בן זקונים לאביו ואותו אהב יותר מכל אחיו,

ומצד אהבתו הגדולה אליו נסתבב התנשאותו להיות מושל המדינה, איך יתייחס אליו דבור המגונה גם מצד טבע אנושי לאמור נשני אלקים את כל בית אבי, כי יורה בזה פחיתות גדולה וכמבזה בכבוד אביו והיה ראוי לומר נשני אלקים את כל אחי, להורות שנמחה מזכרונו את כל אשר מצאהו מהם ואין לו טינא בלב עליהם, אבל באמרו כל בית אבי שכולל גם את אביו זה נראה דבור בלתי נאות גם לאיש ההמוני אף כי לאיש מעלה כמוהו - אמנם אין ספק כי זכרון כבוד אביו אף רגע לא נשכח מלבו, ויצר לבבו על צער אביו היה הרבה יותר מעל צער עצמו ובמשך זמן הרב שהיה נפרד ונעזב ממנו, אם היה בידו להודיע לאביו מקומו איה אם ע״י מכתב או ע״י שליח או ע״י בני אדם הנוסעים ממצרים לכנען, בודאי לא היה נמנע מלעשותו כדי לשמח את אביו הזקן המתאבל על אבידת בנו, ומה שלא מצאנוהו משתדל על זה, קרוב לודאי שבהיותו במעמד העבדות היה נמנע מלעשותו מצד נמוסי המדינה להשגיח ביותר על העבדים הנמכרים להם למנעם בל יתערבו עם בני אדם ממדינה אחרת. אבל אחרי שהתנשא להיות שר ומושל במדינה, ומארץ כנען רבים באו לשבור אוכל מיד יוסף והיה לו דבר קל לערוך דברי תנחומין ולהודיע את אשר נעשה ממנו, וזה היה חיוב גדול עליו בין מצד טבע אנושי בין מצד חיוב התורה המוטל עליו לכבד את אביו להפך אבלו לששון ויגונו לשמחה. ולמה לא קיים יוסף הצדיק את החיוב הגדול הזה? (ורחוק לומר שמצד חרם אחיו היו נמנע מזה, גם מי זה ידע אם החרימו בפניו) ובאמת גודל צדקת לבבו עם ה׳ היא מנעתהו מלקיים מצות כבוד אביו, כי כמו שכל התנהגותו עם אחיו כעת, אף דבהשקפה ראשונה נראה כמתנקם בם, להחזיקם כמרגלים, לאסרם במאסר, לצער אותם ואת אביו בהבאת בנימין, לעשותם כגנבים, ואת בנימין שלא פשע נגדו מאומה תפשו לעבד, ובאמת לא עשה כל אלה רק מצד צדקתו הגדולה, לבלי עשות דבר שהוא נגד רצון קונו, כי כן היתה גזירת עליון אשר הראה לו בחלום הנבואי, ותשתחוינה לאלומתי, אחד עשר כוכבים משתחוים לי, ובחכמה גדולה ובעצה עמוקה עשה שלא יתקיימו השתחואות האלה והכנעתם לפניו בידעם שהוא יוסף אחיהם, כי זאת היתה להם בושה ולכלימה גדולה, הנה להצילם מזה השתדל שיתקיימו בלתי ידיעתם מי הוא זה שיכרעו וישתחוו לפניו, כמו שהעיד הכתוב ויזכור יוסף את החלומות אשר חלם להם כמבואר שם ברחבה, ככה היה יוסף חושש בלבבו, אם בתחלת התנשאותו היה מודיע לאביו שהוא חי ושהוא מושל במדינה, פן ע״י זה יתבטל גזירת עליון מהשתחואות אלומות ואחד עשר ככבים, הנה לסיבה זו אף שמצד נפשו הטהורה היה משתוקק לכבד את אביו בבשורה טובה ולשמח את נפשו המלאה לה יגון ואנחה, בכל זה היה צריך להתאמץ ברב כח ולהתאפק על נפשו לבטל מצות כבוד אביו (כמו שאין מקום למצות כבוד האבות בהבטל ע״י זה אחת ממצות ה׳) ובפרט דלפי מראה חלום הנבואה נגזר גם על אביו ההשתחואה אליו, ומן השמים נמנע מלקיים מצות כבוד אביו בזה, הנה כדי לקיים רצון קונו היה מוכרח להשכיח מלבו כבוד אביו אף שהיה מוצא א״ע בכל רגע מחוייב לכבדו ולבשר לו הבשורה הטובה, מ״מ מצד קיום רצון קונו הנבואית היה מצווה ומוכרח לרחק ממחשבתו כבוד אביו, והיה נותן תודה לעליון ית׳ הנותן לו עוז ותעצומה בנפשו ועומד על ימינו לסייעו לבטל רצון נפשו מפני רצון קונו, ולהשליך כבוד אביו מנגד כדי לקיים גזירת עליון, לכן קרא את בנו מנשה לאמר כי נשני אלקים את כל בית אבי, האלקים הוא העושה זאת, הוא הוא המסייעני

and his desire to forget was in order to forgive. He wished to forget the brothers' attempted fratricide; he tried to expunge the fact that they had sold him into slavery from his memory. He "forgot" any malice which may have been in his heart, and he cleansed his mind of any desire for vengeance – and, apparently, quite successfully: Yosef comes to understand that his meteoric rise to the top of the social ladder and the dizzying success he achieved in Egypt were the result of his brothers' deeds and the interpretation they themselves had given to his dreams. They, and not he, were responsible for Yosef's ascension to power, and now, as they bowed before him, he bore them no grudge.

When his brothers finally arrive, Yosef knows who they are, and he has not forgotten what they have done. He is fully cognizant of their sin,

---

לבלתי חשבי כבוד אבי ולהיותו כאילו הוא שכוח מלבי, ורוב לשון שכחה אינו כ"א מניעת שימת המחשבה על הדבר להיותו בלתי חשוב בעיניו לתת עליו דעתו ומחשבתו (אויססער אכט לאססען) כמו עזבני ה' וה' שכחני (ישעיה מ"ט) וטעם נשני אלקים (מיך פערגנלאססט, אויססער אכט צו לאססען) ואמר כל בית אביו לכלול כל המצורפים לאביו, כי כולם היו שוים בעיניו לטובה, **ולא היה לו שום טינא בלב על כל מה שעשו לו כאמרו אח"כ אליהם, לא אתם שלחתם אותי הנה כ"א האלקים, ומה שאמר את כל עמלי, אין כוונתו לתת תודה שבמעמד התנשאותו שכח את כל נגעי לב ורעות רוח שהיו לו קודם כניסתו לכל הכבוד הזה, כי אמנם כוונתו גם בעת עמלו, בהיותו במעמד העבדות, אף שהיה מוכרח להתעסק בדברים בלתי טבעים לו, לא היה עמלו זה עליו לטורח ולמשא, כי היה מקבלם עליו בלב שמח, והיה נותן תודה אליו ית' שהיה מסייעו בנפשו בזה לבלי חשוב אותם לטורח ולמשא כ"א לעשות אותם בטוב לב, וכל העמל הגדול היה בשעתו כנעזב וכשכוח, והיה כאילו לא היו, וכמדת אנשי מעלה הגדולים השמחים ביסורים.**

נפש הגר בראשית פרשת מקץ פרק מא פסוק נא

(נ"א) כי נשני אלקים את כל עמלי ואת כל בית אבי, כלומר תחילה הודה לד' אשר הוציאו ד' מכל צרותיו וכי שכח הצרות, ואת כל בית אבי, היינו אחיו אשר גרמו לו הצרות האלה שכח אותם לבל יקים ובל יטור להם שנאה, ועל בן השני הודה לד' על חסדו לבד מה שהוציאו מעבדות לחירות עוד נשא ד' אותו להיות שר על המדינה על ארץ מצרים, וזהו שתרגם בפסוק שלאחריו (נב) כי הפרני אלקים בארץ עניי בארץ שעבודי" בארץ אשר נמכרתי לעבר, זהי מעבדות לחירות ינתון איתו על כל ארץ מצרים" ומתרגם לפי הענין, כי שם לעיל (ל"א מ"ב) את "עניי" תרגם ית,עמלי' וכן (דברים כ"ו ז') וירא את ענינו תרגם גם וגלי קדמוהי עמלנא, וכאן תרגם "עניי" שעבודי שהי' עבד במצרים לכן תרגם בארץ עניי בארע שעבודי, ועל כולם נתן שבח והודיה לד' וזכרון בשם בניו, שלא ישכח ויזכיר בעת קוראו תמיד את בניו בשמותם ליתן שבח והודיה לה' על הטובות אשר גְמָלַנוּ:

but it is no longer personal. In a sense, the confrontation has a quality of dissociative behavior, as he imprisons his brothers for a mere three days to cleanse them of the sin they committed against him, to wipe away the thirteen years he himself had spent as a slave and prisoner.

Yosef views his dreams as his manifest destiny, as prophecy that must come true.[7] But to what end? What was the content of this destiny? Where did it begin, where would it lead, and what was Yosef's role in the larger picture? Yosef understood that his own destiny, like the destiny of his entire family, was dictated primarily by one central prophecy, which would continue to cast a massive shadow for generations to come: The *berit bein ha-betarim*, the covenant God forged with Avraham, foretold servitude in a foreign land (Bereishit 15:7–21), and it would not be hard to imagine that Yosef, whose life was impacted perhaps more than anyone else's by the concept of a fulfillment of prophecy, concerned himself with the fulfillment of that looming, unresolved prophecy. The *berit bein ha-betarim* provided meaning for his own difficult life story: His was not meaningless suffering, but the fulfillment of an ancient vison, a necessary stage in the realization of God's promise to Avraham, the price to be paid for inheriting the Land of Israel (Bereishit 15:13–21).

Many commentaries have been vexed by Yosef's decision to "forget" his home, and by his decision not to contact his father when the opportunity arose.[8] Perhaps the *berit bein ha-betarim* explains

---

7. See Ramban and Netziv:

העמק דבר בראשית פרשת מקץ פרק מא פסוק נא

ואת כל בית אבי. הודה ג"כ על שלא היה לבו נרדף לבית אביו, כי היה מתבלבל ע"ז מלעשות עסקיו הגדולים. **והא שלא השתדל באמת להודיע לאביו, הוא משום שהיו החלומות אצלו כנבואה, ומוטל היה עליו שלא לגרום ביטולם ולא יהא כנביא שמוותר על דברי עצמו,** ועוד יבואר בזה לפנינו:

8. The most famous is Ramban, Bereishit 42:9, but many other commentaries, early and modern, discuss this issue. For a more complete discussion see my *Explorations Expanded: Sefer Bereishit, Parashat Vayigash*, "The Beauty of Yosef."

רמב"ן בראשית פרשת מקץ פרק מב פסוק ט

וכן אני אומר שכל הענינים האלה היו ביוסף מחכמתו בפתרון החלומות, כי יש לתמוה אחר שעמד יוסף במצרים ימים רבים והיה פקיד ונגיד בבית שר גדול במצרים, איך לא

Yosef's behavior: Had he contacted his father, Yaakov would surely have redeemed him from his Egyptian prison or extricated him from his strange existence in a foreign land – and Yosef's suffering would have been for naught. Perhaps Yosef imagined that his own slavery and imprisonment would remove the collective responsibility from his brothers and their families and free them all from the necessity of fulfilling the darker side of the *berit bein ha-betarim*: If the fulfillment of the covenant forged with Avraham had begun, perhaps it could be completed through his own personal estrangement, slavery, imprisonment and suffering.

The Jerusalem Talmud attributes the four cups of wine at the Passover Seder to the sommelier's use of the word "cup" four times:[9] His report to Pharaoh is the catalyst for Yosef's liberation from the dungeons of Egypt. The Jerusalem (Pseudo-Yonatan) Targum apparently follows this same tradition, linking the dream of the sommelier with the *berit bein ha-betarim*.

תרגום המיוחס ליונתן – תורה בראשית פרשת וישב פרק מ פסוק יב

וַאֲמַר לֵיהּ יוֹסֵף דֵּין סוֹף פּוּשְׁרָנָא דְחֶלְמָא תְּלָתֵי מְצוֹגְיָא תְּלָתֵי אֲבָהַת עַלְמָא אִינוּן אַבְרָהָם יִצְחָק וְיַעֲקֹב דְמִן בְּנֵי בְנֵיהוֹן עֲתִידִין לְמִשְׁתַּעְבְּדָא לְמִצְרַיִם בְּטִינָא וּבְלִיבְנָא וּבְכָל פּוּלְחָנָהָא בְּאַנְפֵּי בְרָא וּמִן בָּתַר כְּדוֹן מִתְפָּרְקִין עַל יַד תְּלַת רַעֲיָין וְדִי אֲמַרְתְּ נְסֵיבִית יַת עִינְבַיָּיא וְעַצְרִית יַתְהוֹם לְכַסָּא דְפַרְעֹה וִיהָבִית יַת כַּסָּא לִידָא דְפַרְעֹה הוּא פַּיְילָא דְרוּגְזָא דְעָתִיד פַּרְעֹה שָׁתֵי בְּעִקְבָא וְאַתְּ רַב מְזוֹגַיָּא תְּקַבֵּל אֲגַר טַב עַל חֶלְמָךְ טַב דְחָלַמְתָּא וּפוּשְׁרָנֵיהּ דֵּין הוּא לָךְ תְּלָתֵי מְצוֹגְיָיא תְּלָתָא יוֹמִין הִינוּן לְפוּרְקָנָךְ:

שלח כתב אחד לאביו להודיעו ולנחמו, כי מצרים קרוב לחברון כששה ימים, ואילו היה מהלך שנה היה ראוי להודיעו לכבוד אביו, ויקר פדיון נפשו ויפדנו ברוב ממון:

אבל היה רואה כי השתחויית אחיו לו וגם אביו וכל זרעו אתו, אי אפשר להיות בארצם, והיה מקוה להיותו שם במצרים בראותו הצלחתו הגדולה שם, וכל שכן אחרי ששמע חלום פרעה שנתברר לו כי יבאו כלם שמה ויתקיימו כל חלומותיו:

9. Jerusalem Talmud, *Pesachim* 10:1:

תלמוד ירושלמי מסכת פסחים פרק י הלכה א

רַבִּי יְהוֹשֻׁעַ בֶּן לֵוִי אָמַר כְּנֶגֶד אַרְבָּעָה כוֹסוֹת שֶׁל פַּרְעָה (בראשית מ) **וְכוֹס** פַּרְעֹה בְּיָדִי וָאֶשְׁחַט אֹתָם אֶל **כּוֹס** פַּרְעֹה וָאֶתֵּן אֶת **הַכּוֹס** עַל כַּף פַּרְעֹה וְנָתַתָּ **כּוֹס** פַּרְעֹה בְּיָדוֹ:

כתר יונתן בראשית פרשת וישב פרק מ פסוק יב

ויאמר לו יוסף זה סוף פתרונו של חלום שלוש הזמורות שלושת אבות עולם הם אברהם יצחק ויעקב שמִן בני בניהם עתידים להשתעבד למִצרים בטיט ובלבנים ובכל עבודה על פני השדה ומִן אחרי כן נגאלים על ידי שלושה רועים ואשר אמרת לקחתי את הענבים וסחטתי אותם לכוס של פרעה ונתתי את הכוס לידו של פרעה הוא קערה של רוגז (פורענות) שעתיד פרעה לשתות בסוף, ואתה שר המשקים תקבל שכר טוב על חלומך הטוב שחלמת ופִתרונו זה הוא לך שלוש הזמורות שלשת ימים הם לגאולתך:

> Yosef said to him, 'This is the end of the interpretation of the dream. The three branches are the three Fathers of the world, Avraham, Yitzchak, and Yaakov, whose descendants will be enslaved in Egypt in clay and brick (work) and in all labor of the field: But afterwards they shall be delivered by the hand of three shepherds. As you had said, I took the grapes and pressed them into Pharaoh's cup and placed the cup into Pharaoh's hand: It is the vial of wrath which Pharaoh (himself) is to drink in the end. But you, the sommelier, shall receive a good reward for the good dream which you had dreamed; and the interpretation of it, regarding you personally, is this: The three branches are three days until your liberation. (Targum Pseudo-Yonatan, Bereishit 40:12)

Yosef must "forget" the father who loves him – or his father may well be taken into exile and slavery. Yosef tries to bring about the fulfillment of the dream of his forefather Avraham by singlehandedly bearing the burden of that dream; to do so, he erases his family from his life story. His "forgetfulness" is motivated by his love for his family. Although his brothers had cast him aside, Yosef consciously chooses to bear the brunt of his family's obligations. He bears this burden with a profound understanding of history and unparalleled "big picture" thinking. Even after Yosef is released from bondage, when he is feted, admired, idolized, and elevated to the highest possible social and political status, in a very real sense Yosef is still a prisoner. He is moved to a new cell, a luxurious cell, and he enjoys a great deal of freedom and power, but he is a slave to Pharaoh, and he will remain so until his dying day. His last request is that his brothers redeem him.

The great irony of Yosef's life of is that although his dreams come true, although his brothers bow to him, Yosef is entrapped in a larger dream, the dream of Avraham. All stand on bended knees before Yosef, but he remains a slave of Pharaoh, exiled from the land he loves and far from the father he loves, comforted only by his confidence that the blessing of the covenant would be fulfilled as surely as he had experienced its curse.

In retrospect, we understand that Yosef's personal suffering would not replace the collective slavery of his people; it was merely a microcosm of the life of the nation, the descendants of Yosef and his brothers, who, like Yosef, would one day be slaves and the next day be free. They, too, would rise from slavery to royalty in the blink of an eye; they would experience both the highs and lows foretold in the *berit bein ha-betarim* as they march out of Egypt to the Land of Israel via Mount Sinai – carrying Yosef's remains with them. They, not he, will celebrate this metamorphosis while leaning back and drinking four cups of wine as they tell the story of their liberation. And as they do, they will remember Yosef.

PARASHAT VAYIGASH

A Dream Surrendered

For so much of the story, Yosef has been in charge. The brothers have been played like marionettes – so much so that they haven't even realized to what extent Yosef has been pulling the strings; they certainly don't know why he has been pulling them. For that matter, they don't know why he, the man they believe to be the leader of Egypt, a man known as *Tzafenat Paane'ach,*[1] would have any interest in them, a small group of strangers from Canaan.

Yosef, who minutes after leaving an Egyptian prison came up with a fourteen-year plan to save and reshape the economy of the entire region, had a knack for seeing the future. There should be no doubt that he had anticipated his brothers' arrival and had developed a plan for his family's future as well. Ever since he had heard Pharaoh's dreams, Yosef knew with complete clarity that the entire region, including Canaan, would suffer a cataclysmic drought, and sooner or later his brothers would arrive to purchase food.[2] While waiting for their turn

---

Dedicated in honor of Marielle Lyons

1. Bereishit 41:45.

2. See Bechor Shor, Bereishit 42:7, who adds that Avraham had come to Egypt and Yitzchak was on his way when they were faced with droughts; therefore the arrival of emissaries from the Yaakov family was expected and anticipated:

בכור שור בראשית (פרשת מקץ) פרק מב פסוק ז
ויכירם: כי היה מצפה להם שמא יבואו מפני הרעב, כי דרכם של אבות לבא מצרים מפני הרעב, כמה שנאמר "ויהי רעב בארץ מצרים וירד אברם מצרימה"5, וכן יצחק עד שהקב"ה אמר לו: "אל תרד מצרימה", והם אינם מצפים שיהיה מלך.

to buy much-needed supplies, the brothers may have felt a sense of anonymity standing with the other travelers and shoppers from near and far, but Yosef most certainly had been keeping an eye out for his brothers.

We can conjecture that Yosef's interest in his brothers operated on a number of levels. Word of his elderly father's well-being was most likely foremost in his thoughts, but fear and concern for the welfare of his younger brother Binyamin must also have crossed his mind. Had the brothers' pathological jealousy, fueled by their awareness that they were the children of the less-favored wives, caused them to act upon their feelings of inadequacy and rejection by lashing out at Binyamin? Had the rest of family remained whole after he was sold into slavery, or had the brothers scattered in different directions? And of course, Yosef may well have pondered more personal questions: Did the brothers ever wonder what happened to the brother they had sold?[3] For that matter, did they even care?

Now, Yosef sees his brothers, ten of them:

בראשית פרשת מקץ פרק מב:א–ט

(א) וַיַּרְא יַעֲקֹב כִּי יֶשׁ־שֶׁבֶר בְּמִצְרָיִם וַיֹּאמֶר יַעֲקֹב לְבָנָיו לָמָּה תִּתְרָאוּ׃
(ב) וַיֹּאמֶר הִנֵּה שָׁמַעְתִּי כִּי יֶשׁ־שֶׁבֶר בְּמִצְרָיִם רְדוּ־שָׁמָּה וְשִׁבְרוּ־לָנוּ
מִשָּׁם וְנִחְיֶה וְלֹא נָמוּת׃ (ג) וַיֵּרְדוּ אֲחֵי־יוֹסֵף עֲשָׂרָה לִשְׁבֹּר בָּר מִמִּצְרָיִם׃
(ד) וְאֶת־בִּנְיָמִין אֲחִי יוֹסֵף לֹא־שָׁלַח יַעֲקֹב אֶת־אֶחָיו כִּי אָמַר פֶּן־יִקְרָאֶנּוּ
אָסוֹן׃ (ה) וַיָּבֹאוּ בְּנֵי יִשְׂרָאֵל לִשְׁבֹּר בְּתוֹךְ הַבָּאִים כִּי־הָיָה הָרָעָב בְּאֶרֶץ
כְּנָעַן׃ (ו) וְיוֹסֵף הוּא הַשַּׁלִּיט עַל־הָאָרֶץ הוּא הַמַּשְׁבִּיר לְכָל־עַם הָאָרֶץ
וַיָּבֹאוּ אֲחֵי יוֹסֵף וַיִּשְׁתַּחֲווּ־לוֹ אַפַּיִם אָרְצָה׃ (ז) וַיַּרְא יוֹסֵף אֶת־אֶחָיו וַיַּכִּרֵם
וַיִּתְנַכֵּר אֲלֵיהֶם וַיְדַבֵּר אִתָּם קָשׁוֹת וַיֹּאמֶר אֲלֵהֶם מֵאַיִן בָּאתֶם וַיֹּאמְרוּ
מֵאֶרֶץ כְּנַעַן לִשְׁבָּר־אֹכֶל׃ (ח) וַיַּכֵּר יוֹסֵף אֶת־אֶחָיו וְהֵם לֹא הִכִּרֻהוּ׃

---

3. See Ohr HaChaim, Bereishit 42:7.

אור החיים בראשית (פרשת מקץ) פרק מב פסוק ז

והוא אומרו ויתנכר אליהם פי' למה שהם אינם מכירים אותו לא יקפידו על דברו אליהם קשות כי הוא להם איש נכרי, ועשה כן להביא בנימין כמו שגילה לבסוף, גם לבחון בהם באמצעות המתגלגל לידע מחשבותם אליו באותו מצב, ונתגלה לו כי מתחרטים הם על אשר כבר עשוהו ולחטא יחשבוהו:

(ט) וַיִּזְכֹּר יוֹסֵף אֵת הַחֲלֹמוֹת אֲשֶׁר חָלַם לָהֶם וַיֹּאמֶר אֲלֵהֶם מְרַגְּלִים אַתֶּם
לִרְאוֹת אֶת־עֶרְוַת הָאָרֶץ בָּאתֶם:

(1) Now Yaakov saw that there was grain in Egypt, and Yaakov said to his sons, "Why do you look at one another? (2) He said, "Behold, I have heard that there is grain in Egypt. Go down there, and buy for us from there, so that we may live, and not die." (3) Yosef's ten brothers went down to buy grain from Egypt. (4) But Yaakov did not send Binyamin, Yosef's brother, with his brothers; for he said, "Lest harm befall to him." (5) The sons of Yisrael came to buy among those who came, for the famine was in the land of Canaan. (6) Yosef was the governor over the land. It was he who sold to all the people of the land. Yosef's brothers came and bowed themselves down to him with their faces to the earth. (7) Yosef saw his brothers, and he recognized them, but acted like a stranger to them, and spoke roughly with them. He said to them, "Where did you come from?" They said, "From the land of Canaan to buy food." (8) Yosef recognized his brothers, but they did not recognize him. (9) Yosef remembered the dreams which he dreamed about them, and said to them, "You are spies! You have come to see the nakedness of the land." (Bereishit 42:1–9)

Yosef has a distinct advantage: He has been looking for his brothers, knowing all along that they would come. The brothers, on the other hand, have no idea that Yosef is alive and have no idea that not only has Yosef survived, he has flourished. They certainly never imagined Yosef's stellar rise, never considered that he might soar to his present lofty stature.

Having had at least nine years (the seven good years and two years of famine) to prepare for this moment, Yosef surely knew precisely what message he wished to convey. We can even imagine that his speech was prepared and practiced, like an actor who prepares a scene in front of the mirror. Every word was carefully weighed, every gesture expertly choreographed.

The brothers bow, and memories of a contentious dream from

long ago bubble up from his unconscious. Yosef asks a straightforward question, but the brothers answer awkwardly:

‫...וַיֹּאמֶר אֲלֵהֶם מֵאַיִן בָּאתֶם וַיֹּאמְרוּ מֵאֶרֶץ כְּנַעַן לִשְׁבָּר־אֹכֶל:‬

... "Where did you come from?" They said, "From the land of Canaan to buy food."

Setting the pattern that will continue throughout the ensuing dialogue, Yosef exerts pressure, and the brothers offer too much information. The correct answer to Yosef's question was, simply, "From the land of Canaan." The added information, "*to buy food*," was superfluous; they were standing on a food line; the purpose of their trip was obvious. They immediately appear guilty, and Yosef attributes their response to sinister intent.[4] He insinuates that there is a plot afoot, and he accuses them of nefarious behavior that could prove fatal: espionage,[5] seeking to undermine the entire Egyptian empire.

---

4. See Malbim, Bereishit 42:7:

מלבי"ם בראשית (פרשת מקץ) פרק מב פסוק ז

וישאל בכעס מאין אתם. והנה על מה ששאל מאין אתם לא היו צריכים להשיב רק מארץ כנען, ומה שהוסיפו לשבר אכל היו דברים יתרים, שע"ז לא שאלם כלל למה באו, רק מאין באו, ומזה עצמו מצא יוסף תואנה לחשדם כמרגלים, כי שפת יתר שידבר הנשאל לפני שרי הארץ, הם אות שמרגיש בעצמו איזה פשע ובא לנקות א"ע, וכמ"ש מהר"י בירב:

5. Some opine that the accusation Yosef hurled at his brothers was actually a defensive strategy which prevented them from asking questions about their mysterious Egyptian accuser: By accusing them of being spies, Yosef neutralized his brothers. They could no longer ask questions. See *Echoes of Eden: Bereishit*, p. 314; *Explorations Expanded*, p. 286 and footnote 21, citing Rav Yosef Karo's commentary on the Torah). This idea is also found in Tzeidah LaDerech (Rabbi Yissachar Dov ben Yisrael Lezer Parnass Eilenburg), Bereishit 42:7:

רבי יוסף קארו על בראשית פרק מב פסוק ט

וי"ל כי כל מה שעשה יוסף לאחיו היתה כונתו לשם שמים כדי שבזה יתכפר להם העון שעשו וז"ש ויזכור להם יוסף וגו' ולזה אמר מרגלים אתם כדי לסתום פיהם ושלא יוכלו לשאול מי האיש הלזה כי המרגל לא יוכל לשאול שום דבר מזה

צידה לדרך בראשית (פרשת מקץ) פרק מב פסוק ט

מרגלים אתם לראות את ערות הארץ באתם. היותר טוב מכל הפירושים שונים הנאמרים בזה הוא מה שפירש התולדות יצחק ונמשך אחריו בעל מעשי ה' (ח"ב פל"ט) וז"ל

This most certainly was not a spur-of-the-moment reaction, no slip of the tongue. This is Yosef *par excellence*, delivering a blow with surgical precision, with skill and brilliance. Yosef puts them on the defensive when all they had done was gone shopping for bread. Now they must prove their innocence, which in even the best of circumstances is difficult, and this case, when there is no longer a presumption of innocence, will prove nearly impossible. They are now guilty until they can somehow prove their innocence, and as the story unfolds, every time they think they have accomplished this task, Yosef moves the proverbial goal posts a bit beyond their reach and places more and more obstacles in their way.[6]

[התולדות יצחק], ועל דרך הפשט נאמר שיוסף שאל מאין באתם, והיה להם להשיב מארץ כנען, למה השיבו לשבור אוכל שלא שאל להם לאיזה דבר באתם, אלא ודאי הרגישו עצמם לפי שהיו מרגלים אמרו לא באנו לרגל את הארץ אלא לשבור אוכל, והם השיבו כלנו בני איש אחד נחנו, וטענתם בזה שאיך אפשר שאב אחד ישים כל בניו בסכנה, והשיב הוא אשר דברתי אליכם מרגלים אתם, כלומר היא הנותנת שאתם מרגלים אחר שאתם בני איש אחד שצריך שהמרגלים יהיו אחים שימותו אלו בעבור אלו, שאפילו שיכוהו בשוטים לשיאמר האמת, אם הם מרגלים ימות ולא יגלה ואם אינם אחים מיד יודה או ילך לומר למלך עשה עמי חסד ואגלה לך סוד והוא שכל אלו הם מרגלים, עכ"ל.

ויש אומרים שלכך העליל עליהם מרגלים אתם, ולא בעלילה אחרת כגון גנבים או ליסטים אתם, כי היה ירא פן יחקרו אחר המושל מי הוא זה שמצער אותנו כל כך ויתברר להם כי הוא יוסף, אבל בעלילת מרגלים לא יחקרו אחר המושל כי הנחשד למרגל איך ידרוש מאנשי העיר על המלך כי בזה יוסף חשד על חשד:

6. See Beit HaLevi, Bereishit 42:9, who poses a similar question, but is more approving of the response of the brothers:

בית הלוי בראשית (פרשת מקץ) פרק מב:ט

מרגלים אתם לראות את ערות הארץ באתם, ויאמרו אליו לא אדוני ועבדיך באו לשבר אוכל, כלנו בני איש אחד נחנו לא היו עבדיך מרגלים, ויאמר אליהם לא כי ערות הארץ באתם לראות, ויאמרו שנים עשר עבדיך אחים אנחנו והנה הקטן את אבינו היום והאחד איננו, ויאמר אליהם יוסף הוא אשר דברתי אליכם מרגלים אתם. המשך הפסוקים וביאורם קשים. וגם מה דבתחלה אמר להם שני דברים מרגלים אתם לראות את ערות הארץ באתם, ואח"כ אמר להם לא כי ערות הארץ באתם לראות ודלג לו מרגלים ותפס לו רק אחת. ואח"כ אמר הוא אשר דברתי מרגלים אתם, הניח ערות הארץ ותפס מרגלים, והלא דבר הוא. וגם יש להבין מה דאמר להם הוא אשר דברתי מרגלים אתם דמשמע דמדבריהם יצא לו ראיה והוכחה שהם מרגלים. ויש להבין מהו ההוכחה שהוכיח מדבריהם. ויובן כל זה דהנה כבר מפורסם מה שכתבו המפרשים דעלילת יוסף לאמר להם מרגלים אתם והרי היה צריך ליתן איזו אמתלא לדבריו, והוא

ע״י שטען עליהם שהשיבו לו דברים יתרים על מה שלא נשאלו שהוא שאל להם מאין באתם והם השיבו לו מארץ כנען לשבר אוכל, והוא לא שאל מהם למה באתם ובזה העליל עליהם כי מרגלים הם ומיראתם שלא יודע ע״י חקירה כוונת ביאתם הקדימו לומר לשבר אוכל ונעשו כאומר תירוץ קודם הקושיא כן כתבו המפרשים. ומה דבאמת אמרו השבטים כן הוא משום דיוסף בחכמתו הטעה אותם להשיב כן ואח״כ התהפך עליהם יען כי הוא השלטון ומי ילחם עמו. דהנה מדרך הלשון כשאחד בארץ נכריה ויפגע להשני שאינו מכירו וישאל לו מאין אתה, הדרך להשיב מעיר פלוני. אבל אם יפגע בדרך לאחד שהוא מכירו לא ישאל לו מאין אתה רק ישאל מאין באת אתה לכאן, וכוונת השאלה סובל דאיזו ענין וסיבה הביאך לכאן ואז שייך שישיב לו עסק והצטרכות ביאתו לכאן לעסק פלוני או לראות חתן וכדומה. ויוסף לא שאל להם מאין אתם רק אמר להם מאין באתם. [והטעם לזה כי ירא לשאול להם מאין אתם, כי הרי לא ידע בתחילה דלמא גם הם מכירים אותו כשם שהוא מכיר אותם ואם יאמר מאין אתם יהיה לשחוק בעיניהם. וע״כ התחכם לומר מאין באתם, דזה השאלה נופל גם אם מכירים זה את זה], והם אחרי שלא הכירו אותו אמרו לו שתי תשובות מארץ כנען וגם אמרו לו לשבר אוכל, ושוב העליל עליהם, אחרי שלא שאל להם הסיבה שבאו לכאן והם השיבו ולא נשאלו מסתמא מרגלים הם:

והנה להיות מרגל לא כל הרוצה להיות יהיה רק צריך לזה אנשים מיוחדים מלומדים ומוכשרים לאומנות זו והמה מוכנים ועומדים לעת הצורך לשלחם לרגל הארץ שרוצים לעשות עמה מלחמה. וגם כי מי שזה אומנתו לרגל בעת הצורך לא בכל פעם ובכל יום הולך לרגל דלפעמים גם הוא נוסע לרגל מסחר וכדומה, וזהו שאמר להם יוסף מרגלים אתם פירוש דזהו אומנתכם הקבוע לכם ורגילים אתם בזה ואתם אומנים בה. ועוד הוסיף להם לומר את ערות הארץ באתם לראות דגם עתה ביאתכם לכאן הוא רק עבור עסק זה לא לסחורה (כן פי׳ האברבנאל). והם השיבו לו על הדברים לא אדוני ועבדיך באו לשבר אוכל, השיבו לו מקודם על טענה השניה כי היא עיקר העלילה דלא באו כאן רק לשבר אוכל, דאפילו אם הם מרגלים באומנות עכ״ז אם אינם עוסקים במלאכה זו אין עליהם שום חטא וטענה. ושוב הוסיפו ואמרו כנים אנחנו לא היו עבדיך מרגלים כי מעולם לא למדנו אומנות זו ומעולם לא עסקנו בה. ועל זה השיב להם להכחיש דבריהם, לא כי ערות הארץ באתם לראות, כאומר אינני יורד להתוכח עמכם אם אומנתכם להיות מרגלים ואם מוכשרים אתם לאומנות זו כי אין שום נ״מ בזה אבל בעיקר הדבר כי באתם לראות ערות הארץ, דעתה סיבת ביאתכם הוא רק בעבור זה. וע״כ לא הזכיר להם כאן מרגלים. והם חזרו והשיבו לו שנים עשר עבדיך אחים אנחנו בני איש אחד וזהו הוכחה דבודאי לא יסכן אדם עשרה בנים לילך בעסק מסוכן כזה, ועוד הוסיפו לו והנה האחד את אבינו היום והאחד איננו, וכל אלה הם דברים יתרים ומיותרים אינם שייכים כלל לעיקר הויכוח ובפרט בדברם עם מושל הארץ בודאי דאינו נכון להרבות בדברים שאינם נצרכים. רק הם התחכמו בזה אחרי שראו דכל עיקר יסודו לחושדם במה שדיברו דברים יתרים ללא צורך ועל זה בנה כל הבנין. וע״כ התחכמו לדבר עוד יותר דברים שאינם נצרכים כלל דבזה הרי יפול כל יסודו אחר שכן דרכם וטבעם להרבות בדברים שלא מהענין וממילא הרי אין לו שום יסוד לבנות הבנין על תשובתם הראשונה. וע״ז השיב

Yosef remains in complete control until he overhears them talking amongst themselves – and then he breaks down and cries:

בראשית פרשת מקץ פרק מב:כא-כח

(כא) וַיֹּאמְרוּ אִישׁ אֶל־אָחִיו אֲבָל אֲשֵׁמִים אֲנַחְנוּ עַל־אָחִינוּ אֲשֶׁר רָאִינוּ צָרַת נַפְשׁוֹ בְּהִתְחַנְנוֹ אֵלֵינוּ וְלֹא שָׁמָעְנוּ עַל־כֵּן בָּאָה אֵלֵינוּ הַצָּרָה הַזֹּאת: (כב) וַיַּעַן רְאוּבֵן אֹתָם לֵאמֹר הֲלוֹא אָמַרְתִּי אֲלֵיכֶם לֵאמֹר אַל־תֶּחֶטְאוּ בַיֶּלֶד וְלֹא שְׁמַעְתֶּם וְגַם־דָּמוֹ הִנֵּה נִדְרָשׁ: (כג) וְהֵם לֹא יָדְעוּ כִּי שֹׁמֵעַ יוֹסֵף כִּי הַמֵּלִיץ בֵּינֹתָם: (כד) וַיִּסֹּב מֵעֲלֵיהֶם וַיֵּבְךְּ וַיָּשָׁב אֲלֵהֶם וַיְדַבֵּר אֲלֵהֶם וַיִּקַּח מֵאִתָּם אֶת־שִׁמְעוֹן וַיֶּאֱסֹר אֹתוֹ לְעֵינֵיהֶם: (כה) וַיְצַו יוֹסֵף וַיְמַלְאוּ אֶת־כְּלֵיהֶם בָּר וּלְהָשִׁיב כַּסְפֵּיהֶם אִישׁ אֶל־שַׂקּוֹ וְלָתֵת לָהֶם צֵדָה לַדָּרֶךְ וַיַּעַשׂ לָהֶם כֵּן: (כו) וַיִּשְׂאוּ אֶת־שִׁבְרָם עַל־חֲמֹרֵיהֶם וַיֵּלְכוּ מִשָּׁם: (כז) וַיִּפְתַּח הָאֶחָד אֶת־שַׂקּוֹ לָתֵת מִסְפּוֹא לַחֲמֹרוֹ בַּמָּלוֹן וַיַּרְא אֶת־כַּסְפּוֹ וְהִנֵּה־הוּא בְּפִי אַמְתַּחְתּוֹ: (כח) וַיֹּאמֶר אֶל־אֶחָיו הוּשַׁב כַּסְפִּי וְגַם הִנֵּה בְאַמְתַּחְתִּי וַיֵּצֵא לִבָּם וַיֶּחֶרְדוּ אִישׁ אֶל־אָחִיו לֵאמֹר מַה־זֹּאת עָשָׂה אֱלֹהִים לָנוּ:

(21) They said one to another, "We are certainly guilty concerning our brother, in that we saw the distress of his soul, when he begged us, and we would not listen. Therefore, this distress has come upon us." (22) Reuven answered them, saying, "Did I not tell you, saying, 'Do not sin against the boy,' and you would not listen? Therefore also, behold, his blood is required." (23) They did not know that Yosef understood them; for there was an interpreter between them. (24) He turned himself away from them and wept. Then he returned to them, and spoke to them, and took Shimon from among them, and bound him before their eyes. (25) Then Yosef gave a command to fill their bags with grain, and to restore each man's money into his sack, and to give them food for the way. So it was done to them. (26) They loaded their donkeys with their grain, and departed from there. (27) As one of them opened his sack to give his donkey food

---

להם הוא אשר דברתי מרגלים אתם. דעתה נוכחתי שכדברי הראשונים כן הוא שאתם מלומדים היטב באומנות זו ובקיאים בה דאתם עושים עצמכם כתמימים שאין להם הבנה כדי לסתור כל הוכחה שלי. וע"כ לא נזכר כאן ערות הארץ באתם לראות, דרק על זה יש לו הוכחה שהם מלומדים בזה:

in the lodging place, he saw his money. Behold, it was in the mouth of his sack. (28) He said to his brothers, "My money is restored! Behold, it is in my sack!" Their hearts failed them, and they turned trembling one to another, saying, "What is this that God has done to us?" (Bereishit 42:21–28)

Yosef's emotion is real; he momentarily loses control. While he has expertly prepared for his role, a recurring theme emerges: Yosef finds it difficult to maintain his composure when his brothers show remorse and express guilt for the harm they have done. Nonetheless, Yosef collects himself. He proceeds methodically – and even though we are not told the details of his plan, we may have suspicions.

First, the facts: Yosef demands to see Binyamin. Is he trying to determine whether or not his brothers have changed? Perhaps. Is it in order to help them achieve penance?[7] Perhaps. But there seems to be more to it: When Yosef sees his brothers, the verses tell us that he remembers his dreams. For Yosef, the dreams were akin to prophecy,[8] and he switches to active mode: Yosef believes it is his responsibility to see that the dreams come to fruition.

---

7. See Ohr HaChaim, Bereishit 42:9:

אור החיים בראשית (פרשת מקץ) פרק מב פסוק ט
ויזכור יוסף וגו' ויאמר אליהם מרגלים וגו'. פי'. לצד שזכר החלומות אשר חלם להם כפי האמת והם חשדוהו כי שקר בפיו ואומר מה שהוא מקוה להתגדל עליהם, גם הוא נתכוון לכפר עונם ויאמר להם מרגלים אתם לראות וגו' ואין בפיכם נכונה:

8. See the formulation of the Vilna Gaon (Aderet Eliyahu, Bereishit 42:9) – by ignoring the dreams/prophecy Yosef would have contradicted the Divine will. This approach is echoed in the Ha'amek Davar, Bereishit 42:9:

אדרת אליהו בראשית פרק מב פסוק ט
ולכך א"ל בזאת תבחנו כו', וכוונתו ח"ו לא לצערם וכ"ש לצער אביו על חנם אלא שידע שעי"כ יתקיימו החלומות כסדר ולא רצה לעבור על רצון השי"ת...ולכך הקדימה התורה ויזכור יוסף את החלומות להודיע שכל מה שעשה לא עשה אלא מרוב צדקתו שיקויימו החלומות שלא להכחיש רצון וגזירת עליון וזהו כלל התורה:

העמק דבר בראשית (פרשת מקץ) פרק מב פסוק ט
את החלומות. שני החלומות, והודיע הכתוב שלא מחמת נקימה ח"ו התהלך עמם בעקשות כזה, אלא משום שנזכר החלומות שהוא כעין נבואה, שהרי החלום הראשון כבר נתקיים, וא"כ עליו לראות שיקוים גם השני, ואם לא יעשה כן יהיה כנביא שמוותר על דברי עצמו, על כן ביקש סיבה שיגיע לזה:

Only ten brothers bowed before Yosef. In order for the first dream to come true it would be necessary to bring the eleventh brother, Binyamin. And there was another wrinkle: In the second dream, Yaakov bows as well. This, too, would require him to force the puzzle pieces into place, but this second dream presented a much greater challenge. How does Yosef engineer a scenario in which Yaakov bows before him?[9]

---

9. See Ramban and Moshav Zekeinim, Bereishit 42:9:

רמב"ן בראשית פרשת מקץ פרק מב פסוק ט

...ולפי דעתי שהדבר בהפך, כי יאמר הכתוב כי בראות יוסף את אחיו משתחוים לו זכר כל החלומות אשר חלם להם וידע שלא נתקיים אחד מהם בפעם הזאת, כי יודע בפתרונם כי כל אחיו ישתחוו לו בתחילה מן החלום הראשון, והנה אנחנו מאלמים אלומים, כי "אנחנו" ירמוז לכל אחיו אחד עשר, ופעם שנית ישתחוו לו השמש והירח ואחד עשר כוכבים מן החלום השני, וכיון שלא ראה בנימן עמהם חשב זאת התחבולה שיעליל עליהם כדי שיביאו גם בנימין אחיו אליו לקיים החלום הראשון תחילה: ועל כן לא רצה להגיד להם אני יוסף אחיכם, ולאמר מהרו ועלו אל אבי וישלח העגלות כאשר עשה עמהם בפעם השניה, כי היה אביו בא מיד בלא ספק. ואחרי שנתקיים החלום הראשון הגיד להם לקיים החלום השני. ולולי כן היה יוסף חוטא חטא גדול לצער את אביו ולהעמידו ימים רבים בשכול ואבל על שמעון ועליו, ואף אם היה רצונו לצער את אחיו קצת איך לא יחמול על שיבת אביו, אבל את הכל עשה יפה בעתו לקיים החלומות כי ידע שיתקיימו באמת: גם הענין השני שעשה להם בגביע לא שתהיה כוונתו לצערם, אבל חשד אולי יש להם שנאה בבנימין שיקנאו אותו באהבת אביהם כקנאתם בו, או שמא הרגיש בנימין שהיה ידם ביוסף ונולדה ביניהם קטטה ושנאה, ועל כן לא רצה שילך עמהם בנימן אולי ישלחו בו ידם עד בדקו אותם באהבתו: ולזה נתכוונו בו רבותינו בבראשית רבה (צג ט) אמר רבי חייא בר' אבא כל הדברים שאתה קורא שדיבר יהודה בפני אחיו עד שאתה מגיע ולא יכול יוסף להתאפק היה בו פיוס ליוסף פיוס לאחיו, פיוס לבנימין. פיוס ליוסף, ראה היאך נותן נפשו על בניה של רחל וכו': וכן אני אומר שכל הענינים האלה היו ביוסף מחכמתו בפתרון החלומות, כי יש לתמוה אחר שעמד יוסף במצרים ימים רבים והיה פקיד ונגיד בבית שר גדול במצרים, איך לא שלח כתב אחד לאביו להודיעו ולנחמו, כי מצרים קרוב לחברון כששה ימים, ואילו היה מהלך שנה היה ראוי להודיעו לכבוד אביו, ויקר פדיון נפשו ויפדנו ברוב ממון: אבל היה רואה כי השתחוית אחיו לו וגם אביו וכל זרעו אתו, אי אפשר להיות בארצם, והיה מקוה להיותו שם במצרים בראותו הצלחתו הגדולה שם, וכל שכן אחרי ששמע חלום פרעה שנתברר לו כי יבאו כלם שמה ויתקיימו כל חלומותיו:

ויאמר אליהם מרגלים אתם - העלילה הזאת יצטרך להיות בה טעם או אמתלא, כי מה עשו להיות אומר להם ככה, וכל הארץ באו אליו, והם בתוך הבאים, כמו שאמר לשבור בתוך הבאים כי היה הרעב בארץ כנען: ואולי ראה אותם אנשי תואר ונכבדים, לבושי מכלול כולם, ואמר להם אין דרך אנשים נכבדים ככם לבא

The solution centers around Binyamin: Yosef assumes that there is every reason to doubt that Yaakov will entrust Binyamin's safety to the brothers,[10] and that if Binyamin is forced to come to Egypt to prove their collective innocence, Yaakov himself would accompany his youngest son.[11] Then, with both dreams fulfilled, Yosef could reveal his true identity.[12]

However, Yaakov relents; Binyamin makes the journey back to Egypt with Yehuda, while Yaakov remains at home:

לשבור אוכל כי עבדים רבים לכם. ויתכן שהיו בתחילת הבאים מארץ כנען, והוא טעם ויבאו בני ישראל לשבור בתוך הבאים כי היה הרעב בארץ כנען, כי עתה באו משם הראשונים. ויאמר להם יוסף מרגלים אתם, כי מארץ כנען לא בא אלי אדם לשבור אוכל, וזה טעם מאין באתם, שאמר להם בתחילה:

מושב זקנים בראשית (פרשת מקץ) פרק מב פסוק ט
שאל הר"י ב"ש צדיק כיוסף היאך ציער את אביו כל כך זמן והוצרך יעקב לשלוח בנימין, ותירץ לא נתכוון לצער אביו ולא נתכוון אלא שיעקב יבא למצרים ע"י בנימין וידע יוסף שעדיין קיים אביו, ואמר יוסף אם אגיד להם שאני יוסף ושאני מושל בכל ארץ מצרים וקודם שיבא בנימין לא יגידו לאבי מחמת השנאה שישנאו אותי, אגרום שיבא בנימין אצלי ואח"כ אגיד להם שאני יוסף, ואז יבא אבי הנה:

10. This point was made by Rabbi Soloveitchik in talk given in Boston in 1965. See *Yemei Zikaron*, p. 19, and David Holzer, *The Rav Thinking Aloud: Sefer Bereishis*, p. 387.

11. See Rav Chaim Paltiel and Moshav Zekeinim, Bereishit 42:9:

ר' חיים פלטיאל בראשית (פרשת מקץ) פרק מב פסוק ט
ויזכור יוסף את החלומות. תימ' מה נתינת טעם הוא זה משום שאמר להם החלומות אמר להם מרגלים אתם, וי"ל דיוסף חשב אני חלמתי שאחי יבואו אלי וישתחוו לי היאך אעשה שזה יהיה אם אעכב את כולם משום הכי לא יבואו כי חביבה א"י לפניהם אבל אעשה תחבולות שיביאו לי בנ"יימין לכאן ואז יצטרך אבי לבא כאן.

מושב זקנים בראשית (פרשת מקץ) פרק מב פסוק ט
שאל הר"י ב"ש צדיק כיוסף היאך ציער את אביו כל כך זמן והוצרך יעקב לשלוח בנימין, ותירץ לא נתכוון לצער אביו ולא נתכוון אלא שיעקב יבא למצרים ע"י בנימין וידע יוסף שעדיין קיים אביו, ואמר יוסף אם אגיד להם שאני יוסף ושאני מושל בכל ארץ מצרים וקודם שיבא בנימין לא יגידו לאבי מחמת השנאה שישנאו אותי, אגרום שיבא בנימין אצלי ואח"כ אגיד להם שאני יוסף, ואז יבא אבי הנה:

12. See the commentary of the Abarbanel, who ruminates regarding Yosef's multiple considerations, keeping in mind his dreams, his relationships, and his position.

בראשית פרשת מקץ פרק מג פסוק כו–לא

(כו) וַיָּבֹא יוֹסֵף הַבַּיְתָה וַיָּבִיאוּ לוֹ אֶת־הַמִּנְחָה אֲשֶׁר־בְּיָדָם הַבָּיְתָה
וַיִּשְׁתַּחֲווּ־לוֹ אָרְצָה: (כז) וַיִּשְׁאַל לָהֶם לְשָׁלוֹם וַיֹּאמֶר הֲשָׁלוֹם אֲבִיכֶם הַזָּקֵן
אֲשֶׁר אֲמַרְתֶּם הַעוֹדֶנּוּ חָי: (כח) וַיֹּאמְרוּ שָׁלוֹם לְעַבְדְּךָ לְאָבִינוּ עוֹדֶנּוּ חָי
וַיִּקְּדוּ וַיִּשְׁתַּחֲווּ: (כט) וַיִּשָּׂא עֵינָיו וַיַּרְא אֶת־בִּנְיָמִין אָחִיו בֶּן־אִמּוֹ וַיֹּאמֶר
הֲזֶה אֲחִיכֶם הַקָּטֹן אֲשֶׁר אֲמַרְתֶּם אֵלָי וַיֹּאמַר אֱלֹהִים יָחְנְךָ בְּנִי: (ל) וַיְמַהֵר
יוֹסֵף כִּי־נִכְמְרוּ רַחֲמָיו אֶל־אָחִיו וַיְבַקֵּשׁ לִבְכּוֹת וַיָּבֹא הַחַדְרָה וַיֵּבְךְּ שָׁמָּה:
(לא) וַיִּרְחַץ פָּנָיו וַיֵּצֵא וַיִּתְאַפַּק וַיֹּאמֶר שִׂימוּ לָחֶם:

(26) When Yosef came home, they brought him the present which was in their hands into the house, and bowed themselves down to him to the earth. (27) He asked them of their welfare, and said, "Is your father well, the old man of whom you spoke? Is he yet alive?" (28) They said, "Your servant, our father, is well. He is still alive." They bowed down humbly. (29) He lifted up his eyes, and saw Binyamin his brother, his mother's son, and said, "Is this your youngest brother, of whom you spoke to me?" He said, "God be gracious to you, my son." (30) Yosef hurried, for his heart teemed with mercy for his brother; and he sought a place to weep. He entered into his room, and wept there. (31) He washed his face, and came out. He controlled himself, and said, "Serve the meal." (Bereishit 43:26–31)

As all eleven brothers bow, the first dream is fulfilled. However, Yaakov had not arrived; apparently, the dreams would have to be fulfilled in stages. Then a frightening thought washes over Yosef: Perhaps Yaakov had not come because he was dead. Yosef questions the brothers. When he is assured that Yaakov is well, Yosef must once again regain his composure. The show must go on just a little longer; Yosef devises another way to bring his father to Egypt.

A trap is set: Evidence is planted, and a bewildered Binyamin is accused of theft. But before Yosef can demand his father's presence, Yehuda unexpectedly confronts Yosef:

בראשית פרשת ויגש פרק מד פסוק יח-לד

(יח) וַיִּגַּשׁ אֵלָיו יְהוּדָה וַיֹּאמֶר בִּי אֲדֹנִי יְדַבֶּר־נָא עַבְדְּךָ דָבָר בְּאָזְנֵי אֲדֹנִי וְאַל־יִחַר אַפְּךָ בְּעַבְדֶּךָ כִּי כָמוֹךָ כְּפַרְעֹה: (יט) אֲדֹנִי שָׁאַל אֶת־עֲבָדָיו לֵאמֹר הֲיֵשׁ־לָכֶם אָב אוֹ־אָח: (כ) וַנֹּאמֶר אֶל־אֲדֹנִי יֶשׁ־לָנוּ אָב זָקֵן וְיֶלֶד זְקֻנִים קָטָן וְאָחִיו מֵת וַיִּוָּתֵר הוּא לְבַדּוֹ לְאִמּוֹ וְאָבִיו אֲהֵבוֹ: (כא) וַתֹּאמֶר אֶל־עֲבָדֶיךָ הוֹרִדֻהוּ אֵלָי וְאָשִׂימָה עֵינִי עָלָיו: (כב) וַנֹּאמֶר אֶל־אֲדֹנִי לֹא־יוּכַל הַנַּעַר לַעֲזֹב אֶת־אָבִיו וְעָזַב אֶת־אָבִיו וָמֵת: (כג) וַתֹּאמֶר אֶל־עֲבָדֶיךָ אִם־לֹא יֵרֵד אֲחִיכֶם הַקָּטֹן אִתְּכֶם לֹא תֹסִפוּן לִרְאוֹת פָּנָי: (כד) וַיְהִי כִּי עָלִינוּ אֶל־עַבְדְּךָ אָבִי וַנַּגֶּד־לוֹ אֵת דִּבְרֵי אֲדֹנִי: (כה) וַיֹּאמֶר אָבִינוּ שֻׁבוּ שִׁבְרוּ־לָנוּ מְעַט־אֹכֶל: (כו) וַנֹּאמֶר לֹא נוּכַל לָרֶדֶת אִם־יֵשׁ אָחִינוּ הַקָּטֹן אִתָּנוּ וְיָרַדְנוּ כִּי־לֹא נוּכַל לִרְאוֹת פְּנֵי הָאִישׁ וְאָחִינוּ הַקָּטֹן אֵינֶנּוּ אִתָּנוּ: (כז) וַיֹּאמֶר עַבְדְּךָ אָבִי אֵלֵינוּ אַתֶּם יְדַעְתֶּם כִּי שְׁנַיִם יָלְדָה־לִּי אִשְׁתִּי: (כח) וַיֵּצֵא הָאֶחָד מֵאִתִּי וָאֹמַר אַךְ טָרֹף טֹרָף וְלֹא רְאִיתִיו עַד־הֵנָּה: (כט) וּלְקַחְתֶּם גַּם־אֶת־זֶה מֵעִם פָּנַי וְקָרָהוּ אָסוֹן וְהוֹרַדְתֶּם אֶת־שֵׂיבָתִי בְּרָעָה שְׁאֹלָה: (ל) וְעַתָּה כְּבֹאִי אֶל־עַבְדְּךָ אָבִי וְהַנַּעַר אֵינֶנּוּ אִתָּנוּ וְנַפְשׁוֹ קְשׁוּרָה בְנַפְשׁוֹ: (לא) וְהָיָה כִּרְאוֹתוֹ כִּי־אֵין הַנַּעַר וָמֵת וְהוֹרִידוּ עֲבָדֶיךָ אֶת־שֵׂיבַת עַבְדְּךָ אָבִינוּ בְּיָגוֹן שְׁאֹלָה: (לב) כִּי עַבְדְּךָ עָרַב אֶת־הַנַּעַר מֵעִם אָבִי לֵאמֹר אִם־לֹא אֲבִיאֶנּוּ אֵלֶיךָ וְחָטָאתִי לְאָבִי כָּל־הַיָּמִים: (לג) וְעַתָּה יֵשֶׁב־נָא עַבְדְּךָ תַּחַת הַנַּעַר עֶבֶד לַאדֹנִי וְהַנַּעַר יַעַל עִם־אֶחָיו: (לד) כִּי־אֵיךְ אֶעֱלֶה אֶל־אָבִי וְהַנַּעַר אֵינֶנּוּ אִתִּי פֶּן אֶרְאֶה בָרָע אֲשֶׁר יִמְצָא אֶת־אָבִי:

(18) Then Yehuda came near to him, and said, "Oh, my lord, please let your servant speak a word in my lord's ears, and do not let your anger burn against your servant; for you are even as Pharaoh. (19) My lord asked his servants, saying, 'Have you a father, or a brother?' (20) We said to my lord, 'We have a father, an old man, and a child of his old age, a little one; and his brother is dead, and he alone is left of his mother; and his father loves him.' (21) You said to your servants, 'Bring him down to me, that I may set my eyes on him.' (22) We said to my lord, 'The boy cannot leave his father: for if he should leave his father, his father would die.' (23) You said to your servants, 'Unless your youngest brother comes down with you, you will see my face no more.' (24) It happened when we came up to your servant my father, we told him the words of my lord. (25) Our father

said, 'Go again, buy us a little food.' (26) We said, 'We cannot go down. If our youngest brother is with us, then we will go down: for we may not see the man's face, unless our youngest brother is with us.' (27) Your servant, my father, said to us, 'You know that my wife bore me two sons: (28) and the one went out from me, and I said, "Surely he is torn in pieces"; and I have not seen him since. (29) If you take this one also from me, and harm happens to him, you will bring down my gray hairs with sorrow to *Sheol.*' (30) Now therefore when I come to your servant my father, and the boy is not with us; since his life is bound up in the boy's life; (31) it will happen, when he sees that the boy is no more, that he will die. Your servants will bring down the gray hairs of your servant, our father, with sorrow to *Sheol.* (32) For your servant became collateral for the boy to my father, saying, 'If I do not bring him to you, then I will bear the blame to my father forever.' (33) Now therefore, please let your servant stay instead of the boy, a slave to my lord; and let the boy go up with his brothers. (34) For how will I go up to my father, if the boy is not with me? lest I see the evil that will come on my father." (Bereishit 44:18–34)

In his speech, Yehuda never claims that he or his brothers are innocent. The thrust of his speech is the pathos regarding an elderly man who has already lost the son that he loves. Losing a second son may prove too much for his old, wounded heart. While the irony of this monologue is lost on Yehuda, Yosef cannot miss the turning of tables, as the mastermind behind Yosef's kidnapping and all the pain Yosef and Yaakov endured now stands before him – and accuses *him*, Yosef, of torturing their father.

At this point Yosef again breaks down, but this time he does not excuse himself or turn away. He allows his brothers to see his loss of composure, his tears for his father.[13] What the brothers fail

---

13. See comments of Seforno, Bereishit 45:3:

ספורנו בראשית מ"ה:ג'

העוד אבי חי - איך אפשר שלא מת מדאגתו עלי.

to understand is that at that moment Yosef abandons his plans and
forfeits his dreams. While under certain circumstances Yaakov would
have bowed before *Tzafenat Paane'ach*, it is inconceivable that Yaakov
would bow before his son Yosef. Yehuda referred to their father more
than twelve times in his soliloquy, and Yosef felt the pain each and
every time his father's suffering was mentioned. Like a victim of
multiple emotional stab wounds, Yosef, who was so much in control
when he prepared his plans and scripted the scene in his mind, now
involuntarily cringes, and turns his attention to the one person who
had suffered even more than himself, the victim of the battle between
Yehuda and Yosef, the father who bore the scars of Yehuda's actions
and Yosef's action and inaction.

בראשית פרשת ויגש פרק מה פסוק א–ג

(א) וְלֹא־יָכֹל יוֹסֵף לְהִתְאַפֵּק לְכֹל הַנִּצָּבִים עָלָיו וַיִּקְרָא הוֹצִיאוּ כָל־אִישׁ
מֵעָלָי וְלֹא־עָמַד אִישׁ אִתּוֹ בְּהִתְוַדַּע יוֹסֵף אֶל־אֶחָיו: (ב) וַיִּתֵּן אֶת־קֹלוֹ
בִּבְכִי וַיִּשְׁמְעוּ מִצְרַיִם וַיִּשְׁמַע בֵּית פַּרְעֹה: (ג) וַיֹּאמֶר יוֹסֵף אֶל־אֶחָיו אֲנִי
יוֹסֵף הַעוֹד אָבִי חָי וְלֹא־יָכְלוּ אֶחָיו לַעֲנוֹת אֹתוֹ כִּי נִבְהֲלוּ מִפָּנָיו:

(1) Then Yosef could not contain himself before all those assem-
bled before him, and he cried, "Remove everyone from before
me!" No one else stood with him, while Yosef made himself
known to his brothers. (2) He wept aloud. The Egyptians
heard, and the house of Pharaoh heard. (3) Yosef said to his
brothers, "**I am Yosef! Is my father still alive?**" His brothers
could not answer him; for they were terrified at his presence.
(Bereishit 45:1–3)

With these five words, Yosef's dreams become no more than
passing subconscious thoughts, emotional ether that dissipates in a
puff of smoke: Yaakov would not bow to Yosef, and Yosef would not
be king.[14] In revealing his identity to the brothers before bringing
Yaakov to bow before him, Yosef had surrendered. Making the family

---

"How could he have survived so many years of worry over my fate?"
14. For more on this, see *Parashat Vayechi*. Also See Rabbi Joseph Soloveitchik,
Vision and Leadership, pp. 39–47.

whole was suddenly far more important to him than the fulfillment of the second dream. His father's emotional health required attention, and the brothers had proven their remorse. It was time to move on.

Sometimes, dreams are merely dreams.[15]

---

15. Rabbi Yaakov Lorberbaum, Nahalat Yaakov, Bereishit 42:7, states that the dreams would come true in the future, through the descendants of Yosef:

נחלת יעקב בראשית (פרשת מקץ) פרק מב פסוק ז

"ויזכור יוסף את החלומות", כלומר שכל דברי קשות שדבר עמהם, לא הי' רק מפני זכרון החלומות. והנה ידוע מה שכתבו המפרשים כי מה שלא הודיע לאביו ולאחיו - כי המתין עד שיתקיים כל החלומות, עד שיבואו אביו ואחיו להשתחוות לו (עי' רמב"ן מב, ט). ולכאורה תמוה, כי בודאי צדיק כיוסף לא יחוש לכבוד המדומה שישתחוו לו אביו ואחיו. לכן נראה כי שני החלומות שחלם יוסף היו חלומות של נבואה, כענין שאמר בחלום אדבר בו (במדבר יב, ו). והנבואה הנאמר בחלום אין הכרח שיתקיים כולה. והנה המלוכה שהראה לו בחלום היה מראה על ענין המלוכה הניטל מבית דוד וניתן לירבעם, שהוא מזרע יוסף. ובחלום ב' היה מראה לו ענין משיח בן יוסף שקודם משיח בן דוד. ולכך הראה לו ג"כ שאביו ואחיו ישתחוו לו, כי יש בישראל מי שיקרא בבחינת יוסף, כענין שנאמר עדות ביהוסף שמו (תהלים פא, ו), ויש שנקראים בבחינת יעקב, וקבלו אותו למלך. ומבואר בש"ס כשהיו יראים מאיזה דבר, עשו דבר קטן, שיחול הדבר על זה הדבר הקטן, כענין שאמרו בגיטין דף לה. אפכוה לכורסי'. והנה יוסף היה לו צער במאוד על קיום החלומות, שהמלוכה הניטלת מבית דוד על ידי זרעו היה עון גדול. ולכך היפך שיתקיים החלומות בכאן, כי אולי יתבטל הדבר, שלא יתחלק המלוכה, ולא ינטל מבית דוד. וכל מה שעשה להן לא עשה אלא לטובתן:

PARASHAT VAYCHI

A Surprise Ending

As he prepares for his journey to the next world, Yaakov leaves his children words of instruction and blessing. He gathers them to his bedside to tell them about the "end of days," a phrase the commentaries debate.[1] Some understand the "days" referred to as the days of

Dedicated in honor of Kedem, Adi and Eliraz Kahn

1. See Bereishit Rabbah 98:2; Midrash Tanchuma; Talmud Bavli, *Pesachim* 56a:

בראשית רבה פרק מט סימן א

אֵת אֲשֶׁר יִקְרָא אֶתְכֶם בְּאַחֲרִית הַיָּמִים - רַבִּי סִימוֹן אָמַר **מַפֶּלֶת גּוֹג הֶרְאָה לָהֶם**, הֵיךְ מָה דְאַתְּ אָמַר (יחזקאל ל"ח:ט"ז): בְּאַחֲרִית הַיָּמִים תִּהְיֶה, רַבִּי יְהוּדָה אָמַר **בִּנְיַן בֵּית הַמִּקְדָּשׁ** הֶרְאָה לָהֶם, הֵיךְ מָה דְאַתְּ אָמַר (מיכה ד':א'): וְהָיָה בְּאַחֲרִית הַיָּמִים יִהְיֶה הַר בֵּית ה' נָכוֹן. רַבָּנָן אָמְרֵי בָּא לְגַלּוֹת לָהֶם אֶת **הַקֵּץ** וְנִתְכַּסָּה מִמֶּנּוּ. רַבִּי יְהוּדָה בְּשֵׁם רַבִּי אֶלְעָזָר בַּר אֲבִינָא שְׁנֵי בְּנֵי אָדָם נִגְלָה לָהֶם הַקֵּץ וְחָזַר וְנִתְכַּסָּה מֵהֶם, וְאֵלּוּ הֵם יַעֲקֹב וְדָנִיֵּאל, דָּנִיֵּאל (דניאל י"ב:ד'): וְאַתָּה דָנִיֵּאל סְתֹם אֶת הַדְּבָרִים וַחֲתֹם. יַעֲקֹב, אֵת אֲשֶׁר יִקְרָא אֶתְכֶם בְּאַחֲרִית הַיָּמִים.

[ה] [לישנא אחרינא] וַיִּקְרָא יַעֲקֹב אֶל בָּנָיו - לָמָּה קָרָא לָהֶם, לְגַלּוֹת לָהֶם אֶת הַקֵּץ, כְּתִיב (איוב י"ב:ב'): מֵסִיר שָׂפָה לְנֶאֱמָנִים וְטַעַם זְקֵנִים יִקָּח, וּמִי הֵם נֶאֱמָנִים וּזְקֵנִים, יִצְחָק וְיַעֲקֹב אַהֲרֹן וּמֹשֶׁה. בְּמֹשֶׁה כְּתִיב (במדבר י"ב:ז'): בְּכָל בֵּיתִי נֶאֱמָן הוּא, וְכֵן אַהֲרֹן (מלאכי ב':ו'): תּוֹרַת אֱמֶת הָיְתָה בְּפִיהוּ, וּמִפְּנֵי שֶׁאָמְרוּ (במדבר כ':י'): שִׁמְעוּ נָא הַמֹּרִים, נִדּוֹנוּ בְּשִׂפְתוֹתֵיהֶם (במדבר כ':י"ב): לָכֵן לֹא תָבִיאוּ אֶת הַקָּהָל הַזֶּה, הֱוֵי מֵסִיר שָׂפָה לְנֶאֱמָנִים וְטַעַם זְקֵנִים יִקָּח, זֶה יִצְחָק וְיַעֲקֹב, יִצְחָק הָיָה מְחַבֵּב אֶת עֵשָׂו שֶׁהָיָה הַקָּדוֹשׁ בָּרוּךְ הוּא שׂוֹנֵא אוֹתוֹ, וְאָמַר לוֹ (בראשית כ"ז:ד'): וַעֲשֵׂה לִי מַטְעַמִּים, וּבִקֵּשׁ לְבָרְכוֹ וּלְגַלּוֹת לוֹ אֶת הַקֵּץ, מֶה עָשָׂה הַקָּדוֹשׁ בָּרוּךְ הוּא הֶעֱבִיר טַעֲמוֹ הֵימֶנּוּ וְלֹא יָדַע אֶלָּא הִתְחִיל חָרֵד, שֶׁנֶּאֱמַר (בראשית כ"ז:ל"ג): וַיֶּחֱרַד יִצְחָק וגו', כֵּיוָן שֶׁלֹּא מָצָא מַה לּוֹמַר אָמַר (בראשית כ"ז:ל"ג): גַּם בָּרוּךְ יִהְיֶה. **וְאַף יַעֲקֹב בִּקֵּשׁ לְגַלּוֹת לְבָנָיו אֶת הַקֵּץ**, שֶׁנֶּאֱמַר: הֵאָסְפוּ וְאַגִּידָה לָכֶם אֵת אֲשֶׁר יִקְרָא

the exile in Egypt which has now begun,[2] while others understand

---

וגו׳, **וְהֶעֱלִים** הַקָּדוֹשׁ בָּרוּךְ הוּא מִמֶּנּוּ וְהִתְחִיל אוֹמֵר (בראשית מ״ט:ג׳): רְאוּבֵן בְּכֹרִי אַתָּה, הֲרֵי טַעַם זְקֵנִים יִקָּח.

מדרש תנחומא בראשית פרק מט סימן א

יַעֲקֹב בִּקֵּשׁ לְגַלּוֹת לְבָנָיו אֶת הַקֵּץ, שֶׁנֶּאֱמַר: וַיִּקְרָא יַעֲקֹב אֶל בָּנָיו וְגוֹ׳. לְמָה הַדָּבָר דּוֹמֶה, לְעֶבֶד שֶׁהֶאֱמִינוֹ הַמֶּלֶךְ כָּל מַה שֶּׁבְּיָדוֹ. בָּא הָעֶבֶד לָמוּת, קָרָא לְבָנָיו לַעֲשׂוֹתָן בְּנֵי חוֹרִין, וְלוֹמַר לָהֶם הֵיכָן דְּיָתֵיקֵי שֶׁלָּהֶן וְהָאוֹנִי שֶׁלָּהֶן. יָדַע הַמֶּלֶךְ הַדָּבָר, עָמַד לוֹ לְמַעְלָה הֵימֶנּוּ. רָאָהוּ אוֹתוֹ הַמֶּלֶךְ וְהִפְלִיג אֶת הַדָּבָר שֶׁהָיָה מְבַקֵּשׁ לְגַלּוֹת לָהֶם. הִתְחִיל מְדַבֵּר הָעֶבֶד לְבָנָיו, בְּבַקָּשָׁה מִכֶּם אַתֶּם עֲבָדָיו שֶׁל מֶלֶךְ, הֱווּ מְכַבְּדִין אוֹתוֹ כְּמוֹ שֶׁהָיִיתִי אֲנִי מְכַבְּדוֹ כָּל יָמַי. כָּךְ וַיִּקְרָא יַעֲקֹב אֶל בָּנָיו לְגַלּוֹת לָהֶן אֶת הַקֵּץ, נִגְלָה עָלָיו הַקָּדוֹשׁ בָּרוּךְ הוּא, אָמַר לוֹ: לְבָנֶיךָ אַתָּה קוֹרֵא וְלִי לָאו. שֶׁכֵּן יְשַׁעְיָה אוֹמֵר, וְלֹא אֹתִי קָרָאתָ יַעֲקֹב כִּי יָגַעְתָּ בִּי יִשְׂרָאֵל (ישעיהו מ״ג:כ״ב). כֵּיוָן שֶׁרָאָה אוֹתוֹ יַעֲקֹב, הִתְחִיל אוֹמֵר לְבָנָיו, בְּבַקָּשָׁה מִכֶּם הֱווּ מְכַבְּדִים לְהַקָּדוֹשׁ בָּרוּךְ הוּא, כְּשֵׁם שֶׁכִּבְּדוּהוּ אֲנִי וַאֲבוֹתַי, שֶׁנֶּאֱמַר: הָאֱלֹקִים אֲשֶׁר הִתְהַלְּכוּ אֲבֹתַי לְפָנָיו. אָמְרוּ לוֹ: יוֹדְעִין אָנוּ מַה בְּלִבְּךָ. עָנוּ כֻלָּם, שְׁמַע יִשְׂרָאֵל וְגוֹ׳ (דברים ו׳:ד׳). כֵּיוָן שֶׁשָּׁמַע מֵהֶם כָּךְ, מִיָּד וַיִּשְׁתַּחוּ יִשְׂרָאֵל עַל רֹאשׁ הַמִּטָּה. הִתְחִיל אוֹמֵר בְּלַחַשׁ, בָּרוּךְ שֵׁם כְּבוֹד מַלְכוּתוֹ לְעוֹלָם וָעֶד. אָמַר הַקָּדוֹשׁ בָּרוּךְ הוּא, כְּבֹד אֱלֹקִים הַסְתֵּר דָּבָר וּכְבֹד מְלָכִים חֲקֹר דָּבָר (משלי כ״ה:ב׳). אֵין הַמִּדָּה הַזּוֹ שֶׁלְּךָ, הוֹלֵךְ רָכִיל מְגַלֶּה סּוֹד וְנֶאֱמַן רוּחַ מְכַסֶּה דָבָר (משלי י״א:י״ג).

תלמוד בבלי מסכת פסחים דף נו עמוד א

דאמר רשב״ל (בראשית מ״ט:א׳) ויקרא יעקב אל בניו ויאמר האספו ואגידה לכם ביקש יעקב לגלות לבניו קץ הימין ונסתלקה ממנו שכינה אמר שמא חס ושלום יש במטתי פסול כאברהם שיצא ממנו ישמעאל ואבי יצחק שיצא ממנו עשו אמרו לו בניו שמע ישראל ה׳ אלהינו ה׳ אחד אמרו כשם שאין בלבך אלא אחד כך אין בלבנו אלא אחד באותה שעה פתח יעקב אבינו ואמר ברוך שם כבוד מלכותו לעולם ועד.

אמרי רבנן היכי נעביד נאמרוהו לא אמרו משה רבינו לא נאמרוהו אמרו יעקב התקינו שיהו אומרים אותו בחשאי אמר רבי יצחק אמרי דבי רבי אמי משל לבת מלך שהריחה ציקי קדירה אם תאמר יש לה גנאי לא תאמר יש לה צער התחילו עבדיה להביא בחשאי.

אמר רבי אבהו התקינו שיהו אומרים אותו בקול רם מפני תרעומת המינין ובנהרדעא דליכא מינין עד השתא אמרי לה בחשאי.

2. See Rashbam, Bereishit 49:1; *Daat Zekeinim*, Bereishit 49:1:

רשב״ם בראשית פרשת ויחי פרק מט פסוק א

ויקרא יעקב - שלח בשבילם: האספו - כי שבעים נפש הגדילו באילו שבע עשרה שנה ונעשו עם רב וכדברי רבותינו לשש מאות אלף: את אשר יקרא אתכם - עניין גבורתם ונחלתם:

דעת זקנים מבעלי התוספות בראשית פרשת ויחי פרק מט פסוק א

האספו ואגידה לכם. וכתיב הקבצו ושמעו כאן רמז להם שילכו בגלות שני פעמים ויאספו בשניהם:

that Yaakov intended to reveal a great deal more, but he was frustrated by a sudden loss of his prophetic ability.[3]

Despite this unexpected loss of his ability to reveal all to them, some commentaries interpret Yaakov's parting blessings to his sons (which may be better described as statements[4]) as containing prophetic messages for the future.

Two sons stand out from the others: Yehuda and Yosef, and by inference, the tribes that will emerge from each of them, receive unequivocal blessings. Other sons, other tribes, are left with statements that may well be understood as blessings; still others are chastised. Yaakov's eldest, his firstborn son Reuven, is the first to feel the sting of his father's biting words.

את אשר יקרא אתכם. פי׳ בסוף ד׳ מאות ושלשים שנה של גלות מצרים דהימים מכריחנו לפרש כן דאי לא הוה ליה למכתב באחרית ימים בסוף ימי העולם

3. See Rashi, Ramban, and Daat Zekeinim, Bereishit 49:1. For a more in-depth discussion, see *Explorations: Expanded: Sefer Bereishit*:

רש״י בראשית פרשת ויחי פרק מט פסוק א

ואגידה לכם - בִּקֵּשׁ לְגַלּוֹת אֶת הַקֵּץ וְנִסְתַּלְּקָה מִמֶּנּוּ שְׁכִינָה וְהִתְחִיל אוֹמֵר דְּבָרִים אֲחֵרִים:

רמב״ן בראשית פרשת ויחי פרק מט פסוק א

באחרית הימים - הם ימות המשיח, כי יעקב ירמוז אליו בדבריו, כמו שאמר עד כי יבא שילה ולו יקהת עמים. ורבותינו אמרו (פסחים נו א) שבקש לגלות את הקץ ונסתלקה ממנו שכינה, כי לדברי הכל אחרית הימים ימות המשיח הם:

דעת זקנים מבעלי התוספות בראשית פרשת ויחי פרק מט פסוק א

....ושמעתי באחרית הימים של הקדוש ברוך הוא דהיינו בסוף חמשת אלפים ובקש יעקב לגלות הקץ ונסתלקה ממנו שכינה ותמה ואמר למה אלו אין ראויים לגלות להן הקץ והלא אין בהם חטא כלו׳ אין בכל שמות השבטים לא חי״ת ולא טי״ת השיבו רוח הקדש גם אין בכל אותיות שמות השבטים לא קו״ף ולא צד״י אם כן אינן ראויין לגלות הקץ ועל אשר קראת לבניך להם אתה קורא לי אין אתה קורא כד״א ולא אותי קראת יעקב כי יגעת בי ישראל אין המדה זו שלך הולך רכיל מגלה סוד וגו׳ כשראה יעקב כך הפליגן בדברים ואמר ראובן בכורי אתה:

4. See Ibn Ezra, Bereishit 49:1:

אבן עזרא בראשית פרשת ויחי פרק מט פסוק א

את אשר יקרא אתכם דבר הנביא לעתיד. ותעו האומרים שהם ברכות בעבור שמצאו בסוף ויברך אותם (ברא׳ מט כח), ואיה ברכות ראובן שמעון ולוי. ועל דרך הנבואה אמר וזאת אשר דבר להם אביהם ואחר כן ברך אותם, ולא הזכיר הכתוב הברכות:

בראשית פרשת ויחי פרק מט

(ג) רְאוּבֵן בְּכֹרִי אַתָּה כֹּחִי וְרֵאשִׁית אוֹנִי יֶתֶר שְׂאֵת וְיֶתֶר עָז: (ד) פַּחַז כַּמַּיִם **אַל־תּוֹתַר** כִּי עָלִיתָ מִשְׁכְּבֵי אָבִיךָ אָז חִלַּלְתָּ יְצוּעִי עָלָה:

(3) "Reuven, you are my firstborn, my might, and the beginning of my strength; excelling in dignity, and excelling in power. (4) Impetuous as water, you shall not rule; because you went up to your father's bed, then defiled it. He went up to my couch. (Bereishit 49:3–4)

Yaakov's words to Reuven seem almost cryptic; the only thing that is clear is that there is an explicit description of Reuven's indiscretion with Bilhah. In a sense, this is the proverbial other shoe dropping: We have been awaiting Yaakov's reproof, rebuke, punishment for the almost inconceivable act committed by Reuven – an act of insolence and impudence, a power-play by the man who would be king:

תרגום אונקלוס בראשית פרשת ויחי פרק מט

(ג) רְאוּבֵן בּוּכְרִי אַתְּ חֵילִי וְרֵישׁ תּוּקְפִי לָךְ הֲוָה חָזֵי לְמִסַּב תְּלָתָא חוּלָקִין **בְּכֵירוּתָא כְּהוּנְּתָא וּמַלְכוּתָא.** (ד) עַל דַּאֲזַלְתְּ לָקֳבֵיל אַפָּךְ הָא כְמַיָּא בְּרַם לָא אַהְנֵיתָא חוּלָק יַתִּיר לָא תִּסַּב אֲרֵי סְלֵיקְתָּא בֵּית מִשְׁכְּבֵי אֲבוּךְ בְּכֵין אַחֵילְתָּא לְשִׁיוָיֵי בְּרִי סַלֵּיקְתָּא.

(3) Reuven, you are my first-born, my strength, and the beginning of my power. You should have had three portions for the taking: The birthright, the priesthood, and the kingdom – but because you acted rashly, (4) behold, as water outpoured you will not prosper, you will not receive the excellent portion; because you went up to your father's place of sleep: Then, my son, did you become profane, when you went up to my bed. (Targum Onkelos, Bereishit 49:3,4)

Onkelos explains that as the firstborn, Reuven was destined to receive a double portion; his descendants would inherit both the kingship and the priesthood of Israel. Additionally, he was to receive the double portion of the material inheritance, as the Torah assigns to every firstborn son.

As we shall see, these gifts were divided among the sons. The priesthood would go to the descendants of Levi, the tribe that will eventually carry out the work in the Temple – but this assignment is revealed in the Book of Shemot. In fact, earlier in Bereishit another aspect of Reuven's inheritance was granted to a different son: Before gathering all of the sons together, Yaakov had seen Yosef separately, had blessed Menasheh and Efraim – and granted Yosef the double portion of the first-born son:

בראשית פרשת ויחי פרק מח פסוק ה

וְעַתָּה שְׁנֵי־בָנֶיךָ הַנּוֹלָדִים לְךָ בְּאֶרֶץ מִצְרַיִם עַד־בֹּאִי אֵלֶיךָ מִצְרַיְמָה לִי־הֵם אֶפְרַיִם וּמְנַשֶּׁה כִּרְאוּבֵן וְשִׁמְעוֹן יִהְיוּ־לִי:

(5) Now your two sons, who were born to you in the land of Egypt before I came to you into Egypt, are mine; Efraim and Menasheh will be to me as Reuven and Shimon. (Bereishit 48:5)

Yosef, too, was a first born; he was the first son of Rachel, the only woman whom Yaakov had intended to marry. That Yaakov wished to bless him in this way should come as no surprise.[5] However, a careful reading of the text reveals that Yaakov had originally intended to give Yosef more than just the double portion; he wanted to anoint Yosef as king – and this is precisely what gave rise to the brothers' jealousy and hatred of Yosef, a hatred which nearly metastasized into murder. To understand this point properly, we need to note what the text of the Torah not only says – but what it could have or should have said:

---

5. The problem with conferring the status of first born on a son of the favored wife is explicitly forbidden, and the language employed is reminiscent of the verses here in the "blessing" of Yaakov. See Devarim 21:15–17. For more on this topic see *Echoes of Eden; Sefer Devarim*, p. 146 ff:

ספר דברים פרק כא

(טו) כִּי־תִהְיֶיןָ לְאִישׁ שְׁתֵּי נָשִׁים הָאַחַת אֲהוּבָה וְהָאַחַת שְׂנוּאָה וְיָלְדוּ־לוֹ בָנִים הָאֲהוּבָה וְהַשְּׂנוּאָה וְהָיָה הַבֵּן הַבְּכֹר לַשְּׂנִיאָה: (טז) וְהָיָה בְּיוֹם הַנְחִילוֹ אֶת־בָּנָיו אֵת אֲשֶׁר־יִהְיֶה לוֹ לֹא יוּכַל לְבַכֵּר אֶת־בֶּן־הָאֲהוּבָה עַל־פְּנֵי בֶן־הַשְּׂנוּאָה הַבְּכֹר: (יז) כִּי אֶת־הַבְּכֹר בֶּן־הַשְּׂנוּאָה יַכִּיר לָתֶת לוֹ פִּי שְׁנַיִם בְּכֹל אֲשֶׁר־יִמָּצֵא לוֹ כִּי־הוּא רֵאשִׁית אֹנוֹ לוֹ מִשְׁפַּט הַבְּכֹרָה:

בראשית פרשת וישב פרק לז

(א) וַיֵּשֶׁב יַעֲקֹב בְּאֶרֶץ מְגוּרֵי אָבִיו בְּאֶרֶץ כְּנָעַן: (ב) אֵלֶּה תֹּלְדוֹת יַעֲקֹב
יוֹסֵף בֶּן־שְׁבַע־עֶשְׂרֵה שָׁנָה הָיָה רֹעֶה אֶת־אֶחָיו בַּצֹּאן וְהוּא נַעַר אֶת־בְּנֵי
בִלְהָה וְאֶת־בְּנֵי זִלְפָּה נְשֵׁי אָבִיו וַיָּבֵא יוֹסֵף אֶת־דִּבָּתָם רָעָה אֶל־אֲבִיהֶם:

(1) Yaakov lived in the land of his father's travels, in the land of Canaan. (2) This is the history of the generations of Yaakov. Yosef, being seventeen years old, was feeding the flock with his brothers. He was a boy with the sons of Bilhah and Zilpah, his father's wives. Yosef brought an evil report of them to their father. (Bereishit 37:1–2)

The "generations of Yaakov" should have been told in a very different manner, instead of hyper-focus on Yosef, all of Yaakov's children should have been mentioned.

There is another section not that far from this one, which should provide a template of what the Torah could/should have said; there the subject is Yaakov's brother Esav:

בראשית פרשת וישלח פרק לו

(א) וְאֵלֶּה תֹּלְדוֹת עֵשָׂו הוּא אֱדוֹם: (ב) עֵשָׂו לָקַח אֶת־נָשָׁיו מִבְּנוֹת
כְּנָעַן אֶת־עָדָה בַּת־אֵילוֹן הַחִתִּי וְאֶת־אָהֳלִיבָמָה בַּת־עֲנָה בַּת־צִבְעוֹן
הַחִוִּי: (ג) וְאֶת־בָּשְׂמַת בַּת־יִשְׁמָעֵאל אֲחוֹת נְבָיוֹת: (ד) וַתֵּלֶד עָדָה לְעֵשָׂו
אֶת־אֱלִיפָז וּבָשְׂמַת יָלְדָה אֶת־רְעוּאֵל: (ה) וְאָהֳלִיבָמָה יָלְדָה אֶת־יְעוּשׁ
וְאֶת־יַעְלָם וְאֶת־קֹרַח אֵלֶּה בְּנֵי עֵשָׂו אֲשֶׁר יֻלְּדוּ־לוֹ בְּאֶרֶץ כְּנָעַן: (ו) וַיִּקַּח
עֵשָׂו אֶת־נָשָׁיו וְאֶת־בָּנָיו וְאֶת־בְּנֹתָיו וְאֶת־כָּל־נַפְשׁוֹת בֵּיתוֹ וְאֶת־מִקְנֵהוּ
וְאֶת־כָּל־בְּהֶמְתּוֹ וְאֵת כָּל־קִנְיָנוֹ אֲשֶׁר רָכַשׁ בְּאֶרֶץ כְּנָעַן וַיֵּלֶךְ אֶל־אֶרֶץ מִפְּנֵי
יַעֲקֹב אָחִיו: (ז) כִּי־הָיָה רְכוּשָׁם רָב מִשֶּׁבֶת יַחְדָּו וְלֹא יָכְלָה אֶרֶץ מְגוּרֵיהֶם
לָשֵׂאת אֹתָם מִפְּנֵי מִקְנֵיהֶם: (ח) וַיֵּשֶׁב עֵשָׂו בְּהַר שֵׂעִיר עֵשָׂו הוּא אֱדוֹם:
(ט) וְאֵלֶּה תֹּלְדוֹת עֵשָׂו אֲבִי אֱדוֹם בְּהַר שֵׂעִיר:

(1) Now this is the history of the generations of Esav who is Edom. (2) Esav took his wives from the daughters of Canaan: Adah the daughter of Elon, the Hittite; and Oholibamah the daughter of Anah, the daughter of Zibeon, the Hivite; (3) and Basemath, Ishmael's daughter, sister of Nebaioth. (4) Adah bore to Esav Eliphaz. Basemath bore Reuel. (5) Oholibamah

bore Jeush, Jalam, and Korah. These are the sons of Esav, who were born to him in the land of Canaan. (6) Esav took his wives, his sons, his daughters, and all the members of his household, with his livestock, all his animals, and all his possessions, which he had gathered in the land of Canaan, and went into a land away from his brother Yaakov. (7) For their substance was too great for them to dwell together, and the land of their travels could not bear them because of their livestock. (8) Esav lived in the hill country of Seir. Esav is Edom. (Bereishit 36:1–9)

Using this section – which is more normative compared with the other *toldot* (generation) sections prior to this in the Torah, we can construct what we would have anticipated as the text of Yaakov's "*toldot.*"[6]

The Esav section reads:
(1) Now this is the history of the generations of Esav who is Edom.

The Yaakov section should read:
Now this is the history of the generations of Yaakov who is Yisrael.

The Esav section reads:
(2) Esav took his wives from the daughters of Canaan: Adah the daughter of Elon, the Hittite; and Oholibamah the daughter of Anah, the daughter of Zibeon, the Hivite; (3) and Basemath, Ishmael's daughter, sister of Nebaioth. (4) Adah bore to Esav Eliphaz. Basemath bore Reuel.

The Yaakov section should read:
Yaakov took his wives from the daughters of Lavan.... Leah bore.... Rachel bore....

The Esav section reads:
(5) Oholibamah bore Jeush, Jalam, and Korah. These are the sons of Esav, who were born to him in the land of Canaan.

---

6. See Rashbam, Bereishit 37:2.

The Yaakov section should read:

These are the sons of Yaakov, who were born to him in the land....

The Esav section reads:

(6) Esav took his wives, his sons, his daughters, and all the members of his household, with his livestock, all his animals, and all his possessions, which he had gathered in the land of Canaan, and went into a land away from his brother Yaakov. (7) For their substance was too great for them to dwell together, and the land of their travels could not bear them because of their livestock.

The Yaakov section should read:

Yaakov took his wives, his sons, his daughters, and all the members of his household, with his livestock, all his animals, and all his possessions, which he had gathered in the land of... and went into a land away from his brother Esav....

The Esav section reads:

(8) Esav lived in the hill country of Seir. Esav is Edom.

The Yaakov section should read:

Yaakov lived in the land of Canaan. Yaakov is Yisrael.

But there is one more description about Esav which is essential to understand the rest of the book of Bereishit, for this verse does draw a parallel with the family of Yaakov or more specifically "Yisrael" – and sets the stage for the underlying tension in the rest of the book of Bereishit:

בראשית פרשת וישלח פרק לו פסוק לא

וְאֵלֶּה הַמְּלָכִים אֲשֶׁר מָלְכוּ בְּאֶרֶץ אֱדוֹם לִפְנֵי מְלָךְ־מֶלֶךְ לִבְנֵי יִשְׂרָאֵל:

And these were the **kings** who ruled in the land of Edom **before a king ruled the children of Israel**. (Bereishit 36:31)

The question of who would be king of Israel, may actually have already come to the fore in the mind of at least one person who saw himself as the obvious candidate – Reuven.

In a passage which has some elements of a "*toldot*" section, we are told of the progeny of Yaakov, but the section is introduced by the very incident which Yaakov referred to in his "blessings" when he took away the special status from Reuven.

בראשית פרשת וישלח פרק לה

(יט) וַתָּמָת רָחֵל וַתִּקָּבֵר בְּדֶרֶךְ אֶפְרָתָה הִוא בֵּית לָחֶם: (כ) וַיַּצֵּב יַעֲקֹב מַצֵּבָה עַל־קְבֻרָתָהּ הִוא מַצֶּבֶת קְבֻרַת־רָחֵל עַד־הַיּוֹם: (כא) וַיִּסַּע יִשְׂרָאֵל וַיֵּט אָהֳלֹה מֵהָלְאָה לְמִגְדַּל־עֵדֶר: (כב) וַיְהִי בִּשְׁכֹּן יִשְׂרָאֵל בָּאָרֶץ הַהִוא וַיֵּלֶךְ רְאוּבֵן וַיִּשְׁכַּב אֶת־בִּלְהָה פִּילֶגֶשׁ אָבִיו וַיִּשְׁמַע יִשְׂרָאֵל פ וַיִּהְיוּ בְנֵי־ יַעֲקֹב שְׁנֵים עָשָׂר: (כג) בְּנֵי לֵאָה בְּכוֹר יַעֲקֹב רְאוּבֵן וְשִׁמְעוֹן וְלֵוִי וִיהוּדָה וְיִשָּׂשכָר וּזְבֻלוּן: (כד) בְּנֵי רָחֵל יוֹסֵף וּבִנְיָמִן: (כה) וּבְנֵי בִלְהָה שִׁפְחַת רָחֵל דָּן וְנַפְתָּלִי: (כו) וּבְנֵי זִלְפָּה שִׁפְחַת לֵאָה גָּד וְאָשֵׁר אֵלֶּה בְּנֵי יַעֲקֹב אֲשֶׁר יֻלַּד־לוֹ בְּפַדַּן אֲרָם: (כז) וַיָּבֹא יַעֲקֹב אֶל־יִצְחָק אָבִיו מַמְרֵא קִרְיַת הָאַרְבַּע הִוא חֶבְרוֹן אֲשֶׁר־גָּר־שָׁם אַבְרָהָם וְיִצְחָק:

(19) Rachel died, and was buried in the way to Ephrath the same is Beit Lechem. (20) Yaakov set up a pillar on her grave. The same is the Pillar of Rachel's grave to this day. (21) Yisrael traveled, and spread his tent beyond the tower of Eder. (22) It happened, while Yisrael lived in that land, that Reuven went and lay with Bilhah, his father's concubine, and Yisrael heard of it. Now the sons of Yaakov were twelve. (23) The sons of Leah: Reuven, Yaakov's firstborn, Shimon, Levi, Yehuda, Yissachar, and Zevulun. (24) The sons of Rachel: Yosef and Binyamin. (25) The sons of Bilhah, Rachel's handmaid: Dan and Naftali. (26) The sons of Zilpah, Leah's handmaid: Gad and Asher. These are the sons of Yaakov, who were born to him in Paddan Aram. (27) Yaakov came to Yitzchak his father, to Mamre, to Kiryat Arba which is Chevron, where Avraham and Yitzchak lived as foreigners. (Bereishit 35:19–27)

One of the interesting elements of this section is the interplay between the names Yisrael and Yaakov.[7] Yaakov – the birth name,

---

7. For more on the Yaakov/Yisrael divide see, *Echoes of Eden; Sefer Bereishit*, pp. 213 ff.

strikes us as being the name of the individual. However, Yisrael, the name, which was later assigned, strikes us as the name of the nation. Just as Esav and Edom occasionally go back and forth so do Yaakov and Yisrael.

Yaakov lost his wife, but Yisrael settled in that land... and Yisrael heard. Apparently, the act perpetrated by Reuven was aimed in some way to the national aspect – Yisrael. Moreover, the description of the woman he bedded was "Bilhah his father's *concubine*" is telling.[8] Reuven did not consider this woman a wife of his father, but rather as chattel. Reuven was therefore staking his claim and taking his father's property as his own – for after all he was the heir to the throne.[9] The

---

8. See Ramban, Bereishit 37:2:

רמב"ן בראשית פרשת וישב פרק לז פסוק ב

וטעם נשי אביו - כי נשיו היו שלקחם לנשים, ולא יקרא אותם הכתוב שפחות רק בהיותם עם רחל ולאה שהן גבירות להן. וכן וישם את השפחות ואת ילדיהן (לעיל לג ב), לומר כי בעבור היותן שפחות לרחל וללאה שם אותן לפניהן. **וכן וישכב את בלהה פלגש אביו** (לעיל לה כב), **שאילו היתה גברת לא יעשה כן**. ויתכן כי בחיי רחל ולאה יקרא אותן שפחות ופילגשים, ועתה מתו ולקחן לנשים:

9. This section should be compared for the thematic similarity with the actions of the "would be king" the conniving Adoniyahu, 1 Melachim 2: 12–25:

מלכים א פרק ב

(יב) וּשְׁלֹמֹה יָשַׁב עַל־כִּסֵּא דָּוִד אָבִיו וַתִּכֹּן מַלְכֻתוֹ מְאֹד: (יג) וַיָּבֹא אֲדֹנִיָּהוּ בֶן־חַגִּית
אֶל־בַּת־שֶׁבַע אֵם־שְׁלֹמֹה וַתֹּאמֶר הֲשָׁלוֹם בֹּאֶךָ וַיֹּאמֶר שָׁלוֹם: (יד) וַיֹּאמֶר דָּבָר לִי אֵלָיִךְ
וַתֹּאמֶר דַּבֵּר: (טו) וַיֹּאמֶר אַתְּ יָדַעַתְּ כִּי־לִי הָיְתָה הַמְּלוּכָה וְעָלַי שָׂמוּ כָל־יִשְׂרָאֵל פְּנֵיהֶם
לִמְלֹךְ וַתִּסֹּב הַמְּלוּכָה וַתְּהִי לְאָחִי כִּי מֵה' הָיְתָה לּוֹ: (טז) וְעַתָּה שְׁאֵלָה אַחַת אָנֹכִי שֹׁאֵל
מֵאִתָּךְ אַל־תָּשִׁבִי אֶת־פָּנָי וַתֹּאמֶר אֵלָיו דַּבֵּר: (יז) וַיֹּאמֶר אִמְרִי־נָא לִשְׁלֹמֹה הַמֶּלֶךְ כִּי
לֹא־יָשִׁיב אֶת־פָּנָיִךְ וְיִתֶּן־לִי אֶת־אֲבִישַׁג הַשּׁוּנַמִּית לְאִשָּׁה: (יח) וַתֹּאמֶר בַּת־שֶׁבַע טוֹב
אָנֹכִי אֲדַבֵּר עָלֶיךָ אֶל־הַמֶּלֶךְ: (יט) וַתָּבֹא בַת־שֶׁבַע אֶל־הַמֶּלֶךְ שְׁלֹמֹה לְדַבֶּר־לוֹ עַל־אֲדֹנִיָּהוּ
וַיָּקָם הַמֶּלֶךְ לִקְרָאתָהּ וַיִּשְׁתַּחוּ לָהּ וַיֵּשֶׁב עַל־כִּסְאוֹ וַיָּשֶׂם כִּסֵּא לְאֵם הַמֶּלֶךְ וַתֵּשֶׁב לִימִינוֹ:
(כ) וַתֹּאמֶר שְׁאֵלָה אַחַת קְטַנָּה אָנֹכִי שֹׁאֶלֶת מֵאִתָּךְ אַל־תָּשֶׁב אֶת־פָּנָי וַיֹּאמֶר־לָהּ הַמֶּלֶךְ
שַׁאֲלִי אִמִּי כִּי לֹא־אָשִׁיב אֶת־פָּנָיִךְ: (כא) וַתֹּאמֶר יֻתַּן אֶת־אֲבִישַׁג הַשֻּׁנַמִּית לַאֲדֹנִיָּהוּ אָחִיךָ
לְאִשָּׁה: (כב) וַיַּעַן הַמֶּלֶךְ שְׁלֹמֹה וַיֹּאמֶר לְאִמּוֹ וְלָמָה אַתְּ שֹׁאֶלֶת אֶת־אֲבִישַׁג הַשֻּׁנַמִּית
לַאֲדֹנִיָּהוּ וְשַׁאֲלִי־ לוֹ אֶת־הַמְּלוּכָה כִּי הוּא אָחִי הַגָּדוֹל מִמֶּנִּי וְלוֹ וּלְאֶבְיָתָר הַכֹּהֵן וּלְיוֹאָב
בֶּן־צְרוּיָה: פ (כג) וַיִּשָּׁבַע הַמֶּלֶךְ שְׁלֹמֹה בַּה' לֵאמֹר כֹּה יַעֲשֶׂה־לִּי אלקים וְכֹה יוֹסִיף כִּי
בְנַפְשׁוֹ דִּבֶּר אֲדֹנִיָּהוּ אֶת־הַדָּבָר הַזֶּה: (כד) וְעַתָּה חַי־ה' אֲשֶׁר הֱכִינַנִי <<ויושיביני>>
וַיּוֹשִׁיבַנִי עַל־כִּסֵּא דָּוִד אָבִי וַאֲשֶׁר עָשָׂה־לִי בַּיִת כַּאֲשֶׁר דִּבֵּר כִּי הַיּוֹם יוּמַת אֲדֹנִיָּהוּ:
(כה) וַיִּשְׁלַח הַמֶּלֶךְ שְׁלֹמֹה בְּיַד בְּנָיָהוּ בֶן־יְהוֹיָדָע וַיִּפְגַּע־בּוֹ וַיָּמֹת:

punishment that we saw above, forfeiting the rights as firstborn and kingship, were therefore appropriate – this were the elements he was claiming as his own as he tried to wrest the leadership from his father. If we now skip the Esav *"toldot"* section and go back to the Yaakov *"toldot"* section, some things which were not completely discernable emerge.

Yaakov sees Yosef as his heir, and moreover Yosef sees the children of Bilhah as true and complete brothers, as opposed to Reuven who sees Bilhah as a concubine (*pilegesh*); here the word "wives" (*neshei*) is used. Yosef sees the children of Bilhah and Zilpah as brothers because he views their mothers as bona fide wives:[10]

בראשית פרשת וישב פרק לז פסוק ב

אֵלֶּה תֹּלְדוֹת יַעֲקֹב יוֹסֵף בֶּן־שְׁבַע־עֶשְׂרֵה שָׁנָה הָיָה רֹעֶה אֶת־אֶחָיו בַּצֹּאן וְהוּא נַעַר אֶת־בְּנֵי בִלְהָה וְאֶת־בְּנֵי זִלְפָּה **נְשֵׁי אָבִיו** וַיָּבֵא יוֹסֵף אֶת־דִּבָּתָם רָעָה אֶל־אֲבִיהֶם:

(2) This is the history of the generations of Yaakov. Yosef, being seventeen years old, was feeding the flock with his brothers. He was a boy with the sons of Bilhah and Zilpah, his father's wives. Yosef brought an evil report of them to their father. (Bereishit 37:2)

---

10. See Rashi and Rashbam, Bereishit 37:2:

רש"י בראשית פרשת וישב פרק לז פסוק ב

את בני בלהה - כְּלוֹמַר וְרָגִיל אֵצֶל בְּנֵי בִלְהָה, **לְפִי שֶׁהָיוּ אֶחָיו מְבַזִּין אוֹתָן וְהוּא מְקָרְבָן:**

את דבתם רעה - כָּל רָעָה שֶׁהָיָה רוֹאֶה בְּאֶחָיו בְּנֵי לֵאָה הָיָה מַגִּיד לְאָבִיו,...וּמְזַלְזְלִין בִּבְנֵי הַשְּׁפָחוֹת לִקְרוֹתָן עֲבָדִים,

"with the sons of Bilhah" – meaning that he made it his custom to associate with the sons of Bilhah because his brothers slighted them as being sons of a hand-maid; therefore he fraternised with them.

"their evil report" – Whatever he saw wrong in his brothers, the sons of Leah, he reported to his father: . . . that they treated the sons of the handmaids with contempt, calling them slaves. . . .

רשב"ם בראשית פרשת וישב פרק לז פסוק ב

והוא נער את בני בלהה וגו' - נערותו ורגילותו ומשתאיו היו עם בני בלהה ובני זלפה. ומתוך כך התחילו אחיו בני לאה לשנוא אותו:

Notably, it is **Yisrael** who favors Yosef because he was so talented. The brothers certainly saw the favoritism as an expression of **Yaakov's** love of Rachel. In Reuven's world view – perhaps Rachel was the favorite wife, but now she had died and the only other wife still alive was his mother Leah. His action was equally meant to create clear caste distinctions among the children of Yaakov. Yosef as the favored son (of Yisrael) extended a hand to the weakest element – surely enraging the sons of Leah in the process.

This combination, the favoritism of Yisrael/Yaakov toward Yosef, and the friendship forged by Yosef with the children of Bilhah and Zilpah, created the dynamic which almost killed Yosef.

Ironically, Yosef succeeds in uniting his brothers – when they all join the nefarious plan to sell Yosef. Only as co-conspirators do the sons of Bilhah and Zilpah gain equality. Yosef achieved that goal but paid a steep price.

How do we know that kingship is indeed the subtext? Yisrael makes royal clothing for Yosef,[11] clothing whose only other use in the Bible is clothing worn by royals.[12] And soon after Yosef dreams

---

11. Ramban, Shemot 28:2; Mizrachi and Seforno, Bereishit 37:3:

רמב"ן שמות פרשת תצוה פרק כח פסוק ב

לכבוד ולתפארת - שיהיה נכבד ומפואר במלבושים נכבדים ומפוארים, כמו שאמר הכתוב כחתן יכהן פאר (ישעיה סא י), כי אלה הבגדים לבושי מלכות הן, כדמותן ילבשו המלכים בזמן התורה, כמו שמצינו בכתנת ועשה לו כתנת פסים (בראשית לז ג), שפירושו מרוקמת כדמות פסים, והיא כתונת תשבץ כמו שפירשתי, והלבישו כבן מלכי קדם. וכן הדרך במעיל וכתנת, וכתוב ועליה כתנת פסים כי כן תלבשנה בנות המלך הבתולות מעילים (ש"ב יג יח), ופירושו כי עליה כתנת פסים נראית ונגלית, כי המנהג ללבוש בנות המלך הבתולות מעילים שתתעלפנה בהן, ונמצא שכתנת הפסים עליה מלבוש עליון, ולכן אמר וכתנת הפסים אשר עליה קרעה:

מזרחי (רא"ם) בראשית פרשת וישב פרק לז פסוק ג

וכמו כתונת הפסים דתמר ואמנון. דמסתמא כתונת של משי או של צמר נקי היתה, כמנהג בנות המלך:

ספורנו בראשית פרשת וישב פרק לז פסוק ג

ועשה לו כתונת פסים. לאות שיהיה הוא המנהיג בבית ובשדה. כענין והלבשתיו כתנתך (ישעיהו כב, כא) וכאמרם ז"ל בגדול אחי כי היכי דלשתמען מיליה (בבא קמא יא ב):

12. Not just royals, but a royal abused by her sibling; see 2 Shmuel 13:18–19:

שמואל ב פרק יג

(יח) וְעָלֶיהָ כְּתֹנֶת פַּסִּים כִּי כֵן תִּלְבַּשְׁןָ בְנוֹת־הַמֶּלֶךְ הַבְּתוּלֹת מְעִילִים וַיֹּצֵא אוֹתָהּ מְשָׁרְתוֹ

and shares the dream with his brothers – they immediately question his royal pretentions:

בראשית פרשת וישב פרק לז

(ג) וְיִשְׂרָאֵל אָהַב אֶת־יוֹסֵף מִכָּל־בָּנָיו כִּי־בֶן־זְקֻנִים הוּא לוֹ וְעָשָׂה לוֹ כְּתֹנֶת פַּסִּים: (ד) וַיִּרְאוּ אֶחָיו כִּי־אֹתוֹ אָהַב אֲבִיהֶם מִכָּל־אֶחָיו וַיִּשְׂנְאוּ אֹתוֹ וְלֹא יָכְלוּ דַּבְּרוֹ לְשָׁלֹם: (ה) וַיַּחֲלֹם יוֹסֵף חֲלוֹם וַיַּגֵּד לְאֶחָיו וַיּוֹסִפוּ עוֹד שְׂנֹא אֹתוֹ: (ו) וַיֹּאמֶר אֲלֵיהֶם שִׁמְעוּ־נָא הַחֲלוֹם הַזֶּה אֲשֶׁר חָלָמְתִּי: (ז) וְהִנֵּה אֲנַחְנוּ מְאַלְּמִים אֲלֻמִּים בְּתוֹךְ הַשָּׂדֶה וְהִנֵּה קָמָה אֲלֻמָּתִי וְגַם־נִצָּבָה וְהִנֵּה תְסֻבֶּינָה אֲלֻמֹּתֵיכֶם וַתִּשְׁתַּחֲוֶיןָ לַאֲלֻמָּתִי: (ח) וַיֹּאמְרוּ לוֹ אֶחָיו הֲמָלֹךְ תִּמְלֹךְ עָלֵינוּ אִם־מָשׁוֹל תִּמְשֹׁל בָּנוּ וַיּוֹסִפוּ עוֹד שְׂנֹא אֹתוֹ עַל־חֲלֹמֹתָיו וְעַל־דְּבָרָיו:

(3) Now Yisrael loved Yosef more than all his children, because he was the son of his old age, and he made him a coat of many colors. (4) His brothers saw that their father loved him more than all his brothers, and they hated him, and could not speak peaceably to him. (5) Yosef dreamed a dream, and he told it to his brothers, and they hated him all the more. (6) He said to them, "Please hear this dream which I have dreamed: (7) For behold, we were binding sheaves in the field, and behold, my sheaf arose and also stood upright; and behold, your sheaves came around, and bowed down to my sheaf." (8) His brothers said to him, "Will you indeed reign over us? Or will you indeed have dominion over us?" They hated him all the more for his dreams and for his words. (Bereishit 37:3–8)

They understand the implication – Yosef dreams of being a ruler over his brothers.

בראשית פרשת וישב פרק לז

(ט) וַיַּחֲלֹם עוֹד חֲלוֹם אַחֵר וַיְסַפֵּר אֹתוֹ לְאֶחָיו וַיֹּאמֶר הִנֵּה חָלַמְתִּי חֲלוֹם עוֹד וְהִנֵּה הַשֶּׁמֶשׁ וְהַיָּרֵחַ וְאַחַד עָשָׂר כּוֹכָבִים מִשְׁתַּחֲוִים לִי: (י) וַיְסַפֵּר אֶל־אָבִיו וְאֶל־אֶחָיו וַיִּגְעַר־בּוֹ אָבִיו וַיֹּאמֶר לוֹ מָה הַחֲלוֹם הַזֶּה אֲשֶׁר חָלָמְתָּ

הַחוּץ וְנָעַל הַדֶּלֶת אַחֲרֶיהָ: (יט) וַתִּקַּח תָּמָר אֵפֶר עַל־רֹאשָׁהּ וּכְתֹנֶת הַפַּסִּים אֲשֶׁר עָלֶיהָ קָרָעָה וַתָּשֶׂם יָדָהּ עַל־רֹאשָׁהּ וַתֵּלֶךְ הָלוֹךְ וְזָעָקָה:

הֲבוֹא נָבוֹא אֲנִי וְאִמְּךָ וְאַחֶיךָ לְהִשְׁתַּחֲוֺת לְךָ אָרְצָה: (יא) וַיְקַנְאוּ־בוֹ אֶחָיו וְאָבִיו שָׁמַר אֶת־הַדָּבָר:

(9) He dreamed yet another dream, and told it to his brothers, and said, "Behold, I have dreamed yet another dream: And behold, the sun and the moon and eleven stars bowed down to me." (10) He told it to his father and to his brothers. His father rebuked him, and said to him, "What is this dream that you have dreamed? Will I and your mother and your brothers indeed come to bow ourselves down to you to the earth?" (11) His brothers envied him, but his father kept this saying in mind. (Bereishit 37:9–11)

Yaakov, for his part waited in anticipation:[13]

---

13. See Bereishit Rabbah 84:12; Midrash Sechel Tov Shemot 12:42; Rashi, Yeshayahu 26:2; Iyov 14:16; Rashbam, Bereishit 37:11, Shemot 12:42; Chizkuni, Bereishit 37:10, Shemot 12:42, Devarim 5:12, 7:9:

בראשית רבה (וילנא) פרשת וישב פרשה פד סימן יב

וַיְקַנְאוּ בוֹ אֶחָיו וְאָבִיו שָׁמַר (בראשית לז, יא), אָמַר רַבִּי לֵוִי נָטַל קוּלְמוּס וְכָתַב בְּאֵיזֶה יוֹם וּבְאֵיזֶה שָׁעָה בְּאֵיזֶה מָקוֹם. אָמַר רַבִּי חִיָּא רַבָּה וְאָבִיו שָׁמַר אֶת הַדָּבָר, וְרוּחַ הַקֹּדֶשׁ אוֹמֶרֶת שִׁמְרוּ אֶת הַדְּבָרִים שֶׁעֲתִידִין הַדְּבָרִים לְגַע. רַבִּי לֵוִי בְּשֵׁם רַבִּי חָמָא בַּר חֲנִינָא אָמַר כָּךְ אָבִינוּ יַעֲקֹב סָבַר וְרָאָה דְּבָרִים מְמַשְׁמְשִׁין וּבָאִין, אָמַר אִם נִתְבַּקְּרָה פִּנְקָסוֹ מַה יָּכוֹל אֲנִי לַעֲשׂוֹת.

שכל טוב (בובר) שמות פרשת בא פרק יב פסוק מב

הוא הלילה הזה לה׳ שמורים לכל בני ישראל לדרותם. כלומר לילות שהן כיוצא בהן שמורים הוא אצל הקדוש ברוך הוא שומרם הוא לגדולת ישראל שבו נגאלו ממצריים ובו עתידין להיגאל, ודומה לדבר ואביו שמר את הדבר (בראשית לז יא):

רש״י ישעיהו פרק כו פסוק ב

שומר - ששמר וצפה בגלותו ימים רבים לאמונתו של הקדוש ברוך הוא שיקיים הבטחתו שהבטיח ע״פ נביאיו לגאלם:

שומר - ממתין וכן (בראשית לז) ואביו שמר את הדבר וכן (דברים ז׳) ושמר ה׳ אלהיך לך:

רש״י איוב פרק יד פסוק טז

לא תשמור - אינך ממתין על חטאתי מלהפרע כמו ואביו שמר את הדבר (בראשית לז) המתין שתתקיים ובלשון משנה (גמ׳ סנהדרין סג) לא יאמר אדם לחבירו שמור לי בצד עבודת כוכבי׳ פלונית ל׳ המתן:

רשב״ם בראשית פרשת וישב פרק לז פסוק יא

ואביו שמר את הדבר - מה צורך לכתוב זה? אלא כשבאה לו הבשורה ולא האמין

and for this dream to come to fruition; for Yosef to be king.[14]

רש"י בראשית פרשת וישב פרק לז פסוק יא

שמר את הדבר - הָיָה מַמְתִּין וּמְצַפֶּה מָתַי יָבֹא, וְכֵן שֹׁמֵר אֱמֻנִים (ישעיהו כ"ו), וְכֵן לֹא תִשְׁמֹר עַל חַטָּאתִי (איוב י"ד) - לֹא תַמְתִּין:

לבניו שהוא חי וירא ישראל את העגלות אשר שלח פרעה, כי לא נשלחו כי אם על פי המלך כמו שכת' שם עגלות על פי פרעה, אז האמין על ידי החלומות שמוכיחין שסופו להיות מושל ועגלות הללו על ידי מלכות וממשלה באים, ומתוך כך אמר רב עוד יוסף בני חי, כי תימה גדולה היה היאך האמין אחרי שראה כתנתו מלאה דם? כמו שנחרד יצחק על יעקב בשביל שמצא שיער בחלקת צוואריו:

רשב"ם שמות פרשת בא פרק יב פסוק מב

שמורים - לשון המתנה, כמו ואביו שמר את הדבר:

חזקוני בראשית פרשת וישב פרק לז פסוק י

ויגער בו אביו ואעפ"י כן ואביו שמר את הדבר יודע היה שהיו הדברים עתידין ליגע אליהן. אבל כדי להשקיט הקנאה שביניהם גער בו.

חזקוני שמות פרשת בשלח פרק יד פסוק כד

באשמרת הבקר פרש"י ואומר אני לפי שהלילה חלוק למשמרות שיר של מלאכי השרת לכך קרויה אשמורת. פירוש לפי שהם מצפים ומשמרים מתי אומרים שירה אומר אני שהן קרויות אשמורות לשון המתנה, כמו ואביו שמר את הדבר.

חזקוני דברים פרשת ואתחנן פרק ה פסוק יב

ד"א שמור את יום השבת לשון ואביו שמר את הדבר המתן מבעוד יום מתי תבא שבת לקדשו כדר' ינאי שהיה מתעטף ואומר בואי כלה בואי כלה. דבר אחר זכור נאמר ליורדי הים ושמור ליושבי יבשה.

חזקוני דברים פרשת ואתחנן פרק ז פסוק ט

שמר הברית לשון המתנה כמו ואביו שמר את הדבר.

14. See Zohar Vayikra 82a, Zohar Shemot 89a:

זוהר כרך ג ויקרא פרשת קדושים דף פב עמוד א

ד"א וְאֶת שַׁבְּתוֹתַי תִּשְׁמוֹרוּ, לְאַזְהָרָה לְאִינּוּן דִּמְחַכָּן לְזִוּוּגַיְיהוּ מִשַּׁבָּת לְשַׁבָּת, וְהָא אוֹקִימְנָא, כְּמָה דִּכְתִיב, לַסָּרִיסִים אֲשֶׁר יִשְׁמְרוּ אֶת שַׁבְּתוֹתַי. מַאן סָרִיסִים. אִלֵּין אִינּוּן חַבְרַיָּיא דִּמְסָרְסָן גַּרְמַיְיהוּ כָּל שְׁאָר יוֹמִין, בְּגִין לְמִלְעֵי בְּאוֹרַיְיתָא. **וְאִינּוּן מְחַכָּאן מִשַּׁבָּת לְשַׁבָּת**. הה"ד אֲשֶׁר יִשְׁמְרוּ אֶת שַׁבְּתוֹתַי, כד"א **וְאָבִיו שָׁמַר אֶת הַדָּבָר**. ובג"כ וְאֶת שַׁבְּתוֹתַי תִּשְׁמוֹרוּ. אִישׁ אִמּוֹ וְאָבִיו תִּירָאוּ, דָּא גּוּפָא. וְאֶת שַׁבְּתוֹתַי תִּשְׁמֹרוּ, דָּא נַפְשָׁא. וְכֹלָּא אִתְדְּבַק דָּא בְּדָא. זַכָּאָה חוּלָקֵיהוֹן דְּיִשְׂרָאֵל.

זוהר כרך ב שמות פרשת יתרו דף פט עמוד א

וְאִינּוּן חַבְרַיָּיא דְּיַדְעִין רָזָא דָּא, מְכַוְּונִין לִבַּיְיהוּ לִמְהֵימָנוּתָא דְּמָארֵיהוֹן וּמִתְבָּרְכָאן בְּאִיבָּא דִּמְעֵיהוֹן בְּהַהוּא לֵילְיָא. וְדָא הוּא דִּכְתִיב, אֲשֶׁר יִשְׁמְרוּ, כְּמָה דְּאַתְּ אָמַר, **וְאָבִיו שָׁמַר אֶת הַדָּבָר**.

> "Guarded the matter" – He awaited and looked forward to the time when this would come to pass. In the same sense we have (Yeshayahu 26:2) "that watch (שומר) for faithfulness" (i.e., for the performance of a promise) and (Iyov 14:16) – "לא תשמור for my sin" – which means "you do not wait for my sin." (Rashi, Bereishit 37:11)

Yaakov/Yisrael had wanted Yosef to become king. And indeed, in his lifetime Yosef did achieve a royal existence. According to Onkelos, Yaakov makes reference to this in his final words to Yosef:

בראשית פרשת ויחי פרק מט

(כב) בֵּן פֹּרָת יוֹסֵף בֵּן פֹּרָת עֲלֵי־עָיִן בָּנוֹת צָעֲדָה עֲלֵי־שׁוּר: (כג) וַיְמָרְרֻהוּ וָרֹבּוּ וַיִּשְׂטְמֻהוּ בַּעֲלֵי חִצִּים: (כד) וַתֵּשֶׁב בְּאֵיתָן קַשְׁתּוֹ וַיָּפֹזּוּ זְרֹעֵי יָדָיו מִידֵי אֲבִיר יַעֲקֹב מִשָּׁם **רֹעֶה** אֶבֶן יִשְׂרָאֵל: (כה) מֵאֵל אָבִיךָ וְיַעְזְרֶךָּ וְאֵת שַׁדַּי **וִיבָרְכֶךָּ** בִּרְכֹת שָׁמַיִם מֵעָל **בִּרְכֹת** תְּהוֹם רֹבֶצֶת תָּחַת בִּרְכֹת שָׁדַיִם וָרָחַם: (כו) **בִּרְכֹת** אָבִיךָ גָּבְרוּ **עַל־בִּרְכֹת** הוֹרַי עַד־תַּאֲוַת גִּבְעֹת עוֹלָם תִּהְיֶיןָ לְרֹאשׁ יוֹסֵף וּלְקָדְקֹד **נְזִיר** אֶחָיו: פ

(22) Yosef is a fruitful vine, a fruitful vine by a spring. His branches run over the wall. (23) The archers have severely grieved him, shot at him, and persecuted him: (24) But his bow remained strong. The arms of his hands were made strong, by the hands of the Mighty One of Yaakov, from there is the shepherd, the stone of Israel, (25) even by the God of your father, who will help you; by the Almighty, who will bless you, with blessings of heaven above, blessings of the deep that lies below, blessings of the breasts, and of the womb. (26) The blessings of your father have prevailed above the blessings of your ancestors, above the boundaries of the ancient hills. They will be on the head of Yosef, on the crown of the head of him who is separated from his brothers. (Bereishit 49:22–26)

תרגום אונקלוס בראשית פרק מט

(כב) בְּרִי דִּסְגֵּי יוֹסֵף בְּרִי דְּאִתְבָּרַךְ כְּגוּפֶן דִּנְצִיב עַל עֵינָא דְּמַיָּא **תְּרֵין שִׁבְטִין יִפְּקוּן מִבְּנוֹהִי יְקַבְּלוּן חוּלָקָא וְאַחְסַנְתָּא.** (כג) וְאִתְמָרַרוּ עִמֵּיהּ **וְנַקְמוּהִי** וְאַעִיקוּ לֵיהּ גּוּבְרִין גִּבָּרִין **בַּעֲלֵי פַלְגּוּתֵיהּ.** (כד) **וְתָבַת בְּהוֹן נְבִיּוּתֵיהּ עַל דְּקַיֵּים אוֹרָיְתָא בְּסִתְרָא** וְשַׁוִּי תּוּקְפָּא רוּחְצָנֵיהּ בְּכֵן יִתְרְמָא

דְּהַב עַל דְּרָעוֹהִי **אַחְסֵין מַלְכוּתָא וּתְקֵיף** דָּא הֲוָת לֵיהּ מִן קֳדָם אֵל תַּקִּיפָא דְּיַעֲקֹב דִּבְמֵימְרֵיהּ זָן אֲבָהָן וּבְנִין זַרְעָא דְּיִשְׂרָאֵל. (כה) מֵימַר אֱלָהָא דַּאֲבוּךְ יְהֵי בְּסַעֲדָךְ וְיָת שַׁדַּי וִיבָרְכִנָּךְ בִּרְכָן דְּנָחֲתָן מִטַּלָּא דִּשְׁמַיָּא מִלְּעֵילָא בִּרְכָן דְּנָגְדָן מִמַּעֲמַקֵּי אַרְעָא מִלְּרַע בִּרְכָתָא דַּאֲבוּךְ וּדְאִמָּךְ. (כו) בִּרְכָתָא דַּאֲבוּךְ יִתּוֹסְפָן לָךְ עַל בִּרְכָתָא דְּלִי בָרִיכוּ אֲבָהָתַי דְּחַמִּידוּ לְהוֹן רַבְרְבַיָּא דְּמִן עָלְמָא יְהָוְיָן כָּל אִלֵּין לְרֵישָׁא דְּיוֹסֵף **גּוּבְרָא פְּרִישָׁא דַּאֲחוֹהִי**.

(22) Yosef is my son who shall increase, my son who shall be **blessed**, as a vine planted by a fountain of waters. **Two tribes will come forth from his sons, and they shall receive a portion and inheritance.** (23) The mighty men,[15] the men of **division**, were bitter against him; they afflicted him and sorely grieved him; and his **prophecy** shall be fulfilled in them, because **he was faithful to the law in secret**, and set his confidence firmly. (24) Therefore, was gold laid upon his arm, **and the kingdom was strengthened and confirmed**. This was to him from the mighty God of Yaakov, who by His word pastures the fathers and the children of the seed of Israel. (25) The word of the God of your father shall be your Helper, and the All-Sufficient shall **bless** you, with the **blessings** of the dew that descends from the heavens above, with the **blessings** that spring from the depths of the earth beneath, with the **blessings** of your father and of your mother. (26) The **blessing** of your father shall be added upon the **blessing** with which my fathers **blessed** me; which the princes who are of the world have desired: All of them shall be upon the head of Yosef, and upon the man who was separated from his brethren. (Targum Onkelos, Bereishit 49:22–26)

Onkelos unravels the poetic blessing Yaakov has given Yosef, kingship is mentioned, as a reward for fearing God in secret – presumably

15. "Mighty men" (גּוּבְרִין גִּבָּרִין) is a term previously used by Onkelos (49:5) in the same section to describe Shimon and Levi.

שִׁמְעוֹן וְלֵוִי אַחִין **גּוּבְרִין גִּבָּרִין** בַּאֲרַע תּוֹתָבוּתְהוֹן עֲבַדוּ גְּבוּרָא.

Shimeon and Levi are brothers; mighty men in the land of their sojourning, they did mightily.

a nod to Yosef's victory against the seductive advances of Mrs. Potifar. Due to this steadfastness the dream – which here is called a "prophecy" – has come to fruition. However, Yosef as king is a limited description of the past and not a promise for the future. The future king of Israel is someone else.

There are two other elements which should be noted, the first is that Yosef is considered the firstborn, as we have seen that is the significance of his having the double portion (Onkelos, v. 22). The second point is the preponderance of the word blessing. Yosef is the most blessed of all the brothers, while some of the tribes do not receive any "blessing" per se from their father, in the blessing to Yosef the word "blessing" is mentioned more than half a dozen times. Moreover, he is the recipient of the blessings which Yaakov had received from **his** father. And there is the rub; the two elements which were so important when Yaakov was younger, the two episodes which changed the trajectory of his life were the acquisition of the status of firstborn – which Yaakov acquired for a bowl of beans. And the receiving of the blessing intentioned for Esav: The *berachah* (ברכה) and *bechorah* (בכורה). While Yaakov received both of these things, the collateral damage was the hatred of his brother Esav, which almost resulted in his death. The *"toldot"* of Yaakov are truly Yosef. He alone inherited the *berachah* and the *bechorah*, the collateral damage he received was the hatred of **his** brothers, which almost resulted in **his** death.

Yaakov's blessing concludes with the words: "The man who was separated from his brethren." The loneliness, the lack of camaraderie, the vicious sale, the years of isolation – Yosef may have been chosen by his father but he was never accepted by his brothers. "Long live the king Yosef" are words his brothers will never say. Yosef's blessing is in a sense a curse. He will relive the worst parts of his father's life – with interest compounded.

The kingship, however, was given to Yehuda:

בראשית פרשת ויחי פרק מט

(ח) יְהוּדָה אַתָּה יוֹדוּךָ אַחֶיךָ יָדְךָ בְּעֹרֶף אֹיְבֶיךָ יִשְׁתַּחֲווּ לְךָ בְּנֵי אָבִיךָ:

(ט) גּוּר אַרְיֵה יְהוּדָה מִטֶּרֶף בְּנִי עָלִיתָ כָּרַע רָבַץ כְּאַרְיֵה וּכְלָבִיא מִי יְקִימֶנּוּ:

(י) **לֹא־יָסוּר שֵׁבֶט מִיהוּדָה וּמְחֹקֵק מִבֵּין רַגְלָיו** עַד **כִּי־יָבֹא שִׁילֹה** וְלוֹ יִקְּהַת עַמִּים: (יא) אֹסְרִי לַגֶּפֶן עִירֹה וְלַשֹּׂרֵקָה בְּנִי אֲתֹנוֹ כִּבֵּס בַּיַּיִן לְבֻשׁוֹ וּבְדַם־עֲנָבִים סוּתֹה: (יב) חַכְלִילִי עֵינַיִם מִיָּיִן וּלְבֶן־שִׁנַּיִם מֵחָלָב: פ

(8) Yehuda, your brothers will praise you. Your hand will be on the neck of your enemies. Your father's sons will bow down before you. (9) Yehuda is a lion's cub. From the prey, my son, you have gone up. He stooped down, he crouched as a lion, as a lioness. Who will rouse him up? (10) **The scepter will not depart from Yehuda, nor the ruler's staff from between his feet, until he comes to Shiloh**. To him will the obedience of the peoples be. (11) Binding his foal to the vine, his donkey's colt to the choice vine; he has washed his garments in wine, his robes in the blood of grapes. (12) His eyes will be red with wine, his teeth white with milk. (Bereishit 49:8–12)

Not only is the kingship given to Yehuda. It is an unending monarchy. The Targum, again explains more clearly:

תרגום אונקלוס בראשית פרשת ויחי פרק מט

(ח) יְהוּדָה אַתְּ אוֹדִיתָא וְלָא בְהֵיתְתָא בָּךְ יוֹדוֹן אֲחָךְ יְדָךְ תִּתַּקַּף עַל בַּעֲלֵי דְבָבָךְ יִתַּבְרוּן סָנְאָךְ יְהוֹן מְחַזְּרֵי קְדָל קֳדָמָךְ יְהוֹן מַקְדְּמִין לְמִשְׁאַל בִּשְׁלָמָךְ בְּנֵי אֲבוּךְ. (ט) **שִׁלְטוֹן יְהֵי בְשֵׁירוּיָא וּבְסוֹפָא יִתְרַבָּא מַלְכָּא מִדְּבֵית יְהוּדָה אֲרֵי מִדִּין קַטְלָא בְּרִי נַפְשָׁךְ סַלֵּיקְתָּא** יְנוּחַ יִשְׁרֵי בִּתְקוֹף כְּאַרְיָא וּכְלֵיתָא **וְלֵית מַלְכוּ דִּתְזַעְזְעִנֵּיהּ.** (י) לָא יִעְדֵּי עָבֵיד שׁוּלְטָן מִדְּבֵית יְהוּדָה וְסָפְרָא מִבְּנֵי בְנוֹהִי עַד עָלְמָא **עַד דְּיֵיתֵי מְשִׁיחָא דְּדִילֵיהּ הִיא מַלְכוּתָא** וְלֵיהּ יִשְׁתַּמְעוּן עַמְמַיָּא.

(8) Yehuda, you are praise and not shame; your brethren shall praise you; your hand shall prevail against your adversaries, your enemies shall be dispersed; they will be turned backward before you, and the sons of your father will come before you with salutations. (9) The **dominion** shall be (yours) in the beginning, and in the end the **kingdom** shall be increased from the house of Yehuda, **because from the judgment of death, my son, hast thou withdrawn.** He shall repose, and abide in strength as a lion, and as a lioness, there shall be no **king** that

may cut him off. (10) He who exercises dominion shall not pass away from the house of Yehuda, nor the Torah scholar from his children's children forever, **until the Messiah comes, whose is the kingdom, and unto whom shall be the obedience of the nations** (or, whom the peoples shall obey). (Targum Onkelos, Bereishit 49:8–10)

The kingship of Yehuda – which we know as the Davidic dynasty will emerge from Yehuda and will culminate with the Messiah – a man who will be king for all nations.

The Targum says that this is a reward for "because from the judgment of death, my son, you have withdrawn" (49:9). Rashi opines that this refers to two occasions where Yehuda was almost involved in an unrighteous taking of life – the sale of Yosef, and the exoneration of Tamar (Bereishit 37:26–27):

רש״י בראשית פרשת ויחי פרק מט פסוק ט

בְּנִי עָלִיתָ - סִלַּקְתָּ אֶת עַצְמְךָ וְאָמַרְתָּ מַה בֶּצַע וְגוֹ', וְכֵן בַּהֲרִיגַת תָּמָר שֶׁהוֹדָה, צָדְקָה מִמֶּנִּי, לְפִיכָךְ כָּרַע רָבַץ וְגוֹ', בִּימֵי שְׁלֹמֹה אִישׁ תַּחַת גַּפְנוֹ וְגוֹ' (מלכים א ה'):

"You have gone up" – from that murderous deed you withdrew saying, (Bereishit 5:26) "what profit is it if we slay our brother," and similarly did he act when Tamar was condemned to death, for he said "She is righteous: Mine is the blame." Therefore as a reward "he stooped down, he crouched…" – as we are told of the days of Shlomo (1 Melachim 5:5) "[Israel dwelt safely] every man under his vine etc." (Bereishit Rabbah 99:8) (Rashi, Bereishit 49:9)

However, Chizkuni explains that this verse only refers to the Tamar episode:

חזקוני בראשית פרשת ויחי פרק מט פסוק ט

אלא פי׳ **על תמר** ותרגום מוכיח יהודה... מדין הריגת תמר ושני בניה.

…rather it refers to Tamar and the Targum rebukes Yehuda regarding (what he was about to do to) her… almost killing her and her two fetuses. (Chizkuni, Bereishit 49:9)

The contrast is remarkable. Yosef becomes a temporary king because he displays self-control and righteousness. Yehuda extracts himself from a sordid situation – an elicit relationship with a prostitute – who turned out to be his daughter-in-law. While the situation could have deteriorated to murder, he is instead rewarded with kingship – and the eventual messianic reign.

Yosef and Yehuda represent two types of leadership. Yosef is the *tzaddik* who avoids sin. Yehuda is the individual who stumbles and falls, and tries to get up and falls again, but somehow at some point he finds his footing and stands tall. Yehuda is the prototypical *baal teshuvah* (penitent).

Who is greater – the *baal teshuvah* or the *tzaddik*? The question is debated in Talmud:

תלמוד בבלי מסכת ברכות דף לד עמוד ב

וַאֲמַר רִבִּי חִיָּיא בַּר אַבָּא אֲמַר רִבִּי יוֹחָנָן: כָּל הַנְּבִיאִים כּוּלָּן לֹא נִתְנַבְּאוּ אֶלָּא לִימוֹת הַמָּשִׁיחַ, אֲבָל לָעוֹלָם הַבָּא, עַיִן לֹא רָאָתָה אלקים זוּלָתְךָ, וּפְלִיגָא דִּשְׁמוּאֵל, דַּאֲמַר שְׁמוּאֵל: אֵין בֵּין הָעוֹלָם הַזֶּה לִימוֹת הַמָּשִׁיחַ אֶלָּא שִׁעְבּוּד מַלְכִיּוֹת בִּלְבָד, שֶׁנֶּאֱמַר: (דברים ט"ו:י"א) כִּי לֹא יֶחְדַּל אֶבְיוֹן מִקֶּרֶב הָאָרֶץ.

וַאֲמַר רִבִּי חִיָּיא בַּר אַבָּא אֲמַר רִבִּי יוֹחָנָן: כָּל הַנְּבִיאִים כּוּלָּן לֹא נִתְנַבְּאוּ אֶלָּא לְבַעֲלֵי תְשׁוּבָה, אֲבָל צַדִּיקִים גְּמוּרִים, עַיִן לֹא רָאָתָה אלקים זוּלָתְךָ.

וּפְלִיגָא דְּרִבִּי אַבָּהוּ, דַּאֲמַר רִבִּי אַבָּהוּ: מָקוֹם שֶׁבַּעֲלֵי תְשׁוּבָה עוֹמְדִין, צַדִּיקִים גְּמוּרִים אֵינָם עוֹמְדִין, שֶׁנֶּאֱמַר: (ישעיהו נ"ז:י"ט) שָׁלוֹם שָׁלוֹם לָרָחוֹק וְלַקָּרוֹב. לָרָחוֹק בְּרֵישָׁא, וַהֲדַר לַקָּרוֹב.

וְרִבִּי יוֹחָנָן אָמַר לָךְ: מַאי רָחוֹק? שֶׁהָיָה רָחוֹק מִדְּבַר עֲבֵירָה מֵעִיקָּרָא, וּמַאי קָרוֹב? שֶׁהָיָה קָרוֹב לִדְבַר עֲבֵירָה וְנִתְרַחֵק מִמֶּנּוּ הָשְׁתָּא.

And Rabbi Chiya bar Abba said in the name of Rabbi Yochanan: All the prophets only prophesied with regard to the days of the Messiah. However, with regard to the World-to-Come, "No eye has seen it, God, aside from You." And this disagrees with Shmuel, as Shmuel said: The only difference between this world and the days of the Messiah is servitude to (foreign) kingdoms alone. As it is stated: "For the poor shall not cease from the land" (Devarim 15:11).

> And Rabbi Chiya bar Abba said in the name of Rabbi Yochanan: All of the prophets only prophesied with regard to penitents but with regard to the full-fledged righteous – "No eye has seen it, God, aside from You."
>
> And this disagrees with Rabbi Abbahu, as Rabbi Abbahu said: In the place where penitents stand, even the full-fledged righteous do not stand, as it is stated: "Peace, peace upon him who is far and him who is near." To him who is far, and thereafter to him who is near.
>
> And Rabbi Yochanan would say to you: What is the meaning of, 'he who is far'? He who was distant from an act of transgression from the outset. What is 'by him who is near'? He who was close to an act of transgression but has now distanced himself from it. (*Berachot* 34b)

We don't know who is greater – but we do know that the force which will bring humanity back to our father in heaven, is a descendant of David and Yehuda both of whom knew about slipping, falling and getting up – both of whom could be call a penitent, a *baal teshuvah*. Only one who stumbled and stood up, will be able to teach others to stand.[16]

---

16. See *Mei ha-Shiloach, Parashat Vayeshev,* who implies that Yosef/Efraim is the prototype for *mitnagdim,* while Yehuda is the prototype for Chasidim:

ספר מי השילוח - פרשת וישב

וישב יעקב, זש"ה ושב יעקב ושקט ושאנן ואין מחריד. והי' אחרי כן אשפוך את רוחי כו'. זקניכם חלומות יחלומו ובחוריכם חזיונות יחזו, היינו כל מעשים הנעשים בעולם נראים למעשה בשר ודם אך מההרהור והמחשבה נראים שהם מעשה הש"י, ובאלו הפרשיות מלמד אותנו הש"י אשר המעשים הם מיד הש"י והמחשבות הם מצד האדם וכל המעשים שיעשה האדם דבר רשות על זה נאמר כי הכל בידי שמים. ומעשה המצות או היפך הם ביד הש"י ורק לפעמים יתלה אותם באדם, וכמו שמצינו על מעשה יהודה העיד הש"י צדקה ממני, ועל החלומות של יוסף הצדיק נאמר שהם מהרהורא דיומא, כי באמת כן השיבו אותו השבטים כאשר סיפר להם החלום, כי יעקב אבינו ע"ה כאשר חלם לו החלום בהליכתו ללבן התחיל לעיין בו ולמד את עומק הנמצא בו לכל השבטים, והם למדו אותו ונתחדש להם בו בכל פעם ד"ת חדשים כי כמה עמקות ד"ת נמצא בהחלום הזה. וכאשר אמר להם יוסף הצדיק כי גם לו חלמו חלומות כאלה יקרים, השיבו לו המלוך תמלוך עלינו כי איך תדמה לאבינו הלא אבינו הוא כל היום ביראה ודבוק בהש"י ולכך מראה לו הש"י חלומות אף בשינה כי גם אז הוא דבוק

בהש״י, אבל אתה אינך במדריגה הזאת וכל חלומותיך המה מהרהורא דיומא שאתה רוצה בגדולה ובהתנשאות ולכך יחלים לך חלומות כאלה כי אין לך גדולה ממדות יראה וענוה, ויעקב אבינו הי׳ תמיד עבודתו בזה, יראה היינו שהש״י משגיח על הכל כדכתיב ממכון שבתו השגיח ולא ינום, וענוה היינו שאינו מתגאה על שום ברי׳ כי מותר האדם מן הבהמה אין, לשון אין היינו אף שבאמת מצד הש״י יש חלילוק אך מצד האדם אין לברר. וזה וישב יעקב בארץ מגורי אביו היינו יראה ובארץ כנען הוא ענוה, ובקש לישב בשלוה, זאת השלוה היינו, כי כשאדם מנהיג א״ע להסתלק מכל ספק ולשמור מכל מעשה רע אז הוא בשלוה, וע״ז אמר לו הש״י כי בעוד האדם בגוף אין באפשר להתנהג בכ״כ שמירה ויראה וענוה כי הש״י חפץ במעשים של האדם כי בעוה״ז צריך להתנהג באהבה, ומעשה שאינה מבוררת כ״כ, וע״ז נאמר לעתיד וישב יעקב. לשון נפשי ישובב בתענוג ממחשבות ד״ת יושקט, היינו מדרגת שבת ועמדו זרים ורעו צאנכם, ושאנן היינו במחשבה מבלי לירא ממלחמות ומאורעות, ואין מחריד היינו אף בשינה יהי׳ דבוק בהש״י ולא ירא פן הוא ח״ו נסוג מהש״י, וזה הי׳ טענות השבטים על יוסף הצדיק, כי גם הוא הי׳ מתנהג א״י במדות היראה וע״ז נאמר במדרש שהי׳ זיו איקונין דומה לו והיינו שהעמיק עצמו לב׳ מדות הללו יראה וענוה כדי שילך בטח, ולזה נאמר עליו כי בן זקונים הוא לו היינו כמו שיעקב אבינו התנהג עצמו במדת יצחק אבינו היינו יראה גם הוא התנהג עצמו בהמדה הזאת, ובענוה כמו אביו, וע״ז דקדוק עמו הש״י ג״כ עד כחוט השערה כי אף שהמדות הללו טובים, מ״מ צריך האדם לבטוח בה׳ ג״כ כי הנעשה מצד האדם אינו בנין עדי עד כי אף שיוסף פעל בשמירתו, מאד אשר ממנו יצאו כל מלכי ישראל הנקראים גדולים כדאיתא במדרש שק נהוג בבני אדם גדולים שהרי יהורם לבש שק, אך נאמר עליהם אך לא כל הימים, היינו כי בנין עדי עד אינו שייך לחלקם רק לחלק יהודה כי אף שעל כל הששת אלפים שנה פעל בצדקו שיעמוד בעולם. אך בנין עדי עד זה שייך ליהודה. ויוסף הצדיק הי׳ תמיד בתרעומות מדוע כל מעשה יהודה אחי אשר עושה ה׳ מצליח בידו, ועמי הקב״ה מדקדק עד השערה והראה לו הש״י דוגמא במעשה דשר המשקים והאופים היינו לכל מלך יש שני שרים שר המשקה ושר האופה ובאמת לשר המשקה מהראוי לבל להעניש אותו אם ימצא זבוב בכוסו כי מה הי׳ יכול לעשות כי הזבוב היא בעל חי ואי אפשר להשמר ממנה פן בעת נתנו הכוס על כף המלך אז פרחה לתוך הכוס, אבל שר האופים, לאשר בפת הנמצא בה צרור הלא עליו האשם כי הצרור אינו בע״ח ויוכל להשמר מזה, לזאת הראה לו הש״י כי יוסף הוא נגד שר האופים כי אותו העמיד הש״י על מקום בהיר ונקי נגד עשו בכדי שלא יהי׳ לעשו שום מקום טענה העמיד את יוסף נגדו מנוקה מכל כמ״שש ובית יוסף להבה ונתן בו כח כדי שיוכל להתגבר על כל תאותו ולכן אם נמצא בו איזה דבר מחוץ, לפשע יחשב לו אך מאהבת הש״י ליוסף נתן אדם תחתיתו ונהרג שר האופים כמ״ש ואתן אדם תחתיך, ומזה הבין הדבר, ויהודה הוא נגד שר המשקה כי דהע״ה נקרא בדחנא דמלכא ועל ניסך היין נשמעין שירי דוד, ובאמת ליהודה במעשה דתמר וכן בכל המעשים משבט יהודה הדומין לזה נתן בהם הש״י כח התאוה כ״כ עד שלא הי׳ באפשרותם להתגבר וכמו שמבואר שמלאך הממונה על התאוה הכריחו, ולכן לא עליו האשם במה שלא הי׳ יכול להתגבר על יצרו וזה פירוש בדחנא דמלכא היינו שמניח את עצמו להנצח מהש״י כמו שאמר דוד המלך ע״ה למען תצדק בדבריך למי נאה שיוצדק אני או אתה:

So, in a sense the book of Bereishit has a surprise ending. It seemed

---

וזה שנאמר אפרים לא יקנא את יהודה ויהודה לא יצור את אפרים, כי באמת אלו השני שבטים הם תמיד מתנגדים לזה לזה, כי ענין החיים שנתן הקב״ה בשבט אפרים הוא להבינו תמיד בכל דבר מעשה על הדין וההלכה מבלי לזוז ממנו ולכן כשהכתוב מזהיר את ישראל לבלתי יחטאו מטרת התורה אז יאמר פן תצלח כאש בית יוסף היינו שתראו כי לא יהי׳ **מתנגד** למעשיכם, ושורש החיים של יהודה הוא להביט תמיד להש״י בכל דבר מעשה אע״פ שרואה האיך הדין נוטה עכ״ז מביט להש״י שיראה לו עומק האמת בהדבר כי יוכל להיות אף שהדין אמת הוא לפי טענות בעלי דינים אך אינו לאמיתו כי פן יטעון אחד טענה שקרית כמו שמצינו בקני׳ דרבא, וכמו כן נמצא בכל ענינים, וזאת הוא שורש החיים של יהודה להביט לה׳ בכל דבר ולא להתנהג ע״פ מצות אנשים מלומדה אף שעשה אתמול מעשה כזו מ״מ היום אינו רוצה לסמוך על עצמו רק שהש״י יאיר לו מחדש רצונו ית׳ וענין הזה יחייב לפעמים לעשות מעשה נגד ההלכה כי עת לעשות לה׳ כו׳. ולזה אלו השני שבטים מתנגדים זה לזה, ולעתיד נאמר אפרים לא יקנא כו׳ ויהודה לא יצור כו׳, היינו שלאפרים לא יהי׳ טענה על יהודה במה שיוצא חוץ להלכה ולא יצר לו מזה כי יראה הש״י לאפרים את כוונת יהודה שהוא מכוון לש״ש ולא להנאת עצמו וממילא יהי׳ שלום ביניהם:

ספר מחשבות חרוץ – אות טו

ועל כן יהודה ויוסף היו המרובים מכל השבטים כי פרו ורבו ביותר מפני שהיה בהם קדושת היסוד יותר מכל השבטים, **יוסף צדיק גמור בפועל בלא חטא, ויהודה בעל תשובה אחר החטא**, דהתחלת התפשטות דיהודה בצאצאיו היה בחטא דער ואונן, אבל יהודה מחוקקי שהוא שורש המחוקק דנקרא כן משה רבינו ע״ה, שהוא שורש התלמידי חכמים שבישראל כידוע בסוד מה שאמרו בכמה דוכתין בגמרא (שבת ק״א ע״ב) משה שפיר קאמרת, וכן יהודה שורש התלמידי חכמים שבישראל ולשכת הגזית בחלקו, ותלמיד חכם שעבר בלילה אל תהרהר אחריו ביום דודאי עשה תשובה (ברכות י״ט.), ובידו וכח תשובתו לתקן הקודם בכח התורה, דעיקר תיקון הקודם לכל החטאים עד שיהיה כמי שלא חטא הוא רק על ידי התורה, ובחטא זה בפרט דאיתא בזוהר (ח״א ס״ב.) שאין מועיל לו תשובה היינו דבתשובה לבד אי אפשר לתקן בזה הקודם לגמרי כלל רק בצירוף התורה:

ספר בית יעקב על ספר בראשית – פרשת וישב

וכמו שנמצא בזמן יום ראשון שהוא רק אור ויום שני שנמצא בו גם הסתרת האור, כן נמצא בנפש, יוסף ויהודה. יוסף הצדיק הוא בחינת צדיק גמור שכל פעולותיו הם ברורים באור הדעת. ויהודה הוא בבחינת בעל תשובה, שמכניס את עצמו בפעולות שבשעת עשייתן אין נראה בהם אור, אכן מכוון אל המטרה כפי חפץ השי״ת. **ובעומק הלב מסכימים ישראל למדת יהודה, שבמקום שבעלי תשובה עומדין צדיקים גמורין אינם יכולים לעמוד**, אכן לפי תפיסת אדם בעוה״ז נראה שאין ביהודה ממדת יוסף הצדיק כלל, ועי״ז הוא אריכות הגלות עד שיתבררו אף לעין אדם פעולותיו של יהודה, כי בבוא משיח צדקנו יתגלה לעין כל עומק לבו של יהודה, שבאמת היה נמצא בו גם מדת יוסף הצדיק, ועליו כתיב (בלק כג) ותרועת מלך בו, שיש בו כח לצעוק מגודל ההסתרה להשי״ת הושיעה ה׳, והשי״ת מושיעו ומגלה לעין כל שעומק לבו מלא רצון

as if Yosef was destined to be king, and his brothers bowed to him just as he dreamed. Yet the brothers never did really bow to Yosef, they bowed their heads and fell on their knees before a mysterious Egyptian, and subsequently to an estranged brother who terrified

---

השי״ת, ונמצא בעומק לבו אף מדת יוסף הצדיק [קנג], וכדאיתא בזוה״ק (ויצא קנג ע״ב) שיש צדיק עלאה וצדיק תתאה. צדיק עלאה, היינו שמושך שפע ממקום גבוה ביותר אצלו. וצדיק תתאה, היינו שמברר את עצמו כ״כ עד שיוכל להתיצב במחשבה טהורה ולומר, שמע ישראל ה׳ אלהינו ה׳ אחד:

ספר בית יעקב על ספר בראשית - פרשת וישב

...והוא מפני שיוסף שומר פעולות ישראל שיהיה בהם אור הדעת, וכדכתיב (ישעיה ס) ועמך כולם צדיקים, שכל ישראל משתוקקים לעבוד את השי״ת מצדם כפי כל כחם ואין רוצים להשען על קדושת אבותם בלבד. ובעוה״ז נראים יהודה ויוסף לדעות מחולקות זה מזה. יוסף הצדיק אינו עושה דבר בלא דעת רק פעולות מבוררים בשעת עשייתן, ויהודה עושה פעולות שנראים בשעת מעשה ההיפך מרצון השי״ת, רק אחר זמן מתבררים לעין כל שברצון השי״ת נעשו. ולעתיד יהיו באחדותא, שהשי״ת ישפיע ישועות עמוקות ויבינם בתפיסת דעת האדם, ואז יהיה יהודה ראש ההנהגה:

ספר בית יעקב על ספר בראשית - פרשת וישב

וזהו דכתיב אלה תולדות יעקב יוסף, שמדתו הוא צדיק יסוד עולם, וממדתו נקרא השי״ת חי, כדאיתא בזוה״ק (מקץ קצג ע״ב) ר״א פתח חי ה׳ וכו׳ חי ה׳ דא חי צדיקא יסודא דעלמא דאקרי חי עלמין. ויוסף הצדיק נמצא תמיד בישראל ומברר יחוסיהם, וכדאיתא במד״ר (נשא פ׳ יד) על פסוק וכל בקר זבח השלמים, שנים עשר שבטים הם סדרו של עולם כנגד שתים עשרה שעות ביום וכנגד שנים עשר מזלות ברקיע, נמצא שיש שער אחד שהוא מכוון ליוסף ויש שעה אחת שמכוונת ליוסף. כי בכל שעה ובכל מזל משתנה הנהגת השי״ת לפי השעה ולפי המזל, שזה מרמז על ההכרה מצד המקבל, ובשעה שמדתו שולטת בעולם אזי מאיר לעין כל ישראל בחינתו ומפורש לעין כל הטענה לך לאומן שעשאני וכו׳, וממילא ניכר אז היקרות שנמצא בשבט יהודה, מאחר שמתגלה זו הטענה, ואין שום קושיא על נפש מישראל, אזי ניכר שיהודה גבר באחיו ואין כמוהו בין השבטים. אכן כשנסתר לפי שעה מדת יוסף הצדיק מישראל, אזי אין ניכר גודל היקרות שנמצא בשבט יהודה, ואדרבה שעוד נמצא עליו קושיות מבכל השבטים, וכמו שמצינו בזו הפרשה, שאחר שנעלם מהם יוסף הצדיק כתיב (וישב לח) וירד יהודה מאת אחיו, שירידתו גדולה מירידת כל השבטים. אמנם כל זה הוא רק לפי שעה, אבל שיסתר לגמרי ח״ו מדת יוסף הצדיק לא תהיה כזאת בישראל. כי אף אחרי שנמכר ונעלם מבין השבטים ויהודה ירד מאת אחיו, עכ״ז נאמר (שם) ויט עד איש עדלמי, לשון עדולם מורה על שהאור לא נכבה לגמרי אך שהיה עוד נוצץ (וכמש״נ באריכות בזו הפרשה אות לט, מ, מב):

ספר אמרי אמת - פרשת ויגש

יוסף ויהודה הם שתי המדריגות של צדיק גמור ובעל תשובה, כתיב בהפטרה של היום הנה אני לוקח את עץ יוסף וגו׳ ונתתי אותם עליו את עץ יהודה ועשיתים לעץ אחד, לעתיד יעשו כל העצים אחד:

them. Regarding a descendant of Yehuda, the people will await his arrival and declare that the reign of David the king of Israel – shall be forever and ever:

דוד מלך ישראל חי וקים.

תלמוד בבלי מסכת ראש השנה דף כה עמוד א

יְחִי אֲדֹנִי הַמֶּלֶךְ דָּוִד לְעֹלָם:

מלכים א פרק א פסוק לא

חזק חזק ונתחזק!

www.ingramcontent.com/pod-product-compliance
Lightning Source LLC
Chambersburg PA
CBHW031243090426
42742CB00007B/289
* 9 7 8 1 9 4 7 8 5 7 9 9 5 *